融媒时代普通高等院校新闻传播学类核心课程"十二五"规划精品教材

编辑委员会

主　编　张　昆　（华中科技大学）

编　委　（以姓氏拼音为序）

蔡　琪　（湖南师范大学）	舒咏平　（华中科技大学）
曹　丹　（黄淮学院）	唐海江　（华中科技大学）
陈先红　（华中科技大学）	陶喜红　（中南民族大学）
陈信凌　（南昌大学）	魏　奇　（南昌理工学院）
董广安　（郑州大学）	吴廷俊　（华中科技大学）
段　博　（河南师范大学）	吴卫华　（三峡大学）
方雪琴　（河南财经政法大学）	吴玉兰　（中南财经政法大学）
何志武　（华中科技大学）	肖华锋　（南昌航空大学）
季水河　（湘潭大学）	萧燕雄　（湖南师范大学）
姜小凌　（湖北文理学院）	徐　红　（中南民族大学）
靳义增　（南阳师范学院）	喻发胜　（华中师范大学）
廖声武　（湖北大学）	喻继军　（中国地质大学）
刘　洁　（华中科技大学）	张德胜　（武汉体育学院）
彭祝斌　（湖南大学）	张举玺　（河南大学）
强月新　（武汉大学）	郑　坚　（湖南工业大学）
邱新有　（江西师范大学）	钟　瑛　（华中科技大学）
尚恒志　（河南工业大学）	邹火明　（长江大学）
石长顺　（华中科技大学）	

南昌大学教材出版基金资助项目

电视专题与专栏

融媒时代普通高等院校新闻传播学类核心课程『十二五』规划精品教材

丛书主编◎张昆

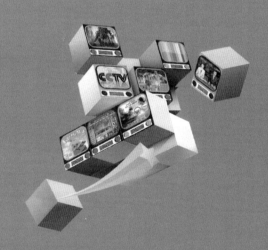

主　编◎邓年生
副主编◎余欢欢　刘　枫　肖　文
　　　　杨　莉　李琳琳

华中科技大学出版社
http://www.hustp.com
中国·武汉

内 容 简 介

本教材针对普通高校本科生编写，紧紧围绕电视专题节目这个核心，以电视名专栏、名家名篇为案例，构建学科体系。第一章、第二章讨论电视专题节目基础概念，第三章到第九章重点阐述新闻类电视专题节目的创作技巧，包括常见的纪实类、调查类、评论类、访谈类电视专题以及电视专题中的采访、修辞、解说词写作等。第十章到第十二章对科教类、生活服务类、娱乐类电视专题节目展开阐述，第十三章讨论电视专题节目创新。

本教材是广播电视新闻学专业的主干课教材，也是新闻学、传播学、广播电视编导、戏剧影视文学、广告学等专业的选修教材，可作为普通高校本科生人文社会科学通识课选用教材，也可作为电视研究和实践工作者的参考书。

图书在版编目(CIP)数据

电视专题与专栏/邓年生主编．—武汉：华中科技大学出版社，2014.8(2024.1重印)
ISBN 978-7-5680-0310-0

Ⅰ.①电…　Ⅱ.①邓…　Ⅲ.①电视节目—高等学校—教材　Ⅳ.①G222.3

中国版本图书馆 CIP 数据核字(2014)第 183310 号

电视专题与专栏	邓年生　主编
策划编辑：钱　坤　杨　玲	
责任编辑：刘　烨	
封面设计：范翠璇	
责任校对：何　欢	
责任监印：周治超	
出版发行：华中科技大学出版社(中国·武汉)	电话：(027)81321913
武汉市东湖新技术开发区华工科技园	邮编：430223
录　排：武汉正风天下文化发展有限公司	
印　刷：广东虎彩云印刷有限公司	
开　本：787mm×1092mm　1/16	
印　张：20.25　插页：2	
字　数：469千字	
版　次：2024年1月第1版第6次印刷	
定　价：49.80元	

本书若有印装质量问题，请向出版社营销中心调换
全国免费服务热线：400-6679-118　　竭诚为您服务
版权所有　侵权必究

总　序
INTRODUCTION

当前,世界新闻传播学的发展正处在一个关键的历史节点,新闻传播学科国际化、实践化趋势日益凸显。尤其是现代传播技术的发展,新兴媒体层出不穷、迅猛崛起,媒介生态格局突变,使得新媒体与传统媒体共生的格局面临着各种新的问题。传播手段、形式的变化带来的传播模式的变化,媒体融合背景下专业人才需求的演变,媒体融合时代传统媒体的生存与发展战略,网络化时代的传播自由与社会责任,新的媒介格局决定的社会变迁,全球化语境下国家软实力建构与传播体系发展,等等,这些问题都不是传统意义上的新闻传播学所能完全解释的。

传统意义上的新闻传播学本身需要突破,需要新视野、新方法、新理论,需要拓展新的思维空间。新闻传播学科"复合型、专业化"人才培养模式改革势在必行,尤其是媒介融合时代专业人才需求的演变,使得已出版的教材与新形势下的教学要求不相适应的矛盾日益突出,加强中国新闻传播教育对交叉应用型人才培养急需的相关教材建设迫在眉睫。毋庸置疑,这对新闻传播学而言,是一种巨大的推力,在它的推动下,新闻传播学才有可能在现有基础上实现新的超越。"融媒时代普通高等院校新闻传播学类核心课程'十二五'规划精品教材"正是在这种巨大推力下应运而生。

为编写这套教材,我们专门成立了编委会,编委会成员有国务院学位委员会学科评议组新闻传播学科组成员、新闻与传播专业学位教育指导委员会委员,教育部高等学校新闻学科教学指导委员会委员,以及中国新闻传播教育理事会、中国新闻史学会、中国传播学会、中国网络传播研究会、中国广播电视学专业委员会、中国广告教育学会的专家学者,各高校新闻传播学院(系)院长(主任)和主管教学的副院长(主任)与学术带头人。

在考虑本套教材整体结构时,编委会以教育部2012年最新颁布推出的普通高等学校本科专业目录新闻传播大类五大专业核心课程设置为指导蓝本,结合新闻传播学科人才培养特色和专业课程设置,同时以最新优势特设专业作为特色和补充,新老结合,优势互补,确定了以新闻传播学科平台课及新闻学、广播电视学、广告学、传播学(网络与新媒体)等四大专业核心课程教材共计36种为主体的系列教材体系。其中,新闻传播学科平台课程教材8种,即《新闻学概论》、《传播学原理》、《传播学研究方法》、《媒介经营管理》、《媒介伦理》、《传播法》、《新闻传播史》、《新媒体导论》;新闻学专业核心课程教材6种,即《马克思主义新闻学经典导读》、《新闻采访与写作》、《新闻编辑》、《新闻评论》、《新闻摄影》、《新闻作品赏析》;广播电视学专业核心课程教材9种,即《广播电视导论》、《电视摄像》、《广播电视编辑》、《广播电视新闻采访与报道》、《广播电视写作》、《电视专题与专栏》、《广播电视新闻评论》、《电视纪录片》、《广播电视节目策划》;广告学专业核心课程教材8种,即《品牌营销传播》、《广告学概论》、《广告调查与统计》、《新媒体广告》、《广告创意与策划》、《广告文案》、《广告摄影与设计》、《广告投放》;传播学(网络与新媒体)专业核心课程教材5种,即《人际传播》、《公共关系学》、《活动传播》、《网络新闻业务》、《新媒体技术》等。

  为提高教材质量,编委会在组织编写时强调以"立足前沿,重在实用;兼容并蓄,突显个性"为特色,内容上注重案例教学,加强案例分析;形式上倡导图文并茂,强调多通过数据、图表形式加强理论实证分析,增强"悦读性"。本套教材的作者都具有比较丰富的教学经验,他们将自己在教学中的心得和成果毫无保留地奉献给读者,这种奉献精神正是推动新闻传播学科教育发展的动力。

  我们期待"融媒时代普通高等院校新闻传播学类核心课程'十二五'规划精品教材"的出版能够给中国新闻传播学科各专业的教材建设、人才培养乃至学术研究注入新的活力,期待这套教材能够激活中部地区的新闻传播学科资源,推动中青年学术英才在科学思维和教学探索方面攀上新的台阶、进入新的境界,从而实现中国新闻传播教育与新闻传播学术的中部崛起。

国务院学位委员会学科评议组新闻传播学科组成员
2006—2010教育部高等学校新闻传播学类教学指导委员会副主任委员
华中科技大学新闻与信息传播学院教授、博导

张昆

2014年8月1日于喻家山

目 录
CATALOGUE

第一章 电视节目创作导论/1
  第一节 电视符号元素及其功能/2
    一、电视画面符号及其功能/2
    二、电视声音符号及其功能/6
  第二节 电视节目的基本类型/13
    一、新闻性节目/13
    二、教育性节目/19
    三、文艺性节目/21
    四、服务性节目/24

第二章 电视专题与专栏概论/26
  第一节 电视专题概述/27
    一、电视专题节目的界定/27
    二、电视专题节目的分类/29
  第二节 传统专题片与纪录片之比较/31
  第三节 两种创作风格:再现与表现/34
    一、再现性专题片/34
    二、表现性专题片/36
  第四节 电视专栏概述/39
    一、电视栏目的界定与分类/39
    二、电视栏目的定位/41
  第五节 刘郎作品解读/44

第三章 纪实类电视专题/48
  第一节 叙事与纪实辨析/49
    一、叙事与纪实辨析/50
    二、叙事学中的几个概念/50
  第二节 纪录片发展概况/54

一、纪录片起源与纪实美学的诞生/54
二、纪录片概念的确立与早期的创作活动/55
三、当代国际纪录片发展概况/55
四、我国纪录片创作发展历程/56

第三节 纪录片风格类型/58
一、纪录片的界定与基本特征/58
二、纪录片创作的风格类型/59

第四节 纪录片创作要求/68
一、纪录片的选题要求/68
二、纪录片常见的叙事技巧:设计悬念与冲突/69
三、纪录片"情景再现"的建构方法/72

第四章 调查类电视专题/75

第一节 电视调查报道概述/77
一、电视调查报道的发展历程/77
二、电视调查报道的定义界说/77
三、电视调查报道的基本特征/79

第二节 电视调查报道的分类/83
一、按调查内容分类/83
二、按调查目的分类/84
三、按调查模式分类/84

第三节 电视调查报道的技巧/85
一、电视调查报道的调查方式/85
二、电视调查报道的调查技巧/87

第四节 《新闻调查》栏目解读/93
一、《新闻调查》的发展与现状/94
二、《新闻调查》的特点分析/95

第五章 评论类电视专题/98

第一节 评论类电视专题概述/99
一、评论类电视专题的特征/99
二、评论类电视专题的分类/100
三、评论类电视专题常用的论证方法/101

第二节 电视述评的创作/102
一、电视述评的概念界定/102
二、我国电视述评的发展历程/102
三、电视述评的基本特征/103
四、电视述评的基本类型/104

五、《焦点访谈》栏目解析/105
　第三节　电视政论片的创作/109
　　一、电视政论片的概念界定/109
　　二、电视政论片的基本特点/109
　　三、论政性政论片的创作特点/110
　　四、思辨性政论片的创作特点/112
　第四节　电视辩论节目创作/114
　　一、电视辩论节目的概念界定/115
　　二、电视辩论节目构成要素/115
　　三、电视辩论节目创作要求/115
　第五节　《一虎一席谈》栏目解析/116
　　一、选题：有争议性的热点话题/116
　　二、主持人/117
　　三、片尾评论/119

第六章　电视专题中的采访/120
　第一节　电视采访的个性特征/121
　第二节　常见的电视采访方式/125
　　一、现场采访/125
　　二、事实性采访/131
　　三、观点性采访/133
　　四、情感性采访/135
　　五、人物专访/136
　第三节　特殊的电视采访方式/139
　　一、电视连线采访/139
　　二、体验式采访/141
　　三、隐性采访/143

第七章　电视专题解说词创作/147
　第一节　解说词的功能与作用/148
　　一、专题片中的解说词/148
　　二、解说词与其他电视元素的关系/149
　　三、解说词的主要功能/151
　第二节　解说词的创作要求/154
　　一、不同类型专题片的解说词创作要求/154
　　二、解说词的语言形式要求/158
　第三节　解说词的创作过程/161
　　一、创作前的准备/161

二、创作中的关键/162
三、解说词的录制/171

第八章　电视专题修辞艺术/173

第一节　蒙太奇理论概述/175
一、蒙太奇的概念界定与表意特点/176
二、蒙太奇的基本功能/178
三、蒙太奇的主要类别/179

第二节　电视专题修辞艺术/189
一、电视专题修辞中的几个概念/189
二、电视专题常见的影像修辞格/191
三、纪录片中视听要素的修辞作用/200

第九章　访谈类电视专题/204

第一节　电视谈话节目发展历程/206
一、西方电视谈话节目的发展简介/206
二、我国电视谈话节目的发展概况/207

第二节　电视谈话节目基本类型/208
一、电视谈话节目的定义辨析/209
二、我国电视谈话节目的基本类型/210

第三节　电视谈话节目创作技巧/214
一、电视谈话节目成功要素/214
二、电视访谈节目话语方式/218

第十章　科教类电视专题/221

第一节　科教类电视专题概述/222
一、科教节目与社教节目的区别与联系/223
二、电视科教节目的主要类型/224

第二节　教育教学类节目的创作/226

第三节　自然科技类节目的创作/230
一、自然地理类电视专题节目/231
二、科学技术类电视专题节目/232
三、电视科教节目的创作策略/234

第四节　文化类电视节目的创作/236
一、文化类电视节目的主要特征/236
二、文化类电视节目的主要类型/237
三、文化类节目的创作要求/238

第五节　科教类节目的文化批评/240

一、专业性与大众化之间的对话/241
二、文化品格与品牌塑造之间的沟通/242
三、科学内容与服务实用的联姻/243
四、科学精神与时尚元素的结合/244

第十一章 生活服务类电视专题/246

第一节 生活服务类节目概述/247
一、生活服务类电视节目的发展概况/248
二、生活服务类电视节目的主要类型/251

第二节 饮食与健康类节目的创作/253
一、饮食与健康类电视节目的发展/253
二、饮食健康类节目的创作/257

第三节 家居与旅游类节目的创作/259
一、家居与旅游类节目的发展/259
二、家居与旅游类节目的创作/262

第四节 生活服务类节目发展趋势/264
一、节目理念大众化/264
二、节目内容贴近化/266
三、节目形式多元化/267

第十二章 娱乐类电视专题/271

第一节 娱乐类电视节目概述/272
一、电视娱乐节目的概念界定/272
二、电视娱乐节目的发展概况/273
三、电视娱乐节目的主要类型/275

第二节 真人秀节目概述/277
一、真人秀节目的个性特征/278
二、真人秀节目的主要类型/280

第三节 娱乐类节目文化批评/283
一、优秀文化的匮乏/283
二、审美正义的缺失/285
三、社会功能的失衡/286
四、模仿复制的泛滥/288

第四节 《变形计》栏目解读/289
一、节目引进与变形/289
二、《变形计》的形态特征/290
三、置换式真人秀的传播优势/292

第十三章 电视专题节目创新/294

第一节 我国电视节目创新概述/295
第二节 电视节目创新的方法/298
一、电视节目形态创新的主要方法/299
二、电视节目内容创新的常见方法/302
第三节 电视节目创新的基本原则/304
一、遵循党性原则/305
二、受众为上的原则/305
三、设计故事的原则/306
四、追求品质的原则/307
第四节 电视节目创新的风险控制/308

参考书目/312

后记/314

第一章 电视节目创作导论

本章导言

作为一种大众传播媒介,电视的传播符号,也是电视最基本的传播元素,包括主持人、出镜记者、镜头画面、字幕、解说、同期声、音乐、音响等多种元素,每一种元素符号具有特定的传播特点与表现功能。不同电视符号的搭配组合可以形成不同的电视节目形态。相对于平面媒介而言,电视的表现符号众多,理解电视符号是把握电视艺术的一把总钥匙。

本章引例

解说:2004年2月3日,是农历甲申年的正月十三,再过两天就是元宵佳节了,北京的街头洋溢着浓浓的喜气。然而,就在这一天的凌晨,一场正义与邪恶的较量,在夜幕中惊心动魄地展开了。

字幕:2004年2月3日凌晨3时许　北京市朝阳区三里屯路

主持人:我是《法治进行时》的节目主持人徐滔。现在的时间是2004年2月3日凌晨3点,就在两个小时以前,我们大家都十分熟悉的影视演员吴若甫从豹豪酒吧出来之后被三个不明身份的男子劫持。豹豪酒吧位于北京市的朝阳区,是一家昼夜营业的酒吧。大家顺着我手指的方向就可以看到豹豪酒吧,闪着红色霓虹灯的那个地点就是。

……

字幕:警方正在跟踪王立华驾驶的牌号为京F·H0259的汽车

画面:民警随时向专案组汇报情况

> 侦查员(同期声,下同):一直奔南,通过第二个红绿灯。他现在又左转拐进一条街,估计他要找修车的地方。车里下来人了,两人,现在,就是这人。到跟前就抓的事儿,"华子"的车出来,天黑,车上的人是不是王立华?这个人40多岁,有点谢顶,身高1.70米,戴一墨镜。
>
> 专案组(北京市公安局副局长)阮增义:抓了他以后,不妨碍咱们整个进程吧?
>
> 侦查员:现在如果抓了,顶多是咱们抓错了,不是"华子",但是这个人也得说出"华子"位置在哪儿。您说怎么办?
>
> 阮增义:抓。
>
> 侦查员:还在车旁边呢。车的右侧看着呢,好像有工人给他换胎,应该是。
>
> 专案组:在哪个修理厂?就是狠着问。我想只要你能看清是他,门市部抓他都没关系。如果说门市部没条件,单走就给他抓了。
>
> 侦查员:好了,明白了。什么时候抓呀?你就放心吧。
>
> 字幕:2004年2月3日晚上7:50 抓捕现场
>
> 抓捕过程(同期声):特警,特警,抓了。把车开过来,我没钥匙。给他铐上,往里找,小心点。手雷,小心点啊。
>
> 专案组:是"华子",两支枪。
>
> 隗甫杰(同期声):我去劲松派出所,我在劲松派出所等着他。
>
> 主持人徐滔(同期声):注意安全。
>
> 隗甫杰:没问题。
>
> ——北京电视台《法制进行时》栏目播出的《惊心动魄22小时》

第一节 电视符号元素及其功能

电视的符号元素非常丰富。从宏观上看,电视传播的一切信息都需要依赖声音和图像来展现。从微观上看,无论是电视图像还是电视中的声音,都是由许许多多的子元素构成的,而每个子元素又包含非常丰富的呈现方式。这种丰富的符号元素及其呈现方式决定了电视是一种极富魅力的媒介。

一、电视画面符号及其功能

图像是电视传播的主要形式之一。

在显示屏幕上准确还原视频信号所形成的光的组合,都可称为图像,它包括活动画面、特技画面、图画照片等静止画面,以及符号、图表等一切诉诸视觉的图像。电视影像指电视摄像机在特定时空中所摄取的连续画面。这种连续画面,又常被简称作

"画面"。另外,它也被称作"镜头"。"画面"与"镜头"的区别,实际上是根据对连续画面这种时空一体性影像的空间性和时间性来加以区分的。当强调其空间性时,一般使用"画面"这一概念,而当强调其每拍摄一次的一段画面的连续性时,往往使用"镜头"这一概念。实际上,电视影像的"画面"是不断变化着的,空间性与时间性是紧密连接在一起的,与绘画和摄影中的静止的"画面"有着本质的不同,它们虽然有着某些共同的地方,但是,不能简单地把后者的规律不加改动地照搬到前者身上。

(一)电视画面的主要内容

1. 屏幕文字语言

电视屏幕上出现的文字语言有两种:一种是画内文字,一种是屏幕文字。画内文字是指摄像的画面内(图像中)带有的文字,如会议横幅与标语等。这类文字带有新闻要素,有着画龙点睛突出图像的主旨的作用。在摄像采访中要注意完整拍摄下来,防止因不完整而产生意义歪曲现象。屏幕文字是指根据节目内容需要,在后期制作时叠加到屏幕上的文字。

屏幕文字的表现形式主要有三类:一类是标题式或提要式,即在图像边幅上打上一行或二行字幕,或点题,或提要;一类是插入式、行进式字幕,为了播报即时发生的重大新闻,又不打乱原有的电视节目播送,可在屏幕下方穿插一些行进式的字幕,采用一句话新闻或几句话新闻(简讯)形式播报重大新闻;再一类是整屏文字阅读式,整个屏幕展示一版文字稿,稍长稿子逐渐向上移动,类似缓慢移动的整版报纸。

2. 电视造型符号

电视画面离不开造型符号,包括形体符号、表情符号、服饰符号、色彩符号、空间符号、图表符号、照片符号等。

(1) 形体符号。

在画面的所有符号中,形体符号最为基本,它是人类对客观事物的一种感知,即对客观事物形体上的一种感觉。人体的形体符号,特别是手势与体态等,有着十分丰富的信息内涵。

(2) 表情符号。

表情符号是人类面部的肌肉运动引起的表情,它是人类传播的重要内容之一。喜、怒、哀、乐都可以在表情上反映出来。有人统计,光是笑,就有五十多种。通常微笑的含义可能是友爱、礼貌、喜欢、幸福、快乐等;而大笑、狂笑的含义就复杂了,其含义可能是极快乐、极悲伤、蔑视心理,状态反常以至崩溃等。皱眉,可能表示不喜欢、厌烦、疲倦,也可能是深思熟虑的表现。电视画面通过展示人物表情,传递一定的信息。

(3) 色彩符号。

色彩作为一种传播符号,能使电视画面产生强烈的现实感。色彩学认为,色彩本身并无什么抽象意义,但人们通过联想与对色彩的运用,可发掘它的象征寓意。三色学说的创立者,19世纪德国科学家赫曼·海尔姆霍兹认为,任何一种物体的色彩都是由一定比例的三原色——红、绿、蓝组成的。在人眼的视网膜上存在着分别对红、绿、蓝产生感应的感红纤维、感绿纤维和感蓝纤维,它们通过视觉神经将接收的色光信息传到大脑,形成一定的色彩感觉。

(4) 空间符号。

或称空间距离符号,指电视画面中出现的人与人之间的距离或人物与景物、事物之间的距离,可显示人际关系的亲密是一般还是疏远,也可显示人物与景物、事物之间的有机联系、主次关系或烘托陪衬关系。

(5) 图表符号。

有的历史事实无法再现,有的经济数字统计与比例关系很难用形象表达,用图表符号表达虽较简单,却也朴素实用。在电视屏幕上出现图表符号,简洁明了地表述一定的资料、数据与比例,也不失为有效的补救办法。

(6) 照片符号。

电视节目大多由活动图像加有声语言组成,也有小部分电视节目为增加信息量,利用照片符号作为背景资料。

(二) 电视画面的特性

1. 连续性

电视画面是连续运动的活动画面。电视画面展示的是与客观世界的运动方式同样的连续运动情景,这就为真实地再现客观世界提供了最好的物质基础。电视画面摄取的活动情景包括远景、全景、中景、近景、特写等不同的景别;也包括水平方向和垂直方向的各种不同的角度;可以运用推、拉、摇、移、升、降、甩等运动镜头来突出事物的运动;也可以采取镜头内部的运动场面调度的手法体现事物。连续运动的特性为电视画面的再现、表现能力提供了最优越的条件。

2. 再现性

画面所拍摄的对象是具体存在过的,画面能客观地再现现实。电视摄像机所摄画面中的对象是一种具体存在,存在的空间是在摄像机对面,存在的时间是在拍摄期间开机瞬间。画面能准确而全面地再现摄像机前的几乎全部内容,包括对象的运动、对象的色彩、对象的立体感,等等。因此,电视画面是一种客观现象,它拥有现实的几乎全部的外在表现。这样,画面就能对观众激起一种相当强烈的眼见为实的逼真感,人们看了画面便一目了然,鲜明具体、真实可信。

3. 现场性

画面表现的始终是进行时态,是正在进行的情景。由于电视画面是外在现实在特定的时段空间中的一种片断性再现,因此它给观众的感觉始终是一种现状,是当时正在发生、进行的事实,是进行时态。而事件发生和电视播映之间的时间间隔只有在用其他方式提示受众以后,诸如解说词旁白、画面上的字幕、画中人物的叙述等,受众才能明白和理解。比如,一条电视新闻,如果不听解说光看画面,一般人都认为是正在进行或刚刚发生的事情,要靠解说词补充才能获悉新闻的确切时间。

4. 选择性

拍摄对象是被选择过的，它具有摄录者的主观因素。电视画面中表现的对象是被预选处理过的，这在电视剧等文艺样式的电视画面中是显而易见的，无论是人、物、景，都经过导演的精心选择和摆布。而在电视新闻画面中，这一点显得比较隐蔽，但也是客观存在的。社会上有那么多新闻，为什么选择拍摄这一条而不拍那一条？在拍摄、编辑时，为什么取这一组画面而不取那一组画面？还有拍摄的景别、画面构图、摄影机的运动等方面，都有画面摄制者的主观因素在起作用。当然，这种种选择也有抢拍新闻时的客观条件是否允许的问题。但是，人的种种主观因素，包括各人特定的思想观点、价值观念，即使是下意识的，也都会有意无意地起着作用。因此，不论哪种电视画面，其表现的对象都是被选择过的，不同的人就有不同的观察角度和选择范围。

5. 多义性

单个电视画面的含义是不确定的，可以作多种理解。尽管电视画面忠实地再现了摄像机所记录下来的客观现实情景，然而画面并不指明这些情景的确切含义，它只是肯定此情此景是具体存在过的，至于这些情景究竟表现了什么深刻的内涵，画面是无力做出明确答复的。也就是说，画面的功能只在于展现、再现，而不做解释，更无法论证，具有一种模棱两可性。比如一男一女在公园长凳上并排而坐窃窃私语的画面，可以理解为一对情侣在说情话，也可以看做一双兄妹在谋划如何分配父母的遗产，还可能是第三者插足的不正当的幽会，至于这属于应该鼓励的、保护的或是反对的，那画面表达就无能为力了。同样的画面，可以用完全不同的解说词去作说明，中央电视台播出的国际新闻，画面采用外国电视台摄制的内容，解说却在念新华社的电讯稿，就是利用了画面的这一特性。

除了相关画面本身提供的辩证关系之外，画面还会因观众认知结构不同而产生种种歧义。从接受美学的角度看，正是观众理性的知觉与主观的参与意识的作用，才完成了对画面意义的理解过程。而每个人都会有自己独特的兴趣爱好、文化素养、道德观念、政治观念和社会观念，对于同样的一组画面，不同的观众会做出截然不同的理解。观众对于画面的不同理解和反应，我们称其为画面外在的辩证关系，它也是以画面含义的不确定性为依据的。

（三）电视画面的传播功能

电视画面的特征决定了电视画面有如下基本功能：

1. 纪实传播功能

电视画面能完整地记录摄像机前的种种现实情景，并准确、客观地传送到广大受众面前，这就使电视画面具有一种纪实传播的功能，许多重大事件的电视画面成为一种历史的见证。例如，菲律宾的电视纪录片《人民的力量》，反映前总统马科斯下台出走，科·阿基诺上台执政的过程，是对菲律宾这一段重大历史的忠实记录。

2. 形象传播功能

电视画面传播的是一种形象的、具体的现实面貌，它不传播概念和抽象的事物。

它同文字传播不同,文字传播可以高度抽象、概括、提炼,而电视画面始终只传播看得见摸得着的具体事物。电视画面从不传播诸如动物、植物、房子、石头这样的概念,而只传播某一只具体的动物,某一棵有枝有叶的具体的植物,某一幢带有自己特色的房子,某一块棱角与众不同的石头。电视画面的这种形象传播功能使它具有很强的感染力。

当然,电视画面不传播抽象的东西,并不等于电视不能表达抽象的思想,电视画面的巧妙组合加上声音的构成与观众的联想、想象等思维规律的共同作用,就使得电视能够传播人类所创造的几乎一切的文化信息。

3. 直接传播功能

电视画面中出现的是种种具体的人和物,它传播的内容与观众之间不存在中介物,任何接触都是直接的,符号和被表明的物件是合而为一的。长期以来,不同的语言、不同的文字成为各个国家、各个民族之间人们相互沟通的一道道屏障,而电视画面的直接传播使这一道道屏障基本消失,使使用不同语言、不同文字的人们之间的直接沟通成为现实。电视画面直接传播的功能,使之成为一种世界性的沟通交流工具。

二、电视声音符号及其功能

电视的声音包括语言、音乐、音响三个要素。由于与画面的组合关系,电视声音的语言部分可分为解说词(在电视新闻中又称报道词)、同期声讲话、内心独白等;它的音乐部分分为实况音乐和背景音乐;它的音响分为同期音响和画外音响等。

电视节目主要是给人看的,所以图像应该是电视节目的基础。在制作电视节目时,必须充分利用画面内容来传情达意。但是,图像所展现的内容,在反映复杂的生活、纷繁的世事、深奥的心灵和微妙的感情时,是有局限性的;无论怎样清晰的图像,生动的画面,也难以充分而完美地表达作者的意向和要传播的全部思想内容;新闻信息的完整性、客观事物的差异性、思想内涵的深刻性,只靠画面来表现往往是难以办到的。英国格林·阿尔金在《电视音响操作》一书中说:任何电视节目的大多数内容都是由声音来表现的……当你听不到伴随图像的音响时,大多数图像就会失去现实性的感染力。人们看电视时必须要和听觉结合起来,边看边听,才能收到声画并茂和视听兼备的效果。所以,有声语言、音乐以及音响效果,都是必须加以重视的。

(一)有声语言

在电视的声音中,有声语言对电视传播起着重要作用,有声语言和画面是电视节目的主要组成部分。其作用主要体现在以下方面。

1. 揭示主题、阐明意义

图像,虽然也有通过现象表现本质的功能,但总是不如语言来得直接。形象思维常常是附着在画面上,而抽象思维则便于表现在语言中。在画面的基础上,配合以简洁明确的语言,揭示出画面没有表达出来的内涵,可以帮助观众对眼前呈现的图像做进一步、深一层的思考,并在这思考中加深对思想内容的理解,领悟主题的意义。尤其是思想、理论、观念,电视图像一般难以表达清楚。比如,一种道理,可以写出来(如文字),也可以说出来(如广播),却难以"拍摄"出来。有声语言的运用,便使电视节目获得了表现理性世界的直接手段。

2. 补充画面形象的不足

电视画面的直观性,造成思想内容表达的局限性,有些内容用画面难以完整明确地表达出来,有些复杂的意义和深奥的道理用图像就反映不出来,这就必须用语言补充说明。比如,新闻性电视节目,总要给人以完整的新闻信息,何时、何地、何人、何事、为何、如何,总该向观众有个清楚交代。而这些靠画面是不容易完全交代清楚的。电视节目本来就是同时诉诸观众的视觉和听觉的,看不明白也要让人听明白。如果视觉让人对影像迷惑不解,听觉再无清晰明确的感知,那不就等于"视而不见,听而不闻"了吗?各种电视节目,一般都要用语言来补充画面所不能提供的内容,或说明有关事物状态、性质、成因、功用,或介绍有关的知识等。这种补充作用主要表现在:

首先,补充说明画面表达不出来而又需要让观众了解的内容;

其次,补充说明画面表达不完整而又是表达主题不可缺少的内容;

再次,补充说明从画面上看不懂或不易理解的思想内容,特别是静物所蕴含的思想内容;

最后,帮助观众加深对画面的理解和扩大知识面的有关内容。

3. 揭示人物的内心活动

许多电视节目,都离不开表现人物。人物的外表,如容颜相貌、面目表情、姿态动作,都可以显现为图像;但人物的内心活动,如感觉、知觉、思维、情绪等,一般是看不见的,用图像显示就很困难,用字幕表达也不适宜,而用有声语言表达人物内心活动就很直接、方便。或用第一人称的口吻对观众说心里话,沟通与观众的感情;或从第三人称角度,对人物的内心活动加以旁白。特别是复杂的心理活动,那就必须用有声语言表达了。

4. 画龙点睛地升华画面内容

有声语言与电视图像的配合是多角度的,它不仅起到补充说明作用,还对画面内容起升华的作用。精美生动的画面与精彩恰切的语言配合,相映生辉、相得益彰,使整个电视节目锦上添花。有时三言两语,即可对画面起到画龙点睛的作用,观众视之赏心悦目,听之悦耳惬意,从而提高画面的意境和思想性。

5. 对画面形象起显影和放大作用

看电视,有时在眼前画面的启示下,头脑里会闪现出一些画面上并不存在的形象。比如,看电视片《井冈抒怀》,画面是一条被杂草覆盖的小路,这是当年红军走过的路。由于画面可以引起联想,于是人们好像也看到了红军留下的脚印,听到了红军行进的脚步声。用解说把这些想象中的形象呈现在观众的面前,这就是显影。

放大作用,就是把画面上不显眼的、不被人留意的影像,通过解说,使观众注意它、认识它,使它更有效地服务于主题思想。画面上的一草一木,一个平凡的人,一个平常的动作,如果抓住它们,用语言加以阐明,引起人们的关注,并认识到它的意义,这就起到了放大的作用。

6. 对转场起纽带作用

一部电视片,按拍摄的构思,把许多分镜头有机地组合起来,才能表达明确的主题思想。剪辑组合是制作电视节目的重要环节。各组画面的转场、从上一个场面过渡到下一个场景,需要有个纽带,否则,会使人感到突兀、生硬、不连贯。这个纽带,有时是图像,有时是声音,有时是声画结合。有声语言在转场和接续中的作用,就是用简洁的几句话,承上启下,使画面内容自然地组接起来,顺畅地发展下去。

(二) 音乐

音乐是通过组织声音(主要是乐音)表现情感的艺术。它与组织声音(主要是语词)表达思想的语言,构成了现代人类声音表达的主要方式。与语言的理性化特征相对应,音乐富于感染力。由于电视具有优秀的声音传真性,因而是胜任音乐传播的媒体。在电视节目中,音乐的存在形式有三种:一种叫做音乐节目;一种叫做节目音乐;一种叫做实况音乐。

音乐节目是专门提供音乐审美信息供受众欣赏的节目;节目音乐除自身具有审美价值可供人欣赏外,主要还担负着在节目中配合、辅助其他传播要素的功用;实况音乐是出现在特定情境中的音乐,如仪式音乐,它是事件现场存在的音乐,其对象是现场的人,而为传播媒体所采录并传播。在音乐节目中,音乐是主体;在非音乐节目中,节目音乐只是诸多传播要素之一,而且往往是辅助要素;实况音乐则是事实的有机组成部分。

新闻节目以传播信息为目的,要求在形式上尽可能客观公正,因而在消息类新闻信息传播过程中,除实况音响中存在的实况音乐以外,一般不使用音乐来辅助传达信息。新闻特写等软新闻一般也不使用节目音乐做辅助。只是在广义新闻类节目中,有时采用节目音乐来提高传播效果。至于在其他类型的节目中,节目音乐的运用则是很广泛的。

1. 节目音乐

节目音乐在电视节目中主要发挥如下作用:

(1) 通过节目配乐,强化内容的情感、情绪力度,烘托气氛。

音乐是直接诉诸情感的,或者说是情感的语言,在节目中它可以作为声音背景音响,通过营造音乐情感空间,配合语言、音响、画面,来引导、强化受众对内容的理解和情感反应,提高传播效果。我们知道,情感是思想的催化剂,特别是在引导想象、强化体验方面,具有独特的力量。它既可以加快受众对其他表达要素意义的理解速度,也能通过调整受众的接受心境,强化其情感体验,引发联想。特别是当需要一定的时间留给受众体味、思考时,常常配以音乐引导和暗示思绪的情调、节奏。当然,如果所使用的音乐与其他消息要素配合不好的话,结果也可能适得其反。所以,这类音乐,宁缺毋滥。

此外,对于电视中一些欣赏性的软新闻节目,如服饰展、花展等,直接配上音乐播放画面,也不失为放在一档新闻节目最后的花絮新闻的一种样式。

(2) 作为编舞手段,凸显、整合节目,创造蒙太奇效果。

从节目编辑的角度,节目配乐也有一定作用,它能够提高受众的心理唤醒水平,提高受众注意力。使用恰当的话,它还可以通过组织受众注意力的方式,部分地掩盖其他表达要素中存在的缺陷,如掩盖电视中由于素材所限造成的画面编辑不流畅,以音乐的连贯性、呼应性提高节目各要素间的整体性。正如美国电影理论家克拉考尔所说:"只要一响起音乐,我们就会感觉到某种本来并不存在的结构形式、乱糟糟的姿势一变而为可以理解的手势;散乱的视觉材料渐次合并,进退有序,音乐使无声的画面产生连贯性,又使画面显得明亮起来,从而加深了我们的印象。除此之外,它还使画面适应于我们在把握影片含义时的内心时间过程。"

节目配乐与节目的其他构成要素的组合,也可以构成各种蒙太奇,如庄严的乐曲与猥琐的人物形象同时出现,会产生滑稽的效果。

(3) 作为节目的声音标志。

电视的传播,是在受众个体分散的自由环境中进行的。在这样的接受环境中,受众可以处于非专注性状态下,一边做其他事情,一边收听、收看节目。因此,大多数电视台及其各固定节目都有自己的标识。电视的音乐标志一般是与画面结合在一起的,称为片头。还有一种是与固定的内容联系在一起的背景音乐,例如,与节目的内容提要、内容回放和结尾编播人员名单播报或字幕同时出现的音乐,也具有标识的作用。

(4) 作为节目的间隔或过渡。

一档电视节目或一个单篇较长的节目中往往需要做一些分类归纳或段落分隔,音乐便常作为有效的间隔方法。有些节目中时间、地点、场合、事件发展过程等的转换过渡,也往往采用音乐。这些音乐在广播中被叫做"间隔音乐"、"桥梁音乐"。它在节目中起着划分段落、调控节奏、营造气氛等作用,也给听众舒缓情绪、转换接收心态提供时间。在电视节目中,与上述广播中"间隔音乐"起同样作用的音乐、画面、语言、文字的统一体,称为片花。片花有的是单独制作的,有的就干脆借用片头或片头的一部分来实现片花的功能。从理论上说,片头出现在节目的开头,片花则可以出现在节目中任何需要的位置。一般来说,在由许多子节目组成的一档节目中,主要起标识、分类等作用的,往往是开始曲、片头。它们可兼做间隔音乐、片花,节目中可出现另外独立制作的间隔音乐或片花。它主要的功能是标识,因而其使用周期较长、较稳定。如,中央电视台《新闻30分》节目,以大片头开始,以大片头的一部分作为小片头,用来划分段落,其间插播广告。与此相反,一个具体节目的开始曲、片头与间隔音乐、片花,由于不会长期固定播出,因而其标识作用不强,无需稳定,主要功能在于显示节目标题,划分段落,调节气氛,提示、预告内容等,其制作与使用也更为灵活。有的是开始曲、片头与间隔音乐、片花各自独立制作,有的是合而为一。

(5) 填充时间空档。

电视节目的传播是以时间为存在方式的线性传播,要求节目准时、连贯,不能停顿、中断、颠倒。而由于各种主、客观原因,往往会在节目中产生空档。例如,播音员的播音速度把握不准，播出内容的临时删减，出现播放技术故障，实况转播因事情的不可预料性而产生时间误差，等等，在这种情形下，为了方便受众找节目，消除受众以为节目已结束或出了一时不可排除的故障等误会，甚或只是为了消除受众在等待下一档节目时的无聊，最简单易行的办法就是选择适当的音乐或音乐风光片来填充，以避免"开天窗"。

2. 实况音乐

实况音乐与实况语言一样，也有是否有"现场"之分。对新闻性节目而言，为了展示某人的演奏技艺或是某乐器的声音效果，重复采录便无损其真实性。仪式性音乐、事件现场的音乐等现场意义很强的实况音乐，则与现场真实性的表现密切相关，不可采取事后配音的方式。实况音乐不仅可以作为事实性要素发挥其传播作用，将其当做节目音乐，用来强化内容的情感、情绪力度，烘托气氛，创造蒙太奇效果，往往也可以收到很好的综合效果。例如，每届奥运会结束的时候，中央台的《新闻联播》发布奥运会闭幕综述消息，在列数我国各位金牌获得者时，运用大会升国旗时的现场实况音乐——《中华人民共和国国歌》为背景声，在升旗的现场实况同步画面上逐一"化"出领奖台上运动员的头像，使现场感与概括性达到了统一。

（三）音响

"音响"在不同的语境中有不同的含义，就一般意义而言，它可以作为"声音"的同义语。在电视中，它一直被用来指人类抽象语言和音乐以外的其他声音。更确切地说，音响是没有纳入有声语言逻辑表达序列和音乐逻辑表达序列的声音。它们当中也包括某些背景语言和背景音乐，但只能是那些处于具体表达系统之外的语言和音乐。例如，会场上的交头接耳声，肯定是语言，但语言内容是难以辨认的，无法进入语言传达的逻辑链条中；又例如，市井声中夹杂的乐曲声，只是各种声音中的一个组成部分，附属于市井声，并无独立的音乐表达意义。电视传播中的音响，可以分为实况音响与音响效果两种。

1. 实况音响

实况音响是客观物质运动声波的真实再现，具有还原现实的特点。对实况音响而言，声音的客观存在是其真实感的来源。在节目中，它主要发挥如下作用：

（1）再现事实的声音感性形态，提供可感受的具体事实信息，增强传播效果。

听觉与视觉是人类接收外界信息的两个主要通道。实况音响就是为受众打开的通往客观事实的听觉通道。它为受众提供了真实的、具有现场感的听觉事实，使受众更直接、更具体地感受事实及其现场氛围，这对于提高新闻的真实性、可信性和传播效果，无疑具有重大价值，是文字、语言、音乐、图像所不可替代的。声音也可以传达出发声物体的空间方位及其运动过程。在立体声技术、3D精确定位技术等音响新技术的支持下，利用声音可以建立起一个仿真的声音场，逼真地再现全方位的、运动变化着的音响世界。例如，一场重大足球比赛的现场，比赛双方的呼喊、双方球迷的助威呐喊、欢呼、叹息、打鼓吹号，共同汇成一个热烈、激昂的声音海洋，使受众的情绪自然而然地受到感染,产生亲临现场的感受。

在某些突发性事件中,由于声音具有全方位性,视线(以及摄像机)则往往随声而后至,已经晚了半拍,因而音响可能是唯一的实况事实记录,此时的实况音响具有独一无二的新闻价值。1999年9月6日,埃及总统穆巴拉克遇刺受伤,电视记者当时并没有拍摄到实况画面,因而受众从电视上所得到的,是群众场面中突发的几声清脆的枪声,此时的实况音响便成为最直接的事实记录。实况音响与电视图像构成的音像统一体,基本还原了人类的自然信息接收方式,其传播效果更达到了在知觉水平上基本复原现实的程度。随着声音定位等记录与传播技术的成熟与广泛普及,声音的空间感、方位感、速度感都会得到真实的再现,人们通过电视节目感受到的声音空间,将会更加如临其境。

(2) 具有一定的叙述作用。

某些具有典型意义的实况音响,可以代替语言来叙事。声音是事物运动的伴生物,许多事物都有自己的声音特征或者声音形象,具有一定的符号的特性,因而选择并组织典型实况音响,可以在受众的想象中再生成事物、事件的运动、变化过程,达到叙事的目的。当然,实况音响本身在传播时往往会有许多不确定性,因而在节目中经常只是部分地发挥叙述作用。

(3) 与语言、音乐、文字、图像同步或错位创造蒙太奇效果。

实况音响可以作为一个独立的时空单元,与其他时空单元,同步传达信息,或与其他时空单元错位,并在相互映衬、补充、对照、冲突乃至否定中生成新的意义传达。例如,让落后乡村独轮车的吱吱声与汽车、火车的图像同时出现,或是让汽车或火车的轰鸣声与乡村独轮车的图像同时出现表现二者的反差,这样可表达时代的飞速发展,也可以表达城乡的巨大差别。

(4) 实况音响可以突破视像的框限,拓展空间,增大信息容量。

摄影虽可自由变换时空,但受镜头视角限制,画面的容量毕竟有限,而音响则是全方位的,可以突破画框的限制,将信息的容量延展到画面之外,形成一个与人们的经验相同的视听信息空间。音响从出现方式来说,可以分成画内音响和画外音响。画面内物体发出的声音称为画内音响,它完全依附于画内物体。画面上看不到的物体发出的声音叫做画外音响,它一方面并不完全依附于画面内容,有其相对的独立性,这就为信息量的增加提供了空间;另一方面,由于声音的全方位性,画外音响可以起到扩展画面空间的作用。这既可补充画面的背景信息,也可为镜头的移动或切换提供根据。

(5) 音响的连贯性可以削弱镜头衔接产生的断裂感,使信息传达与接受更为顺畅。

镜头间的转换,如果其内部关联不紧密,就会使观众产生瞬间的茫然与困惑,表现在知觉层面,就是视觉上的"跳跃"感。画面编辑时,一般要运用过渡镜头或特技手段来弥补它。新闻、纪实类节目或因没有拍摄到过渡镜头或因制作、播出时间所限,仅能容纳有限的重要镜头,一般多采用"切"的方式组接镜头,难免产生画面"跳跃"现象。连贯音响的伴随,则会提供一段连续的时间链,并以此为坐标,提供画面间的关联信息,形成画面之间在时间上的联系感,甚或是在感觉层面转移观众对"跳跃"的注意力,因而起到整合视觉信息的传播效果,弥补画面语言不流畅的缺憾。

(6) 实况音响可以在节目编辑方面发挥作用,提供节目起承转合的信息,使节目承转自然、流畅。

声音或声画叠加转换是电视节目常用的转场连接手段,通过声音叠加在前一个声音或画面上,引出下一段音响或音源画面,使受众注意力自然转移,不会对接续的声画产生突兀感。

2. 音响效果

音响效果是信息传播者制造出来的或转借来的声音,它与实况音响的区别在于,实况音响具有客观真实性,而音响效果仅具有真实感,不具有客观真实性。所以,音响效果不能用于再现事实,只能用于表现、表达或虚构。正是由于上述原因,新闻不可以使用音响效果。其他体裁的节目,在非客观再现的情况下,可以使用它来增强传播效果。

音响效果除了不具备事实音响再现的作用外,一般而言可以发挥与实况音响相同的上述其他作用。除此之外,它还具有以下一些独特的作用:

(1) 创造主观化音响。

所谓音响的主观化,就是从主观角度出发,将客观音响加以变形,或是制造出现实中不存在的声音形式,以传达作者或表现对象的主体音响感受。较常见的是采用夸张、变形的方法,把本来听不见的声音放大到听得见,把小的声音放大到震耳欲聋,还可以加上混响、延时处理等。在结尾处,画面和音响效果是反向的,画面主体渐小渐远,音响则渐大渐强。它表现的是对心灵的敲击,对执著的张扬,而非简单的事实再现。同样的例子还有很多,如以响亮的知了叫声配合表现主人公内心的烦躁情绪等。

(2) 创造现实当中不存在的音响形式,以配合新奇、怪异、陌生等非日常经验性的情境、画面。

音响合成器、延时器等新技术设备在电视节目制作中的大量使用,使音响的创造变得轻而易举,用它来配合虚构形象、表现场景等,在科幻、动画等类节目中常有使用。

(3) 营造、渲染气氛。

营造和渲染气氛是音乐的特长,但音响效果同样可以有所作为。通过音响强弱、动静等的变化,配合特定的情节与画面,往往可以创造摄人心魄的氛围来,例如,心脏跳动的音响、钟表的滴答声,等等。

(4) 通过音响效果,突出段落分割,实现转场。

所谓"转场",就是划分段落。进行音响转场时,电视画面一般多为明显的声源的近景或特写,音响则采取夸张的形式,以引起受众特殊的知觉注意,产生隔断的传播效果。

作为一种表现手段,音响效果具有广阔的创造空间。上面所列,不过是其中较常见者,根据具体情况,灵活地运用音响效果,是节目制作者创造性的体现。

第二节 电视节目的基本类型

电视媒介自其诞生,发展至今,其节目已经逐渐形成了一个要素齐全、结构完善的庞大系统。不同形态的电视节目既有一些形式和内容的共性与联系,在节目受众定位、节目内容、性质与风格、采制方式等方面又有自身的个性。把握共性,突显个性,才能正确认识电视节目的基本形态。

对于电视而言,为满足和适应人和社会的需要,就会产生各种各样的节目。而人和社会的需要(包括兴趣)的广泛性与多样性,也就导致电视节目的多样性和复杂性。由于分类的前提条件不同,电视节目基本形态的表现方式也各不相同。

按内容属性的标准,理论界通常有"四分法"和"六分法"两种分类。"四分法"即将电视节目分为:①新闻性节目;②教育性节目(社会教育、学科教育);③文艺性节目(包括娱乐性节目、综艺节目);④服务性节目(包括广告)。"六分法",则比"四分法"多了"言论类节目"、"知识类节目"两种。比较起来,"四分法"显得更加直观实用,国际上或国内都以"四分法"为主。下面两张图表是中央电视台张海潮在《中国电视节目分类体系》一书中对我国电视节目进行的类型划分,具有一定的代表性。

一、新闻性节目

新闻性节目是以报道和评论新近发生或正在发生的新闻事实为内容的各种电视节目的总称。内容极其广泛,无所不包,涉及天文地理、社会人生、政治经济、科技文化等社会生产生活的各个领域。其主要功能和任务是宣传政策、传播信息、引导舆论、传播知识等。

虽然从节目系统中所占的播出时间上看,新闻性节目在电视中不是最多的,但从节目自身所具备的特点、内容的重要性以及对社会所产生的影响和作用来看,在电视节目大系统中,新闻性节目却一直占据着举足轻重的地位。它既是节目系统的基础,又是电视节目的"龙头"、骨干、主体,新闻性节目的质量决定着整个节目系统的健康运行。

(一) 新闻性节目的特点

在与其他形态节目和其他媒介的比较中,我们可以看出电视新闻性节目有如下特点。

(1) 快。

快,指电视新闻节目中的内容报道迅速快捷、时效性强。随着电子科技的飞速发展,电视拥有着最现代化的信息采集和传播手段,使得电视逐渐从 TNT(Today's news today,今天的新闻今天报)发展到可以 NNN(Now news now,即时新闻即时发)了,它不但能够对发生的新闻事实及时进行报道,还能在发生的同时进行同步报道,真正实现了电视新闻报道与新闻事实的同步化。这是它与其他新闻媒介相比显示出的最大的优势。

电视专题与专栏

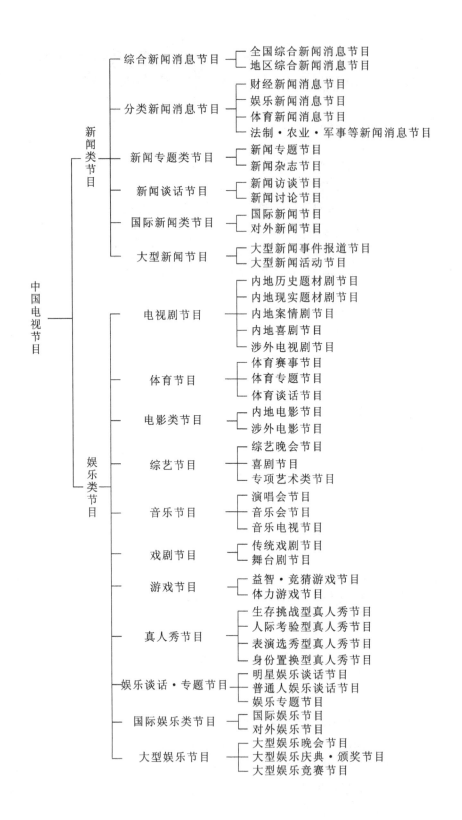

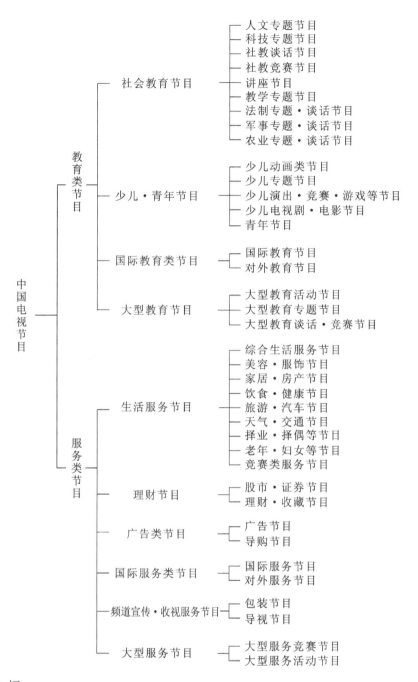

（2）短。

短，指电视新闻节目的语言简洁精炼，概括性强。一般来说，电视新闻集中告诉受众"what（是什么）"，即信息内容，而较少告诉受众"why"和"how"。这是电视声画并茂的特点所决定的。声音稍纵即逝、过耳不留，一条新闻过长，受众听后忘前，新闻的语言啰唆、内容拖沓，受众必然失去继续收听、收看的耐心。这就要求电视新闻的语言要高度浓缩，将那些可有可无、细枝末节的内容去掉，概括性地将新近发生或正在发生的事件告诉受众。除实况转播以外,一般消息不超过1分钟,通讯不超过5分钟。

(3) 活。

活,指电视新闻节目的形式多样、立体感强。电视新闻节目表现形式灵活,消息、通讯、评论、连续报道、系列报道、热线讨论等多种形式并存,十分丰富;体裁活,将声音元素和图像元素进行多种组合,既有播音员的口播,也有记者的现场采访,还有实况录音,节目具有较强的立体感。

(4) 真。

真,指电视新闻节目形象生动,直观性强。电视新闻可以声画并茂,将现场景象生动地展现给观众,使观众有身临其境之感。这种极强的传真性,不但能给受众留下深刻的印象,也使受众接收信息时,费力程度最小,更易于接受新闻信息,从而能极大地调动受众的参与意识。

(5) 大。

大,指电视新闻节目的信息容量大。报纸的出版目前最频繁还只限于一天一次,提供的信息量自然受出版次数和版面的限制,而电视报道新闻,既可以反复多次播报新闻,还可以利用它传播符号多的特点,在每次播报新闻的单位时间里尽可能增加信息容量;一方面,它囊括了政治、经济、军事、文化、科技、体育、卫生等方方面面的信息,是"新闻总汇";另一方面,它不光可以用文字语言表达,还可以用声音、图像,将与之相关的信息带给受众,信息总量显然比报纸要大得多。而且,电视新闻传播过程中"梗阻"的情况较少出现,如它不受邮路的"梗阻",覆盖面广,受众群庞大,它的直观性更易为受众所接受等,使得受众在电视新闻节目中实际接收的信息量非常大。

当然,电视新闻节目也不可避免地有自己的弱点。如,电视的图像和声音更易于反映事物的外貌和现场气氛,而较难表达事物的内在规律与本质属性,所以新闻性节目一般来说难以形成深度报道,内容深度不够。再如,虽然电视新闻节目是以向受众呈现现场场景和音响见长的,但由于一些突发事件的发生是难以预料的,事件发生时,记者不可能恰好正在现场,所以往往不能抓录到现场音响或抓拍到现场场景,这成为新闻报道的一大遗憾。还有,电视新闻节目采取顺序播出,选择性差;电视声音和图像都是稍纵即逝,其节目不便保存,等等。

(二) 新闻性节目的构成

新闻性节目是电视节目系统的重要组成部分,同时,电视新闻性节目本身也是一个庞大的节目体系。根据对新闻事实的不同表述形式和处理方法,电视新闻性节目一般可分为消息类新闻节目、专题类新闻节目和评论类新闻节目三大类。

1. 消息类新闻节目

消息类新闻节目以报道动态新闻为主,迅速、广泛、简要地对国内外最新发生、发现或正在发生的新闻事实进行报道。节目中一般以动态消息为主,辅以非动态消息,如经验性消息、解释性消息、述评性消息、人物消息等,其报道的绝大多数是新闻性较高的硬新闻,奇闻轶事类的软新闻不多,一般将数十条新闻消息集中组合,安排在电视台每天的"黄金时间"或正点、半点新闻中播出。

消息的基本特征是：①时效性强，及时发布最新信息；②报道简明扼要，直截了当地叙事；③公信力强，党和政府的方针政策、法令，以及各项重大决定、重要会议的召开等，都是通过这类节目发布的，对社会舆论起着较大的引导作用。

消息类新闻节目是电视新闻汇总消息的主要途径渠道，是整个电视新闻节目的核心，也是电视新闻报道中最常见的。比较典型、具有代表性的节目像中央电视台综合频道午间《新闻30分》、晚七点的《新闻联播》，各省市电台、电视台的本省新闻联播节目等，都属于这类新闻节目。

2. 专题类新闻节目

专题类新闻节目往往围绕一个主题，采用消息、通讯、特写等多种体裁，对新近发生、发现或正在发生的新闻事实进行一次或多次的充分报道，它是电视进行深度新闻报道的一种节目形态。这类节目选题一般是政府工作中的难点、热点，群众关心的焦点，特点是节目播出时间比较长，节目内容比较丰富，对新闻事实的分析、解释详尽、有深度。但与消息类新闻节目相比，因其报道的多是适应当时形势需要的内容，一般来说，其时效性显得稍弱。也不是每天播出。

专题类新闻节目的形式有固定的专栏节目、不固定的专题节目和临时举办的各种特别节目等几种，节目时长不等，从几十分钟到几小时都有。

固定的专栏节目一般有专项的报道范围，节目对象性较强，有自己一定的受众群。如中央电视台的《焦点访谈》、《新闻调查》、《东方时空》等节目。

每每党和政府有重要活动和重要会议，或者有重大节日庆典、全国乃至世界人民关注的大型活动时，电视机构都会配合宣传，开设一些不固定的专题节目，这些专题节目对新闻人物、新闻事件做比较详细、系统的解释和分析，往往有特定的内容，也只是在这个特定的时间段安排播出。到了会议或庆典、活动的当天，一些电视台还会临时调整固定播出的节目，做报道会议、庆典或活动的特别专题节目。这类特别节目报道形式灵活，可以取客观纪实的手法，也可取现场报道的方式，还可以取演播室议论与现场报道相结合的方式。

如在马航飞机MH370失联后，中央电视台新闻频道迅速开办了MH370飞机失联的专题报道，它就是一种不固定的特别专题节目，形式为演播室议论加现场报道。

另外，电视专访、电视讲话、电视新闻调查等也是专题类新闻节目的重要形式。

电视专访是电视台记者、节目主持人对有关的新闻人物、重要的新闻事件和社会问题进行专题访问报道的一种节目形式。一般都是采取问答、交谈的形式。这类节目可分为人物访问和专题访问两种，前者是对新闻人物的访问，涉及的内容比较广泛。如，中央电视台《东方时空》中曾经设立的人物专访节目《东方之子》，其宗旨是"浓缩人生精华"，专访了无数在各个领域中做出卓越贡献的人物，在全国形成很大影响。2002年央视又创办了一档独立的人物专访节目《面对面》，这个节目形式上是面对面的长篇人物访谈，兼具《新闻调查》的深度和《东方之子》的敏锐。在长达45分钟的一对一的交谈中，主持人以其鲜明的质疑、尖锐的提问、审视与挑剔的眼神、适度煽情的"追问"等，力图展示新闻人物的另一面和他们丰富的情感世界。后者是就某一新闻事件或问题对有关人士进行的专访，以获得人们所关注的新闻事实，或是所想了解的观点看法。如，中央电视台的《新闻会客厅》节目,以家庭式的客厅为演播室基本形态,通过对当日或近期国内发生的重大新闻事件中的人的专访,来开掘新闻事件中当事人和关联人的亲历、亲为和亲感。

电视讲话一般是请新闻人物、权威人士在电视上就某一问题发表讲话,以介绍个人看法和有关情况。电视讲话有命题准备讲话和现场即兴讲话之分。我国一般将党和政府所做的电视演讲都称为电视讲话。最有代表性的是每年元旦国家领导人在电视上发表的新年祝词。

电视新闻调查是就某件新闻事件,或某个重大社会问题、社会现象做深入调查的节目形式,它也是电视新闻进行深度报道的一种形式。中央电视台的《新闻调查》节目就是一例。这个节目采用大量真实、生动的现场音响和画面,加上实际调查得到的翔实而具体的背景材料和准确而精辟的评论,深度报道社会热点问题和典型事件。

3. 评论类新闻节目

评论类新闻节目又称言论类新闻节目。与消息类、专题类新闻节目主要是用事实说话,通过对客观事实的报道来反映舆论、引导舆论不同,评论类新闻节目是以客观事实为依据,通过对新闻事实的理性思考、分析,发表议论,阐述道理,以观点和见解来引导舆论,是新闻性节目的旗帜和灵魂。可以说,新闻评论是电视台直接发言的主要手段之一,也是公众判断电视台的政治面貌和衡量电视台的政治态度及思想水准的主要标尺之一。

电视评论类新闻节目和其他传媒的新闻评论一样,在内容上具有新闻性、政论性、导向性、群众性等特点,在形式上又有着自身的一些特征,主要有:一是短小精悍,电视新闻评论一般一事一议,以四五百字为宜,"千字文"就已经算长评论了;二是浅显易懂,电视新闻评论要深入浅出,一听、一看就懂;三是样式多样,报纸评论的样式,如社论、评论员文章、短评、编后等,电视新闻评论都可以借鉴采用,它还有适合自己传播特性的样式,如口头评论、谈话评论、主持人评论、音像评论等,电视新闻评论节目不但有文字表达的内容,还有音响、图像等。

2008年3月24日,电视新闻评论节目《新闻1+1》在中央电视台新闻频道亮相,开创了一种以主持人加新闻观察员,二人在演播室展开双人谈话模式的新形态。节目改变了传统电视评论刻板的说教方式,围绕"时事政策、公共话题、突发事件"等三大类选题进行言论上的探讨与话题的剖析,力求观点明晰、言论有理、论证有力。传统的电视口播评论中,图像符号功能没有得到有效的展现,造成与平面媒体难分伯仲的局面。《新闻1+1》突破这一瓶颈,充分发挥图像评论的功能,同时运用人物同期声、画面、字幕、现场连线等多种方式,为演播室节目的"话匣子"提供论据。

电视评论类新闻节目的形式很多,这里只选择其中有它独自特点的一些形式,做一简单介绍。

(1) 口播评论。

这是由播音员、评论员或节目主持人在话筒前口头播讲各类新闻评论稿件的形式。这些评论稿件包括电视台撰写的本台评论,为新闻配发的编前、编后话,报刊、通讯社提供的评论文字稿,以及新闻节目主持人、记者采访时的即兴评点等。这种以个人名义讲述的见解,有一种特殊的意义,即具有一种"面对面"交流的效果。与广播的口播评论相比,电视口播评论,除了声音外,还有自己的形象特点。首先,播音员的活动图像出现在荧屏上,播讲评论时不仅有直观的服饰穿着和发式首饰等,还伴有面部表情、手势等非语言传播符号。其次,口播评论还往往配有背景画面和活动图像、照片、字幕、图表以及漫画、速写等形式的背景材料。虽说是口播评论,实际上也是声画结合、图文并茂的。

（2）电视谈话。

电视谈话是以谈话的方式阐述对新闻事件看法的一种形式。它力求以平易近人的谈话方式交换意见和看法,以求达成共识。电视谈话节目由广播谈话演化而来,最初是节目主持人、记者、编辑等电视新闻工作者围绕某一新闻事件进行讲述和评价,并配有各种背景材料画面和字幕说明。后来随着电视台开通直拨热线电话,观众可以直接参与由节目主持人组织的议题交谈和讨论。现在它已经发展为在节目主持人主持下就某一话题,群众或者专家共同进行讨论座谈的节目形式。它多是选取社会上人们关心的热门话题,邀请相关人士进行较为广泛的议论或争论,以达成共识,取得有利于问题解决的完满结局。中央电视台1996年3月16日开播的《实话实说》就是一个典型。

（3）电视新闻述评。

这是在报道新闻事实的同时,对所报道的事实做出必要的分析和评论的一种形式。这种节目形式以评论员或主持人（记者或编辑）为主串联,在叙述事实的基础上,用夹叙夹议的方法,以声音或画面提供的事实为依据,时而用画外音叙述,时而在荧屏上评论,自然地引出观点、看法,就实务虚、叙事说理,既具体、形象,又生动逼真,有很强的感染力,使受众容易接受。代表性栏目如中央电视台的《焦点访谈》。

二、教育性节目

教育性节目是指以传播政治、思想、伦理和科学文化知识为主要内容,以推动社会精神文明建设为目的的电视节目。国外又叫"公众利益服务节目"或"公共教育节目"等。

作为电视节目系统中的"后起之秀",教育性节目虽然比较年轻,却担负着思想理论教育、政策法规教育、文化知识教育、科学技术教育和职业技能教育等重要任务,是人类社会生活中一个不可忽视的部分。特别是时代发展到今天,人们越来越认识到电视教育性节目的重要性,它与新闻性节目、文艺性节目等互相补充、互相渗透、互相联系,一起构成电视台的重要节目来源。现在各级电视台不但设立有专门的教育性节目,有的还开播了教育频道,甚至发展到成立专门的教育电视台。

（一）教育性节目的特性

电视教育性节目融入了教育与电视传媒的种种特性,与其他教育机构相比,作为现代化传播工具,电视在传播社会教育节目上有着明显的优势。

1. 受教育者的广泛性与专一性的统一

从总体上看,电视教育节目一不受学校围墙的限制,二不受课堂大小的限制,三不受文化水平的限制,只要拥有收视工具,听觉、视觉健全的人都可以根据自己的水平和需要有选择地接收教学内容;一次教学活动下来,听讲的"学生"往往数以万计,远远超过课堂中听课的学生数。

而在具体的电视教育中,它又可以为特定的受众提供专一的教育内容。许多电视教育性节目都有特定的传播对象,特别是以年龄、职业或地域来区分教学对象的各类特定对象节目,都不同程度地具有专一性。无数种的专一的对象,汇集成一个广泛的整体。这种广泛性与专一性的统一构成了教育性节目的首要特征。

2. 传授内容的多样性、专业性与新闻性的统一

总体上来说,电视教育节目传授的内容是广泛多样的,不仅涵盖了学校教育的所有学科门类,而且许多教学内容是学校教育所不能涉及的,无所不包。但具体到某一单个教育节目时,电视教育节目的教学内容又突出了专业教学的特色。而从根本上讲,电视机构是新闻单位,节目内容还常常包含反映社会现实、联系社会现实传授知识的内容,呈现出强烈的现实针对性和高度的时代感,不可避免地具有一定的新闻性特点。

3. 传授方式的科学性、系统性与形象性的统一

电视的知识教育性节目作为教育的一个组成部分,当然会遵循教育的一般规律,注意教育方法的循序渐进、启发诱导、理论联系实际等,注重教育的科学性和系统性。在此基础上,它更突出地具备形象性。这是由电视传播工具的特性决定的。

(二)教育性节目的构成

目前,我国电视教育性节目一般分为两类:一类是教学性教育节目,一类是社会性教育节目。

1. 教学性教育节目

教学性教育节目是利用电视手段系统传授文化科学知识的,其教学内容往往与学校教育相对应。其基本形式来源于课堂教学,在题材、手法上,它与社会性教育节目有着明显的区别。因此,也有人称其为"电教节目"。根据传播内容和数量,教学性教育节目可分为三种:

(1)综合教学。

基本上按照全日制学校的课程设置安排教学,一般要进行考试并给合格者发文凭,是一种综合性的学历教育。如中央广播电视大学,由于它采取了一种远距离的教育方式,也称为"空中大课堂"。

(2)专业教学。

专门教授某一学科,由浅入深,有计划、分阶段地教学。它与社会上一般的专业专科以及中专学校相似。

以上两类节目大都是有专业电子传媒,如中国教育电视台承担。

(3)应用教学。

应用教学,类似职业教育和社会举办的实业教育,适用于知识更新和就业培训,如生产工艺教学、生活实用知识教学、艺术欣赏教学、外语教学等,具有实用性强、专业性强、对象性强等特点。特别是一些面向社会,应广泛的、固定的需求而举办的教学节目,如外语教学节目《Follow Me》,长期以来深受受众的欢迎。

2. 社会性教育节目

电视日常宣传中最经常看到的教育性节目是社会性教育节目。按照节目内容,通常将社会性教育节目分为理论节目、知识节目、特定对象节目、竞技节目等。

(1) 理论节目。

它是以讲解道理、阐发论点为特征的思想教育节目,是社会主义电视节目的一个突出特色。可针对各种理论而设置相应的栏目,如理论知识、理论讲座、理论信箱、论坛等。

(2) 知识节目。

它侧重于通过趣味性的节目向群众传授各种领域的科技文化知识。由于内容丰富,依据各种知识门类,它逐渐形成了名目繁多的节目和栏目。如介绍医疗知识的《健康之路》,介绍法律知识的《今日说法》,介绍科技知识的《科技之窗》《科技博览》,介绍文物考古知识的《鉴宝》等。除了固定播出的知识节目,更多的是各地电视台拍摄制作的电视专题片,如以介绍美食知识为主的系列专题片《舌尖上的中国》等。

(3) 特定对象节目。

它是指以特定社会成员群体为对象而开设的教育节目。这种节目历来被认为是电视宣传的重要手段。按照职业、年龄、性别、民族、地域等,可设置多种节目,如针对老年人的节目《夕阳红》、针对少儿的《大风车》、针对女性观众的《半边天》、针对农民的《金土地》等,还有残疾人节目、特区生活节目、牧区节目等。

(4) 竞技节目。

它是以人的智力和能力比赛为内容的节目形式,也称益智节目。它囊括了竞赛、问答、讨论、辩论、评选和点播等样式,这种形式适应人们普遍存在的求知欲望,将知识性、趣味性和娱乐性融为一体,以受众参与的方式向受众传播知识,形成一种双向交流的宣传教育方式,能够取得较好的教化效果。

其中,以竞赛型节目为典型代表。我国第一个影响较大的竞赛型节目是中央电视台1983年的《北京中学生智力竞赛》。此后,不少省市级电视台都举办过竞技节目,如《江浙沪越剧大奖赛》《京杭大运河知识竞赛》《家庭演唱大赛》等,还有后来出现并一直坚持举办的《亚洲国际大专辩论赛》《三星智力快车》等。现在,这种节目往往与娱乐类型的节目互相渗透,其中知识已经成为一种娱乐手段,构成了典型的"寓教于乐"的形式。如中央电视台的《开心辞典》等节目。

三、文艺性节目

电视文艺性节目,或称娱乐性节目,是文艺与电视相结合的产物。它是一个广泛的概念,凡是利用电视媒介传播的文艺节目,或是利用电视塑造艺术形象来反映社会生活的电视节目,都可以归于此类。这里涵盖了两层意义:一是传播手段的运用;一是作为塑造艺术形象手段的运用。这两者在艺术本质上是有区别的。前者只是一种传播,从电视音乐、戏剧戏曲到电视散文、配乐小说、电影录音剪辑等,其中的典型代表是"综艺节目"或电视文艺晚会。后者是一种艺术创造,典型代表是"电视剧",它可以形成一种新兴的艺术门类。

从电视诞生之日起,文艺性节目就一直是电视台播出的重要内容。

(一) 文艺性节目的特性

与一般文艺节目相比,由于传播手段和传播方式的不同,电视文艺性节目具有鲜明的特性:

1. 包容性

在所有的电视节目之中,文艺性节目的包容性最强。它既可以包容音乐、舞蹈、绘画、雕塑、建筑、戏剧、文学、电影等一切艺术样式,又可以包容多个内涵层次,既有高品位的"阳春白雪"式的文艺精品,又可以有"下里巴人"式的大众通俗文艺。这是电视文艺性节目区别于其他文艺的一个最显著的特征。

2. 渗透性

电视传媒特性决定了其受众不受年龄、性别、文化程度等方面的限制,因而随着电视的日益普及,电视文艺性节目直接成为群众最方便的业余文化生活的一部分,这也使得电视文艺性节目具有比文艺报刊、书籍等要大得多的渗透力,其社会影响力远比其他节目更为深远。一部好的电视剧足可以使"万人空巷"。

3. 连续性

电视连续剧等大大满足了群众足不出户便可连续、定期地欣赏文艺节目的需求。

4. 选择性

电视接收工具普及,节目频率频道也多,受众可以自由选择自己感兴趣的节目。同时,欣赏电视节目时,受众既可以全神贯注,也有可能是漫不经心、一心二用。这种自由性和随意性,既是电视文艺性节目的长处,也是它的一个缺陷。

(二) 电视文艺性节目的构成

电视文艺性节目包含的内容,从不同角度有不同的分类方法。

1. 按照节目来源来分

电视文艺性节目包括三种来源:

(1) 电视独有的艺术品种的文艺节目。

电视剧是这类节目的典型代表。随着电视剧创作的日趋活跃,这类节目已经发展成为一个新的、独立的艺术品种。

(2) 对社会文艺进行加工的文艺节目。

这是对一些社会文艺品种进行加工使之形成具有电视特点的文艺节目。如MTV、LTV 等。

MTV,即音乐电视,是利用声画对位方式所形成的一种新的电视文艺节目。它把原本以听觉来感知的音乐节目,变成一种视听综合审美体验的电视节目。

LTV,即文学电视,可以算是从 MTV 形式中引申出的新的电视节目样式。它是将经典文学作品进行图像和音乐方面手段的加工处理,搬上荧屏。我国较早的LTV作品是1994年6月中央电视台制作的散文电视《世界上最疼我的那个人去了》。

(3)直接取材于社会文艺的文艺节目。

即把社会文艺节目直接引入电视,基本不做加工或很少加工而进行播出的节目,如电视实况播出或现场直播的文艺晚会。

2. 按照节目功能来分

按节目功能,可分为以下几种:

(1)欣赏性文艺节目。

它以播送各种各样的文艺作品为主,使受众进行审美欣赏。

(2)知识性文艺节目。

主要是向受众传授、普及文艺理论知识和文艺技艺。

(3)服务性文艺节目。

主要是向受众提供文艺方面的咨询和服务,解答各种疑难问题,以满足受众的求知欲望和其他各种要求。

(4)评价性文艺节目。

主要是评价、介绍文艺作品和文艺创造者,将艺术评价与艺术欣赏、知识介绍巧妙地结合起来。

3. 按照艺术种类来分

按艺术种类,可分为以下几种:

(1)音乐节目。

它是电视文艺节目的重要组成部分。除了播出中外各类声乐、器乐外,还可以配合画面播出歌舞剧的音乐录音剪辑、选曲等。

(2)戏曲节目。

可以说,这是中国特有的电视文艺节目样式,主要是播送中国的各种戏曲剧目。如中央电视台的《名段欣赏》、《戏曲欣赏》等。

(3)曲艺节目。

曲艺是各种说唱艺术的总称,包括鼓书、相声、评书、快板等。中央电视台以前的《曲苑杂坛》,是一个融合戏曲、评书、相声、小品、杂技、笑话等多种节目品种的栏目。

(4)文学节目。

包括文学欣赏、电视散文、电视小说等。

(5)电视剧。

专门在电视上播映,融合舞台表演与电影艺术等多种表现形式的特殊艺术样式。一般分为单本剧和系列剧。一种综合艺术,兼具各种其他艺术形态的特点。比如电视剧画面兼容了绘画、雕塑、建筑的视觉造型元素,又具有画面流动性的特点。

(6)舞蹈节目。

它将各种舞蹈(如民族舞、芭蕾舞、现代舞、摇滚舞等)成功地在电视荧屏上展示出来。

四、服务性节目

从广义上讲,所有电视节目都是为受众服务的。从狭义上讲,服务性节目是与新闻类、教育类、文艺类节目相并列的,是指那些实用性强,通过传递信息、接受咨询、反映群众呼声等方式,直接为受众解决思想、工作、生活上的各种实际问题,给人们提供具体而实用的服务,为民排忧解难的电视节目。

服务性节目是电视节目中前景广阔、发展潜力很大的一种节目类型。一方面,从传媒自身来说,电视的媒介特性决定了服务性节目在整个节目系统中的重要地位。媒介的社会服务功能是一种客观存在,作为先进的传播媒介,电视在服务内容、服务对象上比其他传媒更具广泛性,服务方式也更形象、生动、亲切、真实。

另一方面,从外在客观形势来说,时代的发展也决定了服务性节目在整个节目系统中的重要地位。随着我国社会主义建设事业的迅猛发展,政治经济、文化生活等各方面都有了很大的进步,这对电视的社会服务功能提出了更高的要求。作为提供服务最为便捷的工具,电视更需要不断地拓展新的服务领域。

(一)电视服务性节目的特性

1. 实用性强

能广泛地适应不同文化、不同年龄层次人们的日常生活、工作、学习等方面,有直接的指导作用。

2. 指导性强

服务性节目无论是针对特定对象,还是一般对象,针对固定对象,还是临时对象,都希望对服务对象从具体的言行举止到内在的思想情操产生影响。

(二)电视服务性节目的构成

我国电视服务性节目名目众多,内容丰富,按照不同的前提条件,可以划分为不同的类型:

1. 按节目内容划分

按节目内容,可划分为以下几个方面:

(1)家庭生活服务节目。

这是为广大受众的家庭生活提供固定的常规服务的节目,一般是介绍美食烹饪、医疗卫生、美容保健等与人们日常生活密切相关的内容,如《天气预报》、《养生堂》等。目前,此类节目中以寻医问药节目尤其引人关注,很多电视台都开设了类似于《名医坐堂》这样的节目。

(2)经济生活服务节目。

这是为个人或社会的经济生活提供各种服务信息的电视节目。如市场信息、投资指南、股市行情、外汇牌价等。

(3) 受众咨询服务节目。

这是为广大受众生产、生活、精神、心理等方面排忧解难的节目,此类节目在服务性节目中影响较大,效果也较突出。

(4) 广告服务节目。

广告服务节目的地位比较特殊,它既是一个宣传节目,又是一个经营项目。我国早在20世纪七八十年代就陆续开办了广告节目,如1979年1月28日,上海电视台播出了国内第一支电视广告——上海药材公司的"参桂养荣酒"广告。现在,许多电视台的广告节目已经改变了过去那种单纯"叫卖"的面目,更加注重广告节目的艺术性,讲究广告创意。

2. 按节目形态划分

按节目形态,可划分为以下几个方面:

(1) 独立形态的服务性节目。

就是一种纯粹的服务性节目。它不与其他类型的电视节目相渗透,不借用其他节目形态来达到服务的目的,始终保持一种实用性质的形态。它又包括以下两个方面。

① 单项性服务节目。即只为受众提供一个方面或一个问题的具体服务,内容单一而集中。如天气预报、健美体操、节目预报,还有具体介绍烹饪等某种技能的节目,提供股票、外汇牌价、交通路况等某类具体信息的节目。其中,《天气预报》是每个电视台都开办的单项性服务节目。

② 综合性服务节目。其服务项目多、方面广,更注重受众的参与,常常采用由主持人在节目中回答受众的问题,选播受众的来信,具体为受众家庭生活服务的形式。

(2) 非独立形态的服务性节目。

这类节目实际上是从其他类型的电视节目中重新认定的,如教育性节目中的一些专题片、知识竞赛,文艺性节目中的综艺节目等,这些在节目中往往含有一些服务性的因素。如中央电视台二套中1999年开办的《幸运52》,就是一个将商品信息融入知识竞赛形式中的大型互动式节目。

关键词

电视节目　　TV program
电视符号　　TV symbol

思考题

1. 电视画面有哪些构成元素?其特性和功能是什么?
2. 电视声音有哪些构成元素?其特性和功能是什么?
3. 按照内容划分,电视节目可以分为哪些类型?
4. 新闻性节目有哪些特点?其构成情况如何?

第二章 电视专题与专栏概论

本章导言

电视专题片比简短的电视新闻要丰富深刻,它取材于现实生活,与影视剧有别。电视专题节目犹如报纸通讯,但它往往要比报纸通讯广泛得多,比如它可以包括各种纪录片、人物专访、对象性节目、服务性节目以及竞赛类、真人秀等娱乐性节目。电视专题节目是一个比传统专题片广泛得多的概念。在现实生活中,电视专题节目一般以电视专栏的形式播出,因此电视专题与电视栏目密不可分。

本章引例

解说:(男)西藏的诱惑,不仅因为它的历史,它的地理,更因为:西藏,是一种境界。

——创作者题记

《朝圣的路》歌词

我向你走来,捧着一颗真心;
我向你走来,捧着一路风尘。
啊,真心,啊,风尘,
芸芸众生芸芸心,人人心中有真神;
不是真神不显圣,只怕是半心半意的人……
解说:
(女)我向你走来,捧着一颗真心,走向西藏的高天大地,走向苍凉与奔放。
(男)我向你走来,捧着一路风尘,走向西藏的山魂水魄,走向神秘与辉煌。

> （女）令人神往的西藏啊，多少人向你走来——因为"西藏的诱惑"，因为那条绵延的雪域之路。
> （男）令人神往的西藏啊，多少人向你走来——因为"西藏的诱惑"，因为神奇的西藏之光……
>
> **西藏的诱惑**
>
> 解说：
> （女）像旭日诱惑晨曦，像星星诱惑黎明。西藏对人的诱惑，那样强烈，那样不可遏止。对具有献身精神的艺术家来说，像蓝天诱惑雄鹰。
> （男）像山野诱惑春风，像草原诱惑骏马，西藏对人的诱惑，那样巨大，那样难以摆脱。对敢于追寻的艺术家来说，像大海诱惑江河。因为西藏的诱惑，一位中国的电视工作者，离开了养育自己的淮河山水，走上了那条朝圣的路。数年之间，他踏遍了西藏百分之九十八的地区，并且历时一年之久，徒步考察了横贯西藏的雅鲁藏布江。
> （男）在条件极其艰苦的情况下，他留下了一份遗书："如果我不幸遇难，请按照藏族的习俗，将我天葬。"
> （女）究竟是什么原因，使孙振华决心如此之大，热情如此之高呢？
> （男）答案只有一个，这就是：西藏的诱惑。
>
> ——摘自刘郎获奖作品《西藏的诱惑》

第一节 电视专题概述

电视专题节目是指以文化、教育、艺术、科学、人物、事件等为表现中心的电视节目，专题节目有多种表现形式，如纯报道式的、评论式、访问式或综合式的。专题节目较一般的电视节目来说更具有集中性，专题节目对题材的选择和报道的深入程度要求也更高。

一、电视专题节目的界定

电视专题节目作为我国电视传播中最常见也极为重要的电视节目类型，不仅具备了新闻传播、社会教育、文化娱乐和信息服务的电视传媒的基本功能，也发挥出舆论引导、文化传承、社会凝聚、形象塑造的核心价值功能。因此，长期以来，无论是学界研究还是业界创作都给予了其相当的重视。特别是改革开放以后，随着电视机的广泛普及，技术的突飞猛进，电视传播的迫切需求，以及电视制作的日趋成熟，我国的电视专题节目不仅数量巨大，品质更是逐步提升，在自身获得了极大发展的同时，也很好地满足了我国观众对于电视节目的收视需求。不过，有一点耐人寻味的是，电视专题节目作为一个约定俗成并广泛运用的概念,无论是在学界还是业界,乃至观众的层面,人们对它的认知却是众说纷纭、莫衷一是,在很长的一段时间内都是一个颇为复杂且有点"剪不断、理还乱"的理论难题。这种概念理解上的混乱局面不仅给业界创作带来了极大的困扰,也直接影响了学界研究的进一步深入。

所谓名不正则言不顺,言不顺则事不成。为结束这种混乱的局面,达成业界和学界对电视专题节目的统一认知,以促进电视专题节目创作上的良性发展,20世纪90年代初,中央电视台在全国范围内组织邀请了电视业界和学界的代表,就"电视专题节目分类界定"举行了三次研讨会。第一次研讨会于1992年11月21日至24日在北京密云举行,第二次研讨会于1993年4月8日至12日在浙江舟山举行,第三次研讨会于1993年11月17日至21日在湖北宜昌举行。这三次研讨会在对电视专题节目的界定中,遵循着"涵盖周全、分类准确、界定周密、表述精当"的原则,对纷繁复杂的电视节目形态进行了简约化的归纳与整理,最终在历时一年多的反复探讨论证下,达成了《中国电视专题节目界定分类条目》,该条目对电视专题节目的内涵与外延做了准确化、规范化、科学化的界定,成为了我国电视理论建设中的一项重要成果,为电视专题节目的创作和研究提供了极为有益的指导作用。

《中国电视专题节目界定分类条目》对"电视专题节目"的界定是:所谓电视专题节目,就是指在主题上相对统一,并能够对主题做出全面、详尽而深入的报道和反映的电视节目类型,它与电视综合节目相对应,是电视节目的一种主要类型。

电视专题节目就其内容表现而言,可以包罗万象,涉及社会现实和历史的各个方面,以及人类社会和自然界的各个领域,涵盖政治、经济、文化、教育、科技、卫生、艺术、体育等方方面面,不过专业性不能太强。同时,它们都是围绕专门的话题进行取材的,利用电视手段集中阐述一个专门拟定的主题,比较全面、概括、深入地反映事物发展过程。较一般的电视节目而言,它对题材的选择和报道的深入程度要求更高,一山一水、一人一事都要集中内容,做到深入浅出,雅俗共赏,发挥出聚焦社会、关注人心、传承文化的功效。

电视专题节目就其创作构思而言,重视大处着眼,小处入手,并体现出自己的个性。大处着眼就是指总体构想,首先要确立好节目的基调和大轮廓。小处入手就是指要善于选择比较新颖的角度、方式、形式去述他人所未述之事,去言他人所未言之理。当然,创作构思还要能表现出自己的个性特征,对生活要有独特的认识和思考,个性鲜明才能获得好的传播效果。如陈晓卿编导的《舌尖上的中国》,它着眼于中国人生存智慧层面的东方生活价值观和人文观,从"自然的馈赠"、"主食的故事"、"转化的灵感"、"时间的味道"、"厨房的秘密"、"五味的调和"、"我们的田野"等七个方面入手,去展示中国的日常饮食流变、千差万别的饮食习惯和独特的味觉审美,在轻松快捷的叙述节奏和精巧细腻的画面中完全超越了以往的中国美食电视专题节目,彰显出了自己极为独特的个性特点和气质,而大获成功。

电视专题节目就其艺术呈现而言,可以广收博取,善于充分吸收电视各种表现手法和技法。它既可以采取客观再现的手法,如刘效礼编导的《望长城》;又可以采取主观表现的手法,如刘郎编导的《西藏的诱惑》;当然也可以采取当下流行的"情景再现"的手法,如周兵编导的《故宫》。它既可采用评论式,如央视的《第10放映室》,还可以采用访谈式,如央视的《读书时间》节目;当然也可以采用综合形式,如央视的《为您服务》,等等。电视专题节目被认为是最具电视特色,并能充分发挥电视优势的电视主要节目类型,备受广大电视制作者的青睐,也吸引着广大观众的瞩目,这些都保证了它在我国电视银屏上保持长盛不衰的发展态势。

电视专题节目就其播出形式而言,可以采取非栏目化、以单一的节目形态播出,也可以采取栏目化、以系列的节目形态播出。就前者而言,因为是非栏目化,没有固定性,播出相对随意自由,如《舌尖上的中国Ⅱ》在央视一套首播就是以单一的节目形态播出。央视一套一般不播放纪录片,但由于观众对《舌尖上的中国Ⅱ》期待热情高涨,央视一套就临时调整节目播出编排方案,对《舌尖上的中国Ⅱ》进行首播,每周五晚上9点播出一集,共八集。就后者而言,栏目化播出就有固定的栏目名称、时间长度、播出时段和统一风格。如《档案》是北京电视台推出的一档电视专题栏目,它每周一至周五晚上9点22分播出,节目长度为45分钟,栏目风格为演播室节目,以一个特定的、极具个性化的讲述者现场讲述和展示为基本形态,去展现人生百态。

二、电视专题节目的分类

中国电视的迅猛发展,极大地推动了电视专题节目的多样化发展和形态的多元化呈现。但是,若不能及时对我国电视专题节目的分类加以科学的规范,就难以突破自身发展的瓶颈以迎难而上,紧跟上世界制作电视专题节目高标准、高规格、多元化发展的步伐。不过,电视专题节目的分类是一项复杂的系统工程,再加上中国也已经形成自己特色的电视文化,分类并非是一朝一夕之讨论便可达成,对此,有关电视专题节目的分类,学界的探讨颇多。不过,要说到有影响力的探讨还要追溯到20世纪90年代初,当时中央电视台研究室应时势的需求,在全国范围内组织邀请电视领域学界和业界的代表举行了三次大的研讨会。这三次研讨会整体上对电视专题节目的分类做了较为科学的厘清,得出的探讨结果至今在电视领域仍得到广泛的认同。

第一次研讨会于1992年11月在北京密云举行。这次研讨会采取理论与实际相结合的方法,与会代表对专题节目已有的分类条目,分组进行了讨论与分析。讨论的结果认为,若以单一标准分类,难以"涵盖周全",所以,暂时以三种标准分类:一是以创作形式,分为有专题类、综合类;二是以功能形式,分为服务类、教学类;三是以播出形式,分为栏目类、非栏目类。为了便于讨论,初拟出分类条目49条,并初步对各个条目下了定义。

第二次研讨会于1993年4月在浙江舟山举行。这次研讨会对一些带有争议的问题进行了充分讨论。与会代表认为,中国的电视专题节目分类,首先应该尊重创作实践和已经取得的经验,本着繁荣和发展电视专题节目的原则以及"以我为主"的原则来加以界定;其次,一定要遵循电视规律,力求做到准确、科学,每个条目都应列举实例,切忌模棱两可,否则,不利于今后的实际创作。

第三次研讨会于1993年11月在湖北宜昌举行。这次研讨会虽然还有一些分歧,但在主要的问题上基本得到了统一。与会代表在尊重前两次研讨成果的基础上,本着

"涵盖周全、分类准确、界定周密、表述精当"的原则,最终形成了《中国电视专题节目界定分类条目》。

依照《中国电视专题节目界定分类条目》,我国的电视专题节目以节目构成的表现形式按"类、型、性"三级金字塔式进行立体分类,具体如下:

中国电视专题节目界定分类条目简表

一、报道类(含纪录片)

(一)纪实型
1. 新闻性　2. 文献性　3. 文化性　4. 综合性

(二)创意型
1. 抒情性　2. 表现性　3. 哲理性　4. 愉悦性

(三)政论型
1. 评述性　2. 思辨性　3. 论证性

(四)访谈型
1. 对话性　2. 专访性　3. 座谈性

(五)讲话型
1. 报告性　2. 发布性　3. 礼仪性

二、栏目类

(一)对象型
1. 军人节目　2. 青少年节目　3. 老年节目　4. 妇女节目
5. 残疾人节目　6. 少数民族节目　7. 港澳台胞节目　8. 对外节目

(二)公共型
1. 社会节目　2. 经济节目　3. 文化节目　4. 体育节目
5. 科技节目　6. 卫生节目

(三)服务型
1. 公益性
(1)天气预报　(2)股市行情　(3)寻人启事　(4)广而告之
(5)节目预报
2. 指导性
(1)示范节目　(2)时令节目

三、非栏目类

(一)特别节目型
(二)系列节目型
(三)连续节目型
(四)竞赛型
1. 益智性　2. 娱乐性　3. 技能性

四、其他类

(一)主持人节目
(二)节目主持人

电视专题节目纷繁复杂，可谓是个庞然大物，采用任何一条标准都难以做到涵盖周全，而且势必桎梏电视专题节目的自由创作的个性，极大影响到中国电视专题节目的创作实践与未来发展。因此，采取全方位、多视角、多标准的"场性"思维对其分类是发展和繁荣中国电视专题节目的一种明智的现实选择。《中国电视专题节目界定分类条目》则顺应了这种现实选择，在对电视专题节目分类上采取了多维标准的方式来进行划分归类。比如，在电视专题节目划分的第一级的"类"中，采用的是节目的表现形式、播出形式和传播方式这三种标准："报道类"（含纪录片）依据的是节目的表现形式，"栏目类"和"非栏目类"依据的是节目的播出形式，"其他类"依据的则是节目的传播方式。这三类标准既各自独立又互相融汇。这样一来，电视专题节目就不会被简单化的分类标准束缚自身的个性，而是在日新月异的发展中不断彰显出自己丰满的整体面貌，以适应电视专题节目壮大的现实需求。

同时，我国的电视专题节目在长期的发展过程之中，深植于中华民族文化的土壤，很大程度上也形成了中国电视文化的特色。而《中国电视专题节目界定分类条目》在对我国的电视专题节目进行分类时，就充分地尊重这种中国电视文化上的特色，本着"以我为主"的原则，分类的结果很好地体现了中国电视专题节目的发展现状，也顺应了中国电视专题节目的未来发展趋势。这正如杨伟光在《中国电视专题节目界定——研讨论文集锦》中所指出的，"中华民族文化是中国电视专题节目生长和发展的土壤，节目的内容、创作形式和表现手法，既要体现时代的风采，又要有浓厚的民族风格，离开了中华民族文化的土壤，就谈不上中国式的电视专题节目"。[①]

当然，毋庸置疑的是，《中国电视专题节目界定分类条目》对电视专题节目的界定虽然得到了广泛的认同，但它也并没能完全分清人们对一些概念认知上的模糊边界，导致命名和称谓之间经常出现不一致的地方。最明显的一个例子就是"专题片"和"纪录片"至今都让人混淆不清，在发行和播出时，电视专题创作大都以"纪录片"命名，而在一些奖项评比时却又以"专题片"命名，这无疑会给学界和业界带来不必要的混乱，因此在对电视专题节目进行分类时，有必要对这两者进一步厘清。

另外，我们在日常生活中，也可以简单地对电视专题节目进行分类。

（1）以内容依据行业，可分为科教节目、法制节目、农业节目、军事节目、经济节目、体育节目、医疗卫生节目，等等。

（2）以体裁，可分为人物类专题节目、事件类专题节目、概貌类专题节目、状物类专题节目、社会问题类专题节目，等等。

（3）以功能，可分为新闻节目、娱乐节目、教育节目、服务节目，等等。

（4）以风格形态，可分为格里尔逊式、观察式、访问谈话式，等等。

第二节 传统专题片与纪录片之比较

专题片是中国特有的概念。根据《中国电视专题节目界定分类条目》的第一级分

---

① 杨伟光主编：《中国电视专题节目界定——研讨论文集锦》，东方出版社，1996年版。

类,其中的报道类应视为电视专题片。电视专题片这一称谓最早可以追溯到20世纪70年代。1975年,中央电视台社教部就将专栏里播出的片子称为专题片。到了1976年,在上海召开的全国电视工作会议上,电视专题片的名称得到与会者的认同。从此,电视专题片的称谓就正式确定了下来,此后便约定俗成广泛流传。今天,电视领域不管是在学界还是业界,电视专题片的称谓依然存在,并且频频出现在电视理论著述和电视银屏中。

纪录片则是西方舶来品。纪录片的概念最早是由英国的纪录片大师约翰·格里尔逊提出的,1926年2月8日,他在纽约的《太阳报》上评价他的老师罗伯特·弗拉哈迪的作品《摩阿那》时首先使用该词。"纪录片"在英文里对应的单词是 documentary,意思是"文献的"或是"具有文献资料价值的"。在约翰·格里尔逊看来,像《摩阿那》这样的作品记录的虽然是当下的事实,但对未来而言,它具有极其珍贵的史料价值,是将来的人们了解和研究当时社会生活的珍贵影像资料。不过,随着时代的发展,纪录片已注入了新的内涵与外延。

传统电视专题片与西方纪录片本来是两个不同范畴的概念,是两种可以区分的电视节目形态,但自20世纪80年代"纪录片"一词从西方传入中国,我国传统的电视专题片与西方纪录片在概念上便相互混淆,两者之间的关系更是纠缠不清。不管是理论的研究者还是实际的创作者,对它们都没有达成统一的认知,导致疑云遍布,成为了一个长期争论不休的话题。总体归纳起来,主要有以下四种观点:

一是等同说。持有此观点的人认为专题片和纪录片的本质是相同的,都视真实性为创作的生命,真实地去记录真人、真事与真情。因此,不管是专题片还是纪录片,它们本身所强调的非虚构性决定了它们与现实的关系是一致的,所以专题片就是纪录片,它们没有什么区别,只是同一种节目形态的不同称谓而已。

二是从属说。持有此观点的人分为两类:其中一类认为专题片从属于纪录片,把专题片看做与纪实风格相对应的表现风格的纪录片,是广义的纪录片下面的一个子系统;另一类认为纪录片从属于专题片,把专题片看做专题节目,把纪录片看做专题节目下面的一个子系统。

三是怪胎说。持有此观点的人认为专题片是我国特定国情下产生的"怪胎"。这种专题片过于强调意识形态灌输,主观介入太强,改变了纪录片所强调的"墙上的苍蝇"作壁上观的传统,是对纪录片的异化。这种为宣传而存在的"画面+解说"建构而成的"怪胎"式作品,本身就没有存在的必要。

四是分立说。持有此观点的人认为专题片和纪录片是两个彼此独立的概念,是两种不同的节目形态。虽然专题片和纪录片都是以真实性为内在生命,但专题片注重主观意念的渗透,强调对生活的艺术加工,表现性强;而纪录片则排斥主观,主张直接捕捉现实生活,反对进行有意的艺术渲染,客观性强。

这场争论在中央电视台于1992年11月、1993年4月和11月分别在北京密云、浙江舟山、湖北宜昌举行的三次"中国电视专题节目分类和界定"的研讨会上达到了白热化的程度。直到今天,这种各执一端的争论似乎都没有消停的意思。于是,有些学者提出了一种折中的说法,即把专题片和纪录片统称为电视纪实作品。电视纪实作品即非虚构的电视节目形态,指的是"运用自然朴实的方法,真实地报道社会生活和人为现象,注重采访拍摄的方法,保持形声一体化的结构形态,记录具有原生形态的生活内容。通过对生活情状、文化现象或历史事实的记录,揭示生活本身具有的内蕴和意蕴"。① 这样的提法指出了专题片和纪录片诸多的共同点,认同它们都是以客观现实为基础,都强调拍摄内容的真实性。具体说来如下:

一是它们都取材于真实的现实生活。无论是专题片还是纪录片,都是以现实生活中的真人、真事、真情、真景作为自己的表现内容,具有较强的现实性和时代感,是及时、迅速反映社会生活的一面镜子。

二是它们都以真实性作为创作的生命。无论专题片还是纪录片,都强调反映生活的真实情况。作为纪实性很强的作品,在事实上不能失真,否则从根本上就丧失了创作的基础,也就失去了存在的价值和意义。

三是它们都需要运用纪实主义的创作方法。无论是专题还是纪录片,创作者在提炼生活素材的过程中,要尽量保留其自然客观形态,不能做过多的人工化处理,排斥戏剧类作品的戏剧式的创作手法。

不过,尽管专题片和纪录片同属于电视纪实作品,但是,它们毕竟是两种有着不同范畴的概念,因此,它们还是各自表现出了自己的鲜明特征,具体说来如下:

一是在美学形态上,专题片遵循的是"美是理念的感性显现",对特定理念做形象的表达;而纪录片则遵循的是"美是生活",强调去寻找发现丰富多彩的生活本身。

二是在主题表现上,专题片遵循的是主题先行,主张立好主题后再去寻找题材,搜集素材;而纪录片遵循的则是主题后行,强调拍摄的过程性,在过程中逐渐发现、确定主题。

三是在传播意图上,专题片往往都具有明确的宣传意图,功利性较强;而纪录片则是侧重于记录和再现生活,功利性较弱。

四是在制作理念上,专题片的制作者往往主观介入较多,编与导的痕迹较重;而纪录片的制作者则主观介入相对较少,编与导的痕迹较轻。

五是在风格样式上,专题片喜欢使用"画面+解说"的模式;而纪录片则主张淡化解说的使用,更多地运用同期声。

六是在创作方式上,专题片往往更注重结果,通过结果的展示来提升主题的价值;而纪录片则更注重过程,通过过程的再现去感染观众。

不过,这些区别只是相对而言的,今天看来,专题片和纪录片总体上是一致的。正如中国传媒大学的高鑫教授所认为的,"这是两个不同范畴的概念,不仅仅因为国内习惯与国际差异,我们更可以认为:这是从两种角度、以两种标准对同一种节目形态的两种认识。专题片称谓偏重于节目题材、主题的集中、统一和深入,纪录片称谓偏重于节目的创作风格和表现手法。二者并存更能全面地概括专题节目的特征,既有内容,又有形式、风格,而其中任何一个只能涉及一面"。②

---

① 高鑫:《电视纪实作品创作》,学苑出版社,2002年版。
② 高鑫:《电视纪实作品创作》,学苑出版社,2002年版。

第三节　两种创作风格：再现与表现

围绕电视片的拍摄,世纪之交一直存在客观再现与主观表现两种不同的争论。在过于强调电视的宣传教化功能的时代,主观论向来是主流,这种主观不是个人式的主观臆断,而是以集体意识取代创作者的个人体验和自我意识,有可能因为理念造成对真实的遮蔽。与此紧密联系,我国20世纪90年代末出现过一次"新纪录片运动",强调客观纪实,这其中隐含的纠偏意识值得肯定,但如果因此就完全否定表现型的电视专题片创作方法,就不免是矫枉过正了。写实论和写意论都有来自西方的理论渊源,前者推崇巴赞的"纪实论",后者欣赏伊文思的"诗意纪录"。他们都是大师,都有其理论支撑。必须指出的是,任何所谓的纪实都无法抵达绝对的客观,镜头以及电视片的时空容量总是有限的,纪实片段也是摄影师选择的结果,选择本身就是一种主观的介入。因此,客观再现与主观表现只是两种富有代表性的电视专题片创作风格,本身并没有高下之分。

一、再现性专题片

再现性专题片是指运用形声一体化的纪实手段,以记录客体对象的原生态形态,再现事物发展过程,从而达到真实地反映社会生活的专题片。这种专题片有非常明显的纪实风格特征,在拍摄过程中,它力求保持被拍摄对象形声一体化的表现结构,去再现生活的具体过程与情状,揭示生活本身具有的内涵与意蕴。这类专题片在国外称为"直接电影式",国内也称为写实性专题片。

1991年,中央电视台推出的12集电视纪录片《望长城》(总导演刘效礼),一改"教化与指导"的传统理念,走上"客观与再现"的道路,从而确定了它在我国电视纪录片创作历史上的里程碑的地位。此后,电视屏幕上涌现出一大批优秀的电视纪录片,诸如《沙与海》、《藏北人家》、《远在北京的家》、《壁画后面的故事》……这些作品占有了屏幕,赢得了观众,成为中国电视屏幕上一道亮丽的风景线。

(一) 再现性专题片主要特征

1. 客观再现生活情状

再现性专题片采用纪实手法,再现生活的原生形态,复现出生活真实的情状,它明确地要告诉观众:生活就是这样。如上海电视台拍摄的《德兴坊》,就围绕着上海住房困顿情况客观记录了上海一条老式石库门弄堂住户们的生活情状。编导江宁跟踪拍摄了三户人家的日常生活,捕捉了弄堂中的百姓生活上的一些琐事,记录了人们生活于此的一些喜怒哀乐和生存状态,从中透视出中国的习俗、道德、伦理,全片充满了浓浓的人情味。正是这种客观地再现生活情状与过程的特点,使得《德兴坊》成为了上海那个历史时期城市生活的历史档案。

2. 真实记录线性时空

再现性专题片对线性时空进行物理属性意义上的复制,时空具有确定性和具体性,摄录的是现实的具体时空中正在发生的事,忠实地记录现场氛围。如《老头》,记录的是北京一小区里一群年过六十的老头们日常生活的情景和状态。编导杨天乙尽量对那个线性时空进行真实还原,复原线性时空下的人物生活流程,在一个纯粹的生命历程中呈现出老头们原始的生命质感。真实记录线性时空是普通百姓最易接受也是最贴近他们的真实生活的时空表达方式,是再现性专题片采取平民化视点的一种重要外在表现。

3. 淡化解说词

再现性专题片注重电视画面思维,解说词处于被动状态,完全从属于画面。解说词有时采用平实无华的白描手法进行简单陈述,有时通过现场主持人来讲述,有时用字幕来代替讲解,有时就只有被摄对象的同期声自述。如《平衡》,记录的是活跃在"生命禁区"可可西里的武装反盗猎巡逻队伍可歌可泣的命运。编导彭辉在近168分钟的片子里没有采用一句解说词,全是真实的画面和真实的人在叙述,这在彭辉看来,"我就让他们自己说,这是一种绝对真实的力量"。

4. 重记录轻造型

再现性专题片在拍摄过程中,重点考虑的是记录的流畅性、连续性、韵律感,追求拍摄的自然性,即兴采访,随即拍摄,弱化被摄人物的表演,反对人工雕饰,反对摆拍和搬演。如《山洞里的村庄》,记录的是生活在西南喀斯特山区大溶洞"峰岩洞"村村民拉电的事情。编导郝跃骏用了整整两年的时间进行跟踪记录,不干涉、不影响事件的过程,更多是做静观默察式的纪录,最大限度地让原始素材自己传递信息,用影像记录了中国乡村社会的变迁。

(二) 再现性专题片的主要表现手段

1. 长镜头

长镜头善于表现生活真实的过程,而再现性专题片用长镜头以时间为顺序去记录正在行进中的、未知生活结局的过程,镜头就化作了观众的眼睛,引领观众亲眼目睹生活的真实流程和具体情状,感受到一种真实的写实美。如《望长城》中"寻找王向荣"这一段落,有一段特殊的长镜头,这一镜头形成一个完整的情节,着重表现了人物情绪的变化以及现场的环境氛围。主持人对老母思念儿子(王向荣)的心情非常理解,想办法让她听到儿子的声音。老太太刚看到录音带时惊讶、不解、诧异的神态,让观众看到一个淳朴善良的母亲形象。随后老太太戴上耳机又惊又喜,一切情绪变化过程有声有色,让人难忘。这形象不是靠语言一点一点地塑造,也不是像舞台那样以矛盾冲突来展现,而是靠长镜头如实、完整地展现在观众面前。

2. 同期声

再现性专题片的第一生命是真实,它的真实性不仅要靠真实的画面,还要靠真实的声音。解说词往往只是编导想要表达的"一面之词",真实感不强;而同期声是来自现场的声音,会极大提升专题片的真实性。可以说,用现场的同期声来表现真实,比任何华丽的词藻都更具有说服力。如《纸殇》的开头部分,古老的造纸机器发出的音效与多机位的画面同步,这样的同期声既再现了现实中造纸的状况,也让人们真实地感受到了原始的造纸技术在现代文明中的沉重步履。

3. 客观拍摄

再现性专题片会运用大量客观拍摄,隐匿主体视角,避免主观介入和拍摄对象的表演意识,以保证生活的原生态。客观拍摄主要表现为跟拍、隐拍、偷拍、挑拍、等拍、抢拍这几种。如《远在北京的家》,记录的是一群从安徽省无为县到北京打工的小保姆的生活历程。编导陈晓卿在一年半的拍摄时间里,这几种客观拍摄的方法基本上都运用到了,不仅保证了小保姆生活的原生态呈现,而且拍摄到了大量极富现实力量和丰富内涵的镜头。

再现性专题片强调拍摄与所摄对象发展的同步化与过程化,注重的是事物的发展过程而非结果,体现出了一种强烈的纪实主义美学特质,审美上会给观众带来强烈的艺术感受。第一,过程的发展往往是难以预料的,也非人为可以控制的,因此可能会充满悬念,激发出观众探求结果的欲望而欲罢不能。第二,过程是未经过处理的原生态生活,是一种无假定性的生活真实,更令人信服,也更具有一种打动人心的力量,使观众萌生出与表现对象同呼吸共命运的审美快感。最后,过程的无主观介入性使其在发展中会蕴涵着多义性,不仅会给观众提供丰富的信息量,而且会使观众在对多义的解读中获得自我确认的本质力量。

再现性专题片受到了西方"直接电影"的影响,采取的是一种平视、客观、静默关注生活的创作态度,体现出迫近生活本质的纪实精神。正因为如此,再现性专题片的创作容易走入一些误区,比如,有些片子的拍摄专注于"为纪实而纪实",没有主旨,缺失纪实精神;再如,有些片子的拍摄只知道"跟随、跟随、再跟随",影像粗糙,缺失审美意味,等等。

二、表现性专题片

表现性专题片是指在保证真实的前提下,对被拍摄对象进行较多的艺术表现和主观介入,以阐释创作者观念意识和抒发创作者情感的专题片。这种风格的专题片主观色彩浓厚,"主题先行"和"画面+解说"是其最典型的两个特征,孕育着较为深沉的思想、意念和感情。这类专题片在国外称为"格里尔逊式",国内称为写意性专题片。

2001年,湖北电视台导演张以庆的纪录片《英与白》在四川国际电视节"金熊猫"奖国际纪录片的评选中获得四项大奖,从而揭开了"主观与表现"创作理念的序幕。《英与白》一开头就紧紧地锁住了观众的目光:镜头中所有的景物和人都是180°的翻转,观众眼前的世界都是正反颠倒的,这样一组镜头增强了观众的好奇心,往下看才知道是出自一只大熊猫的视角,它隔着栅栏,在杂技团的饲养室里攀爬。喜欢仰卧的大熊猫看世界当然是反的。这是一组有趣也有指向的镜头,采用的是隐喻表现手法,是纪录片常用的手法,但是这组镜头也为整部片子定下了不同于其他纪录片的基调。英和白的错位和所谓的异化都是由此发生和继续的。创作者用熊猫的眼睛代替自己的眼睛和镜头,所以也可以说是创作者的主观干预。《英与白》作者张以庆在《纪录和现实》一文中说:"我们纪录在录像带上几百个小时的东西被我们称为'素材'。是什么东西的'素材'呢? 不就是'想法'、'观念'、'主题'这些主观领域的素材吗?"他由此断言:"对于任何一部纪录片,这个过程都是思想操作的过程。"①

这种"主观与表现"风格也有其理论基础,如台湾纪录片研究者李道明所说:"纪录片一般是指用个人观点去诠释世界的,以实有事物为拍摄对象,经过艺术处理的影片。"②也可以追溯到纪录片诞生之初英国纪录片运动的倡导者格里尔逊对纪录片的定义:"纪录片是对社会现实的创造性诠释。"在这种创作理论的指导下,纪录片创作者的主体意识、主观思想大大提升,通过屏幕展现的事物阐释创作者主观的思想感情、观念意识。

(一) 表现性专题片的主要特征

1. 表达方式采用"画面+解说"

表现性专题片强调"主题先行",就构成了其最合适的表达方式,容易表现出深刻的哲理或揭示深层次的内涵。而且,处于声画对位关系的画面和解说词还能取长补短、相互补充,在相互依存中构成了一个有机的统一体。发挥出各自的传播功能和优势,使主题得以深化和升华。如《再说长江》,"画面+解说"表达方式的采用使得该片内容凝练集中,充分挖掘出了长江这一中华民族精神符号所蕴含的自然、人文、社会、历史价值,揭示出了一个更广阔、更鲜活、更生动也更耐人寻味的新时代的新长江。

2. 思想传达强调主观介入性

表现性专题片在客观记录的前提下,创作者绝不会机械地复制客观现实的自然面目,而总是主观介入,筛选出符合自己思想的人物、事件、场景作为创作对象,自觉参与到他所拍摄的生活事件中,以自己主观的视角去观察世界,过滤生活,对事物产生一定的影响,试图反映某种主观感受、阐释某种思想观念。如《英与白》,编导张以庆为突出英与白枯燥、禁锢和苦闷的生活和强烈的孤独感,片子的主观介入性就非常强,一开头大胆应用颠倒画面的主观化构图,让画面中的电视机倒着播报看新闻,"白"忙碌的身影连同电视机在画面中被虚化,景深停留在笼子中的铁栏杆处。铁栏杆在片中有很强的象征意义,代表"白"心理的封闭和与社会的疏离。

3. 视听语言注重艺术审美性

表现性专题片的视听语言运用的主要是造型语言,它将现实生活进行精心的选择、剪裁、浓缩和加工,将其凝聚在一个有机的、开放的视听艺术结构中,再赋予其象征、暗示、隐喻而形成一种艺术境界,诱发观众艺术的联想和想象,产生一个纪实层面之上的艺术审美空间,让观众从中得到审美愉悦,产生情感共鸣。如《长白山》,该片不仅让景

---

① 转引自:李静,《浅谈我国电视纪录片的发展历程》,载《艺术天地》,2011年8月。
② 参见:李道明,《什么是纪录片》。

色还原于本真的瑰丽,更是借助视听的造型语言,营造出一种令人神往的诗情画意,将纯粹的山、水、森林、动物、阁楼等事物以一种"有意味的形式"加以呈现出来,不仅传神地将长白山的审美意境丝丝入扣地表现出来,也把对长白山的敬仰和尊崇之情蕴蓄其中,达成了一种所描绘图景与所表现感情交汇融通的艺术境界,给人以无穷的回味。

(二)表现性专题片的主要表现手段

1. 表现蒙太奇

表现蒙太奇是以相连的或相叠的镜头、场面、段落在形式上或内容上的相互对照、冲击,产生比喻、象征的效果,引发观众的联想,创造更为丰富的内涵,从而表达某种心理、思想、情感和情绪。在表现性专题片中,出于艺术表现的需要,表现蒙太奇无处不在,它不是为了叙事,而是为了表达情绪,表现寓意,主观色彩强烈,往往能够对观众造成一种强大的思想和情感冲击力。如《沙与海》,片中有一个"小女孩玩沙"的段落,编导采用仰拍的手法,将小女孩孤单的形象映衬在天之下,摄像机伴随小女孩的跑动而移动,跑了一段距离之后,停下来,将自己的两只鞋子滑下沙丘,而后自己也滑下来。这个段落整体上就是用了表现蒙太奇的手法,它不是为了叙事,而是表达某种情绪和寓意:或是孤独的写照、寂寞的象征;或是生活的情趣、可爱的童心;或是生命的颂歌,意志的礼赞。给观众留下了无限的想象空间,极富意蕴与韵味。

2. 解说词

表现性专题片表达方式采用"画面+解说",这决定了解说词在表现性专题片中的重要性。解说词在这种风格的专题片中除了叙事因素,更多是出于表现的需要。它的表现力对表现性专题片而言是至关重要的:它既具有对画面背景提示的广度,又具有审视画面的力度,它既具有思考的深度,又具有联想时的空间阔度。同时,解说词还能发挥强大的艺术修辞作用,是强有力的抒情元素。如《大秦岭》,该片以高屋建瓴的视角、洋洋洒洒、汪洋恣肆,把秦岭山脉表现得深沉而富有人文气息,书写出了一首大气无畏的历史长歌。而这种气质的生成,解说词可谓起到了关键的表现作用。片中解说词不仅文笔优美、激情洋溢,而且气势恢弘、底蕴深厚,极具历史穿透力,给予了观众非同寻常的思想冲击力。

3. 主观音乐与音响

在表现性专题片中,仅靠画面及现场声,是不能充分表达出内容所需要的复杂情绪的,而主观音乐与音响所具有的写意性和表现力在表达创作意图、刻画人物形象、营造情绪基调、提升镜头韵律等方面的作用与威力是任何语言都无法比及的,它能使表现性专题片产生特殊的意境和张力,使其静中蕴动、景中含情。如《雕刻家刘焕章》,片尾镜头从小巷中拉出,离刘焕章的家越来越远,而"咚、咚"的凿木声却越来越响。这时,本是自然音响的凿木声,经过主观性处理,那空灵的声音,已不仅仅是传达刘焕章正在凿木雕刻,更是象征着刘焕章锲而不舍的顽强精神。这种主观性音响给人留下情绪延伸的余地,让人观后依然会觉得余音绕梁、回味无穷。

表现性专题片强调创作者的主观介入,注重以艺术化的画面来表达创作者的思想

情感,因此会体现出一种强烈的表现主义美学的特质,审美上会给观众带来以下强烈的艺术感受:

第一,尽力展开联想和想象。它在表现事物时善于通过独特的造型语言,超越时空,突破现实生活的限制,利用事物间的相通、相近、相似或相反的关联,大力突出表现对象的形象性,使其更富有韵味,以激发观众进行再创造的审美能力。

第二,情感表达直抒胸臆。它不隐讳自己的情感,运用解说词来直抒胸臆,不仅可以拓宽电视画面的容量,使主题得到延伸,而且可以直接冲击观众的情感,使其与作品所要表现的情感产生强烈的共鸣和认同。

第三,主题包含深沉意蕴。它表现事物时,强调的是一种艺术的表现,允许创作主体在展示现实生活本质真实的基础上进行合理的艺术加工和创造,以达成"言有尽而意无穷"的艺术效果,不把事物说透道尽,而是让观众依据情境去感悟深沉的意蕴之美。

表现性专题片受到了格里尔逊式纪录片的影响,采取的是一种俯视、主观介入式关注生活的创作态度,体现出艺术化表现生活的纪实精神。正因为如此,表现性专题片的创作容易走入一些误区,比如,有些片子的拍摄居高临下,过分美化生活,说教味太浓;再如,有些片子的拍摄凭空想象,不遵循生活的逻辑发展,为追求效果肆意制造高潮,等等。

第四节 电视专栏概述

电视栏目是电视台每天播出的相对独立的信息单元,它是单个节目的组合,是按照一定内容(如新闻、知识、文艺)编排布局的完整表现形式,它有固定的名称、固定的播出时间(起止时间固定)、固定的栏目宗旨,每期播出不同的内容,来吸引人们的视线,给人们带来信息知识、享受、欢乐和兴趣。在一定时期或特殊情况下还可以开设特别栏目,叫做特别报道或特别节目。

一、电视栏目的界定与分类

栏目本是报纸杂志编排的一种形式,也是编辑时的一个基本单位。报纸杂志在编辑时常常会把主题相对集中的稿件编排在一起,并加有标题与花边,花边以内的部分就组成相对独立的信息单元,构成一个具体的栏目,这样就有利于信息的集中传播,也更容易引起读者的关注。后来,栏目被成功地转借到电视领域,成为了电视专题节目编排、播出的一种方式。具体说来,电视栏目就是把一些内容、性质、功能或形态等相近的电视节目组合到一起,有固定的栏目宗旨,纳入统一的冠名,定期、定时、定量在电视上播出,这就构成了我们习惯上所说的电视栏目。电视栏目每期会播出不同的内容,这既传播了不同的信息知识,又给人们的身心带来了愉悦与享受。在特定的时期或特殊的情况下,电视有时还会开设特别栏目,叫做特别报道或特别节目。比如,中央电视台十套的《第10放映室》栏目在春节期间就开设过《电影过年》特别节目等。

电视专题与专栏

从形态特征上看,电视栏目主要体现为系统性、固定性和综合性。系统性指的是节目的内容、类型系统化,时间长度规范化,节目编排条理化;固定性指的是节目有固定的栏目名称、固定的片头、固定的节目长度、固定的播出时段、固定或相对固定的栏目主持人;综合性指的是节目要么是内容的综合,要么是表现形式的综合等。

电视栏目的产生和发展是随着电视这一大众传播媒介的发展而兴起的,它的出现使电视节目的传播有了统一的秩序,也使节目更加个性化,定位更明确,制作的形式与内容更加明确,同时还能培育出固定的电视观众群体,有利于收视率的提高。

电视栏目的分类在理论界是一个颇为复杂和棘手的问题,不过,正确的分类又是电视策划的基础,所以面对众多纷繁复杂的栏目形态,需要从多种角度对其进行较为细密的分类和简约化的归纳与整理。同时,由于电视栏目处于不断发展变化中,分类具有动态性,所以分类也不能过于僵化,应该与时俱进,这样才不会给电视栏目的创作实践带来太多的限定,而是在分类的参照体系中不断追求创新,为完善栏目分类体系不断提供理论依据。

电视栏目的分类按照不同标准,可以分出不同的类别。

(一)按栏目的表现对象划分

1. 对象型栏目

对象型栏目指的是面对特定对象并侧重表现特定范围的栏目,包括军人节目、青少年节目、老年节目、妇女节目、残疾人节目、少数民族节目、港澳台胞节目、对外节目。如为儿童设置的《智慧树》栏目、为老年人设置的《夕阳红》栏目、为女性设置的《半边天》栏目,等等。

2. 公共型栏目

公共型栏目指的是无特定对象,面向全体观众的栏目,包括社会节目、经济节目、文化节目、体育节目、科技节目、卫生节目。如经济栏目有《经济半小时》、文化栏目有《文化视点》、体育栏目有《天下足球》。

3. 服务型栏目

服务型栏目指的是为广大观众日常生活服务的栏目,包括天气预报、股市行情、寻人启事、广而告之、节目预报、示范节目、时令节目。

(二)按栏目的表现内容划分

1. 社会教育类

社会教育类栏目即传播科学文化知识,进行社会教育的电视专栏。

2. 新闻类

新闻类栏目即传播新闻信息,解释、分析和评论新闻事实的电视专栏。

3. 文艺类

文艺类栏目即以电视语言进行文艺创作,具有艺术审美价值的电视专栏。

4. 体育类

体育类栏目即报道体育相关活动,并展现体育内涵的电视专栏。

5. 服务类

服务类栏目即帮助社会各界解决各种实际问题并提供方便的电视专栏。

(三)按栏目的表现形式划分

1. 电视纪录片式

这种表现形态的电视栏目就是"以摄像和摄影手段,对政治、经济、文化、历史事件等做比较系统完整的纪实报道,并给人以一定的审美享受的电视作品。它要求直接从现实生活取材,拍摄真人真事,不容许虚构、扮演,其基本报道手法采访的是摄像或摄影,即在事件的发生发展过程中,用等、抢、挑或追随采撷的摄录方法,记录真实环境、真实时间里发生的真人真事,在保证叙事报道整体真实的同时,要求细节真实。"如《焦点访谈》、《法制在线》、《新闻调查》、《见证》,等等。

2. 电视访谈式

这种表现形态的电视栏目就是"以访问、谈话的形式展开叙述视角,表现鲜明主题的","大都带有强烈的主观色彩,有比较明确的目的性。因内容相对集中、单一,结构连贯,国外称之为'话题节目'(talk show)。它以具有一定程度的交流感为特点,要求公允待人、平易近人、亲切感人的说理态度,通常选热门话题,顺应观众思路,针对疑问展开论述。由于交流、启发加强了观众的参与感,使节目生动活泼。"如《艺术人生》、《对话》、《铿锵三人行》、《天下女人》、《鲁豫有约》等。

3. 电视杂志式

这种表现形态的电视栏目就是运用多种表现手法,包含多种内容与形式的一种电视节目。它借鉴杂志手法,将长短不一、表现形式各异的专题节目,按栏目的宗旨加以取舍,有机地组成一个定期定时播出的单元。一般由固定的节目主持人主持播出。在结构上,杂志型节目还设有若干小栏目,相对固定地播放某类节目。小栏目之间多以板块结构方式组接贯穿,故而生动活泼,富有节奏变化,具有较强的吸引力。如《东方时空》、《生活》、《新闻周刊》等。

二、电视栏目的定位

电视栏目的出现,改变了电视节目的无序化播出的态势,电视节目的栏目化生存在电视界也已经达成了普遍的共识。所以,电视栏目作为当下电视产业中最基础的形态,其设置的好与坏将会直接影响到电视传媒业的生存与发展。因此,为了更好地经营电视栏目,在设置电视栏目时,首先要解决的问题就是要找准栏目的定位。"定位"一词出自广告学,其含义就是要找准商品在市场中的位置。从广告学上说,一则好的商品营销广告,其前提就是要定位准确精当。借用到电视领域,对一个栏目而言,也一定要有准确精当的定位。因此可以说,定位是电视栏目设置的出发点和立足点,是电视栏目策划的基础,定位的过程就是在众多栏目中寻找到并确立好自己的坐标,以期得到更多观众的认同。具体说来,电视栏目的定位包含以下四个方面。

(一)受众定位

一个电视栏目要获得成功,从根本上说就是要能获得受众的认可。当然,受众的面很广,任何一个栏目都不可能覆盖到全部的受众,因此,电视栏目在设置时就必须对自己的目标受众群进行精细的定位,也就是说要对栏目的收视对象有一个明确的认知。它可以根据受众的背景、年龄、性别、职业、消费能力、受教育程度等方面来确定自己的受众群,这样,栏目设置才能做到有的放矢,达成良好的传播效果。这既是适应电视受众不同收视需求的必然趋势,也是适应电视广告市场细分的必然结果。如湖南卫视的《天天向上》栏目,就以青少年作为主要的目标受众群。为吸引住这一目标受众群体,栏目以多种元素建构的表现形式来呈现"礼仪文化"、"青春励志"的节目主题,并打造出国内第一支"男子偶像主持团体",于寓教于乐中既满足青少年的收视需求,又让栏目建立起了积极向上的品牌形象。

(二)内容定位

明确了电视栏目的目标受众群,接下来要做的就是立足于受众需求而对栏目内容进行定位与决策。内容定位主要涉及栏目的宗旨、性质、文化品位等。

栏目的宗旨是一个栏目的"灵魂",它大致规范了栏目的表现范畴,是形成栏目特色的重要标志。如中央电视台的《新闻调查》被人们公认为是中央电视台最新锐、最有深度的新闻栏目,就在于这一栏目的宗旨定为"我们所有的努力都是为了——探寻事实真相"。它以记者调查采访的形式,探寻事实真相,追求理性、平衡和深入,对促进社会正义、和谐、进步发挥着积极作用。制片人张洁对此也特别强调:"《新闻调查》是以深度的揭示、分析社会问题为己任的调查性节目。我们希望通过积极的报道,对中国的民主、法制发挥建设性的作用。"

栏目的文化品位定位是对栏目的文化含量和文化风格进行定位。电视是一种大众传播媒介,它需要满足不同文化层次受众的收视需求,这就要求电视栏目的文化品位既要有"阳春白雪"式的高雅,也要有"下里巴人"式的通俗。如河北电视台的《读书》栏目就追求文化的高品位以满足文化人的需求,制作上遵从"四坚持、四句话、四个性"。"四坚持"就是"坚持正确的舆论导向,坚持高尚的文化品位,坚持积极的社会效果,坚持一流的艺术追求";"四句话"就是"发现好书,推介好书,引导观众,服务读者";"四个性"就是"思想性、知识性、新闻性、艺术性"。而《星光大道》栏目则是"为平民办电视",搭建的则是一个草根舞台。栏目主持人毕福剑就说:"电视原本就是平民百姓的,所以我们的栏目也就是要把星光大道直接铺到百姓脚下。在这个节目中,所有人都是平等的。我们面向全社会报名、选拔,不分职业、身份、年龄、地域,只要有才能,拥有登上舞台的愿望,我们都欢迎。'《星光大道》,百姓舞台'这是宣传口号,更是工作原则。"[①]该栏目关

---

① 参见:http://news.xinhuanet.com/observation/2010-11/24/c_12809739_2.htm。

注的是普通人的情感和渴望,追求的是通俗好看,满足的是一般百姓的需求。

（三）形式定位

虽说电视栏目吸引力的根本在于电视栏目的内容,但形式也是其不可忽略的因素。在内容定位好以后,制作者就必须考虑栏目采取什么样的表现形式,也就是说要对栏目进行形式定位,力求让内容与形式达到完美的统一,才能获得比较好的收视效果。电视栏目的形式定位主要包括采取什么样的结构形态和采取什么样的表达方式两个方面。

电视栏目的结构形态是电视节目编排的直接结果,主要有杂志型和专题型两种。杂志型结构就是每期节目分设为呈板块状的若干子栏目,时间长度以 30 分钟到 50 分钟为宜,主持人将各子栏目加以串联,内容丰富多样,表现灵活多样。如中央电视台的《世界周刊》栏目,采用的就是典型的杂志型结构。它由"扫描"、"视线"、"人物"、"点睛"、"故事"五大板块构成,经主持人用恰到好处的台词加以串联而成。

专题型结构就是每期内容只有单一专题报道构成的栏目,由于是单一型专题,此类栏目善于对事实进行深度挖掘和分析。如江西电视台的《传奇故事》栏目,采取的就是专题型结构。它以讲故事为主,每晚为观众讲述一个涉及真善美、德义理的社会故事,选材严格,深度挖掘,编排富有悬念,在荧屏上呈现出极具个性的独特魅力,开播不久就受到了全国广大观众的喜爱。

电视栏目的表达方式是电视制作理念作用下的结果显现,也体现出栏目的内在节奏和个性风格。如中央电视台的《新闻联播》和凤凰卫视的《凤凰早班车》因新闻制作理念不同,表达方式也就截然不同。《新闻联播》注重的是新闻的宣传作用,播报方式讲究庄重、严谨、权威、字正腔圆的整体风格,因此讲究"播"新闻。虽然改版后做了些改变,表达方式更为亲民,也更接地气,但总体而言没有太大改变。而《凤凰早班车》注重的是新闻的告知作用,几位主持人温婉亲切,突出的口语化特色充满了人情味,娓娓道来的表达方式让人感觉轻松活泼,因此讲究"说"新闻,使观众在掌握最新国际大事的同时,视听上也感觉如沐春风。

（四）时段定位

确定时段是电视栏目定位的重要内容,它要以受众的收视习惯为基础,只有在目标受众群习惯看的时段播出,才能达到较好的收视效果。如少儿类栏目不能太晚,中央电视台的《智慧树》就定在晚六点半播出;大型娱乐类栏目适合在周末的黄金段播出,如湖南卫视的《我是歌手》就定在周五晚上八点左右播出,等等。时段选择还应考虑与其他电视台相同类型的栏目在播出时间上相互错开,以免出现"撞车"导致受众分流,如湖南卫视的《我们约会吧》和江苏卫视的《非诚勿扰》都是婚恋类节目,它们就有意选择错开播出。

有必要指出的是,电视栏目一旦经过精心策划定位以后,尽量不要轻易地随意变换,否则栏目的飘忽不定会直接导致栏目形象无法扎根于受众心中,收视效果会大打折扣。当然,生活总是在发展变化的,受众的审美眼光也会出现迁移,因此电视栏目也必须不断调整自己的定位以适应新的收视需求,在纠正自己不足的同时紧跟上新时代的步伐。

第五节 刘郎作品解读

刘郎,河北清苑人,毕业于北京广播学院(今中国传媒大学)电视编导专业。在长期的电视专题创作实践中,刘郎集编导、撰稿于一身,先是拍摄了一批取材于中国西部的专题片,后又创作了多部发掘江南底蕴的新作品,并由此逐渐形成了取势恢宏,张扬写意,注重情采,且具有一定文化格调的创作个性,这种独特的艺术风格被称为"豪放的忧伤"。历年来主要获奖作品有:《羯鼓谣》,全国首届电视文艺星光奖一等奖;《梦界》,1988年,全国第二届电视文艺星光奖一等奖;《不能消失的颜色》,1989年,意大利国家公园奖;《西藏的诱惑》,1990年,全国首届录像片大赛一等奖,全国第三届电视文艺星光奖一等奖;《上下五千年》(电视艺术组片,包括《风骚》、《鬼斧》、《流沙》、《发现》、《兴亡》、《无极》等六部),1992年,中宣部"五个一工程"奖;《流沙》,1993年,全国社教节目一等奖;《傻子沉浮录》,六集电视纪录片,1997年中国电视奖长篇类一等奖;《千年陈酒》,1999年,全国第十三届电视文艺星光奖一等奖;《苏园六纪》,2000年,全国第十四届电视文艺星光奖,中宣部"五个一工程"奖。《浙江精神》(含《飞跃的遐想》、《走出大山》、《水的旋律》、《大洋潮水》、《温州女儿》、《寸草春晖》、《飞驰的金轮》、《鞋的故事》等八集),2000年,全国新闻社教电视节目奖;《苏州水》,2001年(含《与水为邻》、《吴中底蕴》、《长河回望》、《水影花光》、《水乡寻梦》等五集),获2002年全国第十六届电视文艺星光奖一等奖,布达佩斯国际音乐片评委会特别大奖;《陶瓷的年代》,2003年,获全国第十八届电视文艺星光奖一等奖。

在青海电视台工作时期,刘郎的电视专题片展示的是西部豪放文化。1988年,刘郎推出的《西藏的诱惑》是这一时期最具代表性的作品。该片以三代僧侣虔诚朝圣为意象,以四位艺术家在西藏潜心探寻为主线,表现了一种因环境而形成的特殊境界,讴歌了一种由朝圣而延伸出的崇高精神。作品注重审美价值,强调意境营造,通过独特的屏幕造型,借助具有无限表现力的文学语言和深蕴着西部民族风味的歌曲,创造出了一种独特的审美境界。对此,《西藏的诱惑》在题记中就开宗明义地写道:"西藏的诱惑,不仅因为它的历史,它的地理,更因为:西藏,是一种境界。"对于这种境界,刘郎解释道:"我眼睛里的西藏的精魂应该是'境界'二字,因为它最能比出'物欲横流'的龌龊,最能显出西藏这片净土的超拔。"《西藏的诱惑》成功地运用了大写意的手法,大胆地进行主观情感的抒发,成为了写意派的经典性作品。该片一经中央电视台《地方台50分钟》(1990年改名"地方台30分钟")栏目播出后,反响巨大,获得了第三届电视文艺星光奖。

进入浙江电视台工作时期,刘郎的电视专题片也从歌唱西域转变为吟咏江南,展示的是江南的婉约文化。2000年,刘郎推出的《苏园六纪》就塑造出了一种别开生面、富有江南诗意的"苏园园境"。《苏园六纪》分为六集,依次是《吴门烟水》、《分水裁山》、《深院幽庭》、《蕉窗听雨》、《岁月章回》和《风扣门环》,分别介绍了苏园园林中的山水、建筑、花木经营和园林意境,以及园林的文化背景和历史兴衰,探究了苏州古典园林的文化内蕴、文化精神与美学意境。该片获得了第十四届电视文艺星光奖,中宣部"五个一工程"奖。

2010年，刘郎更是厚积薄发，以"学术艺术化、思维影视化、西湖陌生化"的制作理念强力推出了十集电视专题片《西湖》，依次是《西湖云水》、《临安的记忆》、《西湖旧影》、《湖山晴雨》、《香市》、《戏文的神采》、《画印西湖》、《西博往事》、《伊人在水》和《天堂》。该片围绕十个不同的主题，把自唐宋以来发生在西湖的历史掌故、奇闻轶事，透过历史影像和情境再现的方式铺陈开来，用写意的镜头和诗样的解说，追寻西湖丰厚的历史积淀，挖掘其深邃广博的文化意蕴。该片以恢宏的视野和精微的视点，集婉约阴柔与豪放阳刚于一体，熔纪实再现与写意抒情于一炉，捕捉到了西湖美的真正实质，是一部视觉艺术的西湖全书，成为了一部具有诗性江南文化符号的艺术精品。该片获得了第二十二届电视文艺星光奖。

刘郎的创作个性突出，视他的电视专题片为电视艺术片，表现风格追求写意。但在20世纪90年代，纪实风格的纪录片兴起之时，刘郎的这种写意风格饱受责难与批评，论争异常激烈。1992年，电视理论家路海波就著文严加批评："《西藏的诱惑》，恐怕是反映我们的纪录片观念存在严重问题的一个典型例证。"又说："《天驹》却更趋于个人冥想，更倚仗解说词，同时画面内容却更加空乏。"并且指出："一些学者可能因它们漂亮的解说词而喜欢它们；一些纪录片撰稿人可能会因此而模仿它们；一些人则盛赞它们有较高的文化品位。"①1996年，纪录片资深制作人康健宁也愤然指责，"当时屏幕上最叫响的是《西藏的诱惑》，它被许多同行看得如醉如痴，我却不以为然"，"所以决定拍《闯江湖》时，我和合作者说，应该抵抗一下这种腐朽气息"，"它被抬到一种很高的位置上，成为学院教学的经典，电视编导们的参考，一窝蜂的效仿……我对这种东西深恶痛绝"。②对于这些严厉的批评，刘郎却并不太在意，他说，"风格依然是写意。写意式的电视片，这几年争议较多，但我还是矢志不渝"③，"我历来对'纪录'一词很排拒，虽然我们可能还要继续拍下去"④，"国人有一种习惯，喜欢厚此薄彼。纪录型一火，大家都来赶热闹，致使创意型电视片，门第冷落鞍马稀"⑤。对于这种论争，中国传媒大学教授高鑫提出自己不同的看法："社会应该给创作个性提供丰腴的土壤，以一种宽容的态度，尊重各种创作个性的存在。这样，有助于电视纪实作品的繁荣和发展。"⑥这种观点比较中肯，也是电视专题片应该坚守的方向。

正是对写意的坚守，使得刘郎的电视专题片不管是穿越在蛮远荒凉的西藏，还是漫步于秀媚柔丽的江南，他仿佛都是在用电视的媒介来书写出一首首"咏物诗"。这些"咏物诗"于诗情画意中达成水乳交融，可以说是视听语言与文学语言互相生发出来的杰作。它们寻找微言大义又不流于宣教与谈玄，它们展现客观景象又将其转化为虚境和意象，逐渐形成了一种取势恢宏、张扬写意、注重情采、宣扬文化的创作风格，极大地提

---

① 路海波：《从昨天到今天……——谈谈纪录片的观念及中国电视纪录片的发展》，载《中国广播电视学刊》，1992年第4期。
② 康健宁：《我是怎么拍纪录片的》，载《纪录手册》，1996年第7期。
③ 刘郎：《昆仑写意——电视艺术组片〈上下五千年〉》，载《青海日报》，1993年10月8日。
④ 刘郎：《飘散的流云——致杨宏并兼作〈流云〉的编导阐述》，载《中国电视》，1994年第7期。
⑤ 刘郎：《依样画葫芦——创意性电视片笔记》，见《秋泊江南》，中国摄影出版社，2001年版。
⑥ 高鑫：《电视纪实作品创作》，学苑出版社，2002年版。

升中国电视屏幕的文化品格。

在今天的西子湖畔,矗立着一尊非常特殊的铜像。

说他特殊是因为西湖边的铜像,几乎都是中国古代、近代和现代的先贤,而这一尊,却是一个外国人的形象。他就是数百年前,曾以十分详尽的文字向西方介绍杭州的意大利人马可·波罗。

马可·波罗的名字被译成汉字,是以一个"马"字开头的,因此,在象形文字的审美习惯里,这位曾经在中国生活了十七年之久的旅行家,就好像永远骑着一匹马。直到今天,他似乎依然在倚鞍纵辔,延续着天涯行脚,直至走进互联网覆盖的世界。今天,在我们的互联网上,关于杭州与西湖的词条,已经多达数千万。

西湖,正是世界的西湖,拥有西湖的杭州,正是人们心目中的天堂。

公元13世纪,蒙古族大军的铁骑所向披靡,他们打下了一个横跨欧亚大陆、面积达三千万平方公里的版图。1271年,忽必烈入主中原,定都北京;1276年,南宋灭亡,尘埃落定。

南宋的都城临安,就是今天的杭州。1276年,元军兵临城下之际,并没有发动军事进攻,而是屯驻城北30里的皋亭山,通过使节往来,寻求不动干戈不屠城的方案。最终,临安被和平占领,未遭战火破坏,而这座城市也得以在元代继续发展,日臻繁荣。

13世纪末,一个真实的杭州、一个真实的西湖,第一次以独有的方式,真实地走向了世界。

采访余秋雨(学者):西湖,在世界文化当中占有一席之地,这个不是杭州人自吹,也不是中国人自吹,一个非常重要的原因就是,有一本非常重要的游记,曾经刺激过欧洲的地理发现者,这本游记叫《马可·波罗游记》。

马可·波罗,意大利人。商人、官员、游客、冒险家、语言天才、说故事的人……你要什么身份,马可·波罗都有。

在他游历中国之前,欧洲人对这个靠马匹和彪悍牧民建立起来的世界最大帝国所知有限,教会宣扬的"东方"观念,不是那里空无人烟,就是说住的都是野兽和妖魔。马可·波罗却带回了完全不同的版本。

1271年,出身于威尼斯商人家庭的马可·波罗,跟随着父亲和叔叔,沿着古丝绸古路,开始了由西方向东方的漫长旅行,据他的自述,"他和大汗忽必烈在一起待了整整十七年,在这期间他不断地执行使命"……最后他辗转回到威尼斯,却在一次海战中被俘。在监狱里,他讲述了在中国与东方各国的所见所闻,由同狱的难友记录成书。这便是著名的《马可·波罗游记》。

采访余秋雨(学者):他在描绘美丽的中国的时候,把很大的篇幅让给杭州,让给西湖。他不是一般的旅行者,因为他的出发地是欧洲的威尼斯,威尼斯是欧洲最美丽的城市,所以当一个威尼斯人在说他看到了世界上最高贵最美丽的城市,那个时候欧洲人都会非常激动,都想来寻找。所以像哥伦布这样的寻找新大陆的航船,他的驾驶台边上就放着《马可·波罗游记》。

在这本融合了梦想与现实的书中,列举了数十个中国城市,杭州的篇幅最多,内容丰富多彩,生动有趣。

那么,就让我们聆听一下马可·波罗的描述:"城内有一个美丽、开阔的湖泊……环湖建有许多美丽高大的宫殿,还有许多精美的楼房。湖面上满是小船和冈多拉,每一艘可容纳 10 到 20 个人,因为可以向外看,船上的乐趣比岸上大得多,湖蔓延整个城市,有无数支流和快乐的伴侣……"

"她是世界上可见到的最宏伟的城市,那里的赏心乐事是如此之多,以至人到那里仿佛置身天堂一般。"

马可·波罗把杭州称作天堂,这既是对西湖山水风光的礼赞,也是对杭州生活形态的讴歌。

……

——引自电视专题片《西湖》第十集《天堂》

关键词

电视专题节目　TV special programs
电视专栏　TV columns

思考题

1. 电视节目的主要类型有哪些?想想你最喜欢的电视节目分别属于哪一类型?
2. 电视专题片与纪录片有区别吗?主要表现在哪些方面?你认为张以庆的作品《幼儿园》应该属于纪录片吗?为什么?
3. 再现风格与表现风格的专题片的基本特点是什么?
4. 以刘郎的大型电视专题片《西湖》为例,说说他创作的电视作品有何特点?

第三章 纪实类电视专题

本章导言

纪实类电视专题主要指运用纪实手法拍摄制作的专题节目,这个外延比较大,包含了许多运用纪实手段制作的新闻、科教、服务、真人秀等各种节目类型,本章纪实类电视专题主要指纪录片。纪录片的纪实美,主要体现在"以事信人"、"以事感人"。因此,为了更好地让事实本身说话,纪实类电视专题就必须真实地、细致地展现和揭示生活的具体情况和生活的过程。一切思想意念的表达,无不蕴含在生活情景和过程的叙述之中。

本章引例

大多数美食都是不同食材组合、碰撞产生的裂变性奇观,若以人情世故来看食材的相逢:有的是让人叫绝的天作之合;有的是叫人动容的邂逅偶遇;有的是令人击节的相见恨晚。人类活动促成了食物的相聚,食物的离合也在调动着人类的聚散。西方人称作"命运",中国人叫它"缘分"。

相 逢

本集导演 陈硕

8月,锡林郭勒草原刚刚苏醒,乌力吉把牛群赶到自家的草场。丰沃的土地给予牛羊养料,还催生了一种珍稀的精灵。晾晒成干的口蘑含有充沛的鸟苷酸盐,牧民用它和鸡肉一同炖煮,鲜味成倍提升。何福志,口蘑商人,经常驱车几百公里收购蘑菇。口蘑只生长在蘑菇圈上,辨识它要靠草的色深,这种神奇现象得益于蘑菇分泌的一种物质,让草拥有含量更高的叶绿素。何福志要到乌力吉家询问蘑菇的收成。女儿玉凤23岁,大学毕业后回到草原。

女儿何玉凤（同期声）：家里我母亲病重，一直需要人照顾。我爸爸现在也50多岁的人了。

记者：家里捡的蘑菇都晒了吗？

何玉凤：都晒了。

记者：就这点？

何玉凤：嗯，就这么点儿。

记者：没有白蘑菇吗？

何玉凤：没有，就这么点天花板（蘑菇品种）。

口蘑中白蘑最为珍贵，晒干后可以卖到2000多元1公斤，今年的收成不多。牧民们已经开始储藏牛羊过冬的饲料，这意味着口蘑季节即将结束，父女俩决定再做最后的努力。口蘑的萌发需要雨水眷顾，预报中的秋雨迟迟未到，老何很不甘心，父女俩决定借宿在牧民家继续等待。

何玉凤（同期声）：下雨了，下雨了。

雨后的草原清新如洗，蘑菇圈上白蘑终于露出身影。

何玉凤：爸爸，你看，那边。

何福志：上那个圈看去。

何玉凤父女：还挺多的，嗯，这么多。

何福志父女明白，此后的几天他们终将得偿所愿。

锡林郭勒向南400公里，张家口，古时的长城关隘，是中原与北方贸易往来的咽喉，更是口蘑的成名之地。白蘑，菌肉肥厚，质地细腻，是口蘑的最上品。开水发涨，两三个小时后，白蘑恢复饱满身姿，留下口蘑原汤。放入清水，反复搅打，换三四次水，打千次以上，直至泥沙尽除。冬笋，产自2000公里外的江南，与口蘑初次相见，曾经跨越千山万水。泡好的笋干与白蘑干切片，高汤里煨透，再加重油慢火翻炒。随着油慢慢浸入，口蘑片变得丰腴滑润，笋片重新找回爽脆的口感，最后加入口蘑原汤。江南冬笋邂逅塞北口蘑，"烩南北"，300多年历史的中国北方名菜，不仅造就一种美味，更带来无尽的空间想象。

——中央电视台综合频道播出的《舌尖上的中国Ⅱ》第五集《相逢》

第一节 叙事与纪实辨析

叙述作为一种话语方式，在电视节目中也被广泛运用。叙述与叙事学中的叙事通常是同一概念。20世纪80年代，我国叙述型电视专题片成为电视节目的主要形态；由于90年代末纪实热潮的兴起和电视专题节目的理论探索，电视专题片这个名称逐渐被淡化。

一、叙事与纪实辨析

李幼蒸在《当代西方电影美学思想》一书中讲道:"人类生活由各类事件所构成……历史的描述为叙事,故事的描述也是叙事,因而,对真实世界和想象世界的描述可以统称为'叙事',即对(真实的和虚构的)事件序列进行记叙之意。"简言之,他将"叙事"定义为"记叙事件"。

学者聂欣如认为:纪录片以纪实为基本美学特征,是一种非虚构的、叙事的影片样式。这个定义不仅回答了什么是纪录片,而且也简明扼要地阐明了叙事与纪实的联系与区别。

纪实是纪录片的外在美学特征。人们总是不断重申纪录片必须真实,真实是纪录片的生命。但是,纪实并非真实。首先,纪实观念是发展变化的,摄影机诞生之初,只能还原现实世界的影像,人们认为这就是真实。但是到1959年轻便的能够声画同步录制的摄影机出现之后,人们对纪实的认识更进一步,认为声画同步录制还原的真实时空才是"纪实"。其次,"纪实手法"只是纪录片的重要创作手法之一,反映真实可以采取多种创作手法。西方"新纪录电影"倡导者认为,通过高科技手段制作出来的电脑动画所表现出来的真实与人们所期待的真实相吻合,由此进一步推导出,纪录片可以采用一切虚构策略以达到"真实"。

关于纪实与艺术的关系,帕·泰勒在《故事片中的纪录技巧》一文中认为,纪录片仿佛处在艺术与实况纪录之间的分界线上,因为纪录片首先必须尽量简洁地和有逻辑地安排一系列有既定顺序的事实。而在想象力被特别强调的纪录片中,对事实的逻辑安排变成了重新安排,造成一种几乎是诗的而不是逻辑的顺序,用文字语言来说,就是成了讲真人真事的高级叙事散文。① 泰勒和聂欣如都认为纪录片是一种叙事的影片样式。

"以记录的方式来叙事,用叙事的方式去记录。"因此,纪实类电视专题离不开纪实这个最重要的外在手段,也离不开叙事这门最传统的艺术方法。

二、叙事学中的几个概念

1. 叙述者

叙述者是叙事学中最核心的概念之一,即指叙事文中的"陈述行为主体",或称"声音或讲话者",它与视角一起,构成叙述。叙述者指在电视节目中直接以语言为观众提供讯息或发表评论的人,这个人不一定会出现在画面上。例如一般的纪录片解说员,就是评论者。

根据叙述者与叙述对象的关系划分,将叙述者划分为异叙述者与同叙述者。异叙述者不是故事中的人物,他讲述的是别人的故事。优势在于可以凌驾于故事之上,掌握故事的全部线索和各类人物的隐秘,对故事做详尽全面的解说。同时采用纯粹的观察

---

① 参见:帕·泰勒:《故事片中的纪录技巧》,载《世界电影》,1983年第1期。

记录,能有节制地发出信息。如纪录片《惊心动魄22小时》,摄制组置身于指挥部和抓捕两个现场,对警察和歹徒、整个事件全知。异叙述者的劣势是不能表现人物的心理活动,只能借别人的同期声来表现。同叙述者是指电视节目中故事的人物,他(她)叙述自己的或与自己有关的故事。其优势在于能剖析人物内心活动,特别是处于矛盾中心的主人公的叙述在某种程度上更容易引起观众共鸣。

还可将叙述者划分为客观叙述者与干预叙述者。客观叙述者即只充当故事的传达者,不表明自己的主观态度和价值判断。干预叙述者指具有较强的主体意识,它可以或多或少自由地表达主观的感受和评价,在陈述故事的同时具有解释和评论的功能。

美国新闻专题《在路上》就以干预叙述者的身份讲述了一个历史故事。它的开头:

在 路 上

蒙大拿　　1975年9月4日

　　这里微风轻拂、芳草离离。山脚下河水流淌。这里只有轻风、芳草和河流,但在我眼中,这里却是全美国最令我伤感的地方。这条河印第安人把它叫做肥草,白人则把它叫做小巨角羊。

这里干预叙述者的身份有利于表达创作者的内心情感。这种解说词的写作方法在表现性纪录片中也是常见的。

2. 叙述视角

叙述视角是指叙述者或人物与叙述文中的事件相对应的位置或状态。或者说,叙述者或人物从什么角度观察故事。叙述视角也称叙述聚集,是叙述语言中对故事内容进行观察和讲述的特定角度。同样的事件从不同的角度去看就可能呈现出不同的面貌,在不同的人看来也会有不同的意义。

叙述视角的类型主要有全知视角、内视角、外视角三种。非聚焦型即全知视角,他可以从任何角度观察被叙述的故事。也就是叙述者比任何人物知道的都多,他全知全觉,而且可以不向读者解释这一切他是如何知道的。这种"讲解"可以超越一切,历史、现在、未来全在他的视野之内,任何地方发生的任何事,甚至是同时发生的几件事,他全都知晓。在这种情况下,读者只是被动地接受故事和讲述。

内聚焦型即内视角,从故事人物的角度展示其所见、所闻、所思。内视角包括主人公视角和见证人视角两种。主人公视角的好处在于,人物叙述自己的事情,自然而然地带有一种特殊的亲切感和真实感。作为目击者、见证人,他的叙述优点在于对塑造主要人物的完整形象更客观更有效。其次,必要时叙述者可以对所叙人物和事件做出感情反映和道德评价。

外聚焦型即外视角,叙述者严格地从外部呈现每一件事,只提供人物的行动、外表及客观环境。"观察者像一台摄像机,摄入各种情景,却没有对这些画面做出解释和说明,从而使情节也带有谜一样的性质。"

叙事视点,简单地说就是在影片中叙述者叙事的角度,有的人也称视角。通常分为三类,即旁观者视点、片中人物视点、影片制作者视点。

旁观者视点,也可称全知视点,叙事者处于全知全能的高度,仿佛是无所不知的上帝,往往以第三人称来解说,如格里尔逊式的纪录片,或者没有任何解说,偷窥式地拍摄,对生活面貌毫不干涉,如直接电影。

片中人物视点,影片的叙事往往以影片中的某一个人物的讲述来进行,具有一定的内聚焦性,比如《往事歌谣》以王洛宾自己来完成叙事的任务,《三节草》中肖明对自己身世的不断回忆讲述。这种片中人物的视点,使得拍摄的画面具有了很大的主观性,甚至可以窥测出叙述者的内心世界,如《英与白》中以熊猫的视角来观察饲养员的工作,表现出熊猫及饲养员都具有的孤独;《意志的胜利》中采用作为一个整体的群众的主观视点和希特勒的主观视点,运用了大量的正反打镜头,表示彼此的对视,从而消除了元首与群众的心理距离,形成一种情感上的关联。

制作者视点,这是一种主体性的视点,它以参与者或制作者的身份来讲述故事,比如记者、摄制组、调查者、访问者等,它站在故事之内成为其中一角色,或居于故事之外,利用制作者对影片制作与控制这一特殊权利,借声音、字幕等发表自我的观点。因而制作者的视点也往往带有强烈的主观性,表现出制作者的观察角度、态度、倾向、情感、理解和认知,在叙述过程中,制作者往往喜欢用第一人称。

以山东电视台公共频道的新闻女生组中的一期节目《一个想做男人的女人》(首播于2008年2月19日)为例进行分析。

……前段时间济宁嘉祥县一位自称小贾的人给我们打来了一个电话,接电话是我们新闻女生组的厉声。在电话里小贾反反复复都是在说一句话,她很想做一个男人,想做变性手术,听她这么说厉声有点犯糊涂了……听小贾说完,厉声就想了,这个人是不是精神上有什么问题,可是仔细听她说话又不像。小贾说,其实自己是一个女人,自己想做变性手术已经有十几年了,她现在很痛苦,她想找个人帮她完成这个愿望,如果做不了手术,她就不想活了,厉声想再问下去的时候,小贾已经哭得说不出话来了,挂了电话之后,厉声决定去一趟济宁和小贾好好地聊聊。

这段旁白是立于旁观式的全知视点之上的,它把小贾的疾病、内心痛苦全盘告知,也把记者厉声的想法告知观众。如果不是站在全知视点的话,他人的内心世界是难以叙述的。

小贾向记者厉声叙述自己的自残过程:

你看我,真是用刀子,我自己划我自己,嫌我自己不是男孩子,这都是我自己划的我自己,给你说实话吧,哪一个都缝二三十针,你看见了吗?都是我自己折磨的我自己,你看我腿上,都是我自己折磨的我自己,都是用刀子划的,这也是……

这是以影片中的人物视点进行叙事,叙述片中人物亲身体验过的往事,令观众信服,也易触动观众的情感。

听小贾说完这些,我很惊讶!虽然说她是一个假小子,可怎么会爱上一个女人呢!这有点太不可思议了,一个女人竟然会爱上另外一个女人,当时我脑子一下子就想到了三个字"同性恋",看着眼前的小贾,我真的不敢相信,这就是真的,可是从小贾的衣着打扮上来看又不得不让我相信就是真的。回头想想,我才明白过来,难道她爱上了另外一个女人之后,才会想做变性手术的?

这是记者的一段内心独白,在这里的记者,既可以看做制作者也可以说是影片中之一角色,这种双重身份也导致视点的双重效果,既是角色的视点,也是制作者的视点。而当观众在观看影片时,随着叙事的进程,各个视点的更换与交错更是带来一种新鲜的审美体验,可以感受影片的多维度艺术空间。[①]

3. 叙事顺序

叙事顺序是针对事件发生的真实顺序而言的,是叙事文中事件、人物的排列方式。用热奈特的话来说,"研究叙事的时间顺序,就是对照事件或时间段在叙述话语中的排列顺序和这些事件或时间段在故事中的接续顺序,因为叙事的时序已由叙事本身明确指出,或者可从某个间接标志中推论出来"[②]。

叙事顺序关注的是两种顺序以及它们的关系,一是在叙事中我们安排事件出场的顺序,另一种是现实生活中事件实际发生的顺序。根据它们之间的关系,影片中叙事顺序主要有顺叙、倒叙、插叙、补叙、回叙等几种。

在纪录片中,主要的叙事顺序是顺叙,也就是影片中事件的出场顺序与实际发生顺序相一致的情况。

倒叙即在正常叙事中插入对过去的回忆。倒叙与人们的生活经验相悖,打破了观众在观看时的心理顺序,所以一般在倒叙出现的前后,都会给观众相关的提示。这种提示一般可以通过旁白、独白、字幕、色彩变换以及一些剪辑技巧来实现。

补叙即西方叙事学家称之为"填充闪回",它是对叙述中省略、遗漏的事件的补充,具有交代、解释、修正等功能。

4. 叙事节奏

同一个故事,无论是真实的还是虚构的,在不同的文本中给受众的感觉往往不同。这些不同当中有一种会显得格外明显,这就是叙事节奏的不同。我们通过对叙事所花费的文本时间和事件行为在现实中所持续的实际时间进行对比,可以得到以下五种不同的叙事速度即省略、概略、场景、减缓、停顿。而叙事节奏就是由这五种叙事速度所共同组成的。[③]

实际中发生了,而在文本中没有得到展现,这种速度我们称为省略。

概略是指文本在叙事中分配给事件或行为的时间小于它们实际发生或持续的时间。

场景就是指文本在叙事中分配给事件或行为的时间大致与它们实际发生或持续的时间等同。

减缓和停顿一般在文学文本中比较容易理解,它通常是用来进行人物内心活动的表现或者对环境进行说明或渲染的手段。

在纪录片中,减缓和停顿很少出现。

[①] 谭孝红:《纪录片创作中的自我反射式手法》,学位论文,2009年。
[②] 热拉尔·热奈特:《叙事话语新叙事话语》,王文融译,中国社会科学出版社,1990年版。
[③] 甘霖:《从叙事学角度对纪录片的若干讨论》,学位论文,2006年。

5. 叙事结构

结构是对人物生活故事中一系列事件的选择，这种选择将事件组合成一个具有战略意义的序列，以激发特定而具体的情感，并表达一种特定而具体的人生观。

对电视节目而言，结构的任务就是把前期拍摄的各种素材根据一定的主题表现需要，恰当地组成一个有机的整体。从叙事结构层次来说，结构有外部结构与内部结构之分。外部结构是对作品整体形式的把握，使作品层次分明，结构完整；内部结构是对影片中各局部之间的构成和转换的把握，使作品上下连贯，过渡自然。

第二节 纪录片发展概况

世界纪录电影的起源可以追溯到电影的初创期，乔治·萨杜尔说："纪录片是在卢米埃尔的摄影师们拍摄长篇新闻片的时候创造出来的。"卢米埃尔兄弟于1895年在法国放映了《工厂大门》等短片，现场表演了他的发明。但真正的纪录片并不是从卢米埃尔兄弟开始的。

一、纪录片起源与纪实美学的诞生

纪录片始于罗伯特·弗拉哈迪1922年拍摄的《北方的纳努克》。在国内纪录片学者钟大年看来，卢米埃尔兄弟早期的纪录电影或许很难被称之为真正意义上的纪录片，他认为纪录片的创作必须注意两个重要的方面。其一，摄影机不是要记录生活的图像，而是要记录生活的情境。情境是一个完整的叙事概念，它是一个具体行为或事件发生时的状况。其二，记录的功能不是简单的复制功能，它是拍摄者对客体对象的观察方式。要对现实生活的活动状态进行审视和判断，选择那些具有一定内涵意义的部分记录下来。[①]

美国人罗伯特·弗拉哈迪从小就喜欢探险，成年后多次去北极圈探险。1922年，他携带摄影机去拍摄了一部真正具备完整意义的纪录片《北方的纳努克》，纪录的是北极圈里的爱斯基摩人传统的生活方式。他与被拍者进行亲密合作，为纪录片拍摄建立了一种深入的，与被拍摄者互信、互享、互助的交往方式。这种不自觉的拍摄方式，预示了以后的人类学电影制作者（包括法国"真实电影"）所提倡的"参与的观察"等观念。这种互信互享的拍摄方式是一种美学观的体现。力求能拍到人的自然生活状态，捕捉到自然的感情流露时刻。"结果要真实，这是弗拉哈迪恪守的信条，即使需要独辟蹊径，他也不会动摇"，这不是他对纪录片价值的判断。

最初使用"纪录电影"这个词的是法国人，是指电影初期大量出现的旅行片。卢米埃尔兄弟最初的拍摄活动实际上代表着纪录电影的开端，这两位摄影师分别确立了纪录片的两种雏形，即分别代表着纪录电影的两个极端：前者是对现实的描述，后者是对

[①] 钟大年：《纪录片创作论纲》，中国传媒大学出版社，2009年版。

现实的安排,纪录电影的全部历史便是在这两个极点之间形成和发展演变的。

首先在英语世界提倡使用"纪录电影"一词的是英国人约翰·格里尔逊,最早出现在他于1926年2月8日为纽约《太阳报》撰写的评论罗伯特·弗拉哈迪的第二部影片《摩阿纳》的一篇文章里:"这部影片是对一位波利尼西亚青年的日常生活事件所做的视觉描述,具有文献资料价值。"

二、纪录片概念的确立与早期的创作活动

1922年,另一位纪录片先驱者、俄国的吉加·维尔托夫提出"真理电影",主张无产阶级电影必须以真理(片段的真实事物)为基础,组合成有意义的震撼。这也就是"电影眼睛"的理论酝酿。他回到卢米埃尔兄弟的概念,拍摄事物正在发生的行动,采取隐藏式摄影偷拍、抢拍。他认为摄影机可以比人眼更能捕捉到真理,摄影机可以比人眼更能超越时间和空间。他的理论简单可以概括为"出其不意地抓取生活,然后在意识形态上把它组合起来,叙述一个真理"。维尔托夫制作了《电影眼睛》(1924年)、《在世界六分之一的土地》(1926年)、《带摄影机的人》(1929年)等著名影片。

另一位纪录电影先驱是英国传统学派创建者格里尔逊。"纪录片"这个名词,是他在1926年一篇影评文章中最早开始使用的。他对纪录片最早进行了明确而完整的定义:"对社会现实的创造性诠释。"

三、当代国际纪录片发展概况

21世纪以来,纪录片在全球范围兴起。尽管电视台依然是获得资金的最大平台,为影院制作的纪录片也越来越多地涌现,DV设备的出现为普通制作者获得专业的影像降低了门槛,纪录已经是可以随时随地进行的行为。纪录片作品呈现出多样化趋势,向观众传达真相的方法日益多样,它们的价值不会随时间推移磨损,反而受时间洗礼而更加厚重。

国外纪录片主要有三种发展模式:第一种是以美国为典型代表的商业化运营模式;第二种是以英国、日本为代表的公共体制;第三种是以法国、韩国为代表的政府扶持模式。在不同的体制中,纪录片制作的资金构成存在极大差异,直接影响其制播模式和内容呈现。

美国纪录片当然不止探索和国家地理频道,像历史频道、公共电视PBS所属的纪录片制作、HBO的纪录片以及独立制作人,共同构成了美国纪录片的繁荣,但市场化运营和工业化生产是支持纪录片产业的核心要素。[①]

美国电视纪录片一枝独秀。2012年,探索传播集团开创了市场神话,扩展到全世界218个国家和地区,拥有18亿累计订户和140多个电视频道。其中以探索频道、学习频道、动物星球、科学和调查探索等为主品牌。2012年探索的年总收入达到44.87亿美元,比2011年增加了8%。

---

① 应启明:《新世纪美英纪录片发展趋势与启示》,载《中国电视(纪录)》,2013年第12期。

自1985年以来,探索从一个专业化频道发展成为世界上最大的纪实节目公司。其赢利模式包括订购费和广告,订购费保证频道正常运营,而广告收入则体现为赢利。此外,多元投资组合带来的附加产品收益,包括零售店、音像图书、主题公园等,也是一笔不小收入。

2011年,探索亚洲拍摄制作了首个关注中国当代人物的纪录片专辑《中国人物志·梦想篇》。系列片首次以人物传记形式向世界展示了当代中国的优秀人物——杨丽萍、施正荣、成龙和钟南山成功背后的心路历程,以国际视角诠释"中国梦想"。系列片于12月22日起在中国26家电视台的《探索》栏目首播。随《中国人物志·梦想篇》一同播出的,还有记录30位来自各个行业平凡中国人各自抱有真挚、平凡或非凡梦想的30个短片。

2012年探索集团拿下艾美奖好几项新闻与纪录片奖,其中与BBC联合制作的《人类星球》获得纪录片和长片单元的杰出个人摄影成就奖,是展现人类在这个星球极端环境下适应并生存的鼓舞人心的纪录片。同样与BBC联合制作的《冰冻星球》成为非虚构类的大赢家,赢得最佳非虚构系列、最佳摄影、最佳画面编辑与最佳声音编辑四项艾美奖。

四、我国纪录片创作发展历程

我国第一部电影公认是北京丰泰照相馆老板任庆泰于1905年拍摄的由著名京剧演员谭鑫培演出的《定军山》,这是一部戏曲纪录片,也是我国第一部纪录电影。此后,早期的纪录片反映了20世纪初我国社会的动荡与民族抗争。

(一)我国早期纪录片创作时期(1938年—1949年)

早在抗日战争时期,中国共产党领导下的延安电影制片厂,以及后来在此基础上成立的东北电影制片厂,成为"新中国电影的摇篮"。电影工作者手提摄影机活跃在战争的前线或敌后,烽火战争中诞生了中国第一批以反映中国人民抵御外强和争取民族独立为题材的有声电影纪录片,反映了在延安和陕甘宁边区等地八路军的战斗和生活,为新中国成立以后的纪录片创作发展奠定了基础。

1949年4月20日,北平电影制片厂正式成立,根据中共中央宣传部"先拍新闻纪录片,以后拍故事片"的指示,北京电影制片厂成立后迅速开始了新闻纪录电影的拍摄和摄制工作,主要作品有五部短纪录片:《毛主席朱总司令莅临阅兵》、《新政治协商会议筹备会成立》、《七一在北平》、《解放太原》和《淮海战役》,这一时期的纪录电影内容大多是领导人的活动与重大战役胜利等,以此来树立新中国的形象,团结人民,安定民心。

(二)新中国成立三十年纪录片曲折发展时期(1949年—1978年)

新中国成立至1958年大跃进之前的这段时期,新闻纪录电影继续在社会主义建设中发挥着重要作用。摄影师以极大的热情拍摄了一系列反映军事胜利的纪录片,代表作品有北京电影制片厂拍摄的《解放西藏大行军》(1950年)、《抗美援朝》(1951年)、《反对细菌战》;记录领导人重大国事活动的影片也广受好评,如1949年10月1日记录开国大典盛况的《新中国的诞生》,1952年北影厂独立拍摄了第一部彩色纪录片《1952年国庆节》。1953年专业化纪录片制片厂——中央新闻纪录电影制片厂成立,1954年新影厂领导赴苏联学习考察之后,按照苏联新闻纪录电影是"形象化的政论"经验发展纪录片。

1958年5月1日北京电视台(中央电视台前身)开始试播,电视开始成为纪录片创作的新生力军。1960年冬,中共中央开始对"大跃进"中的错误进行纠正,一些不具备实力的电影厂电视台被关闭,针对新闻纪录影片中出现的浮夸风和不切实际的现象发出指示,强调必须维护纪录片的真实性。

1965年,在阶级斗争的文化环境中诞生的泥塑群像《收租院》,北京电视台经过充分运用摄影造型、编辑技巧和解说词组成视听语言,将其拍摄成一部阶级教育为主题的艺术作品。并在接下来的"文化大革命"中成为一部经久不衰的纪录片,连放八年之久。

1973年,我国第一部彩色电视纪录片《欢庆"五一"》播出,电视纪录片质量有所提高。

在这段政治动荡的历史时期,许多国外纪录片创作者来中国并拍摄了一些有影响的纪录片,如安东尼奥尼1972年来到中国,采访拍摄的纪录片《中国》;伊文思1971年来中国,经过十八个月的艰难拍摄制作了纪录片《愚公移山》。

(三)我国纪录片初步繁荣时期(1978年—1991年)

1978年5月1日,经中共中央批准,北京电视台更名为中央电视台。1979年8月,中日联合开拍大型系列纪录片《丝绸之路》,揭开了与国外合作拍摄大型纪录片的序幕。

纪录片开始走上栏目化发展道路,1978年9月开播的《祖国各地》就是纪实类栏目的先导。《东方时空》创办人之一童宁曾说:"纪录片是电视栏目之母,电视栏目脱胎于纪录片。"电视屏幕上相继出现了专门播放纪录片的固定栏目,如《人物述林》、《兄弟民族》、《地方台30分钟》等。20世纪80年代以后,电子新闻采集设备的广泛应用为电视纪录片的创作带来了极大的便利,但"画面+解说"的创作模式仍是这一时期纪录片的主要样式。

真正纪实风格的确立源于中日《望长城》的合作拍摄。1991年11月18日,影片在中日两国同时开播,影片以即兴的真实、自然朴实的风格呈现于观众,令人耳目一新,双方都创下了纪录片的最高收视率。《望长城》的出现带动了一大批纪实类电视节目的出现,并成为一种时尚。1991年,宁夏电视台与辽宁电视台联合摄制的反映东西部农民和渔民生活方式与观念的纪录片《沙与海》,获得了"亚广联电视奖"大奖,纪录片《最后的山神》在1993年又获得亚广联年度大奖,这标志着"中国电视纪录片创作者开始致力于用国际语言讲中国的故事,并注重采用国际流行的各种表现手法了"。

(四)我国纪录片的多元化发展与繁荣时期(1991年以后)

1992年,邓小平南方谈话后,改革开放步伐加快。我国迎头追赶国际纪录片发展的主潮流,纪实手法逐渐成熟,拍摄的纪录片引起世界瞩目。

1993年2月,上海电视台开辟了全国第一家以纪录片为主题的栏目——《纪录片编辑室》,每周一晚八点在上海电视台主频道播出。栏目始终关注普通人物的情感和命运，播出过许多国内外获奖纪录片，如《德兴坊》、《十字街头》、《毛毛告状》、《大动迁》、《茅沿河的船夫》、《房东蒋先生》等。

1993年，中央电视台在电视新闻节目改革背景下，一个采用综合版块形式制作和播出的时事杂志栏目——《东方时空》诞生，它包含四个子栏目：《东方之子》、《东方金曲》、《焦点时刻》、《生活空间》。在该栏目基础上后来诞生了《焦点访谈》、《实话实说》、《新闻调查》等深度访谈、纪实类、调查类电视节目，他们的创作在一定程度上影响了电视节目理念的转变。

吴文光1990年创作的《流浪北京：最初的梦想》先后参加过香港国际电影节、日本山形国际纪录片电影节、美国夏威夷国际电影节等影展，1993年，影片《1966：我的红卫兵时代》获得了日本山形国际纪录片电影节"小川绅介"奖。吴文光、段锦川、蒋樾、牟森等独立制片人个人化创作的作品影响了90年代的纪录片创作者。

1997年，省级电视台30个卫星电视频道陆续上星播出，媒体竞争日益激烈。中央电视台从2000年开始重整纪录片栏目，推出了《纪录片》（2003年改版为《见证》）、《探索·发现》、《讲述》、《人物》、《历程》等栏目，此时众多定位明确、选题集中、制作优良的地方电视台纪录片栏目，如重庆电视台《巴渝人家》、吉林卫视《回家》、云南电视台《经典人文地理》、浙江电视台《江南》等也获得了业内与观众的好评。

电视体制改革，走市场化创作道路，收视率成为衡量电视产品的重要指标，纪录片选择专业化、频道化发展模式道路来应对新闻节目、娱乐节目等带来的冲击，这也是电视行业市场细分的必然结果。2002年1月上海纪实频道开播，传承了以《纪录片编辑室》为标志的海派纪录片传统，上海纪实频道重要栏目有：《纪录片编辑室》、《文化中国》、《往事》、《档案》、《经典重放》、《看见》、《新生代》等。2002年，凤凰卫视推出《DV新世代》，又名"中华青年影像大展"，节目为DV作品提供了一个展示和交易的平台；凤凰卫视以《凤凰大视野》、《凤凰大放送》等栏目为标志，"和着新闻同步起舞，使纪录片拥有前所未有的魅力"。凤凰卫视副总裁钟大年在谈到凤凰卫视的成功时说："新闻性的收视拉动，是他们在整个纪录片运作时的一个基本出发点。"2004年8月，我国第一家数字付费纪录片频道央视世界地理频道开播。2008年4月9日，湖南金鹰纪实频道正式开播。我国开播的专业化纪录片频道达数十个。

第三节 纪录片风格类型

电视的出现晚于电影，纪实类电视专题的基本创作方法从一开始也是向纪录电影学习。电视纪录片发源于西方的纪录电影，从最早的纪录电影《火车进站》、《工厂大门》到如今丰富多样的电视纪录片，纪录片创作风格历经发展演变，出现过的风格类型主要有五种：格里尔逊式、真实电影式、访问式、反射式和新纪录电影模式。

一、纪录片的界定与基本特征

最初使用"纪录片"一词的是法国人，用以指称电影诞生初期大量出现的旅行片。

首先在英语世界使用"纪录电影"一词的是英国的格里尔逊,他还将纪录电影更加明确地定义为"对社会现实的创造性诠释"。

美国《电影术语词典》(1979年)的定义:纪录片,一种排除虚构的影片。它具有一种吸引人的、有说服力的主题或观点,但它直接取材于现实,并用剪辑和音响增进作品的感染力。

我国学者聂欣如的界定:纪录片以纪实为基本美学特征,是一种非虚构的、叙事的影片样式。它兼有认知和娱乐的功能,并以之区别于以认知为主的文献档案影片和以娱乐为主的艺术、剧情影片。

有关纪录片的基本特征,具体有如下几点。

1. 无假定性的真实

所谓无假定性的真实,是相对于艺术的真实而言,与故事片、电视剧中假定性的艺术真实不同,纪录片所面对的客体对象必须是现实生活中的真实存在的事物和人物,不容许虚构事件。伊文思曾说:"真实比一切都重要,宁可在画面质量上有些问题,也要求真实。"

2. 形声一体化的表现结构

现实世界中,客观事物的存在与运动都以形声一体化的完整形态进行,摄像机以一种特殊的记录形态再现了客观事物直观的形声结构和运动过程。这是传统专题片(声画分离)与纪录片(声画合一)的重要外在区别之一。

3. 情境化的叙事方式

情境化的叙事,就是要使纪录片的图像符号所表现的抽象内容具有一种"可经历"的情景意义。这种再现是建立在情境完整性的基础上的。所谓"情境",应包括三大要素:①人物活动的具体时空环境;②人物面临的具体事件或情况,即过程;③由此构成的特定人物关系。

二、纪录片创作的风格类型

2007年7月中国电影出版社出版的、陈犀禾等译的比尔·尼柯尔斯《纪录片导论》中提到了纪录片的六种模式:诗意模式、阐释模式、参与模式、观察模式、反身模式、陈述行为模式。

从历史发展的角度观察,迄今为止,纪录片的创作模式基本上这样演变:格里尔逊式、直接电影、真实电影、自我反射式、新纪录电影模式,这一变化自然与摄制、录音等技术的发展有关。从无声电影到有声电影,早期的有声电影,由于录音设备的庞大,使得同期录音无法进行,只好在后期制作中进行配音,故而产生了"画面+解说"的格里尔逊式。20世纪50年代末,便携式同步录音机的出现,使同步录音成为可能,直接电影、真实电影应运而生。如果说科技的进步对这些创作手法起了正面催生作用的话,那么自我反射式的产生,则恰是对其负面效应的矫正与反拨。由于纪录片对"现实的复原"开始受到观众的质疑,于是不得不把影像的形成过程公之于受众,这便是自我反射式手法。

（一）格里尔逊式——解说词为主导

格里尔逊式又称直接宣导式。这个模式是以英国著名纪录片导演格里尔逊而命名。

格里尔逊第一次简要地阐述了纪录片的定义："对社会现实的创造性诠释。"这句话来源于1932年格里尔逊为英国纪录片运动而写的行动纲领，即《纪录电影的首要原则》。这句话有两个含义：一是纪录片是取材于现实的，与电影故事片不同，不需要摄影棚、不需要演员，是现实生活中实实在在的生活；二是纪录片在事实存在的基础上要进行加工处理，不是自然主义的流水账。"创造性"是指有明确的主题，而且要旗帜鲜明地表现出来。他在1929年拍摄的经典纪录片《漂网渔船》就是明确地歌颂了劳动光荣，歌颂当时大英帝国的工业革命如火如荼。在方法论上，格里尔逊将电影用做打造自然的锤子，而不是观照自然的镜子。因此，英国许多纪录电影运动中的影片都具有人工打造的痕迹。凭借《漂网渔船》的成功，1930年格里尔逊进入了英帝国市场委员会电影部，开始推动实现他将电影媒介进行社会宣传的目标。在他的带领下，英国纪录电影逐渐形成了格里尔逊式即直接宣导式的风格。他们的代表性作品还有《锡兰之歌》、《住房问题》、《夜邮》等。

第二次世界大战爆发后，他们全力以赴为战争宣传服务。在创作上当时出现了两种倾向，其中之一是以保罗·罗沙为代表的"纪事体裁"，即通过解说词把现成的画面串联起来，用以体现特定的富于教育意义或宣传目标的主题。按照美国电影理论家尼柯尔斯的看法，格里尔逊传统的风格就是这种纪录片形式。为了迎合说教者的口味，大量使用那种表面上权威实际上自以为是又脱离画面的解说。在作品中解说词明显压倒了画面。由于格里尔逊主张把电影当做宣传教育的"讲坛"，发展了以解说为主的纪录电影样式，以至于长期以来许多观众认为纪录影片（或电视专题片）就只有这样一种模式。

相对而言，纳粹德国的论战电影则把纪录电影的"真实性"推向了另一个极端。1934年，里芬斯塔尔拍摄了美化希德勒的纪录电影《意志的胜利》。有人认为，希特勒与纳粹德国的崛起，与这部电影不无关系。因为《意志的胜利》本身就是应希特勒的邀请，专门为纳粹的全国党代会拍摄的。里芬斯塔尔甚至为拍摄这部纪录片专门成立了一家"党代会电影公司"。这部纪录片在大场面的驾驭、拍摄手段的多样性、拍摄技巧的创造性方面取得了一些成就。正如第三帝国宣传部长戈培尔在日记中写道："这部电影通过令人耳目一新的各种场面，描绘出了我们政治活动的成果。它将我们总理的伟大展望加以影像化了。因了这部电影，总理才第一次在银幕上被以最为令人印象深刻的方式加以描写。此外，这部电影成功地摆脱了陷入简单宣传的危险，将我们伟大时代的激越的旋律提升到了前所未有的艺术高度。"

格里尔逊领导的英国纪录片运动，在某种程度上是苏联"画面＋解说"的"形象化政论"在社会学方面的发展，对中国主流电视媒介影响是极其深远的。可以说，20世纪90年代以前我国电视专题片从形式到创作手法都与格里尔逊式一脉相承，直接导致电视专题片的诞生。当然，从另一方面讲，"画面＋解说"的创作模式至今没有过时，在中西方电视台纪实类专题节目中仍然占主导地位。比如湖北电视台著名纪录片导演张以庆的获奖纪录片《听禅》实质上披着纪录片的外衣,内核还是做专题片的处理方法:(字幕)"图解画面"。因此可以说,它是专题片的现代翻版。

我国电视专题片出现过的主要类型有新闻专题片和社教专题片等。

1. 新闻专题片

新闻专题片即电视专题报道,是专题类新闻中侧重于进行深度报道的一种形式。报道对象必须是新近发生或发现的具有一定社会意义并有深度报道价值的人物、事件、经验或社会现象。新闻专题往往是多侧面、多视角、多层次地展现有关的新闻事实和相关背景材料,从中说明事实发生发展的来龙去脉,前因后果,并分析其现象与本质、内在条件与外在条件之间的相互关系,从而揭示主题的深刻意义。

新闻性专题的主要特征:必须围绕新闻事件或新闻人物展开,并尽可能及时编制播出。本质上看,调查性电视专题属于新闻性专题的范畴,但由于调查性专题的普适性和突出性,我们将其单列研究。

2. 社教专题片

社教专题片重在社会教育,是以思想和社会教育为主要特征的专题节目,与新闻性专题的区别在于不强调时效性,而强调思想教育的针对性。社教性专题融知识性、服务性、欣赏性为一体,突出在科、教、文、卫、法制、民族等社会领域中选题。

社教性专题片的主要特征是新闻性并不突出,强调的是社会性与教育性,兼具知识性、服务性、欣赏性为一体。

(二) 真实电影式——以画面为主导

按纪录片的历史分期,20世纪60年代形成了一个"真理电影"与"直接电影"期,人们普遍认为这是一个具有革命性、向以前纪录片传统挑战的时期。这里用"真实电影"作为对20世纪60年代出现于欧美等国的"直接电影"和"真理电影"的统称。

1. 直接电影

"直接电影"是20世纪60年代初美国纪录片制作中一次独具风格的电影运动,它主张摄影机和拍摄人员应该像"墙上的苍蝇"一样,在不介入的长期观察中捕捉真实。代表作品是罗伯特·德鲁的《初选》(1960年)和《幸福母亲的一天》(1963年)等。

可以说罗伯特·德鲁的"直接电影"深受新闻摄影观念的影响。德鲁在投身制作纪录片之前从事新闻报道与摄影工作,在《生活》杂志当了十几年记者。在此期间他试图为电视台提供一种仿照杂志报道风格的纪录片节目。因此他与里查德·利考科以及其他一些新闻记者结合起来,透过美国《时代周刊》的资助,成立了德鲁工作群。他们的宗旨很明确,利用现代化的轻便的电视新闻摄影器材,以使新闻纪录片能做到像图片新闻摄影那样,在事件高潮时能适时适地捕捉到最重要瞬间。1960年,他在有了适应拍摄要求的器材后,拍摄约翰·肯尼迪与汉福瑞在威斯康星州从事民主党总统候选人提名初选活动过程。他们毫不介入地在候选者旁边冷静地观察抢拍,从而捕捉到整个竞选过程中热情、吃力、指挥动作各种细腻活动的细枝末节。这是在以往电影电视中从未见过的,顿时令人耳目一新,影响很大。德鲁工作群和评论家,对这种新观念的作品,明确了与事件、人物直接的关系。他们创作意图非常明确,"企望给予观众一种正当摄影机前的事件展开之时'他们身临其境'的感觉","尽可能忠实地呈现不加控制之事件的一种尝试"。理查德·利考科在1965年对采访记者说的话最准确地传达了他们的观念:"那时我们这些电影制作者正在做什么呢?我能够下的最贴切的定义就是:完成片……是电影制作者对所发生事件的感知的一个方面。这就是说,他绝不是在导演。没有任何干预……我们这些电影制作者为什么要这样做呢?对我来说,是要通过观察我们的社会、观察事情实际是怎样发生的来发现我们社会的一些重要方面,从而反对人们普遍持有的那种事情理应如此发生的社会幻象"。剪辑师帕特里夏·贾菲写道:"直接电影……是以记录某一时刻在摄影机前存在的生活为基础的。此时,电影制作者的作用是绝不要用指导动作来使自己干预影片——绝不要改变正在发生的事件……他的工作仅仅是记录他在那儿看到的事情。"①

"直接电影"的创作特点有以下几个方面。

(1)把制作者的干预减到最低限度,尽量使被拍主体忽视或者忘掉摄影机的存在,让记录下来的事实"自己说话",忠实于未加操纵的现实,拒绝损害自然呈现的生活形态。

(2)剪辑素材要遵从原事物的逻辑,少加或者不要解说和音乐,绝不能将作者的主观意图明显地强加。在剪辑过程中避免"暴露剪辑观点"。影片的结构,无论镜头中影像之间还是镜头之间的关系,是由被拍事件的"即发性"所决定,而不是导演、摄影、剪辑任意取舍或强加。

(3)依靠同步录音,避免画外解说或音乐所提供的"阐释"。

也有人从另一角度总结"直接电影"的特征:用事实的丰富信息来演绎故事;事先对片子不进行组织;跟踪拍摄故事的自然发展;惊人的拍摄量;拍摄时不进行提示、导演,或者导演、摄影师对拍摄对象不进行采访;尽量少用甚至不用解说;在编辑台上进行片子的定位与构造。

直接电影式的纪录片拍摄时常会遇到一些困难。纪实影片事前不需要策划、没有解说词、甚至没有做过调研等。常常不知道要拍什么,拍摄多长时间,以及拍摄是否有意义。你只能勇往直前,花费时间去等待捕捉关键时刻。因此,拍摄时要注意:寻找那些能反映个性、态度和立场的镜头,包括人物的对话、举动等;寻找事情发展的镜头,一些论据、激情的爆发、反应等其他相关的镜头;寻找时间特征,并尽量把最有用的时间标出来。

常遇到的编辑困难:杂乱的拍摄素材,没有什么特别的事件,没有结构,主题不明,如何编辑?尝试剪辑一组镜头,找出它们的相互关系,这不是一个线性的过程;在剪辑过程中逐渐发现它们的关联性、主线和意义。剪辑需要创造性和思考力。

来自批评的声音:纪实影片是过于简单化和缺乏理性的手法。只描述事物的表面现象,没有社会学和经济学上的剖析,片子的意义极其有限;摄影师只是在挑选演员。批评者认为"直接影片"不需要什么才华,需要的是选择演员,如果找到著名歌手、知名

---

① 韩健文:《真实电影与直接电影的异同》,载《电影艺术》,1991年第6期。

赛车手之类,片子就可装入口袋了。另外,"直接电影"常受到的批评是表面描述,缺乏深度,方法有时也是不道德的。因为被拍摄对象并不知道你的片子要拍什么,不知道要披露他们的生活和隐私,而拍摄者去挖掘这些素材的目的往往是为了自己的名声和财富。当然有时可能相反,我们也可以看到纪录片能够给被拍摄对象提供极大的社会帮助。

贾樟柯的获奖纪录片《公共场所》就是采取直接电影的模式拍摄的。贾樟柯在谈到这部片子时说:"我特别喜欢安东尼奥尼说的一句话,他说,你进入到一个空间里面,要先沉浸十分钟,听这个空间跟你诉说,然后你跟它对话。这几乎是一直以来我创作的一个信条。我拍了很多空间,火车站、汽车站、候车厅、舞厅、卡拉OK、台球厅、旱冰场、茶楼……后期剪辑的时候,因为篇幅的限制,好多东西不得不去掉,我在这些空间里面找到了一个节奏、一种秩序,就是许多场所都和旅途有关,我选择了最符合这条线的东西。"

直接电影的先驱者阿尔伯特·梅索斯拍摄了《推销员》、《灰色花园》、《给我庇护》、《奔跑的栅栏》等经典电影,他说:"我想这种艺术表达方法是纪录电影最好的方式,是最能够接近对象、接近真实的方式。观众会感觉事件发生时,他们就在现场,与事件的联系如此紧密。这种纪录电影能够很好地传达个人经验和感受,人们没有理由不采用这种独特并且有力的纪录方式,而使用采访、音乐、快速剪辑的手法。"[1]

2009中国(广州)国际纪录片大会参评作品中,获得主题类大奖的《为了最好的愿望和洋葱》(法国、尼日尔)属于这类纪录片。这部时长52分钟的影片,展现的是两个尼日尔豪萨人家庭为一对年轻人筹备婚礼,到他们结婚,然后开始新生活的全过程。影片从女方播种洋葱,为女儿筹集嫁妆开始。随着种子的发芽、长成幼苗、种植幼苗,一对尼日尔年轻男女也在拍结婚照,讨论如何面对婚礼迟迟不能举办产生的尴尬;男方的姐姐来到女方家里,催促女方家庭尽快举办婚礼。洋葱长大了,女方家长雇人灌溉;这对年轻人不断参加同龄人或者比自己年轻的人的婚礼,压力也越来越大。女方家长在和商贩讨论收购洋葱的价格;人们在编织装洋葱用的袋子,准备收获洋葱。令女方家长忧心的是,洋葱的价格在一天天下降,最后在出售的时候,价格从一万八降到了一万一。女方家长卖了洋葱,婚礼终于举办。考虑到买家具放在家里是一种浪费,男方家长将买家具的钱给了新郎,让新婚夫妇到国外做生意,谋求新的生活……

评委艾玛努尔·林可点评,本片"采用人类学调查和观察式纪录片的方式揭示非洲社会的变迁。特别令评委印象深刻的是对当地传统仪式的流畅拍摄、反映非洲现实的画面以及各种奇特场景"。整部影片没有解说,只是把摄影机记录的时空呈现出来,让观众静静地观赏,在不知不觉中进入纪录片的影像世界,去感受片中的情景,认识片中的人物。影片按照生活的流程展开,创作者巧妙地把自己隐藏起来。[2]

2. 真理电影

"真理电影"是20世纪60年代法国电影银幕上出现的关注社会问题的影片,电影

---

[1] 张同道、李劲颖:《直接电影是纪录片最好的方式——阿尔伯特·梅索斯访谈》,载《电影艺术》,2008年第3期。
[2] 黎仁刚:《"直接电影"和"真理电影"在当代纪录片创作中的传承——以参加2009中国(广州)国际纪录片大会的中外纪录片为例》,载《当代电视》,2010年第8期。

干预社会的倾向日趋明显,这股潮流在当时被称为现实主义潮流。其代表作品是让·鲁什的《夏日纪事》(1960年)、《孤独的男孩》、《至关重要》等。

法国人类学电影工作者让·鲁什和社会学家埃德加·莫兰合作,由加拿大人米歇尔·布劳特摄影的《夏日纪事》是真理电影的第一部代表作。影片展现的是1960年夏天,在巴黎的林荫大道上,来自意大利后来成为荷兰纪录片大师伊文思的伴侣玛瑟琳·罗丽丹女士手持话筒向路人提问:"你幸福吗?"这个看似平淡无奇的问题却有特殊的意义。当时的法国面临着经济危机、种族矛盾、教育问题,这些问题因为法属殖民地阿尔及利亚的独立战争而加深。这个问题使许多人驻足思考。他们有的拒绝回答,有的侃侃而谈,影片展示了不同人的回答,并将本片编导、访问者等摄制组成员讨论本片真实性、目的和意义的片段也剪辑到影片之中。

让·鲁什的真实美学观认为纯粹观察只能得到表面的真实,他追求表象之下事物本质的真实。他决定采取用访问被拍者的办法,当面进行诱导和挑拨性做法,促使蕴藏在心底的情感真实地流露出来。不采取偷拍的办法,认为电影拍摄者不是躲在摄影机后面的人,而是积极参与被拍者在被拍摄那一刻的生活,促使被拍摄者的合作,讲出他们不太轻易说的话和做的事。有人把这种影片拍摄的方法叫做参与的观察。

《夏日纪事》作为真理电影初期的代表作品,对在法国、美国以及加拿大等国兴起的此类影片产生了重要的影响。

罗伯特·艾伦曾经将电影生产类型分为三种不同的控制层面,第一层面包括拍摄前、拍摄中和拍摄后的控制;第二层面中一个电影制作者可能宁愿放弃对于发生在摄影机前的事件进行设计的控制权;第三层面则是在一部影片拍摄之后才去控制它。艾伦把大多数好莱坞电影划入第一层面,把依靠后期剪辑的专题片纳入第三层面,而纪录片则划归第二层面。在这种形式中,电影制作者放弃了对影片制作过程的某些方面的某种程度的控制,以此含蓄地向人们昭示该影片在某种程度上的真实性和可信性。

2009年广州国际纪录片大会,中国参评作品《再见北京》是由中国独立制片人制作的。说它们像直接电影,是因为都没有解说,都是用画面、用场景、用人物的同期声叙事。那么,说它们具有法国真理电影特质是指什么呢?《再见北京》记录的是目前依然留在延安的3个北京知青的生活。这部71分钟的纪录片除了开头有几行字幕介绍中国知青的背景之外,全片没有一句解说。虽然创作者没有出现在镜头之内,但本片的采访痕迹依然是很明显的;或者说,本片就是通过依次深入3个知青家庭采访来结构完成的。在镜头里,我们看到被采访知青帮助摄制人员拿拍摄用三脚架。而本片的后半部分,老知青龚凤海从延安回北京办理返程手续情节,观众自然会想到这是这次采访促成的结果。这部影片体现了真实电影的重要特点:创作者摒弃了解说,但并没有被动地等待事件的发生,而是主动干预和挑拨,甚至人为制造事件,目的在于表现本质的真实。

"直接电影"和"真理电影"都把格里尔逊创造的"画面+解说"模式当成"上帝之声"的说教模式。他们拒绝画外解说,而充分利用画面、场景和同期声。都是以追求真实为目的,都是在同期录音的实践中发展起来的,但两者还是有明显区别:

(1)前者认为纪录电影应该是对现实的纯粹记录,在被动状态中捕捉真实,反对在纪录片中使用虚构的手法;后者认为纪录电影不应该纯粹地记录现实,而应该主动地去挖掘真实,不排除在纪录电影中采用虚构等策略。

(2) 主张"直接电影"的纪录电影工作者手持摄影机处于紧张状态,等待非常事件的发生;鲁什式的"真理电影"纪录片人企图促成非常事件的发生。

(3) "直接电影"艺术家不希望抛头露面;"真理电影"艺术家则公开参与到影片中去。

(4) "直接电影"艺术家扮演的是不介入的旁观者的角色;"真理电影"艺术家起到的是挑动者的作用。

(5) "直接电影"的作者认为事物的真实随时可以收入摄影机;"真理电影"是以人为的环境能使隐蔽的真实浮现出来这个论点为依据的。

(三)访问式——话语同期声为主导

纪录片的每一种风格模式的产生都与时代背景与观众心理有关。格里尔逊式的衰落在于它过于"说教",因而产生了冷静观察式的真实电影模式,但真实电影模式无法了解人物真实的心理活动,于是纪录片的访问式孕育而生。

这是在20世纪70年代纪录片美学观念发生重大革新的情况下出现的。它首先出现在美国女权主义的一些纪录片中,以后又为政治性的作品所普遍采用,这种模式的纪录片完全由访问和谈话组成,一个访问接一个访问,整部片子是建构在访问上面的。"见证人——事件参与者,直接站在摄像机前讲述自身的经历,时而做发人深省的揭露,时而做片言只语的佐证,形成了当代纪录片的标准模式。"

但是访问式也存在一些缺陷。正如郑明河所言:"很多观众理解纪录片中访谈内容的方式往往太过天真,忘记了所有的访谈其实本质上都是镜头前的一种表演,受访对象往往会策略性地展现他们所需要呈现给大众的东西,并且隐藏一些更真实的东西。"2013年中央电视台国庆期间推出的有关百姓心声的访问式调查报道:《你幸福吗?》《爱国,让你想起什么?》等。央视记者在全国各地采访了各类职业的普通百姓,以"你幸福吗"为主题进行街头采访。被访者几乎毫无准备地面对提问,面对镜头反应各异,这些细节原生态地呈现在新闻中。其中,在9月29日播出的节目中,山西太原清徐县北营村的一位中年男子面对提问先是推托:"我是外地打工的,不要问我。"记者追问:"你幸福吗?"中年男子回答:"我姓曾。"节目中采访的还有清洁工、擦鞋的母亲、菜卖不出去的农民等,回答各异。

(四)反射式——画框内外互动为特色

反射式又称自省式,是在拍摄过程中,把拍摄者与被拍摄者之间如何运作和互动的关系呈现出来,也就是被拍摄者像一面镜子一样把拍摄者给"照"出来的一种创作模式。

1991年美国学者珍·艾伦在《纪录电影中的自我反射手法》一文中对自我反射式做了一个清晰的定义,所谓自我反射式纪录片即指"影片中任何涉及自身制作过程的那些方面:影片的立意,获取技术设备的必要程序,拍摄过程本身,把零散的图像和声音片段组合起来的剪辑过程,销售影片的期望与要求,放映影片的环境条件"。艾伦明确地提出了自我反射式指涉的范畴,并强调它与其他纪录片模式之间的区别:"这些过程使得影片具有了人为操纵的性质,用自我反射的方式把这些过程展示出来,就使观众意识到这些制作过程是对影片的中立场和纪录能力的一种限制,使观众注意到为了传达某种含义而选择和重组事件的过程。因此,自我反射是对强调真实性的传统纪录片模式的一种逆反或反拨。"

20世纪80年代,一部分制片人不满足于那些主题不能直接说出的策略,同时一些明星节目主持人逐渐成为社会的舆论领袖,他们的观念和主张易于被观众所接受,于是个人追述式纪录片在美国出现。纪录片将评述者的议论混杂在访问会见之中,又使制片人的画外音同屏幕上的字幕相结合,直截了当地表达创作者的观点。

最早提出自我反射式这一创作手法的是美国学者比尔·尼可尔斯在1983年春季号的《电影季刊(美)》上发表的《纪录片的人声》,他是这样来描述自我反射式纪录片的:"这些新的自省式纪录片把评述和采访、导演的画外音与画面上的插入字幕混杂在一起,从而明白无误地证明了纪录片过去总是限于再现,而不是向'现实'敞开明亮的窗户,导演向来只是参与者——目击者,是主动制造意义和电影化表述的人,而不是一个像在真实生活中那样中立的,无所不知的记者。"这段话明确指出纪录片制作者在影片中不再是无所不知的全能者,而仅是一个见证人或参与者,他的观点是个人的,不一定是影片的全部意义。①

在这类作品中,制片人本身成为事件的见证人——参与者,也是作品社会积极意义的创立者,被拍摄者与拍摄者之间的互动过程被坦率而清晰地表现出来。比如,作品中看到的拍摄者与被拍摄者握手、拍摄者在摄影机后面和被拍摄者讲话等镜头。

孙红云从表现形式上把自我反射式分为四种类型:拍摄影片的过程直接出现于影片中,标注影片对所拍摄现实世界的建构过程;导演通过画外解说对所表达的现实的影像进行说明和评论;在影片引用的资料上标注来源和日期以及对它的利用职权来实现;以采访者提问或回应的声音来标明电影制作者的存在并对拍摄对象的干扰。

纪录片创作者一方面告诉观众影片是经过纪录片工作者过滤和构建出来的,同时,创作者把自己的看法、评价、情绪传达给观众,表明纪录片工作者只能是一位诠释者,他的看法无法取代事实本身。如《华氏911》中,迈克·摩尔出现在镜头中质问总统等镜头。这部纪录片反映了这届美国政府的某些侧面,试图说明为什么美国会成为仇恨与恐怖活动的目标,为什么美国总是很容易就卷入到战争之中,指出了"9·11"后对石油的贪婪在疯狂的反恐战争中起着绝对的作用,也分析了布什家族与本·拉登之间所谓的关系是如何导致他们成为势不两立的敌人。

以现实生活的原始素材来处理,采取直接电影的方式,要在生活中找到戏剧性是比较难的,娱乐的表现更是不容易。但采用自我反射式,由于制作者的介入,在制作者的安排、主观阐释下可以产生各种奇特效果,调侃、诙谐、讽刺的娱乐化。例如在迈克尔·摩尔的《克伦拜尔的保龄球》中我们看到,一个极其普通的早上,一群国会议员在国会门口被迈克尔·摩尔拦住,要求他们把自己亲生孩子送往伊拉克前线,结果议员们被这突

---

① 谭孝红:《纪录片创作中的自我反射式手法》,学位论文,2009年。

如其来的要求弄得措手不及、丑态百出,让观众忍俊不禁,极富娱乐效果。

自我反射式的运用,使得纪录片制作者的全知视点消失,使得制作者不是站在中立立场,而仅是代表制作者本人的观点,至于观众是否接受,全凭自己衡量,制作者无权强迫观众信服。现实生活是复杂的,纪录片仅代表的是制作者的观点,至于是否正确,其实也尚待考证。所以看一个影片中究竟是否运用了自我反射式手法,不仅要从表面上的看,更要从实质上看,要看其能否产生这么一种迥异于传统纪录片的效果,不去追求实证,而是追求一种更宽广的选择与判断,这才是衡量自我反射式手法的最终标准。

自我反射式手法在新闻调查类节目、人文关怀类纪录片、带有角色互换性质的节目中较为常见。

(五)新纪录电影——允许"虚构历史情境"

真实可以虚构吗?或者,虚构会是真实吗?生活在科技统治世界的时代,我们愈来愈分不清真假,对周围的一切都会产生怀疑,正如当代预言家约翰·奈斯比特对周围的事物发出的疑问:"她的乳房是真的吗?他的头发是真的吗?'探路者号'火星登陆艇所拍的照片不会是在亚利桑那州拍的吧?他的'劳力士'是假的吧?……"高科技时代的事物比以往任何时候都更加真假难辨,许多从前看来不是问题的问题今天都成了问题。20世纪末出现在西方国家的"新纪录电影"(new documentary),可以说是电子时代的纪录片人对传统纪录电影表现手法提出的质疑,是对传统纪录电影真实观发出的挑战。

2000年,美国学者林达·威廉姆斯在其论文《没有记忆的镜子》中,高举新纪录电影的大旗,对传统纪录片恪守的非虚构性的信条提出质疑。积极肯定已被真实电影、直接电影批评得体无完肤的搬演和虚构手法,主张创作者应当完成从一个中立旁观者向一个主动制造意义和电影化表述的主动参与者的角色过渡。

新纪录电影又称反真实电影或新真实电影。莱兹曼认为,为了讲述真实,绝对需要创造,必要时将事件复活,简言之就是搬上舞台,因为过去的事不会自动重复,人们也无法在真正的事发现场捕捉事件,他将自己在《证词:犹太人大屠杀》中运用的方法叫对现实的虚构。

美国影片《蓝色警戒线》(1987年)、《时间简史》(1992年),以及法国影片《证词:犹太人大屠杀》(1985年)等,被认为是新纪录电影的代表作。1992年,美国导演莫里斯制作完成了《时间简史》,这部纪录片以科幻片样式向人们阐述了英国科学家霍金的经历以及他的宇宙大爆炸理论。

出现于20世纪末的"新纪录电影"偏重于回顾历史绝非偶然,世纪末是回顾和展望的年代,站在新世纪的门槛前回望历史也是为了更好地展望未来。同时,大量历史纪录片的出现也表明纪录电影的表现范围正在逐步扩大,增加了表现现实的深度,现实是历史的延伸。大量历史纪录片的出现是20世纪末期纪录电影的一大趋势,巴尔诺观察到:正当许多纪录电影工作者致力于时事报道的时候,更多纪录电影工作者转向了编年史纪录片的制作。

"新纪录电影"一词是林达·威廉姆斯对20世纪90年代以来西方纪录电影创作界出现的这种新倾向的概括。威廉姆斯认为:"上述作品尽管丰富多彩,但有一个共同点,即满足了部分观众了解现实的渴望,这些观众表面看来对好莱坞故事片非常满足,事实并非如此。影片《巴黎在燃烧》的导演杰尼·莱文斯顿指出,那些荣获学院奖的远离现实的纪录片有一个共同特点:对题材采取的态度是过时的和一本正经的,而新的更为大众化的纪录片在处理题材时所持的态度更加辛辣。这些纪录片表现的真实与人们期待的纪录电影真实相吻合,这种真实是由纪录电影作者通过操纵性的手段制造和构建的。无论是摄影机前还是摄影机后,纪录电影作者都强烈呼唤表现真实的镜头。

简单地说,"新纪录电影"之"新"在于肯定了被以往的纪录电影尤其是真实电影所否定的"虚构"手法,认为"纪录片不是故事片、也不应混同于故事片。但是纪录片可以而且应该采取一切虚构手段与策略以达到真实"。事实上,下列观点已经成为纪录电影的一个原则:"电影无法揭示事件的真实。只能表现构建竞争性真实的思想形态和意识,我们可以借助故事片大师的叙事方法搞清事件的意义。"①

其实,在当代影视作品创作中,无论是在故事片中采取"纪录"手段,还是在纪录片中运用"虚构"策略,都表明当代电影工作者自我反省意识在不断增强。在纪录片中采取虚构手段,真实被强行制造(the intrusive manipulation),这个过程同时伴随着对根本真实的严肃追求,两者结合产生的矛盾恰恰反映了高科技时代的现实,高科技时代的视觉谎言也许只有用高科技时代的影像手段才能识破,才能使观众对以前一无所知的真实做出新评价。表面上看,这种虚构的叙事策略好像放弃了对真实的追求,但对威廉姆斯来说,"它们明显引入了一种更新的、更偶然的、相对的、后现代的真实,这是一种远未被放弃的真实,当纪录电影传统渐渐消退的时候,这种真实依然强有力地发挥着作用"。

出生于后现代文化语境的新纪录所呈现的美学特质不可避免地沾染着这个时代的精神气质,如多元化、拼贴、碎片化、杂糅化、反讽等。与后现代社会这个没有恒定主题、反英雄的时代相适应,新纪录电影表现出一种空前的杂交。"剧院上映的(纪录)电影的最近的文体——《谢尔曼的进行曲》(1987年)、《布莱德克上空的闪电》(1988年)、《令我疯狂》(1988年)、《罗杰和我》及《细蓝线》——与其他文化现象所分享的是一个空前程度的杂交。"孙红云在《真实的游戏——论西方新纪录及其美学特征》中总结了新纪录电影六个方面的美学特征:①个人化的叙事方式;②采访元素化;③自我反射的引力;④剧情片的叙事策略;⑤间离效果;⑥强烈的反讽意味。

第四节 纪录片创作要求

前面已经提到了有关纪录片的创作模式,这里就从纪录片的选题、叙事技巧、情景再现的方式等做进一步阐述。

一、纪录片的选题要求

好的选题是成功的一半。纪录片的题材粗略地分为两类,即人文与社会类及自然

---

① 单万里:《虚构真实——浅谈西方"新纪录电影"》,载《当代电影》,2000年第5期。

与环境类题材。广州纪录片大会把纪录片按题材分为四类：历史文化类、社会人文类、自然环保类、科技教育类等。以下选取个别做简要介绍。

1. 人文与社会类纪录片的选题要求

人文与社会类纪录片的题材，主要是指那些同人们的社会生活紧密联系的、同历史或现实有直接关系的题材。这类纪录片的选题要求：

（1）时代性。所谓时代性，就是题材能反映特定时代的风采，触及时代的矛盾，提示时代的本质，体现时代的精神。

（2）新鲜性。所谓新鲜性，不仅要从及时性上体现新鲜，还要求关注人们不熟悉的又普遍感兴趣的有别于事物常态的性质。

（3）复杂性。所谓复杂性，是指题材所提供的内容不能过于简单，要有一定的容量，它所涉及的材料要足以支撑所要表达的主题和相应的时间长度。它要求故事主人公的经历充满戏剧性，丰富曲折；具备深刻的思想内容和广泛的涉及面。

（4）人文性。所谓人文性，指题材的性质应该蕴含人类普遍的生存价值和道德意义，应该引起人类普遍的情感体验和审美感受。

（5）感情化。感情化就是指内容本身含有比较丰富的人性因素和感情色彩，或者能突出表现人性和人与人之间关系的题材。美国学者麦克·道格尔说，"所谓人类兴趣，或曰人情，指的是人对自己同类的关心，其中包括对他人的苦难、不幸的同情，对友谊的渴望乃至对人类，对人类进步事业的关注"。

2. 自然与环境类纪录片的选题要求

（1）知识性。增长知识是观众看电视的目标之一，此类纪录片应满足观众对知识的需求。

（2）寓意性。此类题材的表现不能只局限于表面的对自然物的介绍上，而要尽量赋予它一定的思想内涵，或者同社会因素联系起来，使题材内容具有一定的深刻寓意。

（3）观赏性。内容为王，形式是金，纪录片也要为人们提供视听审美享受，强调影片的光景形色等造型效果和娱人耳目的音乐音响效果等。

（4）趣味性。指内容新奇曲折，富有情趣，使受众普遍感到有趣；有时也指作品的表现形式生动活泼，具有吸引力。

刘效礼、冷冶夫在《纪实论》中对电视专题节目的选题提出了八个方面的要求：①现场环境具有可视性和新鲜感；②事件、人物、细节利于镜头表现；③拍摄现场有利于机位变化和多机拍摄；④人物形象有特点，个性也比较鲜明独特；⑤人物职业和活动有较丰富的视觉特点；⑥人物经历和事件比较曲折丰富；⑦所反映的事件具有一定的故事性；⑧人物和事件的内涵较为深沉，具有一定的思想意义和美学价值。

二、纪录片常见的叙事技巧：设计悬念与冲突

纪录片也是一门叙事的艺术。帕·泰勒的《故事片中的纪录技巧》中说："在想象力特别强调的纪录片中，对事实的逻辑安排则变成了重新安排，造成一种几乎是设计的而

不是逻辑的顺序,用文字语言来说,就是成了讲真人真事的高级叙事散文。"因此,必须对拍摄的各种素材进行结构安排与设计。目前,许多纪录片借鉴了文学或传统戏剧中的故事技巧,比如悬念设计、寻找矛盾冲突、前后照应、伏笔、铺垫、预兆、设计情节高潮、节奏张弛有度、人物富有个性、细节生动等。电影大师罗伯特·雷德福认为,纪录片的崛起是因为他们本身变得更具可看性。在纪录片的崛起当中,充满悬念和冲突的叙事情节应该说是发挥了重要的作用。

"在未知领域努力探索,在已知领域重新发现"是《探索·发现》的栏目宗旨。《探索·发现》倡导"娱乐化"纪录片的理念,采用讲述精彩故事,设置引人入胜的悬念,运用生动的电视声画手段,向观众呈现出一部既有较高文化品位、知识内涵,又有很强观赏性和娱乐性的作品。

1. 设计悬念

在纪录片的情节化、故事化叙事中,要使事实充分吸引观众的注意力,悬念的营造是一种十分重要和极富表现力的创作手法。

什么是悬念?《现代汉语词典》(2013年版)对"悬念"的解释是:"欣赏戏剧、影视剧或其他文艺作品时,观众、读者对故事情节发展和人物命运很想知道又无从推知的关切和期待心情。"悬念是指受众对某事、某物、某人的未来发展、存在状况的一种期待、探究的心理,这种心理一旦被激发,就可以吸引和集中观众的注意力。因此,悬念的营造实质上就是激发受众的这种心理状态。悬念包括大悬念和小悬念,即结构性悬念和兴奋性悬念。

(1) 结构性悬念指的是贯穿电视节目始终的总体悬念,是大悬念,其主要作用在于构建节目的整个框架,突出节目的总体构思,揭示作品主题和思想内涵。

(2) 兴奋性悬念通常是小悬念,诸多的小悬念在节目中起到铺垫故事情节的作用。如调查性节目、侦破类节目、发现探索类节目等通常有悬念。

纪录片常常采用"多点一线"的悬念设置方式,每一个悬念就是一个点,而"一线"就是解密的过程。下面以北京电视台播出的《奇石谜案》为例了解一下"多点一线"悬念设置的应用。

一线

沈阳市民发现一块一尺多高红白相间的石头,最终被认定为国内较为少见的盐矿石。

多点

悬念一:有人怀疑这是一块价值连城的红宝石矿石,地质学家通过硬度测试否定了这个推论,但是不能判断石头的材质。

悬念二:石头存放在一个房间后表面却不停地流水,而且也只有在这个房间才流。

悬念三:石头主人无意间品尝到石头表面流出的水是咸的。通过X衍射仪分析其主要成分是氯化钠,但和我们日常见到的食盐不管从外观和比重上都存在很大的区别。

悬念四:记者通过网络发现有人出售此类石头,通过厂家介绍,原来是一种产自巴基斯坦,学名叫做岩盐的矿石。①

节目包装也是悬念表现的一个重要方面。利用节目名称、标识、片头、片尾、片花,以及宣传广告语和声音等元素设置悬念,激发和调动受众强烈的收视欲求,不仅是一种商业营销策略,也是艺术创作的一种表现方式。悬念在节目包装中的体现主要是通过对视听元素的特别处理产生的。视觉悬念产生于画面连续性的阻断和缺失、快节奏的视觉冲击、唯美的画面和独特的文字信息、整体色彩和氛围体现的情感倾向。听觉悬念产生于有想象空间的广告语,精辟的文案,恰当的音乐、音响、语言运用。2002年9月17日,中央电视台《探索·发现》栏目联合国外数十家电视台,直播埃及金字塔的考古发掘,结果一无所获,但是制作精美、充满神秘色彩和悬念的宣传片却吸引了全球数亿双眼睛,让观众充满期待。凤凰卫视的《鲁豫有约》、《非常男女》等节目也常利用节目中的精彩对白、动作等兴奋点来制造悬念,设计推广片,使节目显得真实可信,观众引颈期待也就成为必然。②

2. 强化冲突

纪录片的故事化,使我们更青睐于戏剧因素较多、有冲突的题材。冲突又分为两种完全不同性质的对抗,一种是表面冲突,一种涉及本质意义上的冲突,前者的价值远远不如后者。什么是冲突? 它是一个文艺理论术语,是指现实生活中由于人们的立场观点、思想感情、理想愿望及利益等的不同而产生的矛盾斗争在文学作品中的艺术反映。既包括人物与周围环境的冲突,又包括特定环境下人物自身的冲突。

矛盾冲突有显性和隐性之分,在人文类纪录片当中,矛盾冲突大多数是隐性的,在《舟舟的世界》里,虽然看似是平淡的生活的记录,但是节目自始至终都贯穿一种人的本性与社会本质的矛盾冲突,舟舟的音乐天赋与现实的智障儿的天生的矛盾冲突,这种矛盾冲突是隐形的,是要编导用心去挖掘,观众用心去体会的。然而地理类纪录片的矛盾冲突一般是显性的。当矛盾冲突发展到最激烈的时候,就预示着纪录片高潮的来临,高潮是最具戏剧性的成分,观众观看每一个高潮就能体验到一次收视快感。又如《海豚湾》,是围绕矛盾冲突来展开演绎故事的,保护海豚组织与日本渔民及政府官员的冲突,每一个冲突的终结就是一次高潮的到来。

纪录片是以真实素材为基础,如何营造矛盾冲突呢? 通常可以通过"寻找现实生活的戏剧"或寻找现实生活的不平来设计矛盾冲突。电视栏目纪录片其故事往往取材于主人公对现实生活平衡的一种打破与重建,通过真实纪录存在于主人公生活之中的,为实现其理想目标而遭遇的一系列障碍和油然而生的反抗,来建构一段内蕴冲突、情节与故事的"生活本身的戏剧"。

在故事化纪录片中,事件的核心问题常常表现为冲突的形式。创作者总是从纷繁复杂的事态中找到两个或两个以上的对立方作为冲突的主要执行者,它可能是人、机构、制度、法律、舆论,甚至是人物本身的意志冲突。

如大型纪录片《再说长江》之《告别家园》。冲突出现——蔡书记近景表现冲突开

---

① 参见:赵鹏:《悬念——悬在探索类节目上的双刃剑》,会议论文,2007年。
② 李兴国、余跃:《在悬念中叙事——论电视节目中的悬念意识》,载《现代传播》,2003年第5期。

始。冲突是片子的推动力,不管是人和人之间冲突还是个人内心冲突,又或是个人和社会之间冲突都是推动力。所以老百姓为了自己的利益,同时又要考虑国家大局问题,这样一种冲突展现出来的内容才可能是生动、细腻、具体、富有个性、独一无二、不能转述的,在此真正出现了一个细节场面。在表现长江三峡这样一个大工程时,只选取了瞿塘峡,再缩小到一个大溪村,再缩小到中心人物冉应福。中心人物贯穿始终,大题化小。

纪录片故事化叙事不能沉浸于热闹的表面冲突,而应还原和挖掘深层的人文底蕴,彰显选题的社会意义。纪录片更关注的是人与自我或人与社会等深层次的观念冲突、价值冲突。如纪录片《身体的战争》讲述一个隆胸女孩因身体出现问题,与男友频繁争吵最后分手的故事。

三、纪录片"情景再现"的建构方法

纪录片素材除了纪实拍摄外,另外一个重要的手段就是情景再现。对于那些历史题材的纪录片,由于缺乏纪实影像导致画面单调乏味从而影响作品的观赏性。近年来,随着中央电视台《探索·发现》栏目在观众中的广泛影响,"情景再现"这种创作方式再次引起重视。

运用扮演、搬演、局部镜头暗示、电脑动画等方式,重现历史的场景、细节被称为情景再现。纪录片中的"情景再现"或者说"真实再现"的方式主要有以下几种:①演员扮演,是指对过去历史上曾发生的事件或人物活动利用演员进行扮演;②搬演,对过去的一些事件或是情境进行再现,这往往需要加入一些表演的成分在里面,重点把握的是对事件或场景的重塑;③资料摘录,使用一些历史真实的影像图片资料来再现真实的场景;④运用特技摄影、3D动画等高新数字技术,营造身临其境的视听效果。

1. 局部镜头的暗示

在纪录片创作中通过选取人物活动或场景的局部以及部分的细节,而非完整地呈现人物或场景,以暗示和引发观众的想象进行的"再现场景"的方法,在这里称为局部镜头暗示。

例如,在真实再现的内容涉及病人或者以病房为背景时,不需要借助演员在此进行扮演,甚至不需要任何人物的正面形象出现,只需要在镜头中表现出关于病人或是病房的局部细节,比如一只打着点滴的手,再或者是医疗器械工作的声音等,就能够让观众充分感受到纪录片编导的意图。这种局部的真实再现手法在许多国内的纪录片创作中都能见到。例如在《失落的文明》,有这样一组镜头:在古老的审判仪式上,两个不同的容器分别代表着有罪和无罪,镜头展现了人们用石子对判决进行投票的行为,画面中只有局部的手的镜头以及投票用的瓦罐,而这两个瓦罐分别代表了审判苏格拉底的表决态度,这一幕雅典居民在进行的古老陪审团仪式就是首先映入观众眼帘的细节再现。对于审判苏格拉底那些人,编导并没有再现他们的面庞,而只是特写一只只的手投掷石头的细节,这一细节的真实再现引领观众进入到几百年前那悲凉的一幕,同时还故意去避开表现审判苏格拉底那些人们的音容样貌,这样,再现的真实与历史的真实也就刻意地拉开了距离。

这种局部镜头的暗示往往具有某种象征的意义,因此也可以理解为象征再现或虚化再现,主要以局部细节或虚化处理的情景来象征某一种事物。如运用虚影、局部和特写。例如用火把和脚步象征寻找;以匆忙的脚步、拥挤的人流象征奔波等。局部镜头的暗示往往只需要一两个镜头就可以达到目的,它是真实再现中一个比较简单的方法,这种再现的方式规模比较小,所需的资金也比较少,对于演员的要求不高,有时甚至不需要演员。①

2. 模拟历史人物的主观视野

这种"真实再现"的手法,就在于不通过演员的扮演或搬演,只是运用一些富有具体含义或是象征意义的空镜头,来完成表现真实的效果。在用镜头语言表现一些人物的行为时,它不是利用扮演或是搬演等形式,而是利用客观景物来进行情绪上的渲染。这样的真实再现手法往往是通过模拟历史人物的视角镜头来实现的。一般是运用摄像机的推、拉、摇、移以及升降来塑造人物视角的旋转变换。应用这种手法可以使得真实再现变得十分自然随意,在不经意间就完成了对真实感的塑造。

纪录片《刘少奇》摄制组在拍摄河南开封那所关押刘少奇的灰色楼房时,走进了共和国主席刘少奇蒙冤而逝的最后一段时空。

其一:广角镜头在仓促的摇晃中穿过小院的地面移上台阶,进入房间,画外音是当年亲手用担架把刘少奇抬进小院的军人的口述……

这个镜头被赋予了口述者主观视线的视角,并且在音效和光线上模拟了当时的现场气氛(只是画面里没有出现担架和人)。

其二:广角镜头前是输液架、胶管和洁白的枕头,同样洁白的墙壁上,院外的光线把窗棂的黑影投映其上,墙上依次叠现出早中晚的光线变化……伴随着沉重的主旋律音乐……

画外音是解说在叙述:深受国人爱戴的刘少奇在几乎无人知晓的秘密小楼里,沉默无语地度过了他辉煌生命的最后一刻。

这个镜头被赋予了躺在床上的刘少奇的主观视线。②

3. 扮演

这是一种通过演员扮演,完成对历史人物复原的拍摄方式,演员扮演再逼真也不能等同于历史人物本身,这种方式仅仅为了吸引观众的叙事策略。

获2008年度中国十佳纪录片的《黑戈壁 黑喇嘛》采取了扮演手法。为了追求强烈的视觉效果,生动还原历史真相,该片采用了大片的拍摄手法,主要角色黑喇嘛丹碧加措是当地一个普通工人扮演的,黑喇嘛的部众角色由马鬃山当地的牧民担当,也有摄制组人员客串表演的,场景生动再现了黑喇嘛匪徒抢劫商队、押解俘虏、站岗放哨,外蒙古远征军围碉堡山、刺杀黑喇嘛等场面。

4. 搬演宏大历史场景

历史场景的再现就是对历史人物生活、活动的环境或者事件发生的空间背景再现

---

① 尚进:《"真实再现"在中国纪录片创作中的应用研究》,学位论文,2012年。
② 王庆福、黎小锋:《电视纪录片创作》,重庆大学出版社,2011年版。

的方法,是在基本符合历史原貌的前提下,通过较大规模的扮演,尽可能地恢复真实的历史环境,重现具体的历史场景,让观众感受当时的历史氛围。场景再现主要有两方面的作用,其中首要的作用是渲染纪录片的历史背景。通过历史场景的重现,纪录片能够顺利地把观众带入到所需要的历史时空中。例如在贾维斯的《故宫》里出现的太监、嫔妃等形象就是场景的再现。这些扮演的人物不是用来指向历史上的某个具体的人物,而只是作为还原历史真实的符号,反映出历史的环境以及特征,再现的是背景式的历史场景而不是某一个具体的历史场面,把单纯的"背景"化为了"情境"。

第二种情况是把过去发生的宏大历史场面做全面的重现。有的纪录片表现是一些宏大的历史题材,主题关联到大规模的群体活动如战争,或是纪录片的主要人物所在的背景比较宏大。在这种情景下场景再现往往与局部细节的再现结合起来,把具体的细节与宏大的场景相结合,以达到完整的历史场景再现。但这些细节再现并不等同于局部暗示,它更注重细节的准确性,场景再现则侧重场面气氛的渲染。二者的结合便能够完整而具体地再现某一历史场景,使之在宏观与微观两个方面都得以逼近真实。

另外,在电视纪实节目中,由于错过时机没有拍摄到现场画面,就采取补拍的方式,也叫搬演。

总之,真实性是情景再现的前提基础。在纪录片拍摄中,真实的纪实影像永远是第一位的,否则滥用情景再现进行"造像"会造成纪录片本质属性的丧失。

关键词

纪录片　documentary
纪实　record of actual events
叙事　narration

思考题

1. 举例说明叙事与纪实的关系与区别。
2. 举例说明纪录片的几种主要的风格类型。
3. 纪录片中的叙事视点主要有哪几种?这几种叙事视点可以在同一部纪录片中出现吗?
4. 纪录片中情景再现方法主要有哪些?
5. 纪录片如何设置悬念,请举例说明。

第四章 调查类电视专题

本章导言

从调查类节目到电视调查报道,我国电视记者经历了一段艰难的探索历程。《新闻调查》制片人张洁说:"《新闻调查》中绝大多数节目都在一定程度上使用了调查求证的工作方法。但是,正面报道如果用调查的手法来做的话,它可能是调查节目,但它不是调查性报道,而调查性报道,只是调查节目中的一个部分,它就是揭露黑幕和内幕,就是一个独立调查,并且这个调查有一个完整的过程。"[①] 广义上说,调查类电视专题包括了这两类节目。

在西方,调查性报道又被称为揭丑性新闻。20世纪70年代,调查性报道真正受到西方报界的广泛重视。70年代初,关于五角大楼、中央情报局、卡车司机工会等问题的揭露是这一时期的代表。《纽约时报》记者西摩赫什经过调查写了一篇揭露美军在越南屠杀和平居民罪行的调查性报道,震动了全美国。1972年,调查性报道的里程碑即对"水门事件"的揭露,将这一时期的调查性报道推向了高峰,并直接导致了美国总统尼克松的下台。电视对"水门事件"的报道促进了电视调查报道的迅速发展。

关于调查报道的功能,李普曼认为主要是舆论监督。"新闻是四处搜索,永不停息的探照灯,它将一幕幕的黑幕曝光。"美国著名新闻学家沃尔特·李普曼如是说。[②] 因此开展调查性报道的记者有时要像心理学家或者刑侦专家那样对付采访对象,有时又要像外科医生那样层层剖析与探查病因。通过这种细致的调查分析,真相才无法遁形。

调查类电视专题这里主要指揭露黑幕或内幕的电视调查报道。但前者还包括运用电视调查手段所做的正面宣传报道等。在西方的调查性报道里还有一种,就是对复杂问题的深层次探究、对尘封历史的揭秘和未知世界的探寻,这也属于广义的调查性报

---

① 张洁:《从调查节目到调查性报道》,载《新闻记者》,2005年第10期。
② 吴惠连:《美国新闻业纵论》,载《美国研究》,2002年第3期。

道,像《新闻调查》2003年制作的《双城的创伤》,是关于青少年自杀原因的调查,这是个心理层面的调查节目,不属于揭黑幕,制片人张洁认为它也属于广义上的调查性报道。

本章引例

一种承载了千载传说的滋补品,价格高昂,年销百亿,如此高档的滋补品,为何检出高含量的致癌物质?究竟是自然生成还是人为添加?长期被国人推崇的血燕,究竟包藏了什么样的内幕?《新闻调查》本期关注,血燕真相。

……

调查中,我们得知目前市场上的血燕,批发环节只有十几元一克,但是,零售价却到了几十、上百元一克,甚至更高,而且,一个普遍的现象是血燕的销量要高于白燕。

李先生:血燕到现在还是主流。

记者:会占到一个什么样的比例?

李先生:应该是在(百分之)七八十吧。

记者:占到一个门店的所有的营业收入?

李先生:对。

巨大的利益使得经营者共同维护着虚假的传说,而不愿割舍。我们在杭州市场调查时发现,尽管大批血燕被查处,但是还有个别商家在卖,而且,即使是血燕下架的商家,也认为风头过后,还可以拿出来卖。

记者:大陆进货的这些人会知道这个里面有东西吗?

梁绍栋:后来知道。

记者:后来知道?

梁绍栋:但是生意已经做得很大了,你能怎么办?

记者:等于是都在一条船上了?

梁绍栋:一条船上。

记者:维系在同一个利益当中。

梁绍栋:对啊。

记者:不去说破这个规则?

梁绍栋:基本上所有的做燕窝行业的老板是自己不吃燕窝的。

就在我们的节目制作期间,有消息曝出7月26日在杭州召开的新闻发布会有假,马来西亚有关部门表示从来没有派人到中国澄清有关燕窝的情况,他们正在调查假冒官员的身份,也是在节目制作期间,我们在北京送检的燕窝检测完成,结果是亚硝酸盐的含量为1700毫克每公斤,结合浙江全省范围的抽检结果,可以说明中国市场销售的熏染血燕,并不是一个局域的个别现象。血燕,这样一个被国人长期以来视为高档的滋补品,其实隐藏了一个惊天的秘密。

第四章 调查类电视专题

> 在调查中,我们检索了一下马来西亚当地的报纸,我们发现其实在原产地,包括血燕熏染在内的,燕窝造假现象曾经多次被报道过,而且有工商界人士指出商家再不自律,可能会导致全行业被抛弃的恶果。
> ——中央电视台《新闻调查》2011年8月20日播出的《血燕真相》

第一节 电视调查报道概述

一、电视调查报道的发展历程

在我国,平面媒体的调查性报道远早于电视。1956年《人民文学》发表《在桥梁工地上》揭露官僚主义;1980年《工人日报》发表"渤海二号"钻井船在拖航中翻船的报道,锋芒直指政府高官的渎职和官僚主义。这之后的《唐山大地震》(钱钢)也是影响十分广泛的调查性报道。到了90年代后,中国的调查报道进一步发展,《中国青年报》开设"冰点"专栏,《南方周末》、《人民日报》的"视点新闻",新华社的"新华视点",《光明日报》的"焦点话题"等,调查性报道媒体和栏目日益增多。

1980年中央电视台开播《观察与思考》,这是我国电视新闻中较早进行深度报道的栏目,其中播出过不少调查性的报道。例如第2期采用偷拍的办法报道了"公车私用"现象,在当时产生了一定的影响。1994年4月,中央电视台又推出了新闻评论性栏目《焦点访谈》,其中不少有节目的报道就属于调查性报道。如《惜哉,文化!》、《仓储粮是怎样发霉的》,等等,这些报道都以调查手法获得了成功。

但把"电视调查"贯穿栏目始终并产生巨大影响力的栏目始自中央电视台《新闻调查》,1996年5月17日晚9点该栏目播出第一期节目《宏志班》,反映贫困学生的求学和生活状况。此后,一批优秀的电视调查报道节目在省级电视台崭露头角。如上海电视台的《深度105》、《1/7》,北京电视台的《第七日》,河北电视台的《新闻广角》,广东电视台的《社会纵横》,安徽电视台的《新闻观察》,江西电视台的《社会传真》,河南电视台的《特别调查》、《中原焦点》,山西电视台的《特别追踪》、《记者调查》,新疆电视台的《记者调查》,甘肃电视台的《今日聚焦》,天津电视台的《今日观察》等栏目都播出过许多电视调查报道。中央电视台的《焦点访谈》、《经济半小时》、《每周质量报告》、《法治在线》等栏目也做过一些有影响力的舆论监督类的调查报道。在报道水准上,新闻专业化逐步加强,电视调查报道经历了从深度报道到揭露性报道的观念转变;从批评性报道到媒体独立调查的观念变迁,新闻专业化逐步提高。

二、电视调查报道的定义界说

20世纪初,美国新闻界的"扒粪运动"使得调查报道作为一种新闻报道形式开始流行。尽管从1910年到1912年扒粪运动逐渐消失,它的许多价值观和传统却在新闻界保留着。在进行"水门事件"报道的时候,"调查性报道"才被用来做一种报道类型的名字。从调查报道诞生伊始,经过数代新闻人的探索与实践,对调查报道的内涵与外延理解越来越深入。

1. 西方学者的界定

普利策奖获得者《新闻日报》记者鲍伯·格林将调查报道定义为"调查报道是对某人或某集团力图保密的问题的报道",而且"报道的事实必须是你自己发掘出来的"。[①] 在他的阐述中,五角大楼越战档案事件是一条很好的新闻,但因为最初的工作不是记者而是兰德公司做的,所以其不是真正意义上的调查报道。而"水门事件"是曾经被一些人力图将某些信息保密,而新闻人却把它们公之于世,因而成为调查报道的"一个完美的样本"。

密苏里新闻学院的学者们认为,调查报道指的是"一种更为详细、更带分析性、更要花费时间的报道"。它的目的"在于揭露被隐藏起来的情况,其题材相当广泛,广泛到涉及人类活动的各个方面"。[②]

2. 我国学者的界定

我国新闻界在引入西方调查报道方式后,也开始了对调查报道定义的不同探讨。李良荣在《西方新闻事业概论》一书中提出,"调查性报道是西方国家报刊上的一种特殊报道形式,又称揭丑报道,专门用来揭露社会阴暗面、政府里的黑幕、大企业的罪恶勾当以及黑社会的内幕等等"。

《新闻学大辞典》将调查性报道界定为"一种以较为系统、深入地揭露问题为主的报道形式。此为西方新闻学用语。中国新闻界类似的提法为批评性报道"。而批评性报道是"对现实中的缺点、错误或问题的报道,俗称批评稿。因新闻事业的性质不同,中国的批评性报道不同于西方的调查性报道。批评性报道的宗旨不在于揭丑,而在于治病救人,所以在进行批评报道时,记者应从正确的立场出发,客观地提出问题,全面分析并公正报道。"[③]

《新闻调查》制片人张洁认为:"调查性报道应该具备的最基本要素:第一是记者独立展开调查;第二是调查的对象是损害公共利益的行为;第三是这种行为是被掩盖的行为。我们的调查性报道就基本围绕这三条来进行实践。"[④]

《广播电视辞典》(1999年版)中"电视新闻调查"指的就是"电视调查报道",其定义更宽泛些,"指的是电视记者就某一重大新闻事件或公众关注的社会现象进行专题性的深入调查、核实、分析、解释的深度报道。电视调查报道的优势在于有选择地直接展示调查的过程,声画兼备地披露新闻事实的真相,以及当事人和有关人士提供的相关事实与看法,使得电视调查节目具有很强的说服力与可视性"。

---

① 叶子、宋铮、井华、冯丹、祝振宇:《激情与理性——〈新闻调查〉个案研究》,载《媒介研究》,2004年第4期。
② 密苏里新闻学院《新闻写作教程》编写组:《新闻写作教程》,新华出版社,1986年版。
③ 甘惜分:《新闻学大辞典》,河南人民出版社,1993年版。
④ 张洁:《从调查节目到调查性报道》,载《新闻记者》,2005年第10期。

因此，电视调查报道有广义和狭义之分。广义的电视调查报道以是否采用调查求证方式作为识别调查性报道的标识，其概念更为宽阔，题材上有更大的包容性。而狭义的电视调查报道就是指揭露黑幕或内幕的揭丑报道。

综上所述，我们可以从四个层面对电视调查报道进行界定：首先，电视调查报道属于深度报道大范畴，是深度报道的一种报道方式；其二，调查的内容是侵犯公众的利益的集团或者个人，这种行为被掩盖；其三，调查是手法，是节目形态的突出特征，并不是报道的目的，其目的是探寻事实真相；其四，记者揭露这种行为的过程是记者相对独立的调查。所以，我们可以这样定义狭义的电视调查报道：电视调查报道是记者通过对侵犯公众利益的集团或个人进行的相对独立调查，最终揭示真相的一种电视新闻深度报道形式。①

三、电视调查报道的基本特征

电视调查报道是一种重要的极其有影响力的电视节目形态，与其他电视专题相比，其节目呈现独特的节目特征。尊重节目特征，把握创作尺度，才能做出优秀的电视调查报道。

1. 调查的质疑性与悬念性

质疑，也即对假象的不信任，其目的是为了实现对事实真相的揭露。所谓真相就是正在或一直被遮蔽的事实；有的真相被权力遮蔽；有的被利益遮蔽；有的被道德观念和偏见遮蔽；有的被我们狭窄的生活圈子和集体无意识遮蔽。

以2005年4月6日《新闻调查》播出的节目《"红色"警戒》为例，看记者是如何通过质疑精神一步步接近事实真相的。采访是记者从肯德基提供的线索中，追查到了江苏昆山、安徽义门苔干公司、河南驻马店、广东田洋，然后又一步步接近苏丹红的供应商广东辉和公司。

下面是记者柴静在供应商辉和公司的采访，虽然辉和公司已经闻风闭门，却有人在屋内打牌，记者不放过这一线索，通过细致、不懈的调查，证明辉和公司就是这里，而且确实出售过"辣椒红"（因为橱窗里依旧摆着没有撤去的样品，但公司人员却尴尬地说他们用来吃的），观众离真相越来越近。

记者：这就是辉和（公司）吗？
路人：对。
记者：门怎么锁了？
路人：搬走了，已经搬走了。
记者：什么时候搬走的？
路人：我也不知道，反正前几天。
记者：前几天？你知道因为什么原因搬走的吗？
路人：我不知道的。

---

① 刘华：《电视调查性报道的叙事学研究——以中央电视台〈新闻调查〉为例》，学位论文，2005年。

记者：这怎么也没挂公司的牌子？原来有吗？
路人：擦掉了。
记者：我看一眼，有人啊？对不起，你是辉和公司的吗？
辉和公司：啊？
记者：麻烦您，您这是辉和公司吧？
辉和公司：不知道。
记者：那您这是什么公司？这原来不就是辉和公司的地址吗？
辉和公司：不知道。
记者：那你们是哪里的？你们是什么地方的？
辉和公司：我们是来打牌的，没事干的。
记者：你们怎么会到这个公司的地方来呢？
辉和公司：啊？
记者：你们怎么会到这个公司的地方来呢？
辉和公司：我们是过来玩的。
记者：您这样吧，您帮我们做一个解释好吗？我们从北京过来，你们要是说苏丹红的原料不是你们生产的，也告诉我们一下原料从哪儿进的，行吗？我们没有任何别的意思，如果原料从哪儿进的，我们就去哪儿去调查就行了，要不然观众会误解说是你们……
辉和公司：那个田洋嘛，广州田洋，知道吗？
记者：广州田洋？
辉和公司：对。
记者：它生产的什么？
辉和公司：你问问它就行了，你问它。
记者：这个公司的货都是从田洋进的吗？
辉和公司：具体跟它打电话，让它们讲嘛。
记者：亨氏说辣椒精是由你们提供的，是你们生产的吗？
辉和公司：那不是。
记者：广州田洋生产的什么呢？
辉和公司：辣椒精。
记者：辣椒精。
辉和公司：对。
记者：都是他们的？
辉和公司：对。
记者：那辉和是做什么的？是做二手买卖？
辉和公司：对。
记者：你们不生产？
辉和公司：不生产，连东西都没有啥生产？
记者：就这么一间房子？

辉和公司：对啊。

记者：你们只是做批发是吗？

辉和公司：对啊。

记者：你们给亨氏提供几年了？

辉和公司：好几年了。

记者：这些东西是干什么用的？代理的吗？

辉和公司：不是，这个产品我们买回来的。

记者：你们买这么多辣椒酱干什么？

辉和公司：哪里是辣椒酱，没有辣椒酱。啥都没有，你看这房子啥都没有。这个没有什么代理的，没有。

记者：那是什么东西？这不是你们代理的产品吗？那买这么多干什么呢？

辉和公司：拿来吃的。

记者：这都是用来吃的？

辉和公司：对。

通过上文的摘录，我们可以看到，节目之所以获得成功，很大程度上是凭借记者锲而不舍的质疑精神，不法厂商生产、销售苏丹红的事实最终无法掩盖。

美国新闻事业的先行者普利策曾经解释调查性报道的存在原因："如果人们想要和世界上的罪行、邪恶和灾难作斗争，他们必须知道这些罪行，因为这些罪行、邪恶和灾难正是在秘密的基础上才得以滋生。"上述《新闻调查》记者实地调查取证时的不可预知性与悬念性尤为精彩。电视调查性报道不同于纸质媒体，它有图像，有声音，有调查过程的真实展示，再加上冲突的情节，足以吸引观众。

2. 报道的过程性与形象性

成功的电视调查报道要层次清晰地通过电视记者在现场的采访来展现过程，从而让观众信服地接受报道。要做到层次清晰、层层剥笋地展示事实真相，电视记者的采访必须是有所准备，有的放矢，有目的地选择采访对象，选择采访问题，按照既定目标层层展示。因此，调查报道成功与否关键在于现场采访的成败，因为采访是展示调查的过程。

电视调查报道是一个寻求真相、寻求结论的过程。观点和结论是随着过程经由观众自己得出的。调查报道的魅力，体现在观众在收看节目时被吸引，从而投入思想的参与。当观众一旦全身心地投入收看节目，他必然会调动起自己联想、感觉、综合、想象。曾有人把观众的这种参与称之为二度创作。成功的调查报道，必然会吸引观众投入二度创作。电视调查报道不是以结论为出发点，而是以观众想了解事实真相的渴望为出发点，其全部魅力就在于其结果的不可预知性。过程是观众尤为看重的，而结论由观众从展示过程分析中自己得出，并由此引发思考。

电视作为声画叙事的大众媒体，在调查过程中形象化地表达现场感是极为重要的。新闻调查节目的魅力在于其调查的过程，而这个过程是记者带领观众参与其中，从而获得解密的快感。它不是结论在前的灌输观点，而是让观众在过程中得出结论，这是对新闻本质的尊重与回归。在调查的过程中，记者通过摄像机将观众带到事件、事态现场，询问、跟拍、调查，在这个创作的过程中，观众随着电视记者一起调查，共同感受，共同思考。现场性极强的调查报道,用生动纪实的镜头语言缩短了电视与观众的距离,既符合新闻传播规律,又能充分发挥电视优势,符合电视传播规律,因此具有极强的可视性与形象感。

3. 评析的透彻性与多元性

由表及里层层剖析最终揭示事实真相是电视新闻调查的重要特征,因此评析的透彻性是电视调查报道的出发点和归属点。

新闻报道所承担的社会责任,使得记者尤其是调查报道记者,必须对隐藏在事件背后的真相进行分析和判断,这就不可避免要对事件当事人的所作所为进行评论。当然,真相浮出水面之后,可以采访专家、官员、相关利害人、见证人等进行评析,表现出评析主体的多元性。

较之其他一些报道方式,记者在调查性报道采写过程中,要求在尊重新闻客观事实的基础上,更多地发挥主观能动性。在从事调查性报道的过程中,记者充当的角色不再是旁观者,不是被动消极地反映那些呈现在人们面前的新闻事件,而是主动挖掘那些隐藏的尚未被人们发觉的新闻事件。他所报道的新闻事件,最初往往没有任何结论,甚至没有线索,要求记者作为调查者,多采用第一人称的方式介入到报道中去。媒体在信息资料的获取上的独立性对于调查性报道是极其必要的,目的是为了求得尽可能的真实、理性与客观。记者基于调查结果以及相关的资料得出相应的观点,观点要言之有理,内容要言之有物。观众通过对调查行为的收看,参照记者的评析得出自己相应的判断。日本学者川鸲保良认为:"调查报道不是依赖当局发表的材料写报道,而是记者亲自进行调查,逼近真相,不像独家新闻那样只依靠到手的单个秘密资料,而是通过彻底的调查采访,揭示事件的整体状况,不是依赖警察。"这也是调查性报道中记者的主观能动性较充分的体现。

4. 调查的艰难性与风险性

与其他的新闻报道形式不同,调查性报道必须努力发现新闻背后的真相,挖掘为了某种目的而被隐藏起来的事实,这种目的可能是非法的或是不道德的。因此调查性报道的采访制作,不仅难度高,而且经常伴有风险性。从法律的角度来看,调查性报道是一个雷区。它经常流连于充满腐败、渎职和体制漏洞的圈子里,与这些不良分子混在一起,会冒着巨大的法律风险,因为调查者通常从"如何"和"为什么"来寻找问题的答案。同时,作为调查性报道的记者,每一次行动都可能会伤害到一些人,有些本身已是受害者的人因为接受了采访,影响到他们的生活,威胁到他们的生计,甚至生命安全都得不到保障。[①]

没有任何报道,值得记者付出生命的代价。基于这一事实,风险评估成为调查性报道的一个至关重要的概念。艰难性里包含危险性。凤凰卫视栏目《社会能见度》的制片人王志江曾在自己的微博上发出这样的感慨:"能见度记者采访了'代金券'村庄,是暗访,安全抽身返回啦。"曾子墨曾经到艾滋病村调查,采访结束时,当地一些人来阻挠,并

---

① 赵国华:《凤凰卫视〈社会能见度〉栏目研究》,学位论文,2011年。

有一名不明真相的艾滋病人与栏目志愿者发生肢体冲突,但曾子墨告诉摄像,打开摄像机进行偷拍,冒着危险,曾子墨仍然站在中间进行调解。

第二节 电视调查报道的分类

中央电视台《新闻调查》制片人张洁认为,《新闻调查》主要做过七类调查报道节目。

第一类是主题性调查。比如一个城市交通发展能把公交放在第一位,这是表明政府的执政理念的转变,转到以民为本的主题上。

第二类是舆情性调查,就是对带有政策性的众说纷纭的社会问题的调查,比如对上海的择校做了一期节目《一言难尽择校生》,节目呈现多种观点、有多种争议的选题,称之为舆情性调查。

第三类就是历史揭秘,像《恢复高考20年》、《羊泉村记忆》(中国首部对中国慰安妇多年来生存状况的全景式的记录)等。

第四类是事件性的调查,即选择了一些比较具有时代特质的代表性的事件,比如《眼球丢失的背后》,是说北京一名医生为了救病人,到太平间私自偷取没有经过死者家属同意的尸体的眼球。像这些节目都有事件作为依托,而且通过对事件深层次的挖掘,反映中国法制、人情、伦理的一些冲突。

第五类是纪录式的调查,这种片子内核就是纪录片,只是用调查的方式给它包装起来。

第六类就是心理层面的调查,像《面对面》这种一对一的深度专访。

第七类就是内幕调查,即狭义的调查性报道,如1998年由王莉芬制作的《透视运城渗灌工程》,这是一个地市级政府为了虚假的政绩,蒙骗国家和农民的报道。节目播出后,引起了非常强烈的反响。

从不同的角度,电视调查报道有不同的分类方法:

一、按调查内容分类

按照调查内容,电视调查报道可进一步细分为三种子形态:

1. 人物调查

人物调查是围绕一个人物进行采访调查的节目,一般是通过对话的方式讲述人物的人生道路,探析人物的心路历程,展现人物的性格特征,最终通过典型的人物以小见大,折射社会现象和社会问题。人物调查又分为新闻人物调查和普通人物调查。虽然人物的身份不同,但是人物调查背后所反映的社会现象都是有极强的现实意义。

2. 事件性调查

事件性调查通常是围绕一个新闻事件展开调查,有时也可能是由某一新闻事件而引发的对一系列事件的调查。事件调查从选题、采访到制作的过程要注意五个创作要点。首先要注重报道题材的典型性与重大性;其次要充分展现事件的发展过程;再次应当努力揭示事件背后一些鲜为人知的内幕;同时不仅要交代事件发生的始末,还应该分析造成事件的深层次原因;最后针对该类事件预测发展趋势,提出相关建议。这一类型的新闻报道在创作中所占比例较大,其调查过程中的曲折性与故事性是吸引观众眼球的重要因素。

3. 主题性调查

主题性调查是针对某种问题或现象而展开的专项采访调查。该类调查内容包罗万象,包括对现有社会问题、社会现象的调查;对社会新问题、新事物的调查;对思想观念的调查以及对消费生活的调查。这类调查强调对主题的发现和挖掘,具有较强的针对性和导向性。

二、按调查目的分类

1. 揭露性调查

这类节目往往是通过采访调查来揭露隐藏在事件、现象背后的内幕和问题,它比较接近西方传统揭丑式调查,在舆论监督中发挥着重要作用。一些不法活动、不法行为的黑幕在这类节目中可以揭示,让人们更清楚这些事件的危害,提高全社会的警惕,也可以揭露一些所谓"合法外衣"掩饰下的违法、违规活动,从而呼吁远离之、抑止之。一些披着"合法外衣"的违法、违规行为往往不容易被人看出破绽,甚至国家司法机关、行政机关的工作也存有不当之处,而对这类问题的调查就完整地体现了新闻记者的洞察力和正义感。作为"耳目喉舌"的媒体对党和政府、国家公务人员行使舆论监督的权利,它代表了群众的利益,反映了群众的呼声,能有效地促进政府工作的改善。这类调查是最受观众欢迎的,权利在监督中显得更为公正与庄重。

2. 揭示性调查

这类节目大多是通过对某一典型事件或典型人物的调查采访,揭示出其背后的原因和深层次的矛盾,抓住其本质,以引发人们对这一典型事件、典型人物所代表的一类问题或现象做深层次的思考。

三、按调查模式分类

《镜头里的第四势力》一书中将美国的《60分钟》的调查报道分成三种模式,分别为侦探模式、分析者模式和游客模式。不同的模式使得记者的角色定位不同,对调查事件的介入方式不同,调查手段也略有区别。

1. 侦探式新闻调查

在这类调查中,记者是智慧与正义的化身,记者像侦探一样介入某调查对象,力求在善与恶、是与非或真与假的二元对立中挖掘出事物的真相,揭开恶、非、假的面具。从搜寻线索、搜集证据、质问坏人到揭开罪行,记者积极地介入调查事件或人物、事物。在这个调查中,记者如同机智的侦探,通过采访受骗者、采访知情人,用镜头记录一家企业受骗过程等调查手段,使骗局的内幕一层一层被揭示出来。

2. 分析式新闻调查

这类调查中，记者是以社会评论员的角色或以精神分析学家的角色，客观地描述人物、事件或现象，透视人的心灵深处。透析事件的深层矛盾和原因，透过现象看本质。记者的调查并不拘泥于事件本身的始末，调查的目的也不在于揭示被人掩盖的黑幕；记者通过调查事件的直接原因从而分析出掩藏在事实背后的深层次的矛盾和问题。记者不是以侦探的身份介入调查，而是以社会评论员的身份调查分析问题。

3. 亲历式新闻调查

这类调查中，记者作为亲历者或目击者介入调查事件或现象，对事件本身的干扰较小，原汁原味地展示事物面貌，调查的过程更具客观性、现场感，也更能调动观众的参与性。

尽管最终总结出三种创作模式，但是三者之间并不是截然分开的，在许多节目中，两种甚至三种模式均有体现，彼此转换。无论是单一模式报道还是多模式报道，总之其最终目的是用丰富形象的手段完整真实地报道相关事件，获得观众关注。

第三节　电视调查报道的技巧

电视调查报道要做到客观、真实、权威，就必须遵循调查报道的基本规律，采用有效的方式、方法。

一、电视调查报道的调查方式

1. 调查取证式

这是调查报道独有的样式，记者对某一新闻事件或社会问题进行客观的调查，在调查中发现问题、揭示问题，能透过现象看本质。西方传统揭丑式的调查报道通常采用纯粹调查式，也是我国电视调查报道常用的一种形式。对调查的事件和问题进行明察暗访，揭开鲜为人知的事实真相。所谓真相就是正在或一直被遮蔽的事实。这些真相通常呈现为两种状态：一种是属于所谓的内幕和黑幕，它或被权力遮蔽或被利益遮蔽；另一种真相是复杂事物的混沌状态，那是被偏见、道德观念和认识水平所遮蔽的真相。在纯粹调查式的调查报道中，记者积极介入调查事件和问题，作为公正、正义和公众利益的代表，勇敢而冷静地与假、恶、丑做斗争，调查过程极富矛盾冲突、悬念和戏剧性。这种表现方式能融合更多的调查手段，形式比较灵活。中央电视台播出的《城管的一次非常执法》(《焦点访谈》)、《追寻1700台问题起搏器》(《经济半小时》)、《深圳外贸骗局揭秘》(《新闻调查》)等节目都是属于纯粹调查式的调查报道。这类调查报道应注意以下三个要点：

（1）取证的确凿性。

调查取证是调查报道的重要环节，调查取证的材料应是指具有代表性和说服力的人、物、事。取证的确凿性是保证调查报道客观公正的基本条件。"一个忠实可靠的新闻来源,一个没有个人图谋的直接证人(有高度可信性记录),比两三个甚至四五个根据二手资料或者三手消息道听途说的新闻来源都强得多。"要想达到这一点,记者应尽力找到第一手资料、第一当事人,多项材料应环环相扣、前后吻合。

(2) 过程的现场感。

调查过程是事件本身的发展过程,也是观众通过节目认知事件的过程。对调查过程的形象化展示,对提高调查报道可信度、增强可视性和观众参与度、发挥电视传播优势都至关重要。通过声画并茂的电视镜头记录的调查让观众形象地看到了真相一步一步、层层剥笋式地显现出来,增强了调查的故事性和可信度。当然纯粹式调查的最终目的应该是找出真相被掩盖的社会背景和因素,使调查进一步深入。

(3) 采访的灵活性。

记者在采访过程中必须具有敏锐的观察力和灵活的应变能力。想要在错综复杂的表象中找出真相,肯定会遇到很多困难,而且真相的掩饰者通常都不会积极配合采访,因此记者应全方位调动视觉、听觉、触觉、味觉、嗅觉等感官,获得事物全面的感性印象,再将感性的认识上升到理性的思考。灵活的采访要求记者既要有独立自主的思考能力,更要有随机应变的能力,善于捕捉现场的细节,通过灵活敏锐的采访获得的带有速度、深度与温度的细节才能全方位地还原事件本身,唤起观众对于事件背后的思考。

2001年"3·15"期间,调查性节目《医院中的工业氧气》在社会上引起很大反响,给人们留下深刻印象的现场是暗访记录下的医院方面拆换工业氧气的荒唐行为。记者巧妙地设计了一个时间差,先用偷拍机记录下医院病房正在使用工业氧气的现场,然后让另外一路记者扛着大摄像机要求正式采访。这时,病房内的偷拍机记录下这样滑稽的一幕:医生、护士、院长一齐动手,几分钟之内就拆下了工业氧气并迅速换上了医疗用氧的氧气罐。而在明访的记者面前,院方领导还在对记者说着冠冕堂皇的保证的话。这样一前一后、一明一暗、一反一正的两个同时在进行的画面呈现给观众,既富有戏剧性,又不用什么解说,就把一种批评一目了然地表达出来,而且不乏力度。这种节目有效地发挥了现场和同期的作用,用铁证如山的纪实让监督和批评的权威性更加不容置疑。①

2. 人物访谈式

此类调查以访谈的形式展开,这种表现方式的运用比较广泛,常用于人物调查与问题调查中。有的事件不便于或没有必要在事件发生现场进行调查采访,那么对亲历者、目击者和相关者进行访谈就成为节目的主要形式。这种方式一方面需要采访双方平等交流,真诚沟通,无论被采访者从事什么职业,有什么职称,扮演什么样的社会角色,记者都必须不卑不亢,真诚地与被采访者沟通,让被采访者敞开心扉,表达出真实的意愿和心灵深处的矛盾;另一方面,在调查报道中,访谈是形式,调查是目的,因此在访谈过程中,记者应该始终掌握话语的控制权,提问虽不宜咄咄逼人,但问题要针锋相对,在交流中碰撞出智慧的火花,使调查步步深入。访谈式虽然在话语上更容易表现细腻的情感和思想的锋芒,但是作为电视新闻节目则少了几分事件现场的形象感,因此要谨慎

---

① 刘庆生:《论舆论监督电视节目深度报道的规律——以〈焦点访谈〉为例的研究》,学位论文,2006年。

使用。

3. 客观纪录式

巴赞说："摄影的美学特征在于它能揭示真实。"因此,他崇尚真实自然的纪实风格。用纪实的手法对客观的调查过程做真实的记录,这种借鉴了纪录片表现手法的调查方式有其独特的节目魅力。记者在调查中显示其客观性与公正性,不过多地介入事件,而是静观其变,真实客观地记录事件,原汁原味地展示事件。这类方式主要针对没有被表象、假象所遮蔽、掩饰的新闻事件,其进展过程和事件背后事物本来就以真实的面目呈现,且折射出了重大的社会变革与发展,此类事件的调查就宜采用记录式的表现方式。将事件的原貌呈现给观众,让观众自己去思考、体味。

在这类方式的创作中,记者在保持静观、维持事件原貌的同时,要抓住事件发展过程中的矛盾,捕捉细节,突出事件的冲突,并要注意巧设悬念,以吸引观众的眼球。但是这类新闻调查报道和纪录片又有本质的不同。记录式调查中,记录不是目的而只是方法,记者在记录事件原貌的同时也要积极调查。此时的调查不会影响事件的发展进程和结果,而是展示事件本身不能清晰表明的事件背景、人物内心世界等,让事件中暗含的矛盾冲突、事物之间的对立联系明晰起来。

正如中国传媒大学教授叶子所说:电视调查性报道的记者在报道时要有"我在场"的观念,要充分展示事件现场的情况,要善于现场发现和捕捉信息。《新闻调查》中《河流与村庄》这一期节目中,记者长江蹲在农民家的水井旁边,用手捧起刚刚从地下抽取上来的浑浊的井水,尝了一口并咽了下去,然后把井水的味道告诉观众。如果没有记者在现场的这些行为,观众是无法知道这种浑浊的水喝在嘴里是什么感觉。在《农民自杀调查》这一期节目中,记者跟随着摄像师跋山涉水来到贫瘠的山村中,从自杀农民身边的人采访起,根据村民对这件事情的看法及提供的线索,层层进行调查,同时以一个买粮食种子的农民的身份对当地政府官员进行暗访,通过自己的调查,最终得出了令人心酸的真相。在这个片子中有跌宕起伏的悬念冲突、一波三折的故事张力、身临其境的情感体验,观众已完全被编织进这一"现实的情景"之中,记者的现场调查带着观众共同感受大山的厚重、坐车的颠簸、爬山的艰辛、自杀的无奈、内幕的令人发指,最终这个片子成为一个优秀的调查节目。

二、电视调查报道的调查技巧

电视调查报道中,记者要调查出被掩盖的真相,需要一些手段、技巧。好的技巧与手段对于作品的成功有非常重要的意义。

1. 逼近核心信源与替代策略

要想在电视调查报道中取得成绩,揭露事件背后的真相,记者首先要获知真实可信的信源。调查报道对新闻来源的可靠性的重视,是许多美国著名调查报道记者所强调的。按照普利策奖获得者鲍伯·梅林的观点,调查报道必须是"你自己发掘出来的"。这种发掘实际上是对各种潜在的线索、内幕消息等各种信息来源不断证实的过程。调查报道记者的作用就是利用文件、记录、私人访问和二手、三手的消息来源证实他得到的信息。

持有同样看法的还有著名调查报道记者克拉克·莫伦霍夫。他认为:"一个忠实可靠的新闻来源,一个没有个人图谋的直接证人(有高度可信性记录),比两三个甚至四五个根据二手资料或者三手消息道听途说的新闻来源都强得多。"他说,调查报道的"每一段落都用文件或独立的证人,或者两者共同来证实。在这种情况下,从可靠的新闻来源得出的信息只是作为通向公共记录、其他文件和直接证人的向导,而这些记录、文件和证人则可以被引用以证明信息的准确无误"①。

为了发掘、发展、证实信息来源,调查记者应当做深入细致、耐心持久的调查工作。首先许多可靠的信源来自于相关文献,于是许多记者用"学者式研究方法"来进行查阅,在他们播出的调查报道中大约有一半是"纸上的事实",这些事实在某些地方的公共档案中都可以找到,调查记者"要做的事情不过是翻阅它们"。当然更有一部分信源来自于生活。记者要有相当的新闻敏感,通过对生活的关注,力图发现生活事件背后的问题,并且进行层层研究与调查。

记者获得信息的对象被称为信息源。在竞争日益激烈的新闻行业内,每场调查性报道的新闻战争就是谁能找到核心信息源的战争。例如2006年《21世纪经济报道》有关"汉芯一号"的调查。当时,一位神秘报料人在清华BBS的发帖受到很大的关注。帖子说:上海交大教授陈进,声称手里拿的芯片是中国自主品牌的高端芯片,并从国家获得了数亿拨款;但那些经过专家论证的芯片其实是从摩托罗拉公司买回来的,只是请一些务工者把上面的标志给去掉,然后声称是自己的发明。这个报料很快引起舆论的轩然大波,媒体记者纷纷前去报道。此时,作为一名记者,要如何获取信息源呢?在寻找与接触信息源之前,以下四个悬念可能会马上在记者的脑海中出现:第一,举报人说的话是否可信;第二,教授本人是否造假;第三,教授是否获利;第四,若以上的回答都是肯定的,这件事如何可能?

假设将第三个悬念作为报道的核心悬念,记者就需要回答:上亿国家拨款是怎么进入到陈进个人腰包里的?这个悬念与其他三个悬念都相关,并涉及关键的利益问题。这时候,谁是核心信息源?我们可以画出一个核心信息源的脉络图:一个国家的专利生产出来之后需要进行量产,那么,有三个机构会不可避免地被牵扯进来——首先是设计环节的机构,他们负责把一个专利设计成什么样子;其次是包装机构,对产品进行包装加工;最后是测试机构,对产品进行测试。然而,当时前两家公司都没有接受记者采访,这是在调查性报道中相当常见的情况。比如这个案例中,教授和民工都是极难采访到的。《21世纪经济报道》在调查该事件中,出现的突破正是来自链条末端的测试公司。在芯片的生产流程中,包装之后会有一家公司来测试到底技术过不过关、有没有达到预期目标。当时,上海交通大学发给美国ENSOC公司一个订单,请他们提供这一服务。之后,这家公司给上海交通大学打了收据,表明收到了多少汇款,即将提供服务。后来,记者利用美国的注册公司信息库去检索,很快发现这家ENSOC公司的注册人叫做Jin Chen,这让人很容易联想到是陈进的英文名。当时签约时,签字的是一个叫Robin Liu

---

① 特德·怀特:《广播电视新闻报道写作与制作》,中国广播电视出版社,1987年版。

的人。记者去检索这个人的信息,发现了他跟陈进在同一个大学读过书。之后,记者利用新科技手段来定位这家公司,发现地址就在美国的一个普通居民区里面,而房子的户主就是 Robin Liu。这表明了,这家公司不是真正有能力的公司,只是一个私人住宅。在"汉芯一号"事件中,关于 ENSOC 的调查证实了陈进获利的悬念。它说明,至少一部分国家拨款在"专利"生产环节时,进入到陈进个人的腰包中。

根据信息源与核心信息构成的不同关系,可以对它们进行梯度分级。第一级信息源是目击者与当事人;第二级信息源一般是权威机关或者相关调查部门的信息;第三级信息源通常由了解行业的专家、学者和媒体从业人员构成。每一级信息源能够提供的信息各不相同。核心信源提供的一般是核心事实;第二级信息源往往能够提供支撑事件或是反驳事件的官方结果;第三级信息源则提供背景信息和相关观点。在进行深度报道时,二级信源和三级信源会变得非常重要。① 利用互联网整合所有信息,比如通过社交媒体压缩人际距离,线上线下互动搜寻人际链条等策略都是有效的替代策略。

2. 隐性采访的要求与原则(拍摄)

媒体传播新闻的社会功能之一就是抨击丑恶,追求公正,实施舆论监督,批评性报道无疑是最为有力的抨击手段。要想获得批评报道的第一手新闻素材,往往是十分困难的,于是,新闻记者广泛采用了隐蔽摄像的手段。

隐蔽摄像是指在被采访对象不知道的情况下,用隐蔽摄像机对被采访对象的言行进行拍摄。隐蔽摄像往往与隐性采访紧密联系。所谓隐性采访就是"新闻记者在采访对象不知情的情况下,通过偷拍、偷录等记录方式,或者隐瞒记者的身份以体验的方式,或者以其他的方式,不公开猎取已发生或正在发生而并未披露的新闻素材的采访形式"。

真实是新闻的生命,客观的报道是真实性对媒体的基本要求。客观报道要求新闻事实必须客观存在,不能造假;同时要求媒体报道运用的文字、声像手段必须客观,不能歪曲事实。隐蔽摄像则是获得客观的声音、图像,更好地再现新闻真实的一种有效采访方式,可以给受众以最大限度的可信度。

当然揭露性题材的隐蔽摄像问题,自然会引发隐私权与公众的知情权的矛盾。有人反对隐性采访中的隐蔽摄像,并且提出了新闻采访者的权利缺乏法律明确规定;公众利益难以界定;社会诚信与媒体公信度问题等多个理由反对,使得隐蔽摄像所获得的法律保障相当脆弱,媒体也因此常常被告上法庭,面临复杂的法律纠纷。

那么,如何把握"偷拍偷录"的限度呢? 首先,必须坚持公众利益原则。隐性采访的出发点和落脚点都应定位在维护公众利益上。当新闻事件涉及公众根本利益,或为满足公众的知情权需要,而记者不能或不便通过显性采访获取新闻信息,这种情况下隐性采访才是必要的。例如,当采访对象及其行为违反国家法律、法规、政策或社会公德,且严重影响公众利益时,对其曝光是必要的。其次,一定要坚持公正原则。它要求记者在选材、立意时,站在公正的立场上来客观、全面地看待社会事件,勇于揭露社会生活中不公正、不平等、违法乱纪和腐败现象,并从法理和道义上加以评判,促使社会公正。公

---

① 曾繁旭、林珊珊:《调查报道的信源突破:专业常规与替代策略》,载《新闻记者》,2014年第2期。

正,不仅要体现在隐性采访的报道主题上,更要落实在记者的采访过程中,应平等地对待采访对象。不可侵害个人的名誉权和隐私权;要尊重被采访者的声明和正当的要求;如对个人的道德人格提出指控,记者在采访中不可以通过违法和不正当的方式获取新闻。在报道时,记者应摆正自己的位置,客观、全面地看待采访对象,对新闻事件的性质判断要分寸得当,做到褒贬有度;对涉及当事人各方要平等视之。最后一定要坚持公共性原则。隐性采访尽量选择公共场合,如果某人在公共场合的行为违反了社会公共利益,新闻媒体将其曝光,这也会因有利于公共利益而不易受到非议。

隐性采访的基本要求主要有以下几方面。

(1) 避免诱导采访。在隐性采访中,诱导通常表现为记者假扮成为违法行为的一方,以买主、嫖客等身份接触暗访对象,促使暗访对象现出原形,加快违法犯罪事件的发生,如扮成一个买假药的人等。"诱导犯罪"可能涉及刑事责任。

(2) 规范采访行为。隐性采访不能过度介入采访;记者选择一般民事主体的身份介入为宜,不能扮演国家机关工作人员如警察、军人等。也不能干扰正常的社会秩序。隐性采访不得干扰110、120等社会关键公共服务部门的正常工作。

(3) 符合法律规定。隐性采访的工具应符合法律规定;国家机密不能泄露;不能泄露商业机密;必须保护未成年人的权益,如匿名或马赛克处理等;不能侵犯公民的名誉权和隐私权。

(4) 遵循伦理道德。隐性采访往往使报道对象处于不利地位,记者用"不诚实"手段获取信息,可能引发道德质疑。因此,使用隐性采访注意遵循以下原则:公共利益原则、公正原则、善意原则、真实原则、适度原则。

隐性采访的优势:①利于舆论监督;②易于获得真相;③适应竞争需要。

窃听窃照与隐性采访行为的区别:窃听、窃照与一般隐性采访行为不同,无论是国内还是国外,宪法都赋予了公民通信自由的权利,我国《刑法》中设有"侵犯公民通信自由罪",《治安管理处罚法》要求不得"窃听",《国家安全法》也明文规定"任何个人和组织都不得非法持有、使用窃听、窃照等专用间谍器材"。因此,隐性采访与窃听窃照的最大区别就在于"公"与"私"的区别。

如北京某食品有限公司诉某电视台名誉侵权案(2005年)。原告食品厂认为,该期节目中存在多处错误及失实部分,且被告记者进行偷拍,并对偷拍内容进行剪接后仅播放对一方当事人有利的部分,具有明显的误导性,使广大消费者对原告及原告经营的品牌产生了重大的误解,侵犯了其名誉权,故要求被告停止侵权,并在同一栏目中公开向原告赔礼道歉并消除影响,赔偿经济损失1元并承担本案的诉讼费用。本案最后的判决结果:本案中,根据已查明的事实,消费者周某的叙述基本是其本人真实的意思表示,而被告所添加的话外音等仅仅是被告对此事件所发表的一种评论性意见,且并不存在侮辱性的内容。而关于被告记者采取隐性采访方法获取视听资料并进行播出的行为,我国现行法律中并不存在相关的禁止性规定。综上,被告的行为并未构成对原告名誉权的侵害,原告要求被告停止侵权,赔礼道歉并消除影响,赔偿经济损失1元的诉讼请求,法院不予支持,判决驳回原告的诉讼请求。

中央电视台《新闻调查》在长期的实践工作中,对隐性采访做出了一些原则性规定,即进行隐性采访调查时必须符合下列四种情形之一：

（1）有明显证据表明，我们正在调查的是严重侵犯公众利益的行为；

（2）没有其他途径收集材料；

（3）暴露我们的身份就难以了解到真实的情况；

（4）经制片人同意。

新闻工作者无论是以观察、体验还是实验的方式介入到隐性采访调查的事件中，如果为了维护公共利益，在调查过程中不可避免地出现了侵权行为，应该在报道公开时尽可能地隐去可能带来侵权诉讼的敏感部分，或采取一定的技术手段对当事人的私权加以保护，力求将损失减至最小，如画面的虚化处理，声音的特殊处理等手段。

3. 伏击采访与随机采访

伏击采访指记者在采访对象将要出现的地方伏击等待，待到采访对象出现后立即把话筒伸过去采访，并立即用摄像机记录现场。对于刻意回避记者、拒绝接受采访的对象，可以采取这种出其不意的"突然袭击式"采访。这种方式的采访往往不能让被采访者如实、流利地回答记者的问题，但被采访者在无足够心理防备的情况下，面对记者和摄像机的神情举止常常比他们的回答更具说服力。

伏击采访是种极具现场感的采访，采访的关键是提问记者，其在采访当中的角色就是一个问询者、探询者，提问几乎就是采访最核心的内容。在伏击采访过程中问什么，怎么问，掌握提问的技巧是一个记者最重要的业务能力，从这个意义上说，一个会提问的记者就是一个好记者。

首先，伏击采访的问题要具体。在有限的采访时间中，在较短的时间内获得有效的信息，就必须提出具体的、能使采访对象直截了当、简明扼要回答的问题，最忌讳提那些大而抽象的问题。

其次，问题要简明，就是要让采访对象和观众一下子就能听明白。特别是在抢险救灾、重大灾难等突发性事件现场，由于气氛紧张、人员忙乱，更需要提问简明，让对象一听就能随口答出来。

再次，问题要适宜，就是提问要恰当、得体。为此，记者必须事先做好提问准备，尽可能多地了解新闻事件及采访对象的背景材料，拟出一些针对性强、为群众所关心的问题。问题包括要针对不同的采访对象，以不同的话语方式提出合适的问题。在一般情况下，还要注意尽量不提别人仅仅以"是"或"不"就能回答的问题。而善于设计、提出一些复合型的问题，如问题中既包含了对事物的肯定或否定的判断态度，又回答了"怎么样"的问题。

最后，问题要问到关键点上和事件的要害处。对这些问题的回答是验证事实、说明观点、表明态度、凸显主题必不可少的关键。特别是在一些批评性报道中，采访对象往往是避重就轻，迂回躲闪，甚至答非所问，这对记者来说是一个严峻的考验、智慧的较量。

伏击采访主要是通过记者对采访对象的提问来完成的，优秀的记者，一定是善于提问者，他们往往精通提问技巧，善于在一问一答间获得主要新闻事实，完成新闻报道。

伏击采访中时间是极其有限，要在较短的时间内使采访对象谈出有新闻价值的内容,记者就应针对不同的采访对象和不同的采访内容,以不同的方式提出合适的问题,诸如正问法、反问法、侧问法,等等。根据每个人的不同习惯和风格,还可以列举出许许多多的提问方式,如单刀直入式、追述提问式、激将反问式、迂回提问式,等等。关于现场采访中的提问艺术,还可举出许多行之有效的方式。根据采访对象、采访内容、采访环境等情况的不同,每个记者都可以使用不同的提问方式,只要能达到采访目的,都可尝试用最好的方式去实施。

伏击采访与随机采访有联系也有区别,主要在于采访目的不同。随机采访是新闻采访中常用的一种形式,记者采访提问的水平也最能反映其基本功和应变能力。2012年国庆期间中央电视台推出的《走基层百姓心声》特别调查节目——《幸福是什么?》,记者9天里在各地采访了3500多人,节目当中展现了将近150个人五花八门的幸福观,一些观众本以为"会被剪掉"的镜头都被直接呈现出来,这无疑也是央视的一大突破。回顾一些老百姓的回答,"我们的房子太小了"、"耳朵不好"、"我现在(靠)吃政府的低保,650块一个月,政府好"……这些都是老百姓最直接的回答、最真实的想法。"你幸福吗?""我姓曾。"这组问答遭到网友"吐槽",被称为"神回复"并风靡网络。

董倩(中央电视台记者):您幸福吗?

莫言(诺贝尔文学奖获得者):我不知道。

董倩:绝大多数人觉得您这个时候应该高兴,应该幸福。

莫言:幸福就是什么都不想,一切都放下,身体健康,精神没有任何压力才幸福。我现在压力很大,忧虑忡忡,能幸福吗?但是我要说我不幸福,你就会说太装了吧,刚得了诺贝尔文学奖还不幸福。

这是中央电视台10月14日《新闻联播》在莫言获得诺贝尔文学奖之后播出的一段对话。莫言的回答坦诚而直白,被网友称为"说了大实话"。

4. 临时扮演非职业的活跃性角色

美国文化人类学家R.林顿根据角色表现的显隐状况,将角色划分为活跃性角色与潜隐性角色。林顿认为,作为社会成员的个体虽然要扮演多种不同角色,但是在每一具体时刻他只能扮演其中一种角色,这种正在扮演着的角色就是活跃性角色,而该个体扮演的其他角色此刻则成为潜隐性角色暂时不表现出来。很明显,活跃性角色与潜隐性角色是相对的,它们会随着个体所处的不同现实情境而互相转换。那么,在隐性采访这种特殊的情境下,记者隐瞒了他的真实身份,也就是说,此刻他正扮演着的活跃性角色并不是他的职业角色,而是为了采访的顺利进行、获取相关的信息资料所扮演的其他社会角色,如去非法行医点看病的患者、与票贩子交易的旅客,等等。[①]

在某些情况下记者要调查到真相,仅仅隐藏自己的记者身份还不够,还必须以某种特定的身份才能接触到核心人物,参与调查事件,调查到真相。这种调查方法就是扮演角色。我国法律规定,一般情况下记者不能装扮成政府官员、人大代表、警察、法官和军人等国家公务人员,也不应该改变其固有的自然性别角色。记者在隐性采访中的角色扮演行为是不得已而为之,但也不是随心所欲的,应该在法律允许的范围内慎重行使。

---

① 何菁:《记者在隐性采访中的角色把握》,载《青年记者》,2007年第8期。

其次，记者在角色扮演中要有良好的动机。新闻心理学研究表明，记者的情感、意志、动机、性格等非智力因素对于采访过程也有很大的影响。如果记者只是一味迎合受众的窥私心理或低级趣味，本着为新闻事件寻找"卖点"和"噱头"的目的进行采访，那记者的角色扮演行为势必会造成采访权的滥用，通过这种方式获取的新闻素材也只能产生负面的传播效应，根本无法满足受众正常的信息需求。因此，记者在扮演其他社会角色的时候，必须明确其角色行为是为了收集通过其他途径无法得到的真实资料，是为了协助执法部门更加有效地打击违法犯罪，从而履行媒体舆论监督的职能。

在揭露式的调查中，这种手段经常被记者使用，比如，扮演成买票者调查票贩子倒票内幕，扮演成顾客调查不法销售行为，扮演成准下线调查非法传销的秘密活动，等等。这种方法以记者的亲身经历展示调查过程，具有实证性，显得真实、客观。由于记者隐藏真实身份，以扮演的身份介入事件，潜藏着让被采访者识破的危险，所以调查过程呈现出戏剧性和刺激性。当然，也有人为这种做法担忧，针对这种担忧，《60分钟》制片人唐·休伊特辩解说，关键是看我们的事业是否为电视观众提供了确凿的有关错误的恶行的录像证据。

5．透露采访目的

这是美国《60分钟》节目经常采用的调查手段之一。但这种"透露"并不会将新闻的主要内容向所有人公开，而只是以一个中性的概念麻痹被采访对象的防范意识，这样即使是在录像报道引起争议或"官司"之后，调查者也能处于主动。透露采访目的在这类节目中尽管容易造成节目调查的困难，但是也可能规避相关的风险，保护调查者的安全。

6．记者现场观察与报道

记者现场观察与报道在电视调查报道中的作用是不容忽视的，他甚至可以作为观众的眼睛引导观众，去观察、了解现场所发生的一切，有记者现场报道的节目和没有记者现场报道的节目在视觉冲击力和报道鲜活性上的差别是非常大的。许多调查记者具有穷追不舍、打破砂锅问到底的精神。英国的一个电视栏目《全景透视》（World Wide）在拍摄非法使用非法移民生产食品时，目击过程中现场评述，尽管评述非常简单，只是说，刚才驾车离开的就是拒绝接受采访的当事人。这个过程是由一个长镜头完成的。然后记者又到超市里，一一找出这个企业生产的食品，告知消费者不要购买。

以上种种方法、技巧在调查过程中都有效，往往能发挥非常重大的作用，但这些手段，必须慎用，使用不当就会造成损害道德和违反法律的问题。

第四节 《新闻调查》栏目解读

《新闻调查》栏目是中央电视台最具深度的调查类栏目，时长为45分钟，每周1期。它以记者的调查行为为表现手段，以探寻事实真相为基本内容，以做真正的调查性报道为追求目标，崇尚理性、平衡和深入的精神气质。从当初的多元化探索到最终提出以作真正的调查性报道为栏目发展的终极目标，《新闻调查》走过了18年不平凡的历程。经

电视专题与专栏

过18年的探索、调整与发展,《新闻调查》已经成为中国电视界最负盛名的深度报道节目,被誉为"中国的《60分钟》"。从《新闻调查》的收视成绩来看,在节目诉求逐渐集中明确的过程中,《新闻调查》栏目的收视率节节攀升,并且曾多次获得国际国内的多个奖项。从1996年至今,随着中国社会的发展进步,《新闻调查》经历了从多样化探索向调查性报道的飞跃,给我国电视深度报道节目提供了学习借鉴的经验。

一、《新闻调查》的发展与现状

(一) 探索时期:1996年—2000年

1996年5月17日,《新闻调查》正式开播,开播的宣传语是:"正在发生的历史,新闻背后的新闻"。首播节目是《宏志班》,节目讲的是北京市广渠门中学救助北京地区成绩优秀而经济困难的学生的故事。这样一个小的题材,不乏情感和故事,更闪现出理性的光辉,做出了特殊的味道。这给《新闻调查》提供了一种创作思路:从理性的角度对小选题进行多层次透视,又可以通过一些细节和故事来表达和展开。首期节目在内容上呈现出双机拍摄、记者现场采访、现场评述,对事件多角度分析、递进式探究的独特形态,这种形态一直沿用至今。从1996年到1997年,是主题性调查占据主流的阶段。所谓主题性调查,就是先宏观立论然后找素材印证。选题多是关乎国计民生的重大社会热点问题,比如《国企改革备忘录》、《明天怎么看病》、《公交能否优先》、《铁路面临重大改革》、《买房:梦想还是现实》,等等,后来还触及到相对敏感的干部人事制度改革,比如北京公开选拔副局级干部。

经过两年的探索,1998年年初,《新闻调查》在栏目定位和节目质量上进行了调整,逐渐确立了进军新闻主战场的栏目定位。这一时期,栏目的宣传词改为"重大新闻事件背景调查全面深入,国计民生改革热点话题难点疑点解惑;大时代背景下的新闻故事一波三折"。1998年,《新闻调查》在重大新闻事件的主战场上取得了丰硕的成果,制作播出了《跨世纪的政府》、《面对分流的公务员》、《大国的握手》、《保卫荆江》、《荆江:第六次洪峰》、《钢铁八连》、《江总书记到安徽》等很有影响力的节目,《新闻调查》由此逐渐成为中央电视台的著名栏目。另外,在这一阶段,《新闻调查》也进行了多元化节目类型的探索,有舆情性调查,比如《一言难尽择校生》、《安全套进校园》;有历史揭秘调查,比如《恢复高考二十年》、《探寻东方马其诺防线》、《羊泉村记忆》;有纪录式调查,比如《大官村里选村官》和《第二次生命》;还有心理层面调查,《从市长到囚犯》、《贪官胡长清》、《少年凶犯独白》、《戒毒者自白》;也有标准的调查性报道,即所谓的内幕调查——《透视运城渗灌工程》。尤其是调查性报道为探索时期的《新闻调查》从栏目理念上找到了调整的方向。

(二) 发展时期:2000年——2002年

2000年,赛纳成为《新闻调查》第三任制片人,提出"探询事实真相"的口号。为使《新闻调查》节目与中央电视台同类的新闻评论节目、深度报道节目、专题节目区更好的区分开来。《新闻调查》提出了"探寻事实真相"的创作理念,并对"真相"的内涵进行了实践操作层面的拓展。赛纳认为,"所谓真相就是正在或一直被遮蔽的事实;有的真相被权力遮蔽,有的被利益遮蔽,有的被道德观念和偏见遮蔽,有的被我们狭窄的生活圈子和集体无意识遮蔽。如果仔细分析,这些真相呈现两种状态:一种是属于通常所说的内幕和黑幕,那就是被权力和利益遮蔽的真相;另一种是复杂事物的混沌状态,那是被道德观念和认识水平所遮蔽的真相。对第一种真相的调查,是对已经存在的事实的一种反证,也就是说对假相的一种揭露。而对第二种真相的调查,就是对已经存在事实的一种澄清,也就是反映事物存在的复杂状态"。

认识调整后,《新闻调查》突出了对事实真相的调查,比如南丹矿难调查、山西煤矿的矿难调查、海灯神话的背后、东突恐怖势力揭秘,等等,一大批叫好又叫座的节目得以问世,如《行贿日记》、《温岭黑帮真相》、《海灯神话》、《南丹矿难内幕》、《黑哨内幕》、《药品回扣内幕》、《与神话较量的人》,等等。《新闻调查》迎来了历史上的第二个收视高峰。

(三) 成熟时期:2003年以来

《新闻调查》提出把做真正的"调查性报道"作为栏目的核心竞争力。这一时期,国家宏观宣传政策的大环境和《新闻调查》在央视内部生存的小环境都发生了变化。

首先是在宏观宣传政策上,十六大提出了"贴近生活、贴近实际、贴近群众"的"三贴近"原则,在新的时代背景下给舆论监督指引了明确的方向,使得《新闻调查》做调查性报道有了更广阔的空间。为此中央电视台、新闻中心、新闻评论部各级领导要求《新闻调查》加大舆论监督力度,增加刚性报道,做真正的调查节目。

其次是《新闻调查》在央视内部生存环境发生了变化。2003年5月1日新闻频道的开播,出现了很多新的新闻评论节目,尤其在央视实行末位淘汰制之后,收视率变得前所未有地重要,成为栏目生死攸关的参考因素。面对市场的压力,《新闻调查》作为一档高品质的新闻栏目,如何求生存谋发展成为不得不考虑的问题。2003年5月8日,中央电视台第一套节目改版,《新闻调查》的播出时间退出了黄金时段,造成了《新闻调查》两千多万的观众流失。在这种背景之下,为保持栏目的核心竞争力,2003年4月,《新闻调查》在居庸关召开会议,制片人张洁明确提出调查性报道将作为栏目发展的终极追求目标,把调查性报道作为《新闻调查》在电视市场上进行竞争的唯一优势。最终彻底解决了一个电视栏目的核心竞争力问题。此后《阿文的噩梦》、《"非典"突袭人民医院》、《农民连续自杀调查》等产生极大社会影响力的节目相继诞生。在历经7年多的探索与实践之后,《新闻调查》终于得以把调查性报道作为栏目终极追求目标和核心竞争力。

二、《新闻调查》的特点分析

1. 节目的深度在记者强烈的质疑中得以展现

杜俊飞、胡翼青在其《深度报道原理》中指出:新闻事实不仅仅是具体的新闻事件本身,更重要的是新闻事件与社会、新闻事件与人的关系。深度报道的指向应是社会关系的总和。所谓深度不是艰深的对话和生涩的表达,而是使观众从节目中所能感受到的深刻。怎样才能使节目有深度呢?《新闻调查》的记者的做法是以质疑的态度明确新闻事件与社会、与人的关系,勇于对浅表事实进行证伪。调查过程中,《新闻调查》记者始终保持一种警惕,不轻易相信眼前浅表事实,用足够的怀疑来做出冷静的判断,不断地寻找细节和蛛丝马迹的线索,绕开对方设计的各种陷阱,戳穿各种假象和谎言,尽可能采访到方方面面充分的事实和证据,在怀疑中向真实挺进。

2. 富有特色的故事化叙事手法

美国艾美奖评委团对《60分钟》的评价是"用简单而有效的方式深入了故事的核心,进入了人物的内心"。《60分钟》的那种故事化叙述手法包括强调必须要有一个强有力的醒目的开头;善于表现矛盾,在情节冲突中推进采访的深入;始终把故事的核心放在首要位置。《新闻调查》对《60分钟》这一套叙事手法进行了借鉴学习,现在不但运用得很娴熟,而且还根据自己的实际情况有所创新。

《新闻调查》是用45分钟的时长来讲述一个单体故事,根据这种实际情况,《新闻调查》将这种故事化的叙事手法进行了创新:节目开始一般是采用解说加同期对剪的方式,从采访人物的对话中截出关键语句,一人一句,形成节奏,清晰快捷地展现观点的交锋,呈现矛盾,营造出紧张、刺激的氛围;之后,出现演播室主持人,简单讲述事件背景和原因,使观众了解事件原因,清楚为什么会对该事件进行调查报道,并引出接下来的深度调查;在接下来的深度调查中,随着调查的深入,逐步接近真相,在这一过程中一般会用到3～4个片花,将节目分成段落。其中每个片花都起着承上启下的作用:用简单凝练的语言对之前的内容进行概括,同时用精辟的话语引出下一段落的主要悬念,片花的运用是《新闻调查》的模式创新特色之一,由于电视的视听特征决定了电视节目在画面和声音上不宜保持一种节奏。片花的使用,能在视听上增强节奏感,一方面吸引正在看节目的观众继续看下去,另一方面保证了刚看到这个节目的观众也能饶有兴趣地看下去。节目最后由主持人做简短有力的点评,通过这些评论性的话语起到抛砖引玉的作用,吸引观众自己去领悟和把握。

3. 节目中体现出强烈的感性诉求与人文关怀

所谓感性诉求,是指让观众尽可能与电视节目语境假设趋同,从而获得澄清与解惑的效果,记者应该与观众建立某种默契,成为观众代言人,引领观众去亲历调查全程,感受现场,透视现象,记者在调查现场的种种诉求应该代表观众的诉求,表达观众的情感。[①] 例如《心灵的成长》这期节目,探讨的是青少年抑郁症。这期节目的结尾,进行了黑场加采访同期的处理方式。黑场的画面中,画外音分别是医生与少女以及柴静与少年父亲的两段对话:

柏医生:你爱她吗?

郭涓涓:我爱她。

柏医生:你妈妈爱你吗?

郭涓涓:应该是非常爱的。

---

① 罗昶:《浅论调查性报道中的感性诉求——兼谈柴静在〈新闻调查〉中的采访语态》,见央视国际网站。

柴静：你爱宋禹吗？

宋禹父：爱。

柴静：那你能确定宋禹爱你吗？

宋禹父：内心我觉得应该是，确定，应该说确定。

节目的结尾几句简单话语中所包含的情感，被黑场的效果加以强调，让观众充分注意到对话中的每一个词语及其语气，达到共鸣效果。所谓人文关怀，是指"对人的生存状况的关注，对人的尊严和符合人的生存条件的肯定和对人类解放与自由的追求。"① 始终保持对人的生存状况的关注，注重对人的尊严的肯定与维护是《新闻调查》历来的特色与风格，也是《新闻调查》之所以赢得尊重的重要原因。如《羊泉村的记忆》这期节目中，面对饱受苦难、饱经沧桑的老人，记者董倩那种发自内心的关爱和理解给人留下深刻印象。当采访对象泣不成声的时候，她不再死死追问；当她无声地拉住老人的手的时候，摄像师把镜头推上去。正是这些充分尊重报道对象，体现人文关怀的细节，让人感受到了《新闻调查》节目所带来的温暖。

关键词

电视调查报道　　TV investigative reporting
调查技巧　　investigation techniques

思考题

1. 试列举电视调查报道的主要类型。
2. 举例说说我国电视调查报道的主要特征是什么。
3. 电视调查报道的调查方式与技巧有哪些？
4. 什么是调查采访中的核心信源？逼近核心信源的方法有哪些？试举例说说。
5. 隐性采访的基本原则与要求有哪些？举例说说电视隐性采访的风险性表现在哪些方面？

---

① 俞吾金：《人文关怀：马克思主义哲学的另一个维度》，载《光明日报》，2001年2月6日。

第五章 评论类电视专题

本章导言

评论是媒介的旗帜和灵魂，配合重大新闻事件所做的电视评论无疑具有重大社会影响。电视评论经过长期发展已衍生出多种形态，既有新闻评论、话题评论、访谈评论；也有主持人评论、聊天式评论、评书式评论和辩论等节目形态。电视评论应该以评论即意见性信息为主，围绕论点这个核心，但论证过程中往往离不开作为事实的论据，因此，电视评论尤其是新闻述评中要慎重地处理好叙述故事与事实论据之间的关系。

本章引例

还是回到张锡铭，张锡铭跟黑道的关系错综复杂，所以他绑一个人，这中间，让黑道人穿梭来穿梭去，打打谈谈，谈谈打打，这就说到张锡铭作案，有风格。首先，他是什么人都敢绑，胆大包天，绑富商绑老板就不用说，还绑电视台主持人，还绑议员，绑政治人物，甚至黑道大哥他都敢。然后，绑了人之后，他那个磨工一流。绑了人之后，往山里一扔，然后我就跟你谈，你看谁能耗过得谁。最长一次他把人囚禁了44天，就这么跟你家里人（耗），让你去筹钱。听说这回，他绑了于国柱，于国柱的家里人先后找了台湾中部地区好几个有头有脸的黑道大佬，出来跟张锡铭讨价还价，张锡铭开价40亿新台币，一开始，就是你能不能降到2亿新台币，反正是谈来谈去，最后达成协议（赎金）10亿新台币，这就是2.5亿人民币啊。而且还分期付款，就是说你先付3亿，我就放人，然后放人之后再付7个亿。有一种传闻说，他的家里人先付3亿新台币，有可能是通过地下汇兑的方式在大陆支付的。而且张锡铭在台湾江湖有个口碑,是有名的要钱不要命,就是说,只要你给钱,我决不撕票。而且黑道大佬你来讲,你只要有面子,我信得过你,他还真肯大幅度地降价。你看,在他犯的绑票大案当中,倒还是没有他杀害被害人,就是说他撕票的记录,还是没有。所以,就形成了这么一种黑道上的信誉,很多(被害人)家属还真的是通过这个黑道疏通,然后真的付钱。张锡铭勒索到的好多钱,他自己也抱怨说,很多钱也被黑吃黑的吃掉了。所以你看,一个错综复杂的关系网。

像这样的案子,发生一起,对社会心理的打击特别大,像最近台湾就有民意调查,八成二的民众认为治安不好。好多人怀疑警察,说你们现在动摇我们信心啦,你能维持社会治安吗?这个纪录是创了1997年白晓燕绑架撕票案那个时候以来的新高,那个时候民意调查,八成七的民意调查认为治安不好,搞到当时台湾所谓的警察署长不得不辞职啊!

——凤凰卫视《文涛拍案》

第一节 评论类电视专题概述

评论类电视专题是指电视记者、主持人、特约评论员、嘉宾等对当前具有较高新闻传播价值的事件、现象、问题、思潮或某一特定话题发表意见和看法,表明立场或态度,进行解释分析、讨论或论辩的一种电视节目样式。

一、评论类电视专题的特征

实际操作过程中,我们有时难以分清纪录片、社教节目、评论节目之间的界限。因为这三者之间的分类标准本身就不统一。

与其他电视节目相比,评论类电视专题具有以下几点特征:一是事实是否已经完全发生;二是在节目的进程中,是以展现事实为主还是以展现观点为主;三是在表现方式上是以叙述、描述为主,还是以分析、推论和讨论为主;四是节目中的事实性材料的出现是以作为证明的材料,还是作为节目自身串联的材料,还是只是一个事实性材料;五是节目主持人是对节目信息起串联作用还是对观点起串联作用,还是只是评议新闻、事件或现象。

与报纸、广播等其他媒体评论相比,评论类电视专题有以下特征:

1. 评论手段:多种符号综合运用

与平面媒体不同的是,电视这种媒体可以视听结合,可以语言符号和非语言符号综合运用。语言符号是指口头发音和笔头书写的符号。非语言符号是指动作性符号、音响符号、图像符号、目视符号(地图、曲线、绘画等符号),它是指通过视觉、触觉、嗅觉感受到的姿态、外貌、语音语调、气味,等等。"身体语言"也可称为"非语言符号",是指人们在交往过程中的动作、眼神和表情等。有的学者认为,人们在交往中,有声语言只能起到45%的作用,而55%的交流是通过"身体语言"实现的。

正因为如此,电视评论给受众展现的不仅是观点,更有感情、情绪以及个人魅力等非观点层面的东西。以《高考天问》为例,2012年6月22日,湖南电视台经视频道《钟山说事》栏目的一期《高考天问》的视频在网络爆红,这期栏目中主持人钟山痛斥高考的不公平,慷慨激昂地质问高考重要性,质问高考的地方保护主义以及质问北大输给香港高校等,揭秘高考背后的潜规则。这期节目之所以爆红,主要原因在于主持人钟山慷慨激昂、血脉贲张地用12分钟痛批了高考。这在平面媒体中是难以想象的。

2. 评论主体:多种主体自由组合

电视评论最大的特点就在于评论者既可以是出镜记者、节目主持人、节目嘉宾,亦可以是节目的被访者。多主体的参与以及多种观点的展现,使得电视评论的信息量更多,观点呈现更加自由,结构更为流畅。不过,由于电视受众欣赏习惯的原因,电视评论往往要呈现出一定的娱乐性,这种娱乐性主要是通过矛盾冲突显现出来的。

3. 论证材料:多种材料相互配合

从形式层面来看,电视评论的论证材料既可以是语言的,也可以是非语言的;既可以是口头证实的,亦可以是材料证实性的。口头证实材料亦可以是片花背景证实材料,还可以是专家说理。

二、评论类电视专题的分类

我国评论类电视专题按历史发展来划分,分别经历了口播文字评论稿件时代、口播配上电视相关元素时代、电视述评时代及嘉宾参与式的访谈评论时代。

按不同的标准,评论类电视专题有不同的类别。根据评论在节目中所占比例,可以分为述评型、点评型以及主评型。

根据主持人所起作用,可以分为主持人评论和参与式评论。

根据评论的电视表达形式,又可以分为口播评论、电视述评以及专题评论、专题访谈、访谈评论。

根据日常生活经验,谈话的场景将影响人们观点的表达,从而制约意见性信息的传播效果。

为进一步加深对主持人评论型电视新闻评论节目的认识,依据不同的话语交流方式结合成功的案例又将这类节目分为三种模式:以《时事开讲》为代表的对话式新闻评论,以《锵锵三人行》为代表的家常式新闻评论,以《实话实说》为代表的沙龙式新闻评论。

首届(2010年长沙)全国优秀电视评论节目表彰大会把电视评论节目分为专题评论类、访谈评论类、专题访谈类、新闻短评类等四类。

首届全国优秀电视评论节目推选获奖名单(一等奖)

专题评论类:

01《尹六窑村村民"被"等级》　　内蒙古电视台

02《向特权说不》 广东电视台
03《我的房子怎么说拆就拆》 中央电视台新闻中心
访谈评论类：
01《开讲天下——你支持他开胸验肺吗？》 山东电视台
02《作文教会我们说谎吗？》 南京广播电视集团
新闻短评类：
01《〈杨禹两会评论〉四部委记者会、传递经济转型信息》 中央电视台
02《两会时评：用信心设计未来》 湖南电视台
03《我与祖国共奋进》 中央电视台新闻中心
04《胡湘平：车轮滚滚，厚望殷殷》 湖南广播电视台

三、评论类电视专题常用的论证方法

评论类电视专题常用的论证方法多种多样，既有举例证明的方法，也有电视形象化的方法；既有分析推理的方法，也有归纳演绎的方法等。这些论证方法可以用于整个电视片，也可用于段落章节，整个评论过程往往是多种方法的综合运用。

1. 例证法

就是举出事实证明论点的方法。例证法举出的事实，可以是具体的事实，也可以是概括的事实或统计数字等。

2. 归纳法

就是举出几个事实或一件事实，证明一个该类事物具有某种共同本质特点或属性的论点。论点和论据是一般与个别的关系，论点是一般原理，论据是个别事物。[①]

3. 引证法

就是直接引用名言、格言或权威性的言论，证明一个论点，说明一个道理的方法。

4. 演绎法

演绎法就是用已知公认的或容易理解的一般原理、一般道理来证明一个论点的论证方法。其论点与论据的关系是一般与个别的关系。

5. 分析法

就是一种通过分析问题、剖析事理进行论证的方法。分析法通常把一个大问题分成几个小问题，把一个大论点分成几个小论点，剖析事物本身的道理。

6. 对比法

就是用两种事例、两种情况进行比较，论证某个论点是正确的或错误的。有比较才能有鉴别，将不同事物或同一事物的不同时期、不同情况进行比较，真假、善恶、是非、好坏，就会非常分明，论点的正确或错误就得到了很好的论证。

---

① 周永固:《新闻评论学原理》,武汉大学出版社,1997年版。

7. 反证法

就是不直接论证一个论点是正确的,而是论证一个与它相矛盾的论点是错误的。因为相矛盾的两个论点,必然一个正确,一个错误,证明了错误论点是错误的,也就间接地证明了正确论点是正确的。

8. 淘汰法

就是针对某一个问题提出几种可能的主张(论点),其中有一个主张是正确的。在论证时,先不去论证正确的论点是正确的,而是论证正确论点之外的论点都是错误的,也就把错误论点一个个淘汰掉,那么正确论点的正确性就得到了证明。

9. 归谬法

就是将错误论点加以合乎逻辑的推论,让人一看就知道是错误的,从而推翻对方的论点。

第二节 电视述评的创作

电视述评采取叙事与评论的手段,对事实进行客观报道、分析评判。因此,电视述评,可以说非常接近上述电视新闻评论,具有与之相似的内涵、特征和制作技巧。

一、电视述评的概念界定

《广播电视辞典》(1999年版)对"电视新闻评论"的定义:"直接对新闻事实进行评论,反映电视台或记者、主持人的观点、主张,是引导舆论的重要手段。电视新闻评论要求就事论理,逻辑严密,思想深刻。与此同时,还要求充分运用多种电视语言符号和表达方式,增强其可视性。"

电视述评是一种夹叙夹议的述评形式,即融新闻报道和评论于一体,通过画面、同期声、论述语言、字幕等手段,既报道事实的具体情况,又对事实进行分析评价的节目形式。它反映电视台或记者、主持人的观点、主张,是引导舆论的重要手段。电视述评主要包括新闻事实和评论两大要素。前者是后者的议论话题,为后者提供评论和分析的材料;而后者则是对前者进行的深入解读,从而帮助观众对该事件有一个更加深入、本质的认识。

二、我国电视述评的发展历程

1980年中央电视台成立了专题部,并于7月12日正式播出了我国电视史上第一个述评性栏目《观察与思考》。它的第一期节目《北京居民为什么吃菜难》,此栏目的创办改变了央视没有评论的格局。1983年后因人事变动暂时停办。1985年,央视新闻部成立评论组,继续开办《观察与思考》,同时还创办了《电视论坛》。此后,安徽电视台的《社会之窗》,福建电视台的《记者观察》,上海电视台的《新闻透视》,山东电视台的《社会

第五章 评论类电视专题

聚焦》、北京电视台的《BTV夜话》、《社会大观》等大量电视述评性栏目先后开播。

1993年,中央电视台成立了新闻评论部,并创立《东方时空》栏目,其中有一个子栏目《焦点时刻》开创了我国电视舆论监督的先河,这样电视新闻评论作为一种独立的节目样式进入公众视野,并迅速普及发展。经过一段时间的实践,央视决定在黄金时间段,办一个抓热点问题的栏目。1994年4月1日,《焦点访谈》开播,栏目的定位是:"时事追踪报道,新闻背景分析,社会热点透视,大众话题评说。"我国第一个真正意义上的电视述评节目《焦点访谈》一创办就引起了巨大反响,随后,许多地方电视台纷纷克隆诸如"纵横"、"观察"、"思考"、"热点"、"透视"等类似栏目,如湖北电视台的《新闻透视》、甘肃电视台的《焦点评论》、上海电视台的《新闻观察》,等等,从这一年起,我国电视述评进入了创办和发展的高峰期,节目数量翻番,节目内容以舆论监督见长。《焦点访谈》栏目还先后获得国务院前总理李鹏、朱镕基、温家宝的高度评价。1997年12月29日,李鹏题字:"焦点访谈,表扬先进,批评落后,伸张正义。"1998年10月7日,朱镕基题字:"舆论监督,群众喉舌,政府镜鉴,改革尖兵。"2003年8月26日,温家宝赠言:"与人民同行、与祖国同在、与世界同步、与时代同进。"

1996年,中央电视台陆续推出了谈话节目《实话实说》和调查式深度报道栏目《新闻调查》。随后又推出的《央视论坛》、《新闻会客厅》、《中国周刊》和凤凰卫视的《新闻今日谈》、湖南卫视的《今日谈》等以演播室访谈和论坛形式为主的新兴时事评论节目,电视述评形式多样,不断在融合创新中进一步发展。

三、电视述评的基本特征

1. 评论论据的形象性

在报纸中,无论事实论据还是理论论据,他们都只能用文字的形式加以展示。电视是多种符号的综合体,论据可以是文字亦可是语音,既可是画面亦可是逻辑的组织力量,其论据具有典型的形象性特征,具有非常大的吸引力。

电视述评最大特征在于其可视性。比如采访+情景再现;在舆论监督类节目中,采访+现场;现场记录事实调查的整个过程。电视述评由于"述"占主导地位,因此其吸引力更强,具体表现为以下几点:片花论据、被访者论据、逻辑论据。

2. 述评形式的多样性

述评的典型特征是以事实为主,以观点为辅,事实为观点服务。电视述评种类繁多,电视专访、电视访谈、电视论坛、主持人评论、电视短评、电视新闻述评,等等。比如有新闻事实加主持人点评结构的《焦点访谈》,调查式的电视述评节目《新闻调查》。

3. 述评参与的多元性

电视述评,无论是叙述事实还是表达观点,都可以运用多种方式吸引专家学者、官员、当事人、目击证人、法官、律师、相关利益群体的代表、普通群众等参与节目制作过程,它可以是被访者,也可以是嘉宾、记者和主持人。在节目构成中,多元叙事或评论主体之间都产生互动和讨论,从而推动节目向前运行,丰富观点,吸引受众。

4. 叙事与评论相结合

记者在采访过程中坚持以理性目光审视事物,透过现象挖掘本质,采取多侧面、多角度、立体化的叙事说理方式让观众透彻了解事件的来龙去脉。而依附于新闻事实之上的简短精巧的点评往往体现出不可辩驳的雄辩力量。

电视述评中除了叙事与点评分开的形式外,另一种重要方式就是通过"用事实说话"来叙事说理。用事实说话是电视述评的重要方式之一。用事实说话,就是通过报道事实,向读者阐明一种思想和观点,用叙述事实来发表意见,把记者的意见和观念寓于事实的叙述之中,让观众在报道中得出结论。

用事实说话,就是要重视作为事实论据的事件过程的记录,让过程本身成为电视评论的论据。例如《焦点访谈》播出过的节目"'罚'要依法"对于有些交警顶风违纪,违章罚款过程的现场拍摄记录,使新闻评论的立场、观点自然而然地隐含在对事实的叙述之中。

巧妙编辑也是用事实说话的另一种重要方式。制片人赵微曾说:"我在编辑的时候,选择什么素材,怎么剪接,素材的编排顺序,都有极强的主观性。通过平行、矛盾剪辑的手法,把展现不同视点、心态的语言和场景组接在一起,在观众心中产生碰撞,这样做既增强了客观报道的说服力,又以强烈的反差的对比报道增强了报道的评论色彩。"

四、电视述评的基本类型

早期电视新闻评论从1950年起便出现了沿袭报纸和广播评论方法的"电视短评"、"编后语"、"编者的话"等。我国电视工作者一直在努力探索有电视特色的新闻评论节目,目前常见的形态有以下几种:

1. 电视谈话

电视谈话是由新闻节目主持人邀请嘉宾和观众,就观众普遍关注的问题,以平等的对话交流方式,充分表达各自的意见、观点和见解。在节目中参与讨论的人尽可能畅所欲言,各抒己见,表明自己对问题的态度和认识。这种节目形式能够反映社会舆论的各个方面,是最广泛的社会讨论,具有强烈的参与感。2000年7月央视推出《对话》,半年后《对话》成为很有影响力的节目。目前全国范围内有一定影响力的电视谈话节目还有央视的《艺术人生》、凤凰卫视的《锵锵三人行》,等等。

2. 电视论坛

电视论坛是由主持人针对当前某一重大新闻或者公众普遍关注的事件、问题邀请有关方面的权威人士发表意见或进行讨论。参与电视论坛评论的嘉宾都是有关方面的权威人士,其发表的意见和观点富有权威性、客观性、前瞻性,因而比一般电视谈话节目更具权威性,具有极强的启迪、沟通和引导的作用。譬如:在伊拉克战争期间,央视各频道采用电视论坛的形式,纷纷邀请国际问题专家、军事问题专家对战争进行解释、分析和评论,取得了很好的传播效果。央视新闻频道成立以后,还设立了专门的《央视论坛》,由此可见电视论坛也是打造品牌节目频道的行之有效的手段。

3. 主持人评论

主持人评论是由电视新闻主持人就某一社会问题或者社会现象发表自己见解和看法的评论形式。一般由主持人参与策划、写作、播出的全过程,对当前具有普遍意义的新闻事件、社会现象展开分析,并以与观众直接交流的方式出现,以自己良好的新闻素质和个人魅力去洞察新闻的意义,以达到吸引观众的目的。《一丹话题》是我国最早的主持人评论节目。

4. 电视短评

电视短评是新闻报道前后配发的编者按语,包括编后语、编前语、编辑点评,等等。典型的如一些法制节目后的评论多属于此,运用得当,常常起到画龙点睛的作用。短评要求紧扣事实,把火力集中于一点进行有的放矢的点评,言简意赅,一针见血地道出新闻事实蕴涵的意义,所谓"评其一点,不及其余"。

5. 电视新闻述评

电视新闻述评是叙述新闻事件与发表议论相结合的评论形式。述评以对事实的报道为基础,力求透过纷繁复杂的事态表象,通过对事物内在逻辑的揭示,抓住事物的本质和内在规律,达到引导观众思考、判断的目的。以《焦点访谈》为代表的电视新闻述评,形式上具有很强的丰富性和视听冲击力,达到理性思维与感性思维的融合,在内容上则讲求引导性,具有很强的说服力。

另外,从功能上分,电视新闻评论分为提示性评论、倡导性评论和批评性评论。

五、《焦点访谈》栏目解析

1. 栏目简介

《焦点访谈》创办于 1994 年,至今一直是收视率高、影响力强的一档节目,该节目自开播至今已有 20 年。2013 年,节目改版,时长由原先的 13 分钟增加到了 17 分钟。话题由原来的一个增加到两个。节目定位是:时事追踪报道,新闻背景分析,社会热点透视,大众话题评说。强调"用事实说话,就事实说话",新闻述评特点较为明显。

2. 结构特点

早年间,《焦点访谈》一般由三部分组成,演播室主持人评论(1 分钟左右)+新闻事实陈述及分析(10 分钟左右)+演播室主持人评论(1 分钟左右)。现在,节目分为两段,分别对两个话题加以评述:前一部分约 6 分钟,后一部分约为 9 分钟。每一话题的结构依然是原来的那种演播室评论+新闻事实陈述及分析+演播室评论。

以 2014 年 5 月 7 日《焦点访谈》节目为例,该节目共有两个主题:一是遮挡车牌问题;二是农机伤人问题。从话题来说,这两个话题均具有普遍性,这点与其他新闻评论节目并无二致,现象或问题的普遍性是评论的起点,观点的新颖性在这类电视节目里倒不居主要地位,由于独特的影响力,这类节目只要播出便能产生影响力,并不必追求观点新颖和出奇,这也是电视述评与其他评论类节目不同的一个显著特点。

车牌易挡　祸心难包

机动车号牌就像车辆的身份证，外观统一，号码唯一。如果哪辆车违章违法了，只要知道号牌，就能找到车找到人。车牌要正确清楚地悬挂，但总有一些人想方设法要故意污损、遮挡车牌，甚至用上了高科技手段。

4月16日中午，昌九高速九江南收费站的监控画面显示，20多辆车在收费站口稍作停留后，在不取卡的情况下连续通过收费站道口，这些车上都贴有标语，而且很多车辆的号牌处被写有"九江球迷"的字条遮住。两个小时后，这个车队到达昌九高速南昌东收费站停了下来，车上下来一群人，对收费站工作人员拉拉扯扯，说是来看球的，不用交钱。工作人员见状报了警。随后这些人把收费站道口栏杆推开，让车子强行冲关。

收费站工作人员介绍，当时共有28辆车强行冲关，后在交警的拦截下有3辆车正常缴费，其余25辆都未缴费，共逃费2125元。事后，公安部门就故意遮挡号牌和拒绝缴费强行冲关的行为做出了处罚。江西省公安厅交警总队直属一支队第二大队朱建宁表示："罚款200元，一次性记12分。"南昌市公安局高新分局政治处主任毕志忠则表示，如果冲卡造成的公私财物损失达到5000元以上，还可以立刑事案件。

现实生活中车辆遮挡号牌也有许多花样。一辆红色大货车，车牌上贴有一层薄膜，薄膜上的黑色部分将车牌上的字母和数字完全遮挡；一辆银灰色面包车被拦住了，交警介绍，是因为目前邯郸市还没有冀DH这样的号段。原来，这辆面包车的车牌有两个数字进行了变造。

在广东韶山高速收费站，一辆黑色小车被拦下进行检查。车主装作毫不知情，可交警却发现了其中的玄机。这辆车装的是自动遮牌器，只要在车内的按钮上按一下，车牌前方就会降下一道黑色"门帘"将车牌覆盖。

伪造变造号牌的车辆上路行驶往往肆无忌惮，极易发生严重交通事故。

那么，这些用来遮挡号牌的工具都是从哪里来的呢？记者在网上搜索"号牌贴　反光"，查到的结果有很多种，"磁铁"、"反光"、"车牌架"种类繁多，并且很容易就可以买到。

记者走访了北京某汽配城，发现想要买到相关用品不是难事。一种可以用来遮挡号牌的罩子，只要10元钱。记者接着转了几家，得知车牌架在业内并不是什么秘密，还有另一种可拆卸牌架，价格不过百八十元。

故意污损、遮挡号牌，原因显而易见，就是故意违法、逃避处罚。这些不法驾驶者开车上路有恃无恐，给交通安全带来极大隐患，实在是害人又害己。到今年五一，道路交通安全法实施满十年，这些违法的司机，十年还不长进，实在说不过去。所以，有关部门正在加大整治力度，帮助他们补上守法的必修课。

伤人的农机

现在，农业机械在农业生产中的应用越来越广泛。耕牛变铁牛，种地更省力。在甘肃永登，也有不少农民置备了农用机械，可谁承想，他们买的铁牛有问题，最后竟成了铁虎，能吃人。

薛老汉是甘肃省永登县凤山村的村民，61岁的他是家里唯一的劳力，繁重的农活让老薛日感吃力，因此，他卖了家里的骡子，凑了5500元，买了一台微耕机，想干活儿轻省些，可哪承想，这微耕机非但没有帮上忙，还险些让他丧了命：老薛的大腿卷入了微耕机。出事之后，老薛前后做了4次手术，光医药费就花了20多万元，现在，他大腿内部的钢板是为了固定被击碎的骨头临时安装的，仍然瘫痪在床，生活无法自理。

微耕机伤人，在永登县可不只这一起。去年9月，龙泉乡的李世忠也买了一台与老薛家一模一样的微耕机，结局同样惨不忍睹，同样是腿卷入了微耕机。乡亲们急忙把老李送往医院，经抢救，性命算是保住了，但从此却失去了劳动能力，7万多元的医药费，也让全家难以承受。

记者在两位村民家里看到了这种微耕机，牌子叫做"粮田"，生产厂家是湖北麻城恒丰机电设备有限公司。那么这种机器是怎样使用的呢？

记者看到，这种微耕机主要由三部分构成，一是位于机器前端的发动机，二是位于后部的挡位装置，第三是位于两侧的旋耕刀，操作者启动微耕机时，须先将机器置于空挡，然后站在机器前部拉动引擎绳，发动之后，再回到机器后部，将空挡改挂前进挡，此时机器开始工作。记者发现，机器挡位用不粘胶标志，变换挡位时，操作者需要调节横杆，凭感觉将其对应到相应的挡位，由于对应关系十分模糊，所以操作者很难判断究竟是挂在空挡上还是挂在前进挡上。由于挡位对应不清，老薛和老李挂在前进挡上，发动机一启动，旋耕刀便迅速向前运转，令他们躲闪不及，卷入刀下。

甘肃省农业机械化管理局的专家告诉记者，按照设计规程的要求，如果操作者将挡位挂在前进挡上，那么发动机就应该无法启动。而且，按照相关规定，旋耕刀周围应该有防护装置，这样，即便微耕机突然向前运动，也不至于造成旋耕刀直接伤人的惨剧。

记者在永登县龙泉寺乡大地农机经销点找到了经销商，经销商表示是从兰州昶源机械设备有限公司进的货，记者赶到兰州。这家公司的负责人表示，虽然说明书上标明的生产厂家是湖北麻城恒丰机电设备有限公司，但实际上，它是重庆发过来的。

为了搞清楚事实真相，记者又来到湖北，找到麻城恒丰机电设备有限公司，公司的负责人告诉记者，这是冒牌的。

根据麻城工商局提供的信息，恒丰公司所产微耕机的注册商标，备案显示为"良田"牌，而在甘肃伤人的微耕机商标是"粮田"牌，但后者的产品说明书和厂址与前者相同。为搞清事实真相，记者又找到了重庆发货方公司负责人。销售人员表示，发往甘肃的机器是配件散件发过去的。记者随即拨通了兰州昶源公司的负责人的电话，对方表示，伤人的微耕机的确是由其组装的。

至此，真相得以还原。兰州昶源公司从重庆季姓商人处进了微耕机配件，又从江苏购买发动机，组装后贴上湖北麻城恒丰公司的商标进行销售，最终给农民带来巨大伤害。

　　近年来，农机伤人事件屡屡发生。2012年三四月间，贵州省仅贵阳市四十四医院就收治了旋耕机受伤患者近20名。2013年10月，仅在国庆假期期间，宁夏石嘴山就连续发生4起农机伤人事件。伤者有的腿部高位截瘫，有的甚至付出了生命的代价。据统计，2013年全国累计报告在国家等级公路以外的农机事故1733起，死亡432人、受伤631人，直接经济损失1711.65万元。

　　伪劣农资，在过去，多指"假种子、假化肥、假农药、假地膜"，但现在，这种坑农害农的行为又开始侵蚀农机产销领域。而且，假种子伤农伤一年，假农药伤地伤十年，假农机伤人伤得可是一辈子，很多受害的农民，真是"拿出压箱底儿，买来塌天祸"。所以，针对这样的行为，更要严厉打击、彻底打击，特别要趁它还没形成气候，及早画下红线，让不法分子不敢触碰。

中央电视台《焦点访谈》2014年5月7日播出

　　这两个主题的节目，都有这样一个结构特点，即先宏观评论，举出具体问题或新闻，再对问题加以扩大化，使其成为一种现象，再对现象背后的原因加以追查验证，最后再加以评点，或引出政策措施，或呼吁人们关注。

3. 评论特点

（1）评论的引入：问题的提出。

　　先说政策背景、宏观形势、正常现象，然后再用"然而"或"但"等转折词后直奔主题，有时候也以疑问的方式引领观众进入节目主题。《车牌易挡　祸心难包》、《伤人的农机》这两个话题述评开始时都有一个特点，即先说正常情况，阐述正常情况下会是如何，然后再谈不正常情况及其后果。

（2）评论的发展：论据与论证。

　　一般采用例证法，这点与述评特点密切相关，然后再将事情的来龙去脉调查清楚。通过调查，利用拍摄方法和叙述方式等让人们感知到事情的褒贬。

（3）总结与号召：阐明政策依据，提出处理意见，号召呼吁。

　　"车牌易挡　祸心难包"、"伤人的农机"这两个话题评述结尾时，观点都很明确，号召相关部门加大打击力度，彻底整治这些问题。

　　由此可见，《焦点访谈》的评论多以建设性为主，对评论对象多以批评教育为主，但是其批评的依据多是法律、规章和制度，理解这点很重要。我们判断一个节目到底是负面的还是正面的并不是从其揭露和批判的内容着手，而是看其揭露和批判的依据。当依据为社会主流价值观、法律、制度之时，那么其对社会的建设作用便是显而易见的。除此之外，该节目在原则问题上一是一、二是二，不留情面，该出手就出手。但是除了违法乱纪之流，一般不把人一棍子打死，都给其教育改正的机会。另一方面，节目的最终目的不在于揭露问题，更重要的是认识问题和解决问题。

第三节 电视政论片的创作

政论片以洞察民情,认清历史发展趋势为己任,力求以最好的方法、最佳的判断,来表达时代情绪和人民要求,体现鲜明的政治色彩和时代精神。[①]

一、电视政论片的概念界定

电视政论片可以远溯到列宁时期,他用"形象化的政论"赞誉新闻纪录电影。纪录电影艺术运用可视形象报道事实,而事实形象的客观性和报道者的思想观点相结合,产生思辨力量和舆论力量。新闻纪录电影的这种宣传教化功能,在电视屏幕上得到了充分的发挥,从而发展成一种独特的影片类型即电视政论片。"政治性"界定了电视政论片的题材范畴,"政论片的内容属性应该是泛政治化的,即凡属社会问题评说、政治宣传、文化批评,甚至是经济评论一类的电视片都可归于政论片。"[②]

政论片的"论"表明这类影片主要目的在于"议论",即所有事实性材料必须为论证"论点"服务。电视政论片往往多取重大的政治课题,运用纪实画面配以解说和采访谈话,实况效果声和渲染适度的音乐,对当前具有普遍意义的事件、问题或社会现象表达意见和态度,在舆论引导上带有鲜明的政治色彩。围绕特定的主题,在思想见解、价值取向、情感态度、道德判断等方面,它主导的方向是明确的,但并不强求一致;它的思想与政治、情感与道德的倾向性,主要表现为对历史对人民负责,它所提出、解答、阐释的问题更多以探索性、启迪性、思辨性为特征。有时它所呈现的问题和见解的多义性则是为了调动观众思考与分析的参与;有时则是评述客观现象,反映不同看法,期冀于做到使真理愈辩愈明。

中央电视台和各地方台相继推出了一批有影响力的、思想性很强的专题片,也称为政论片,如《让历史告诉未来》、《时代的大潮》、《河殇》、《大国崛起》、《复兴之路》、《沧桑正道——科学发展观纵横谈》等。它们不仅以丰富的事实材料、真实的历史画面、深刻的哲理分析见长,而且还以声画并茂、情景交融的严密组合,赋予视听传播媒介一种理论与思辨力量。

二、电视政论片的基本特点

政论片,是具有强烈政治理论色彩的电视专题片。它有如下特点:

1. 论政性

政论片的显著特点是它有浓厚的思辨色彩,议论或评论贯穿全片,情理交融,把党

[①] 《中国电视专题节目界定——中国电视专题节目界定分类条目定义稿(续一)》,载《电视研究》,1994年第10期。

[②] 石长顺:《电视专题与专栏——当代电视实务教程》,复旦大学出版社,2009年版。

的理论、政策形象地表现出来。作为党员电视教育片,政论片的观点、内容必须准确。

2. 通俗性

政论片运用多种电视手段,把深奥的道理浅显化。把抽象的理论通俗化,使党员看得懂,易于理解。

3. 真实性

政论片所反映的是真理,它所运用的事例,不论是历史的或现实的,都必须真实可信,不能有半点虚假。

4. 生动性

政论片语言凝练,内容生动,形象感人,逻辑性强,引人入胜。切忌空洞呆板,简单生硬的说教。

三、论政性政论片的创作特点

论政性政论片兼有评述性、思辨性的某些特征,相对两者而言,它更强调问题的结论,更注重结果。这类节目往往取重大的政治主题,从历史的视角去表现当代的重大课题,通过对历史事件和社会经济、文化现象的深刻剖析、论证,得出令人信服的结论。论政性政论片通常带有强烈的主观色彩和论战气息,它的指导思想和目的都很明确。好的论证性节目常常采用犀利的语言、论战的方式,用层层递进、不断深入的逻辑推理,对其所表现的事件、人物及其所剖析的问题,做出令人折服的评价和结论。由于论点明确,论据充实,说理透辟,态度鲜明,思想深刻,这类节目常具有高屋建瓴的气势。思想新颖独到,以及战斗性、科学性和逻辑性的统一是它的特征。[①]

在结构方式上,它追求严谨、缜密、完整,在审美表现上,它力求达到理性与感性、形式与内容的美感统一。优秀的论政性政论片在表现手法上,灵活多样,它可以运用对话、座谈、采访的交替穿插,历史资料与现实景观以及不同国度文化、经济发展对比等方式,多角度、全方位地展开论据,扩展论述视野,深化主题,不断加强论证的说服力和挖掘思想深度,诸如《世纪行》、《香花沉浮记》、《十年潮》以及《复兴之路》等都具备上述特征。

(福建马尾港)这是位于中国东南的一个小镇。2006年,小镇上的一个造船企业,迎来了自己140岁的生日。今天的中国,已是世界第三造船大国,马尾造船股份有限公司只是行业中十分普通的一家企业。而在140年前的1866年,马尾造船厂的建立,却是一件备受关注的大事。船厂的创办者——大清国闽浙总督左宗棠在奏折中说修建造船厂的目的是"欲防海之害"。肩负着如此重大的使命,中国第一个也是当时亚洲最大的现代船舶修造厂,在小镇马尾动工了。

一百多年前,大清国在海上遭到了怎样的侵害?一个造船厂,如何能迎接这个挑战?马尾造船厂开始修建的26年前,危机从海上而来。1840年6月,

---

① 杨伟光:《中国电视专题节目界定——研讨论文集锦》,东方出版社,1996年版。

集结在澳门沿海之外的英国舰船,出发北上,入侵中国。此后两年中,清政府屡战屡败,最终被迫议和。历史学家称这场战争为"鸦片战争"。古老中国以这样的方式,开始了自己的近代历史。

那么,中英之间,为什么会爆发这场战争?它将会造成怎样的后果呢?也许,英国议会在1840年4月的3天辩论,可以帮助后人考察战争的根源。关于是否对中国开战,看起来似乎是由与两种植物有关的贸易引起的——英国人的鸦片和中国人的茶叶。

北京大学历史学系主任牛大勇说:"在鸦片战争前很长一段时间,中国对外贸易主要是输出茶叶、农产品、经济作物,贸易的中介是银元。在银元方面中国方面是入超的,这个对我们财政上是有利的。但是英国人很快找到了一个有利的武器,就是鸦片。"

英国剑桥大学东亚研究中心教授方德万说:"与同时期处在工业革命阶段的英国比起来,中国经济已经处于落后的位置了。"

对于工业革命后生产能力激增的英国来说,扩大世界市场是它最急迫的愿望。中国的邻邦印度此前已经成为英国掠夺原材料倾销工业品的殖民地。为了获取利润,英国殖民者在中国人中制造了一种需求——鸦片,以此在40年间,掠走了三四十亿两白银。马克思曾谴责到:"非法的鸦片贸易,年年靠摧残人命和败坏道德,来填满英国国库。"

北京师范大学历史学院教授龚书铎说:"因为英(国)政府的鸦片烟,除去对商人得了很大利润外,英(国)政府很多税收是从鸦片里面得的。所以它(鸦片战争)背后实际上是英国政府在那里支持。"

英国伦敦政治经济学院亚洲研究中心主任克里斯托弗·休斯:"当时为了打开市场,我们付诸鸦片战争。我们过去用枪炮去打开市场。"

英国议会最后以5票的优势否决了反对党提出的反战议案,鸦片战争爆发。

……

一个王朝终结了,一个在中国延续了两千多年的封建君主专制制度灭亡了。一个共和制的国家在亚洲诞生了!

辛亥革命是一次比较完全意义上的资产阶级民主革命,是中国人民为救亡图存、振兴中华而奋起革命的一个里程碑。它建立了中国历史上第一个资产阶级共和政府,使中国发生了历史性的巨变,中国人的思想也由此而获得了一次巨大的解放。人们发现,既然两千多年来都被视为奉天承运的"天之子"不过是压在人们心灵上的土偶,那么还有什么陈腐的思想不可以被怀疑,不可以被抛弃呢?从此敢有帝制自为者,天下共击之的民主主义观念深入人心。以孙中山为代表的中国民主革命的先驱者在中国近代历史上留下了光辉的一页。

然而,辛亥革命是一场不彻底的革命,它只是赶跑了一个皇帝,中国仍旧在帝国主义和封建主义的压迫之下,反帝反封建的革命任务并没有完成。在接下来的岁月中,谁能真正完成反帝反封建的历史使命?谁能让中国人过上有尊严的生活?中华民族的伟大复兴还将经历怎样的艰难曲折,才能找到一条正确的道路呢?

——引自中央电视台《复兴之路》第一集《千年局变》

上述这集政论片的结论与中国革命史教材观点并无二致。电视政论片,顾名思义,政论就是为政治服务的评论性节目,其最大目的在于宣传、为政治服务。与社会上其他观点相比,主流意识形态或政治价值观相对固定,这也就导致政论片尤其是论政性政论片这样一个特点:基本观点框架很难做到创新,因此这类节目往往寻求话语形式上的创新。在《复兴之路》第一集中,创新主要表现在以下几个方面。一是通过访谈改变传统灌输式教育,以访谈将问题或观点带出来。这就比那种直接将结论说出来更有说服力。二是通过将抽象问题具体化来吸引人。意识形态宣传最大的问题便是其说教味过浓,通过将历史事件故事化,将事实内容交与访谈,政论片将抽象问题具体化了。三是通过选择具有震撼力的画面,让政论内容得到关注,从而也消除片子政论枯燥死板的印迹。

四、思辨性政论片的创作特点

《中国电视专题节目界定》对思辨性政论片的定义:思辨性政论片是根据某种客观存在,提出、分析、思考问题,并带有强烈的思辨色彩的专题节目。

创作者对所报道的历史和现实,不满足于客观的叙述和表层的评介,而往往对所提出的问题赋予探索性、启示性、多义性。这类节目常常并不侧重于对问题做出结论,不强调结果和解答,而在于引导观众去接近客观真理,寻找问题的症结。当然,这并不妨碍它对某些应当和可能做出结论的问题表明态度,提出见解,做出思想、道德、政治、经济、文化、哲理、美学上的评判。思辨性节目给观众更多的思考天地,编导者和主持人提供给观众更多的是深入剖析的问题,发人深省的信息,在诸多的问题和见解中表达出强烈倾向。例如《少年启示录》、《土地"忧"思录》、《横断的启示》、《改革冲击的女人》、《我们生存的这片土地》、《城市住房见闻录》都具有思辨性特征。

中央电视台播出的大型专题片《大国崛起》以一种思辨的眼光,从经济、文化、历史等各个方面探寻着国家兴盛、经济发展的原动力。这部片子的思辨性首先体现在深刻的历史逻辑上。15世纪以来,葡萄牙、西班牙、荷兰、英国、法国、德国、日本、苏联、美国等九个大国先后登台,在不同的历史时期它们分别以不同的方式完成强国历程,既体现了不同的民族与时代特征,也探讨了某些共同规律。

这部片子的思辨性还体现在严谨的理论逻辑上。如第十二集《大道行思》,可以说是对九个大国历史浮沉的总体思辨,它通过"大国之道"、"大国之惑"、"大国之路"等方面既在提示大国发展强盛的过去、现在与未来,也试图揭示大国强盛之政治、经济、文化制度方面的原因,通过思辨,对当前中国在世界强国之林中的地位与面临的挑战给予富有价值的启迪。

近代世界历史的大幕,就这样从海洋上拉开了。但是,民族国家和海洋优势,是大国崛起的决定性因素吗?在葡萄牙和西班牙之后,为什么恰恰是荷兰、英国、法国、德国、日本、俄罗斯和美国成为了世界性的大国呢?人们能揭开沉淀已久的大国之谜吗?

美国耶鲁大学教授保罗·肯尼迪:"单一的因素一定是错误的,一定是各种因素的综合造成了大国的崛起。"

俄罗斯莫斯科国立国际关系学院阿列克谢·沃斯克列先斯基:"必须在世界经济中占有重要的地位,很明显,经济脆弱的国家,不可能成为大国。"

英国前外相杰弗里·豪:"国家强大必须经济发达、政治稳定,特别是民众与领导者之间要相互信任、互相尊重。"

法国高等社会科学研究院研究员皮埃尔·罗桑瓦隆:"一个强国仅仅物质力量强大还不够,它还应该具有吸引力。"

美国耶鲁大学教授伊曼纽尔·沃勒斯坦:"必须要具有一定的规模,一定的能力,一定的军事实力,一定的内部凝聚力。"

英国诺丁汉大学教授郑永年:"所有的以前的国家,崛起中的大国,都是因为它内部的国家制度的健全。所谓的一个国家外部的崛起,实际上是它内部力量的一个外延。"

在采访中我们发现:直到今天,大国之谜依然是一个难解的题目,各国的学者提供的答案也是众说纷纭。一个有意思的现象是,上百位接受采访的国内外专家在谈论这个话题时,都十分看重思想文化的影响力,在大国崛起中的作用。

英国首相丘吉尔有这样一句名言:我宁愿失去一个印度,也不肯失去一个莎士比亚。在成为大国的过程中,戏剧家莎士比亚的作品提升了英国的人文精神,科学家牛顿的力学定律开启了英国工业革命的大门,经济学家亚当·斯密的《国富论》为英国提供了一个新的经济秩序。他们的名字,十分醒目地写在英国走过的大国之路上。

在法兰西思想与精神的圣地先贤祠,正门上铭刻着这样一句话:"献给伟人,祖国感谢他们。"这里安葬了72位法国历史人物,其中只有11名政治家,其余大多是思想家、作家、艺术家和科学家。多少年来,法兰西共和国一直以其卓尔不群的文化影响力,向世界发出自己的声音,其根源也许就在于此。

中国外交学院院长吴建民:"一个国家要崛起,它思想得创新吧,对吧。如果全是老思想,国家能崛起吗?崛起不了。思想如果都束缚住了,能创新吗?创新不了。所以文化的作用在这里出现了。"

德国慕尼黑应用政治研究中心常务副主任约瑟夫·亚宁:"我们可以说文化因素很重要,比如说国民教育水平很好,这非常重要。"

法兰西科学院人文及政治学院院士玛丽安娜·巴斯蒂:"一种文化对世界的影响,取决于产生这种文化的强盛经济。"

大国之谜,当然还有另外的答案,那就是体制创新。17世纪时,面积只相当于两个半北京的荷兰,凭借一系列现代金融和商业制度的创立,缔造了一个称霸全球的商业帝国。他们成立了世界上最早的联合股份公司来聚集资本,垄断了当时全球贸易的一半;他们建起了世界上第一个股票交易所,比纽约的证券交易早了三百年,资本市场就此诞生;他们还率先创办现代银行,并发明了我们沿用至今的信用体系。

继荷兰之后,英国通过推行自由贸易,建立起全球市场,并逐步确立起自由市场经济模式;当这种模式的弊端,引发社会危机的时候,美国在20世纪30年代,又加入了政府干预的手段。从此,"看得见的手"和"看不见的手"交相作用,改变了人们对传统的市场经济模式的认识。有历史学家认为,近五百年来,真正意义上拥有过世界霸权的只有三个国家:荷兰、英国和美国。这三个国家对市场经济进行了接力棒式的创新和发展。学者们还认为,英美两国为经济发展提供了相应的制度保障。

中国北京大学历史学系教授钱乘旦:"英国最早地确立了现代的国家制度。比如说我们现在熟悉的内阁制、君主立宪制、两党制、政府对议会负责等等这样的一套政治制度,在英国都是最早地确立。这样的政治制度能够使得这个国家长治久安,长久地保持一种稳定的状态,所以对经济发展是有利的。"

中国北京大学国际关系学院院长王缉思:"欧洲移民到了美国以后,等于是在一个新大陆上建立了一个崭新的国家。这样的一个国家,它有一个至高无上的《宪法》,在《宪法》下面有一套很完整的法制体系,通过这个权力制衡,相对来说呢,就推动了社会生产力的发展。"

大国之谜之所以难解,还在于各国的发展模式,从来都无法简单地复制和模仿,而必须寻找到一条适合自己的道路。对于后发国家来说,他们成为大国的谜底又在哪里呢?

1697年,一批俄国青年来到了荷兰赞丹镇的一家造船厂作学徒,学徒中最出色的是一个身高两米,自称彼得·米哈伊洛夫的人,师傅和工友们都推荐他为"优秀工匠"。这个人就是俄国沙皇彼得。彼得大帝的这番举动,拉开了俄罗斯强国的序幕。这位雄心勃勃的沙皇把首都从莫斯科迁到了圣彼得堡,他要缩短的不仅是与欧洲的空间距离,还有国家实力的差距。

打开视野,向发达国家学习,无疑是后发国家走上强盛之路的开端。学习的目的是赶超。在历史上,像俄罗斯一样实施赶超战略的后发国家,还有德国和日本。他们构建的社会体制,他们所走过的现代化道路,和率先实现工业化的国家,有着明显的区别。

——引自中央电视台《大国崛起》第十二集《大道行思》

与前面论证型政论片不同,思辨型政论片所提供的分析、思想等大都是受众所未见的,这就能为受众带来信息接受上的新鲜感,从而提高电视的收视率。从一定意义上来说,论证型的属于典型的宣传模式,而思辨型的政论片则带有了讲理的痕迹,让人们在不知不觉中接受传播者的见解与思维模式。

第四节 电视辩论节目创作

电视辩论节目脱胎于电视谈话节目。内地第一个电视辩论节目是山东齐鲁电视台

2003年开播的《齐鲁开讲》(后改为《开讲天下》)。电视辩论节目往往是针对有争议性的话题,采取针锋相对、激烈交锋的论辩方式展开。改变了过去电视评论节目"一言堂"的状态,同时,观众可以通过各种方式参与到节目中,发表自己的意见,不再是一个旁观者,这也是电视辩论节目的魅力所在。

一、电视辩论节目的概念界定

所谓电视辩论节目,指的是依电视谈话节目轮廓而将正反两种观点设置为电视演播厅内或有关电视演播空间内的对立双方,并依这种正反双方的针锋相对、相互证实或证伪的路径构成节目形态的基本模式。电视辩论节目是电视谈话节目中的一种具体的节目形态。[1]

电视辩论节目通过建构矛盾冲突现场,实现非影视内容的影视化转型。在同一时空内依据观点对立,构建面对面冲突,就使节目具有鲜明的戏剧性,有助于电视时事评论的视听化。因为冲突的成立离不开三个条件:一是要有两个方面;二是两个方面必须截然不同,相互对立;三是对立的双方必须接触、交锋。

电视辩论节目代表性的栏目有上海电视台的《撞击》、凤凰卫视的《一虎一席谈》、广东南方电视台的《全民议事厅》等。

二、电视辩论节目构成要素

电视辩论节目一般由两部分人组成,一是主持人,二是辩论嘉宾。还可以包括现场观众、场外观众、场外相关人,等等。其他构成要素包括视频资料以及提示性资料。视频资料主要包括事实性片花、背景性片花以及区隔性片花。

事实性片花主要是对事件的前因后果加以描述,从而让他们能够据此评论下去。背景性片花主要是对事实发生的原因、背景以及相关资料加以展现。区隔性片花主要是对节目本身将加以区隔,从而对节目进行分段。

电视辩论节目对主持人要求极高,主持人应具备引入话题的能力、组织话题的能力和深化话题的能力,同时还要具备控制辩论节奏以及场上气氛的作用。

对于嘉宾而言,其评论必须具备问题简化能力、事件逻辑条理化能力以及引入新的信息的能力。

对于现场以及场外观众而言,他们直接表达出自己的观点,对场内氛围形成一定的影响即可。在适当的时候引入场内、场外观点,考验主持人以及节目制作团体的智慧和才能。

三、电视辩论节目创作要求

1. 选定话题

主要是确定能够供大家辩论的主题,这种主题一般来自于现实生活、社会现象、新闻事件以及新闻人物,等等,这些主题中的主体必须具备一定的争论性,从而为辩论提

---

[1] 欧阳明:《我国电视新闻评论的困局及解困策略探析》,载《现代传播(中国传媒大学学报)》,2009年第2期。

供空间。辩论的主要内容可以包括对事件价值的判断以及对事件未来发展的预测。

2. 确定嘉宾

为了使得节目的辩论可以进行下去，选取辩论嘉宾至少要满足三个条件：一是观点必须有冲突性；二是表达能力必须足够强；三是与辩论主题具有高度相关性。

3. 制作相关视频资料

主要体现为背景资料以及一些提示众人讨论辩论进行下去的资料。

4. 确定论辩主体内容

主要是大体确定论辩的走向，从而能对话题和内容加以控制。

5. 论辩线索设置

这点主要是对信息进行条理化，具体可采用以下几种形式：按事件或现象进展，按信息增加进展，按时间逻辑设置，按空间逻辑设置。

第五节 《一虎一席谈》栏目解析

《一虎一席谈》是凤凰卫视于2006年1月开播的一档全新的栏目，将栏目明确定位为"一档大型抗辩式思想性谈话节目"，这是一个深具影响力的电视辩论节目，每周六晚八点至九点在凤凰卫视中文台、美洲台、欧洲台同步播出。节目"选取每周在社会、文化等各方面发生的重大事件，焦点或热门话题，请来当事人或各界学者、专家、名人担任嘉宾参与讨论，实话实说"。"这里不是一言堂，所有的意见都备受尊重"是《一虎一席谈》的宣传语，这句话体现了整个节目的理念和态度。作为一档大型辩论型谈话节目，《一虎一席谈》的选题正如他们自己的节目介绍里所说，以关系国计民生的大话题开启广阔的言论空间，同时赋予现场观众发言、发表个人意见的权利，为受众构建了公共的话语平台，深受观众的喜爱。它改变了以往谈话节目的"宣讲"式传播，开创了新闻谈话类节目的群口时代。节目在2006年荣获凤凰卫视最佳创意大奖、最大影响力大奖；2007年又摘得《新周刊》评选的2006年中国电视榜"最佳谈话节目"桂冠。

一、选题：有争议性的热点话题

辩论性节目最大的特点就是要有可辩性，因此，他们选择话题要具有争议性。为保证辩论类节目的延续性，节目通常会选择具有新闻时效的话题进行辩论。以2014年1月至5月初播出的电视节目为例：

2014-05-03　PX信任危机能否破解
2014-04-26　奥巴马亚洲行是否意在抗衡中国
2014-04-19　朝鲜核爆会否导致东亚安全危机升级
2014-04-12　日本解禁武器出口是否剑指中国
2014-04-05　克里米亚独立　美俄会否爆发新冷战？

2014-03-29　2014 南海会不会再起波澜
2014-03-22　公务员涨工资是否迫在眉睫？
2014-03-15　铁腕治霾能否消除"心肺之患"
2014-03-08　2014年"习马会"能否实现
2014-03-01　乌克兰政局动荡　俄美欧三方搅动乱局
2014-02-22　美炮轰南海九段线　会否使中美关系降温
2014-02-15　东莞扫黄能否彻底"灭黄"
2014-02-08　2013年中国周边安全局势盘点
2014-02-01　廉政风暴下公务员该不该加薪
2014-01-18　张艺谋该不该被罚748万
2014-01-11　美联储QE退出会否重创中国经济

这类选题具备两大特征：一是新闻事件的广泛关注性，二是对新闻或做预测或做主观价值判断。无论是预测还是价值判断都能产生争论，据此辩论节目才得以成功。

二、主持人

1. 异中求同

我们也知道有的分歧对立如同水火，既无法消除又不能缓和，针对分歧进行沟通只会使矛盾更加显露，双方更加疏远强硬，但是，我们可以找到一只锅隔在水火之间，让它们发挥各自的作用：煮熟食物，调和百味。那么，势如水火的分歧也能缓和。不能言说的就保持沉默，在敏感问题上止步，同时在分歧之中或分歧之外获得某些共识，用同一性来黏合歧异性，也就是我们所说的"异中求同"。

在辩论型谈话节目中，双方的观点往往都是对立的，从节目的PK题就看得出来，《一虎一席谈》辩论的题目常常用的是"是不是/会不会/该不该/能不能/是……还是……"，这样的设计符合辩论的谈话形式。就像辩论比赛现场一样，节目充满着浓重的火药味儿，遇到不理智的嘉宾或观众，还会出现攻击性的语言或动作。作为辩论型谈话节目的主持人在片尾该如何收场？如何让双方都心悦诚服呢？

关键就是躲避敏感问题，异中求同。

比如在2007年10月27日的节目《大牛市是炒还是跑？》的片尾，主持人的评论性话语是这样的：

> 谢谢六位嘉宾，谢谢现场的观众朋友，今天让我们好好地上了财富的这一课，刚刚在一个小时当中，所有人的话您都可以参考，就是我所说的话千万就别参考，根据我过去投资股票的结果，胡一虎永远是胡一蛇，永远抓到是蛇皮的那一刻，但是今天"胡一蛇"透过刚刚几位嘉宾，终于也学到了怎么样去抓到蛇头。如果你想相信这六位嘉宾的每一个人的一句话，你按照他的操作，给你保证，我也可以当成"胡半仙"。今天我们得到最大的收获就是什么？没有告诉你未来的股市该怎么走，你该怎样放你的口袋的钞票的比例。最大的收获是，财富是怎么累积的，股票是怎么看的，这些专家学者告诉了我们，在跑还是

炒的过程当中,是有哪些指标该注意,哪些的时机该考量,这才是真正的关键所在。最后还是以股神巴菲特的这句话给大家提醒,在实际操作中,我们要永远记得股神巴菲特的三句话,第一,注意规避风险,保住本金;第二,规避风险,保住本金;第三,记住前两点。谢谢收看。下周见。

主持人没有明确地告诉观众是该炒还是跑,因为作为大众媒体具有一定的社会责任,对于无法确定的事不应该随便下结论。"所有人的话您都可以参考,就是我所说的话千万就别参考",这句话回避了无法回答的问题,止步于敏感的问题。接下来主持人又在分歧之外找到了共识,"今天我们得到最大的收获就是什么?没有告诉你未来的股市该怎么走,你该怎样放你的口袋的钞票的比例。最大的收获是,财富是怎么累积的,股票是怎么看的,这些专家学者告诉了我们,在跑还是炒的过程当中,是有哪些指标该注意,哪些的时机该考量,这才是真正的关键所在。"这就是我们所说的"异中求同"。

这样的例子还有很多,因为胡一虎已经摸索出了在这种节目的片尾该如何做个中立、公正的两边都不得罪的"老好人"了。

2. 观点在"希望"中

几乎每一期节目的片尾,主持人都会提出自己的"希望",引导舆论导向,这种希望有的是明确的,有的是模糊的,但都表示对当天所讨论话题的看法,这既是主持人的观点,也是节目组、电视台的立场,是引导舆论很好的方式。

2008年4月15日播出的节目《身处异性恋中的同性恋者该何去何从?》的片尾:

不管是我们所看到的王女士、唐先生、现在身旁的李先生,他们每个人做出的是不同的解读,对婚姻做出的是不同的决定。不管是责任也好,还是追求真爱也罢,每一个人他所做的是自己的决定。这里头没有对错,只有用不同的观点来看待,也希望社会对不同的人们采取的不同的婚姻态度,也能持宽容、包容的态度来面对。

上面的话提出了对社会的希望,期待社会能给这类人群更多的包容和理解。

2007年10月6日的节目《黄金周该不该取消?》,在片尾也提出了对观众的期望:

经过我们讨论之后,明年此时到底黄金周会不会变了样,或者就像几位嘉宾所说的,黄金周会改了名字,那都不是重要的,重点是,咱们中国人有没有学到,对于放假真正的含义。如果改变了黄金周,如果延长了传统假期的含义,我们对假期真正的心态没有建立,我们还抱着苦日子来过的假期,假期的真实含义恐怕就丧失了。

3. 评论有中心

正如上面所说的,主持人在片尾的评论性话语有多有少,有长有短,但是都围绕着某一个中心。主持人在片尾的语言看似即兴发挥、信手拈来,其实都是经过思考组织的,当然这种谈话性节目不可能完全设计好文稿,但是不管从哪儿说到哪儿,一定都是围绕着节目组和主持人既定的观点来展开的。无论前面的辩论如何激烈,思维如何开放,在片尾主持人一定回归主题,充分体现了他较强的现场控制力。

我们总是喜欢谈生,不喜欢面对死,在中国当中,"死亡"两个字永远像是不能够触碰的禁戒,但今天我们却在全球华人面前公开地谈生,公开地论死,但是我觉得今天更重要的一个词是"临终关怀"。临终关怀仿佛是陪伴所有在末期的,或者是在生命当中即将写下句点的人,陪伴他的最后一天,但是从今天的谈话才发现,不管您是不是身边有这样的亲人,我们这个社会需要的不仅仅是临终关怀,需要的是时刻关怀。不要让我们的亲友变成是最后的陪伴,而是时刻的陪伴。

这是 2008 年 3 月 24 日播出的节目《安乐死是文明进步还是变相杀人?》的结尾。我们看到主持人从生死谈起,接着谈到中国人对于死亡的禁忌,其实最主要的是后面提到的"临终关怀",这也是这段话的中心了。基本上每一期的片尾评论都有一个话题中心,在这里就不多加赘述了。

三、片尾评论

片尾一般是在一段精彩或紧张的电视节目收看完后的一种简单的放松形式,在整个节目包装中起着画龙点睛的作用,即点明节目主题。从节目的内容上,我们可以做出以下的分类。

(1) 自然式结尾。最常见的方式就是在结尾的部分营造一个煽情点或热点,或留下一个进展的悬念,或一个圆满成功的结局。

(2) 内容回顾式结尾。常常重温节目中的精彩片段或镜头,深化节目内容和主题思想,点燃人们心中的记忆情节,是这种结尾方式的目的。

(3) 节目预告式结尾。为了加强节目的连贯性和连续性,将下一组节目的精彩片段或故事情节,设置悬念提出问题,引起观众的收视欲望。

(4) 组合式结尾。将多种形式的结尾组合在一起使用,排列的顺序和节奏是特别要注意的地方。

电视评论　TV comment
政论　political comment
辩论　debate

1. 评论类电视专题的基本特征是什么?
2. 论政型政论片与思辨型政论片有何区别?
3. 电视辩论节目的核心是什么?我国最有代表性的电视辩论节目是什么?为什么?
4. 如何看待娱乐性电视评论的出现?
5. 电视评论最常见的论证方法有哪些?
6. 电视述评的主要特征是什么?主要有哪些类型?试举例说明。

第六章 电视专题中的采访

本章导言

"没有调查研究就没有发言权。"深入的调查采访往往是电视专题节目形成的基础,现场采访也是电视新闻专题、访谈专题不可或缺的一部分,采访甚至独立成为一种节目形态。电视专题中的采访大致分为三种类型:事实性采访、观点性采访和情感性采访。电视采访也有其独特个性和基本要求,尤其是隐性采访要注意坚持"公众人物、公共利益、公权行使、公共场所"的原则。

本章引例

预告词:它是中华预言第一奇书,自唐朝贞观年起,道破千年国运变迁。它屡遭封禁,饱受质疑。到底是泄露天机,还是后人杜撰?马英九能否连任?2012是否真为世界末日?古今奇书《推背图》自有说法。

……

苗元一:李淳风和袁天罡当年进行创作的时候,他有一整套的易学体系。

记者:这就要回到你对《推背图》的一个,您的个人的学术的一个发现,就是过去的人对于《推背图》其实并没有把它放到一个易学的范围里头进行系统的它的内在结构研究?

苗元一:对,就是它的创造原理,它的基础,理论基础。

记者:一般地说人们感兴趣的就是里头的那个图画,还有图画旁边配的这些言词,然后就对这些言词和图画进行一种猜谜式的这样一种解读,是不是?至于这个图画怎么来的,言词是怎么来的,它和卦象有什么关系,过去好像是没有人做过这个工作的。

苗元一：是，就是一旦它是从《易经》里面来的，就不存在说后面人编撰的可能性，他不需要编撰，他看到这个卦象的时候，就能够演说出这样的谶或者这样的颂，颂诗出来。

串场 2：有个成语叫"一语成谶"，意思是"不幸而言中"，其中的"谶"字，指的就是将要应验的预言、预兆，多指不好的事。纵观中国历史，每当掀起群雄争霸、改朝换代的风云时，总会出现各种预言、谶语、图谶，等等。这些预言或从某个方面寓示、暗指了人心所向，有时也能起到号召民众、鼓舞士气、树立权威的作用，从而在某种程度上推动了历史车轮的进程。《推背图》的特殊之处在于，它的预言主要是针对中国治乱兴替之间的关键事件做出的，这样的预言无论应验与否，历朝历代的统治者对它多有忌讳，从宋代开始，《推背图》就一直被朝廷列为禁书，但是民间对它的研究却从未中断。

——凤凰卫视《文化大观园》栏目播出的《古今奇书〈推背图〉》

第一节 电视采访的个性特征

和其他媒介采访相比，电视采访主要是运用画面和声音选择事实的活动。其本质特点没有改变，但是运用的手段、媒介技术发生了变化。因此，根据这种对电视采访的认识，我们可以对电视采访做个简单明了的界定：所谓的电视采访，是指电视工作者利用电视技术手段，为实现新闻或节目的大众传播而进行的素材采集活动。由于其运用的技术手段的特点，电视采访工作可以分为三个部分：①拍摄，电视记者使用摄像机摄取声画一体的现场形象；②出镜采访报道，记者出镜提问、访谈、交流等动态过程；③画外采访，记者进行的文字、背景、资料等非影像素材的采集等。在以上三项工作中，第一部分的目的是把现场信息转换成可视可听的信息并传达给观众，而第二部分的目的则是通过人性化的交流过程引导、激发和传递事件信息。这两个工作是电视采访的核心。至于第三个部分，虽然体现出了和其他媒介采访的相似性，但也必须建立在为形象叙事服务的基础上。

每一种新媒体的诞生，都必然因为其媒介特性和采访工具的不同而形成自己的采访特性，电视也不例外，其传播特性决定了电视采访的特点。

电视作为 20 世纪最伟大的发明之一，之所以能够在诸种传播媒介中后来居上，主要在于它展现了一个活生生的"声像世界"，为世人见证了无数的历史瞬间：第二次世界大战盟军的胜利，人类登上月球的第一步，香港澳门的回归，北京奥运会的举办……这些历史瞬间当然是真实的，但同时又都是电视媒介建构起来的。电视采访的个性特点正是围绕这个"声像世界"的展现而形成的。所以，归纳起来，电视采访的个性特点主要表现在以下几个方面：

1. 现代化的采制手段

工欲善其事,必先利其器。作为一种视听兼备的大众媒介,电视的传播优势在于声画并茂。因此,为了达到获取素材的目的,电视采访需要使用一些特殊的采集手段。离开它们,记者便无法把活动的声像素材进行记录和重现。

就常规来看,从事电视采访的前提条件是配备一整套系统的采集与传送设备。随着技术的发展,电视采访的技术手段越来越复杂,为了适应不同采访的需要,电视技术人员开发出各种各样的采访手段,包括隐性采访时的笔式、针筒式、眼镜式微型摄像机;为了确保声音的采制质量和便捷性,如使用随身麦克、钓竿话筒等;而在一些大型电视现场直播采访中,往往会使用 ENG(电子新闻采集设备)或 DNG(数字化新闻采集方式)设备、SNG(卫星新闻采集)、转播切换设备等。如在 2008 年北京奥运会开幕式、2009 年国庆 60 周年大阅兵等重大活动现场,都可以看到上述高科技电子产品的身影。从一定意义讲,从 ENG、EFP(电子现场制作)到 SNG,再到 DNG,现代电子设备的发展带动了电视采访的发展,使它呈现出的效果更逼真、时差更短、现场感更强。可以说,现代化的采集手段是电视采访的一条腿,离开它,采访便寸步难行。

2. 现场同步的采访过程

现场指的是空间,是事件发生的地方;纪实指的是时间,它应当是"现在进行时"。电视记者要进行采访,必须到现场才能拍摄到新闻或其他节目需要的电视画面,采访的过程要与事件发生或进展的时间同步。

(1) 现场视角。

电视的报道对象绝大部分应当是正在发生的。任何新闻或事件都有事态发生、发展或变动的现场,电视采访的现场性是指记者必须到现场采访、摄录。要把现场的情景、氛围传达给观众。记者在现场的聚焦点应该是人,新闻事实也总是围绕人展开的。摄像机要展示人物的行为、语言和情感,而人物行动又是在一定空间之中的。因此,记者应立足于"现场",把现场的环境、氛围、情节、细节以及现场各方反应等都直接展现在观众面前,直接诉诸观众的视听器官,从而给人以身临其境的感觉。电视记者要凭借职业敏感,在现场发现和采摄能表现主题思想的人和事,立足于在现场进行报道。对电视采访来说,失去了现场的生动的画面,那是十分遗憾的事情。

(2) 纪实手法。

立足于现场,从现场的视角观察事态,保持拍摄(采访)与事件或人物活动同步,用纪实的手法再现事实,是电视采访的另一个特性。因此,对时空相对集中的题材,宜用追随摄影手法,展现生活的原生状态,展现报道的主题内容。

追随摄影是符合新闻客观规律的纪实报道的手法之一。对于多时空的题材,则适宜于追随记者足迹,再现记者在现场的采访、调查活动,将采访的过程记录下来。在《新闻调查》、《焦点访谈》、《法制在线》等节目中,追随记者采访调查的过程,是最常用的手法。进行时态中的报道纪实手法现场感强、真实可信,因而也会增强节目的表现力、说服力、感染力。

在动态性新闻报道中,运用最为普遍的方法是挑、等、抢,它实际就是采访摄影的纪实手法。追随摄影中同样也需要记者在现场以敏锐的职业眼光去挑选、抢拍。挑、等、抢的拍摄方法虽然传统,甚至陈旧,但在电视采访中,仍然具有生命力。

3. 直观形象的报道要求

(1) 声画合一的形象报道。

电视作为一种声画并茂、视听兼备的媒介,之所以让人能够产生身临其境的感觉,主要在于它能通过不断活动的画面和声音塑造一个个鲜活的特定形象(这里所说的形象既包括人物形象,也包括事物形象和故事形象),尽管这些形象未必都是真实的。这是电视传播的特点,也是电视传播的魅力所在。

电视传播的形象性决定了电视记者在采访时必须迅速选择并抢录到具有形象特征的现场画面,并能在报道中自如地运用这些画面来说话。而要做到这一点,记者就必须在头脑中强化屏幕意识。

所谓的屏幕意识,就是电视记者对形象画面的感觉、认知、思维体现过程的总和。这种思维过程应该每时每刻体现在记者的采访过程之中。它要求记者全面理解形象画面报道的特点,真正调动视觉语言的力量。

有的初学者往往以为采访拍摄回来的画面素材、剪辑后掐出的图像新闻都是形象的画面报道,但实际上,那些没有价值、没有特色的画面仅仅具有直观画面属性,而不具有形象性。真正的形象性画面在塑造和表现特定形象上应该具有独一无二、不可缺少的功能和作用。相比之下,那些我们常常在电视上看到的机器轰鸣、马达飞转、麦浪滚波、蓝天碧野、鼓掌欢迎等"万能"画面,无论配上什么样的解说都可以使用,不论哪个年月的事情也能搭配,这样的新闻看上去虽然有画面,但其实没有形象价值。

当然,电视传播的整体形象性不仅建立在画面的生动传神上,而且也依赖声音的具体可感性上。通常,人们只强调画面的形象性,殊不知声音同样具有形象描写能力。人类的视听经验表明,声音产生的知觉,可以唤起人们对某一事物或人物的想象和联想,从而获得一种形象。尤其是在电视报道中,运用同期声可以带给观众耳闻目睹的现场感、真实感。所以,除了现场画面外,电视记者在采访过程中亦要充分重视现场同期声的拾取,以便构建声画一体的整体形象。

如果说,在广播里是用广播语言来"描绘"所发生的一切的话,那么在电视里就要用声画合一的整体形象使观众能在同一时刻既看到事件又看到事件的参与者,还能看到它们的变化。电视记者应当尽量少用文字语言(解说词),以免重复电视屏幕上正在播映的事物,分散观众的注意力。用声画一体的现场形象说话,而不是用文字语言来描绘,这是电视报道的特色,也是电视采访的工作特点。

(2) 蒙太奇的思维方式。

电视的优势在于直观的形象画面,这个特点体现在记者采访的思维方式上就是要用连续画面的思维来构思报道,即电视界经常提到的蒙太奇思维。

蒙太奇,是法语 montage 的音译词,原意是建筑业上的装配、构成的术语,后来,法国电影艺术家将"蒙太奇"一词引入电影创造中的画面组接环节之中,蒙太奇就成了画面组接的代名词,专指镜头组接的方法和技巧。而当电视问世之后,蒙太奇后来又成了电视的表现手段。不过,随着影视艺术的发展,今天的蒙太奇既有广义的理解运用,也有狭义的理解应用。狭义的蒙太奇就是指画面组接艺术的章法技巧。广义的蒙太奇则是指电影电视构成形式和构成方法的创造性思维,即蒙太奇思维。

蒙太奇思维对电视采访十分重要。它贯穿于电视记者采访的全过程,并要求记者在采访选择拍摄画面时,必须对整个片子做通盘考虑。

首先,在采访和确定主题的过程中,电视记者便要开始蒙太奇思维。在主题思想渐渐明确的同时,头脑中对画面的构思也开始了。记者要构想用什么样的画面来表达主题、说明主题,怎么开头、过渡和结尾。经过反复的蒙太奇思维,电视片的结构、画面的构想就会逐步清晰起来,为下一步的拍摄画面做好充分准备。

其次,记者在正式拍摄画面过程中也要进行蒙太奇思维。每当拍摄一个画面,记者头脑中就要思考这个画面说明什么,它要拍多长时间,准备用在什么地方,怎样构图效果更好。如果遇到突然变化,或者说原来的构想不够贴切,那么记者还必须进行新的蒙太奇思维,想一想已经拍了什么画面、正在拍的画面和想要拍的画面之间能否有机联系起来。

最后,记者在拍摄画面的同时还必须考虑后期编辑剪接上的处理。要注意画面与画面之间的承上启下,时间顺序和活动的空间展现是否顺理成章,等等。

总之,蒙太奇思维贯穿于记者选材、采访、拍摄、编辑、制作的全过程。具体地讲,就是采访报道过程中要连续不断在脑海中过画面,这个过画面的过程就是蒙太奇思维的过程。

4. 综合性的表现因素

关于电视的综合表现因素,可以从宏观和微观两个角度看。从宏观角度看,所谓的综合表现因素,是指电视作为一种声像结合、视听兼备的媒介,其符号元素非常多,既有画面,又有声音和文字,而每种元素都有着自己独特的作用和优势,如画面的优势和长处在于形象直观,而同期声的长处是有现场感、真实感等。因此,要想做出好的新闻或节目,记者在采访或报道过程中要注意把各种元素结合起来,比如说通过综合调度画面、声音和文字,发挥它们各自的优势和长处,来增强报道的感染力。

从微观角度看,电视的综合表现因素则包含多种成分。以电视专题为例,如果把电视专题的画面进行分解,像画面这个大因素下面就包含了很多子因素,比如现场环境、背景画面、人物活动及图标、静止图像和动画模拟等;而声音则包含现场背景同期声、画外解说、音乐及记者的画外提问、屏幕前的采访同期声等;文字则除了字幕新闻外,还包含节目片头标志字幕、内容提示标题,记者、主持人和采访对象的身份交代字幕,时间、数字的说明以及重点强调的引语,等等。除此之外,每个子因素又包含着多种多样的呈现方式。因此,怎么综合调度这些子因素,把这些子因素组合起来,形成一篇完整的报道,这是记者在采访之前就需要考虑到的问题。相比之下,像报纸等纸媒采访就比较简单,它只有一种符号元素——文字,记者只要考虑文字上的东西就可以。所以,从这个角度来看,电视采访比文字采访要复杂得多,同时也更富有创造性。

5. 集体协作的工作方式

不同的媒体有不同的采访方式,这是由媒体的个性特征决定的。文字记者带上一支笔、一个笔记本就可以单枪匹马地去采访报道。电视工作却是集体协作的工作,要完成一次报道,从选题到播出,需要多工种的配合。一般情况下,电视记者都是随同一个摄影小组工作。在这个集体中，记者担负采访、构思或现场报道的职责，是完成任务的主角，是摄制组的主体。因此，记者要有较强的组织能力，能指挥调度好集体成员，组织好每一个环节的工作，共同为报道、为节目的成功而辛勤融洽地工作。

随着现场采访报道方式的普及使用，电视记者工作已由"采摄合一"逐步转向"采摄分家"。记者、摄像各司其职，记者负责现场的报道采访、构思，摄像则配合记者报道思路，拍摄提供具有信息背景的画面。

我国电视新闻一直沿袭新闻电影的"采摄合一"的方式，记者集采访、摄像，甚至文字写作于一体，这一工作方法在早期对电视记者的全面锻炼、培养有一定好处，但是实际工作中也会因此出现弊端。

记者自己拍摄就不可能再进入画面，只能采用"画面＋解说"的录制新闻方式报道，当需要采访时，有的记者就把自己设计好的问题交给播音员，请播音员客串记者做现场采访，结果在现场形成了摄像（记者）指挥记者（播音员）的局面。这样的现场采访只能是呆板的"一问一答"，很难产生问答双方交流时探讨问题的效果，也不能充分发挥现场采访、报道的优势。

电视采访是以集体工作的方式进行的，除了少数简单的新闻作品可以由记者"采摄合一"地完成外，大多数的电视节目都需要一个报道组人员共同完成。为发挥每个人的主观能动性，要求做到：首先，要对自己的岗位、职责有个透彻的了解；其次，要对他人的工作状态和相互联系有个大致的了解；最后，要把自己的工作与他人的工作结合起来，相互协调，为了同一采访目标，各司其职，完成好自己的本职工作。

第二节　常见的电视采访方式

一、现场采访

所谓现场采访，是指电视记者（包括主持人）在新闻事件发生现场，面对摄像机所进行的采访活动。这里所说的采访，就其意义和内涵而言，已有别于传统意义上的采访，它是与电视的传播方式紧密结合在一起的，能充分发挥电视传播优势的观察和访问活动。

现场采访在电视节目中运用得较多。特别报道的现场直播中不能缺少现场采访；不采用现场报道的影像新闻中，也有现场采访，往往这些采访是新闻中最生动最能吸引观众的部分；专题类节目尤其是访谈节目更是以采访为主体。

（一）现场采访的特点

1. 采访过程的公开化

在文字报道的采访中，采访活动的时空环境以及采访的整个过程，并不直接同受众见面，即使需要再现当时采访的情景，也是通过文字描述来实现的。对于读者来说，一般都是从字里行间凭借自己的联想和想象,进入到特定情境之中。

广播的录音采访,使采访活动具有某种半公开的性质。采访时的情景,听众虽然看不到,却能通过声音以及所形成的听觉形象感受到。

电视的现场采访,则使采访完全公开化。采访时的时空环境、访谈的真实情景以及采访双方的形象和声音都如实地呈现在观众面前,采访本身即构成节目内容。观众无须凭借联想和想象,也不必像听广播那样单纯通过声音去感知采访过程。因此可以这样说,电视采访是一种可视性的采访。正是由于它的公开化和可视性,才随之产生了电视采访的其他特性。这种向观众公开采访过程的独特采访形式,有利增强新闻的客观性和可信度。

2. 纪实性与表现性兼容

(1) 现场采访的纪实性。

纪实性是指现场信息的采访与传播融于一体。

摄像机如实地记录下采访的全过程,这不仅意味着能够增强其现场感和可信性,也意味着人们将重新看待和认识传统的采访观念。电视现场采访的实录性(声像的真实记录)使得这种获取信息的手段,同时也成为传播信息的方式。尽管人们在后期制作中可以取舍和剪裁,却无法改变特定时空环境中的人与物、声与形的自然联系,因此采访时的状态和情景,也就是传播时的状态和情景。

作为电视记者,除了要考虑主题、角度,熟悉被访者的全部情况,还需要在采访前对整个采访活动进行整体构思和精心设计,其中包括对采访的逻辑结构、情绪结构以及声像结构,做出细致周密的组织和安排。

采访的逻辑结构,是指采访的整个程序的设计,比如内容间的逻辑联系,以及详略、轻重等比例的安排、选择和处理。

采访的情绪结构,指采访双方情绪的把握。一般来讲,采访中的信息和思想情感交流是双向的,交谈双方能自然地形成一种互相影响、互相制约的关系。交谈中一方情态的变化,不仅影响自身的言语表现,同时也影响着对方。因此,记者有目的、有意识地控制和把握自身的情绪变化,无论对于创造自然、活跃的采访氛围和控制采访节奏,还是对于增强新闻报道的感染力和说服力,取得理想的视听效果,都具有决定性的作用。

采访的视听结构,指采访的整体设计中所有视听元素的组织、利用和处理,包括视听元素的巧妙搭配和结合。声音与画面各有自己的表现优势和局限,重视并善于发挥它们的互补作用,是深入反映新闻事实,揭示其内在意义、引导视听、增强传播效果的重要保证。

(2) 现场采访的表现性。

表现性,是指充分调动声画兼备优势,生动、形象地强化、突出现场信息,从而使报道重点突出、可视性强。

电视现场采访是在摄像机前进行的。它的表现性既在于摄像机同步摄录画面和声音,更在于记者(或主持人)有意识地适应和利用这一特点,充分调动画面和声音的功能,为表现新闻事实(包括再现采访场景和必要过程)服务。

尽管采访内容相同,但由于采访环境、气氛、人物情绪以及采访方式不同,给人们的视觉感受也是不尽相同的。因此,在电视采访中,作为采访者,在思考采访内容、对象和主题时,绝不能无视采访环境、人物情绪和采访方式对内容和主题的表现以及对被访者心理上可能产生的作用和影响,这是由电视视听元素自身的表现力,以及这一表现性与采访内容之间的联系导致的。毫无疑问,善于调动和发挥声像并茂的表现优势,是电视现场采访成功的关键。

(二)现场采访提问的基本要求

记者在现场的选择,最重要的是体现在采访语言的选择上。现场的提问实质上是体现记者的报道意图。"采访是具有既定目标的对话",在现场采访提问中体现得更为充分。现场时间有限,要求语言交流中每个问题、每段谈话都要紧扣中心,容不得游离,因此提问必须具有明确的目的性。

现场报道采访,又是面对面的交流。记者提问的基点应是观众想提的问题、想了解的情况,这样才能和屏幕前观众构成双向交流,才能对观众具有吸引力。从既定目标出发,从观众出发,这是记者设问的依据,同时也要根据多变的现场和不同采访对象的特点灵活变化。

记者在现场的采访语言应具有鲜明的目的性,即使是为避免冷场,成为联络感情的交谈式的语言也应为报道任务服务。既有目的,也应有随机应变的灵活。要根据采访对象情况及时调整自己的语言,特别是面对不愿吐露真实想法的采访对象,要在有准备和无准备之间,让对方顾不得防备而说出真实想法。

具体设计问题时,除有新闻共性规律的一般采访提问技巧可供参考外,从"现场"采访出发,还应注意以下几点。

1. 问题应是报道的重点

现场采访时间有限,因此问题要少而精,应选择记者想要报道的重点,及观众最关心的问题。比如《焦点访谈》的一期节目《惜哉,文化!》中记者调查吉林市博物馆火灾原因时,就提了两个问题"火灾损失有多大"、"到底有没有消防许可证"。记者以这两个问题分别采访当地官员、专家和普通百姓,所得到的回答相互矛盾,由此让观众认清当地官员的失职及其官僚主义的工作作风。

2. 问题要开拓思想内涵

电视的形象化特点,要求记者尽量发挥画面形象的作用。现场采访的问题应是无声的画面表现不了的内容,特别是对人物的内心活动、思想、概念等方面的阐述。采访的语言要在补充、深化画面形象上下工夫,用现场采访开拓报道的思想内涵。中央电视台新闻频道《新闻调查》栏目的《收棉时节访棉区》、《双城的创伤》、《一只猫的非常死亡》等节目中,都有精彩的挖掘人物思想内涵的采访段落。

3. 问题要具体

现场采访时间限度决定了采访中不宜提大问题,而应提具体的问题,使采访对象直截了当、简明扼要地做出答复。像"您当时怎么想的"、"您感觉如何"等笼统的问题,其结果只能是采访对象因抓不住问题的要点而做泛泛的或者言不由衷的回答。这些笼统的问题也会给观众造成记者无知的印象。

布雷迪在《采访技巧》中也尖锐地剖析了"您感觉如何"等问题的弊端,他认为这些提问"实际上在信息获取上等于原地踏步,它使采访对象没法回答,除非用含糊不清或枯燥无味的话来应付"。

作为记者,应该尽量不问空泛的问题,早期电视屏幕充斥着空泛无指向的问题,被新闻界同行视为电视记者不会采访只会拍摄的例证,也让观众感到电视的肤浅。现在这样的提问越来越少了,这也从侧面显示我国电视记者的成长、成熟。中央电视台记者、主持人敬一丹曾说:"从干这行,我就给自己一个约束。采访时不许问'请问您有什么感想?'"。正是这种自我约束,使这位学播音出身的主持人能不断提高采访技巧;也是在这种自我加压下,逼着她激发自己的想象,开发自己的思维空间,也锻炼了她个性化的采访语言,形成了自己独特的风格。

再如,在中央电视台《面对面》的一期节目中,记者董倩采访复旦大学投毒案的犯罪嫌疑人林森浩。此前,林森浩从来没有接受过媒体采访,董倩的采访目的是探讨林森浩的内心世界:

记者:如果从4月开始,你进看守所到现在,十个月的时间了,可能对你来说是一段比较难以消化的时间,因为你是从复旦大学的学生到这么一个犯罪嫌疑人在等待宣判,这十个月你怎么消化的?

林森浩:一直在看书然后跟人沟通。

记者:看什么书?

林森浩:主要是多看一下文学经典。

记者:为什么选择这些书?

林森浩:因为我觉得以前读那些理工科的太多,然后文学这方面读得太少。

记者:你觉得是有欠缺所以才读吗?

林森浩:对!我感觉我的思维有点太直。

记者:什么叫直?

林森浩:就不懂得拐弯……

在这里,记者完全用的是一些比较直接具体的问题,而没有直接问"你是怎么想的?"、"你有什么感想"之类的问题,结果成功地让采访对象说出了自己心里的方法,同时也让观众对林森浩的内心世界有了深入的了解。

4. 问题要简短

现场采访,尤其是随机采访、伴随式采访、行进式采访,往往时间短促,采访对象没有太多准备。因此,问题本身要简短些,要让采访对象,也让观众能一下子就听明白。过长的问题会使对方听了后头忘了前头,抓不住问题的核心,不能做出准确的答复。即使问题中需要交代背景材料,也要尽量扼要。在用词表意上,记者要善于把背景交代与问题本身分开。记者还要避免提"合二为一"的问题,不同的问题要具体地一个一个地问。若问题过长,记者自己滔滔不绝地讲,容易给观众造成"卖弄"的印象,而采访对象在侃侃而谈的记者面前则会感到备受冷落而不知所措。

如《面对面》的一期节目中,记者采访河南省商丘市一桩冤假错案的当事人赵作海的妻子李素兰。当时,外界很多人认为,李素兰是因为国家赔偿金才和赵作海在一起的。于是,记者想通过钱的问题来探讨赵作海和妻子李素兰之间的关系:

记者:老赵的钱现在谁管呢?

李素兰:现在老赵自己管。

记者:我怎么听说老赵有十几万都放在一个投资公司里,是您的一个投资公司?

李素兰:他是先放进去的。我后来才上投资公司,是朋友给我找点生路。

记者:做什么?

李素兰:就是说在公司里给人家扫扫地、抹抹桌子、擦擦门窗。

记者:多少钱一个月能挣?

李素兰:一个月一千出头

记者:这些钱跟你一点关系都没有?

李素兰:没有。

记者:怎么还敢去投资呢?

李素兰:那不是投资了。

记者:怎么不是投资呢?

李素兰:那是存钱,那就是我从银行里放到这里,那是一样的道理。

记者:给过你利息吗?

李素兰:给。怎么不给利息?

记者:给过了吗?

李素兰:月月都给。

记者:比银行高吗?

李素兰:比银行高。

记者:高多少?

李素兰:高两三倍。

在这里,记者就采用了追问法,问的问题就十分简短具体。通过这些问题,记者成功地把赵作海和李素兰之间的真实关系展现在了观众面前。

5.问题要客观

新闻是客观事实的报道。记者在提问时也要想到用事实说话,忌带主观色彩。在提问时问题要客观,这在批评性报道的现场采访中更要引起注意。有的记者出于义愤,提问时往往把自己个人的感情色彩投入进去,这是不符合新闻规律的。新闻要客观中立,谁是谁非,要摆出事实,让观众去判断。

6.问题的"一次性原则"和重复方法

任何事物都有两面性,问题的"一次性原则"和重复方法并不矛盾,而是在不同采访环境中的应对方式。

采访中的"一次性原则"是指在采访的准备和实际操作中,一个问题只问一遍。现场采访问题都是精心选择的、有目的、有针对性的设问,所以一般情况下不提重复的问题。尤其是在访谈类节目的前期策划中,预采访拟请到演播室的嘉宾时要特别避免所提的问题与演播室的问题相同,否则会使被访者兴奋度降低,从而影响谈话质量。一般来说预采访时可以采用转换提问方式或者旁敲侧击的方式引出记者想要知道的背景信息,在演播室采访中才提出正式问题。

王志在正式采访刘姝威之前进行的信息了解环节即是一例。当王志第一次与刘姝威见面,在翻阅刘姝威的资料时,王志更多的是选择了沉默。对于王志的沉默,刘姝威有些不习惯,她问王志:"你没有问题吗?"王志说:"有,但我要在采访中问你,而你只有一次回答的机会。"

从另一方面说,问题的适当重复同样有效,当面对被访者回避重要问题、记者急需探寻事实真相的时候,可以提重复性的问题。比如在中央电视台《焦点访谈》的一期节目《追踪陈化粮》中,记者调查陈化粮问题时,为了求证掩人耳目的万顺华饲料加工厂停产的情况,在询问吉林省长春市工商局绿园分局市场科科长焦明喜时,提出了三个重复性的问题:

记者:能确定他们一直都在生产吗?

记者:能确定他们这个工厂一直在生产饲料吗?

记者:能确定它这两年来一直在生产饲料,没停过工吗?

面对这样的问题,被访者先是躲避,然后是哑口无言。这样的采访强化了现场氛围,进一步暴露了当地工商执法部门的不作为。

另外,当报道中需要通过现场采访就某一事件展示不同阶层的群众的态度时,在这种情况下,常用重复的问题设问。问题的重复,即向不同的被访者问同一个问题,通常用于调查性节目或舆论收集上。这样的提问,在后期编辑时,即节目播出中,可删掉。记者的问题不用出现,只把回答者的语言组接在一起,以表示各界的观点。

7. 问题要引发情绪

现场采访中根据不同的采访任务、目的,要适当运用能引发对方兴趣、使对方兴奋起来的问题。因为兴奋,能调动起被访者思维的积极性,有利于回忆和思考细节、情节,谈自己的感受。这样的采访展现在屏幕上也能把观众的情绪调动起来,对加强节目的情绪感染力也是很重要的。

寻找能引发情绪点的问题,关键是在对采访对象有所了解的基础上,有预测、有目的地设计问题。现场采访是可视的,一旦记者的问题成功地把采访对象的情绪激发起来,可视的人物情绪能感染观众的情绪。情绪、情感等因素在专题类的节目中更是不可缺少的因素。

8. 问题要突出双向交流

人际交流是人类最早的一种人际传播活动,也是最有效的传播。在大众媒介中,只有电视可以实现这种人际传播。现场采访则是电视实现人际传播最直接的体现。人际传播的特点是双向交流,成功的现场采访也应该是双向交流、探讨式的。尤其在专题的采访中,双方毫无交流、机械地一问一答只能让人感到僵硬,气氛不融洽。

第六章 电视专题中的采访

双方彼此交流、讨论式的采访可以展示记者的采访能力水平。它要求记者在确立中心后,精心提出第一个问题,在采访对象问答时认真倾听,然后,紧紧跟随采访对象回答的内容深入追问。当采访对象因种种原因不能积极合作回答问题时,记者要以既定目标去和对方交谈,慢慢引出对方谈话的兴趣,启发他的思路。

9. 处理好闭合式提问与开放式提问

对闭合式提问与开放式提问,我们不能简单地评价孰好孰坏,而是要靠记者在现场见机处理。

在一般情况下,应以开放式提问为主,目的是从被访对象口中得到更多的信息。在现场采访节目中,有很多自我封闭式的提问,采访对象只能被动地回答"是"、"对"、"没有"。这样的提问未能引发更多的新信息,连新闻事实本身也交代不清。在这种情况下,记者成了主角,采访对象则成了配角,显然满足不了广大观众获取新信息的要求。西方记者在总结屏幕上可视的采访经验时特别强调除特殊需要外,一般情况下不提让采访对象只能做答"是"与"不是"的问题,因为这样的设问几乎毫无信息量。记者在现场是代表观众在提问,要把观众想知道却又不了解的情况通过问题让对方陈述出来。另外,可以简单地用"是"或"不是"回答的问题,本身就有可能承载了记者的主观趋向,所以,这样的提问,即使对方回答了,观众也会感到并不客观。

当然,在调查性采访中,这类问题有时也有其存在的合理性,并非绝对不可用。比如在涉及一些敏感问题或关键问题时,闭合式问题可以帮助观众了解采访对象的态度或者核实一些重要信息。

这方面,《经济日报》前总编辑艾丰在《新闻采访方法论》中介绍的经验可供我们在提问时借鉴。他认为,一般而言,开放式问题适于转入话题、搜索情况、调节气氛、发现遗漏、缓冲记者的压力等情况;闭合式问题一般适用于突破、深入、追问、证实、核实,总之战斗力更强一些、更锋利一些。将二者有机地结合起来灵活运用,才能达到事半功倍的效果。

二、事实性采访

如果按照记者的采访内容和目的进行划分的话,电视专题中的采访可以分为三种类型,即事实性采访、观点性采访和情感性采访。

所谓的事实性采访,就是指记者为了了解事件的来龙去脉、前因后果而进行的采访。如《焦点访谈》播出的节目《追踪矿难瞒报真相》中的一段采访。

解说词:此外,吕世文的父母确认记者找到的那个通讯录正是吕世文的,记者得知,2002年12月6日,吕世文的父亲吕振声曾去临汾为吕世文处理后事。老人带记者去看看吕世文的安葬地。

记者:这骨灰是您带回来的吗?

吕振声:对。是的。

记者:您在那儿的时候,您听说矿工到底死了多少人?

吕振声:30多个人?

记者：当时他报了几个呢，您知道吗？

吕振声：当时报了8个人。

记者：您的儿子在不在报的范围里呢？

吕振声：不在。

记者：不在的话，您当时提出来没有呢？

吕振声：提了。

记者：他怎么说呢？

吕振声：什么也没有说。

记者：您听说是死了30多个人？

吕振声：对。

记者：都是哪些省的呢？

吕振声：反正河南没一个，就是俺安徽就一个，大多数都是四川和山东的……

在这里，记者进行的便是事实性采访，他所有的问题都是为了想弄清这次矿难事故到底死了多少人，而这一点正是整个采访中最关键的内容。

事实性采访的目的是了解事件的前因后果，所以采访内容多围绕新闻六要素展开。题材方面，除了一些事件性的新闻外，事实性采访多见于事件类的调查报道。在这类报道中，由于事件的原因和经过往往就像一团迷雾，所以需要记者使用事实性采访去挖掘事件背后的真相。另外，在一些访谈类的专题节目中，为了了解被访者的个人情况或者其他一些只有被访者知道的情况，也往往用到事实性采访。

开展事实性采访，需要注意以下几点：

1. 选择合适的采访对象

在事实性采访中，由于要确保采访对象提供的事实准确无误，记者一定要寻找对整个事件最有发言权的人作为采访对象。但是，什么样的人才是最有发言权的呢？一般有以下两种。

首先，是事件的当事人或目击者，例如采访一起矿难事故的经过，没有谁比被围困在矿井下后来又被救出的矿工更了解矿难发生的原因和经过；同理，在一起医疗事故中，也没有谁比死者的家属或者医生本人更清楚事件的经过和真相。所以，开展事实性采访，首先要找当事人进行求证。如果当事人因种种原因无法采访，那么记者至少也要找到相关的目击者或者知情人。

其次，是事件的调查者或者直接相关的机构部门负责人。这些人手中要么掌握着和事件有关的一些权威信息，要么对整个事件进行过深入的调查研究，他们对整个事件的原因、经过和结果也是有一定发言权的。

2. 进行多源核实

西方新闻传播学有条规则：新闻报道必须经过与所报道的事件或人物无关的、独立的、两个以上的消息源证实，才能被认为"大致准确"。所以，为了确保事实细节完全准确，记者在进行事实性采访时不能只有一个消息来源，而应多找几个有相同背景的消息来源,并利用不同消息来源提供的信息进行相互印证和补充。尤其是针对那些最容易让人忽视的事实细节,记者更需要反复地对比、确认。只有确认完全无误后,才可进行报道。

3. 保证采访的平衡性

除了核实信息的问题外,事实性采访最容易出现的另一个问题是缺乏平衡意识。所谓的平衡意识是指记者在报道时,给事件双方当事人均衡的采访与报道。

尤其是在一些调查性的报道中,记者更应注重平衡意识的使用。调查性采访一般都是深度报道使用的方式,在报道时记者应该充分利用报道篇幅展示多元视角,呈现正方、反方以及中立方的意见,以给记者的调查过程和调查结果提供一个立体、丰富的事件全貌,避免形成一边倒的局面。

随着中国社会和中国电视媒体的发展,平衡意识越来越得到电视媒体的重视。像中央电视台《新闻调查》在其栏目的发展中就越来越强调平衡意识,这是在整个社会民主发展、多元意见表达蔚然成风的情形下,媒体的一种自觉意识的显现。

西方电视新闻界尤其注重采访的平衡性,NBC 推出的制度为 FAB,即公正(fairness)、准确(accuracy)和平衡(balance)。美国自由论坛主席查尔斯也曾提出过"新闻公正性公式",即:

$$A + B + C + D + E = F$$
$$(accuracy)+(balance)+(completeness)+(detachment)+(ethics)=(fairness)$$

准确　　　平衡　　　全面　　　客观　　　伦理　　　公正

因此,可以说平衡报道是求得节目公正的一个基石。比如《新闻调查》"许霆的罪与罚"这期节目内容便涉及事件多方面的当事人。主要包括:许霆本人、银行负责人、审判许霆案件的负责人、法律界的专家和普通的老百姓。在报道时,节目让各方说话,既给对立方解释的机会,也从局外人或中立者处听取意见。而在"一只猫的非常死亡"中,记者给虐猫当事人以充分的话语空间,把虐猫事件中双方当事人平等地呈现在观众面前,这个节目改变了原来网络上一边倒的局面。其对事件的平衡意识特别突出。

而平衡意识的基础还在于记者在采访中是以中立者的身份去挖掘事实。按照梁建增的观点,记者应该在采访中强化"第三者"的角色,保持足够的冷静,这个冷静就是对事实的尊重。

三、观点性采访

(一) 观点性采访的内涵

所谓的观点性采访,就是指记者的采访内容和目的是为了了解采访对象对某一事件、问题或人物的看法、态度和意见的采访。如《新闻调查》"调查'躲猫猫'"报道中,就社会上由人大参与公安机关执法监督的一些声音,记者有两段采访:

其中一段是采访学者熊培云。他认为,人大可以实行"一加一减一强制"。所谓的"一加"就是指人大在搞调查的时候,要把专家学者的意见纳进去;"一减"是指相关的利害关系人要排除在外;"一强制"是指各级政府机关、企事业单位、社会团体和公民都要配合调查。

另一个采访对象则是北京大学法学院的王锡锌教授。他提出,人大在某些特别的情况下可以组织成立针对特别问题的专门调查组,但这种专门调查组通常意义上是针对非常重大的甚至影响力很广的一些事件。像这种个案的情况,人大行使监督权只是例外,而非常态。

又比如,《焦点访谈》"法人行贿法不容"的报道中讨论了对法人行贿如何看,记者采访了浙江省湖州市中级人民法院刑庭庭长,他认为,法人行贿往往是以机关单位的面貌出现的,有时它比个人行贿危害还要大一些,因为无论送财送物,损害的都是集体的利益、国家的利益,往往行贿数目会更大,造成的危害也更大些。

像以上这些被访人回答的语言就不是对事实的陈述,而是观点性的态度和意见,这就属于典型的观点性采访。

(二) 观点性采访的要求

1. 选择权威的采访对象

不同的采访对象有不同的效力和权威。观点性采访在采访对象的选择上遵循的是权威性原则,即谁最权威就采访谁。所以,它的采访对象一般有三种:

第一种是和采访领域有关的权威调查机构或者政府主管部门。因手上掌握着一些权威的数据资料,他们对调查领域是最有发言权的。如在《新闻调查》"发泡餐盒沉浮记"报道中,记者就"在现有的管理条件和管理水平下发泡餐盒是否绿色环保?"这一问题,采访了环保部环境认证中心标准与政策研究室主任曹磊,结果他指出,"如果没有一个完善的回收体系的话,那么发泡餐盒它可能就是污染的"。在这里,记者选择的采访对象就是对该问题最有发言权的环保部门的工作人员。

第二种是研究采访领域的专家和学者。由于做过专门的研究,他们对调查采访也有较强的话语权。如在上文的"调查'躲猫猫'"报道中,记者采访的学者熊培云和王锡锌就是长期研究政治、法律问题的专家学者。

第三种是普通的群众。和前两种人相比,他们的权威性相对较弱。但在涉及一些重大的公共话题时,他们的看法、意见往往也是不可忽视的重要一环。

另外,由于要提供观点、意见,记者在选择采访对象的时候要注意对方的学识、素养,最好有一定的表达能力,能够有条理地分析事实或者清晰地表达有关态度和意见。

2. 保持观点的多元化和平衡性

凡是观点性的东西,一般都带有一定的主观性倾向,而且多是站在某个特定的角度来考虑问题。所以,为了避免出现"一言堂"现象,开展观点性采访要注意呈现多方观点,一些有争议性的问题尤其如此。

所谓的呈现多方观点包含三层含义:一是针对同一个事件或者现象,要有不同问题、不同矛盾的分析;二是针对同一个问题或矛盾,要有不同立场的分析,无论是支持方、反对方,还是中立的第三方;三是针对同一观点,要有不同侧面、不同角度的分析。

如在《新闻调查》"许霆的罪与罚"这期报道中,针对许霆从发生故障的银行 ATM 机上私自取走 17 万现金的行为,记者既探讨了许霆的行为是不是故意和是不是构成盗窃罪等问题,也对许霆被判无期的一审量刑是不是过重、银行是否存在责任等问题进行了呈现;在许霆的行为到底构不构成犯罪这个问题上,记者既采访了许霆本人,也采访了判定许霆有罪的法院法官和一些认为许霆无罪的普通老百姓;在许霆的一审量刑是否过重这个问题上,记者既询问了法律专家和法官从法律角度提供的意见,也报道了许霆本人的态度和普通老百姓在道德层面提出的看法。

随着观点的多元化,伴随而来的则是平衡性问题。和事实性采访相比,由于观点本身就具有较强的倾向性,因此观点性采访比事实性采访更需要注重报道的平衡问题。当然,关于平衡意识在事实性采访已经做了相关论述,这里就不再多言了。

四、情感性采访

1. 情感性采访的内涵

所谓的情感性采访,是指记者的采访目的是揭示个人内心世界,与观众分担其不幸、分享其被感动的故事的采访。

如《新闻调查》播出的节目《当孩子离去》,为了揭示那些因为失去孩子而成为失独父母的人的生存状态,记者采访了一位失去孩子的母亲袁丽燕:

袁丽燕:有的人说时间长了会好受点儿,哎呀,我们的孩子也在国外或者也照顾不到我们,你想开一点。那其实我们真的从内心来说,像失去孩子是痛苦一辈子的,他们真的是无法体会的,只有我们自己经受过的,我们才知道我们忍受了多少痛苦,如果说你要回归到正常的生活,那你要付出很多。

又如,记者采访另一位失去孩子的父亲高福来:

高福来:不要说工作了,连生活的勇气都没有了,本来就是围着一个孩子在转,我们中国的家庭大部分都这样子,孩子走了,你生活没方向了,我们全把自己封闭起来了,不愿意对人说,他根本无法理解,最多劝你几句:别伤心了。能做到吗? 不可能的事情,这个痛苦我们是终身的,可能会带到我们的坟墓里去,永远不会忘记。

像以上的采访是围绕采访对象的情感而进行的,这就是典型的情感性采访。

2. 情感性采访的要求

因为涉及采访对象的内心敏感区域,情感性采访首先要创造良好的交谈氛围,让对方进入状态,而不能贸然提问。记者要考虑到采访对象的心理状态,在交谈过程中最好采用循序渐进的提问方式,先从一些外围的问题入手,等有了良好的交谈气氛再慢慢将问题引向核心。在交谈过程中,除非实在有必要,否则尽量不提那些容易在瞬间引起采访对象情绪激烈变化的刺激性问题,因为这极易引发采访对象的情绪失控而导致采访无法进行下去。

还有,为了让采访对象更好地倾诉心声,记者在交谈过程中应尽量少说多听,要做一个认真的倾听者,而不是用唠叨不绝的话语去干扰采访对象。在恰当的情况下,记者可以用注视、点头或沉默等行为营造倾听的气氛，表明你正在听，也可以用一些或安慰或鼓励或疏导或总结的话语来使谈话的气氛融洽，引导谈话的方向。

除此之外，记者必要的人文关怀也是情感性采访中不可缺少的，这有助于引起采访对象甚至观众的情感共鸣。如《新闻调查》的"羊泉村记忆"报道中，记者董倩采访一位曾经当过慰安妇的老人，当双方谈到那件令人难以启齿的往事时，老人几乎说不出任何话语，但这时董倩并没有急着追问，而是握着老人的手并轻轻地拍着她的手背。在那一刻，虽然画面是无声的，却比一切有声的话语更有说服力、更震撼人心。像这样的采访细节就充分体现了记者本人的人文关怀，是情感性采访的经典案例。

五、人物专访

人物专访是一种以交谈和问答的方式同采访对象进行交流，人物选择带有定向性、传播意图十分明确的专门访问。人物专访是一种吸引人的报道方式，体现着较深层次的信息交流，需要高超的采访技巧。世界上许多著名记者都将人物专访作为特别难得的机会和主攻方向加以重视。

电视屏幕上展现的人物专访已经逐步发展成为重大报道的组成部分和固定的节目样式，早期的专访节目如美国哥伦比亚广播公司（CBS）的《60分钟》栏目不时播出的名人、新闻人物等的专访性节目，美国广播公司（ABC）的《20/20》节目专门设置的由名主持人芭芭拉·沃尔特斯主持的名人专访栏目，这些专访节目在美国社会产生了较大的影响。此后，CNN（美国有线电视新闻网）的《拉里·金现场》、《亚洲名人专访》也成为专访的品牌节目。我国中央电视台《东方时空》节目中的《东方之子》栏目，在国内最早推出了名人专访的形式，吸引了很多观众的注意力。其后，中央电视台的《面对面》、《新闻会客厅》、《高端访问》等栏目，以及凤凰卫视的《杨澜访谈录》、《鲁豫有约》、《小莉看时事》等人物专访节目从不同角度进一步充实了中国电视媒体专访的节目形态。

电视人物专访同报纸的人物专访相比较，既有共同点，又有很大区别。共同之处是两者都是以记者与采访对象之间的谈话为主要的内容；不同之处是电视人物专访由于引入屏幕，不但能够传达信息且能够传达印象，而且在表现形式上更为灵活多样。

不过，无论什么内容的人物专访，其形式都是面对面，即记者或主持人直接面对被采访者，这时的重点都是被采访者，而不是记者或主持人，这也是所有的新闻采访所具备的共同点。记者或主持人在访谈中喋喋不休、大发议论，而将请来的嘉宾或访谈对象晾在一边，或记者自己卖弄学问、自作聪明，这些都是应该极力避免的。访谈的基本要求就是学会倾听，将表现的机会留给被采访者。

人物专访大体与所有的电视出镜采访的要求基本相同，但有以下几点特殊的要求。

1. 做好细致的案头工作

对一个人物进行专访，这些比一般的记者出镜采访要求更高。个人与个人的交流，往往需要访谈双方进入和谐的交流状态，这一点建立在双方充分的信任和理解之上。因此，人物专访中，记者的案头工作尤其重要，主要包括以下方面。

（1）首先要熟悉采访对象，包括他的个性、特点、爱好，等等。

(2) 对访谈内容要有事先的准备和研究。

(3) 要有周密的事前准备的采访提纲,设计的提问要充分且要有应变的方案。

案头工作越充分,访谈才能越深入。

以杨澜采访查良镛(金庸)先生为例。为准备这次专访,杨澜让助手搜集了查先生近几年来的大量活动资料,节目顾问还给她搬来了十几本《明报周刊》,里面有查先生与日本作家池田大作的对话录的连载。杨澜阅读了这些资料,从中挑出她认为观众会感兴趣的地方。经过整理,形成了这样的采访提纲:

对通俗文字的定位—金庸武侠小说中的历史眼光—澄清有关"为秦桧平反"论的说法—祖父的"侠义"精神对金庸的影响—金庸年轻时的抱负—侠义思想在中国历史演变中产生的利与弊。

没想到在现场开机采访之前,金庸先生要求先看看杨澜写的采访提纲。看完之后,点头表示了认可,说"提纲写得不错",采访进展得也很顺利。

可见,精心准备的案头工作不仅能使专访步入有序的预定轨道,还能引起被采访者的充分重视,从而获得对方的回报和尊重。

2. 注意预热、交流和互动

就像在实际生活中一样,人与人之间的交谈不可能一下子进入热烈的状态,尤其是在电视采访中,面对陌生的摄像机和摄制组人员,被访者不容易真正放松自己,以日常闲聊的心态与记者展开交流。

但是我们知道,最好的电视访谈正是忘记采访存在的交谈。因此,访谈需要预热,需要营造谈话氛围,以达到相互间平和的交流心态,共同创造良好的语境。

《东方时空》记者采访联合国前秘书长加利时,预热阶段做了如下安排:

当加利走进会客室时,记者迎上前去,用自己在中东工作时学的几句阿拉伯语跟加利打了声招呼。加利是埃及人,能在北京遇到一位中国记者用家乡话跟自己打招呼感到很惊讶,他马上问:你会讲阿拉伯语?记者解释说曾在埃及学过几句,加利更加吃惊,问得更细了。

于是,记者介绍自己从1989年至1991年在新华社开罗分社工作过,曾在几年前于北京采访过加利,在开罗期间,也曾去过加利的办公室采访过他,当时加利还是埃及的外交部长。记者事后回忆道:"听着我飞快的自我介绍,加利脸上的表情渐渐由惊讶变成了亲切,他不住地点头,偶尔还纠正我对开罗某个街道的发音。那一刻,我们像两个多年未见的同乡,在急不可待地互相讲述着家乡的故事。"

这次采访的气氛和效果可想而知。除了必要的预热阶段与被采访者融洽关系之外,专访中还应注意时刻保持互动状态,以最佳的人际状态和饱满的情绪进行交流。

3. 选择适当的谈话环境

采访环境是人物专访的重要构成要素。由于在专访中,视觉元素相对简单,一般只有记者和访谈对象两人的中近景画面,剩下的就是环境要素了,所以为了使节目的视觉构成更为丰富,同时更重要的是为了创造和谐的、适合访谈内容的氛围,在访谈中,选择和布置环境是一个关键环节。

谈话环境通常选择被采访者所熟悉的生活或工作环境,这有利于将被采访者的背景带出。由于被采访者的思考和心态是访谈的重点表现内容,访谈适合在稳定的环境中进行。CCTV-5《我的奥林匹克》栏目记者对花样滑冰世界冠军申雪和赵宏博的采访就选择在训练场中。首先,这个训练场是两个人从1992年到2010年全部训练、生活的中心,围绕两个人的事件都与训练场有关;其次,在这个熟悉的环境中,被采访者能够非常放松,容易流露真情,使得采访达到很好的效果。

总之,在人物访谈中,环境的要素至关重要,选择不合适的访谈环境有可能影响谈话氛围,使谈话陷入僵局。

4. 保持访谈的谈话"流"态,把握访谈过程的速度和节奏

电视访谈与文字媒介的访谈有很大的差别。电视访谈的过程必须保留谈话的相对完整性,也就是说,内容不能做过多的剪辑,否则,实际访谈过程中的谈话"流"态会被全然破坏。所谓"流"态,是指人际交流中话语的自然连贯性。

电视访谈很大的魅力就在于它所保存的生活化的谈话"流"态。因此,电视访谈中,记者首先要把握"一次最佳"原则,尽量使访谈的过程自然流畅,这样记录而成的素材,后期可以大段地采用,不用剪辑过多,以免破坏人际交流的流畅性。

其次,为使一次记录而成的访谈过程具有较强的可视性,要容许沉默和空白的存在。沉默与空白,本身具有很高的信息含量,观众在其间可以了解被采访者的个性,细细体会被采访者的内心情感;另外,还可以创造访谈的节奏,形成特定的谈话氛围,给被采访者和观众留下思考和理解的话语空间。

5. 谨慎对待一些敏感问题

在人物专访中,在未获得采访对象同意前,以下问题一定要谨慎对待。

(1) 政治敏感问题。

比如对一些来访的外国科学家、游客或其他民间人士,记者不应要求他们回答一些涉及两国关系的敏感问题,以免给他们造成不必要的麻烦。

(2) 个人隐私问题。

记者应该充分尊重被采访者,主动回避对方不愿回答的个人问题。比如杨澜在采访巩俐之前,就先跟巩俐约定了哪些问题在录像采访中不要涉及。这种做法一方面体现了对人的基本尊重,也使被采访者(尤其是一些名人)在接受访谈时心中安稳,不至于时时提防记者问出什么自己不愿回答的问题,也有利于形成良好的拍摄氛围。

(3) 涉及其他人的人际关系问题。

在访谈中记者一定要多为被采访者考虑,不应让对方评论涉及第三方或第四方的是非恩怨等话题,以免引起不必要的麻烦。

6. 在各个环节都要保持沉稳的心态

(1) 提问记者要静下心来,仔细体会采访对象的思想情感。

人物专访与一般的电视采访不同,如果记者内心处于躁动状态,将难以把握采访对象的内心变化,更难以敏锐地抓取谈话中的火花以进行追问。此外,记者自己的不稳状态会直接影响到被采访者的情绪。

(2)摄像师要保持沉稳的心态。

访谈过程中,摄像师应始终将访谈双方的人脸作为拍摄的中心,尤其要捕捉访谈双方的神情。切忌镜头随意推拉。不难发现,所有成功的人物访谈节目,都十分注重对人物面部的表现。因为人的内心情感、思想变化、个性锋芒等,在访谈中主要通过人的面部表情体现出来。

如《经济半小时》节目曾在专访侯耀华时,从其代言药品、保健品广告谈起,到对一些概念的理解,片中侯耀华多次出现无奈、急切的表情,这些都从电视画面中配合其言语、动作,将人物内心世界的情感和信息传达给了观众。

在电视人物专访中,人物的面部表情具有很强的负载力。因此,人物专访的拍摄与一般的新闻节目不同,为了让观众有一个平和的心态去观察人物的面部表情、体会人物的内心情感,摄像师在保持镜头的稳定性上具有更为重要的作用。人物专访的拍摄不允许随意关机,同时,要注重访谈中出现的插曲,预料之外的访谈花絮往往是富含信息的宝贵内容。

第三节 特殊的电视采访方式

电视采访中存在着一些特殊的采访类型,这些采访类型在实践中被广泛地使用着,有些甚至还颇具争议,我们有必要对这些特殊的采访类型加以了解并分析。

一、电视连线采访

电视连线采访是通过电话或视频连线采访现场记者或各方专家的采访报道方式。连线采访实际上就是扩大了的谈话交流场。

电视连线采访是电视媒体充分发挥其技术优势和媒介特性而出现的新的报道方式和节目形态。尤其是在电视直播报道中,它具有多方面的优势。

第一,电视连线采访能够第一时间向观众传达现场信息,强化了新闻发生的地域感和现场感,拉近了观众与新闻事件的距离。

第二,通过连线多方专家与评论员,收集不同评论和背景材料,共同对突发事件形成立体、多层次的解读。

第三,电视连线采访打破了一个人静态主持的模式,通过主演播室、分演播室以及现场记者的互动,拓展、延伸了演播室的空间,充分发挥了远程人际交流的特点,形成实时的人际交流场,使新闻采访报道变得更加生动活泼。

正如中央电视台《时空连线》的栏目宣传语所言,"连线可以无限远,速度可以无限快,背景可以无限深"。这再一次回到了电视"television"(远处的图像)的本质。

从20世纪90年代开始,西方主流电视新闻媒体已经把电视连线采访作为重要的采访报道方式。中国电视媒体在21世纪初积极实践连线采访报道,比如中央电视台的《时空连线》节目。在"5·12"汶川大地震报道中,电视媒体也大量采用连线直播采访报道方式。这一采访报道方式使电视媒介的优势得到更好的凸显,已经成为未来电视新闻媒体竞争的重点。

(一) 不同类型的电视连线采访

从传播媒介技术角度分析,电视连线采访可以分为电话连线采访和视频连线采访。一般来说,电话连线比较便利,但是需要创建前方记者、固定嘉宾及评论员的图像资料库,以便连线采访时,增强画面的可视性及权威性。

视频连线需要更复杂的技术条件。从西方电视媒体的经验来看,可以设立不同区域的演播室和访谈现场,针对不同区域的主持人、记者以及固定的专家或评论员进行连线采访。

从连线对象角度,连线采访可以分为主持人与前方记者、专家及异地主持人三种方式。下面主要探讨这三类连线采访方式。

1. 主持人与前方记者连线采访

主持人在演播室连线采访现场记者,通过高屋建瓴的信息掌控以及现场记者的细节提供,共同为观众传达事件的全方位信息。主持人可以通过对不同地域的现场记者的采访,充分发挥电视媒介优势,使演播室真正成为一个信息集散与发布的主控室。

2. 主持人与嘉宾连线采访

主持人就事件连线采访一个或多个当事人和专家,电视屏幕上呈现的是双视频或多视频的形态。多视频的专家采访近似新闻谈话节目。

3. 异地主持人采访

随着通信技术和卫星技术的发展,电视媒体往往在不同地域设立不同的演播室。以接近性原则采访报道就近区域的新闻事件。这样做的好处是有利于不同区域的嘉宾和评论员到就近演播室接受采访,有利于强化演播室与事件的接近性,增强节目的权威感。比如CNN在亚特兰大总部和纽约、华盛顿、洛杉矶都设有演播室,这就出现了不同演播室主持人之间的连线采访报道。

(二) 连线采访的技巧

1. 增强交流感和互动感

连线采访毕竟有一个电话或视频的中介,不如面对面直接,因此要求主持人采访时特别注意加强交流感和对象感,加强人际传播的互动性和亲切性。由于声音与画面的传递速率不同,异地连线会出现声音延时,容易造成主持人、记者及嘉宾相互之间的交流障碍。除了在技术上解决这一问题外,主持人在连线采访时要在交流上有所兼顾。

2. 强化主持人控制

英文中 anchor 即"新闻主持人",另外一层含义是主持人是稳定的轴心。强化"锚"的角色,依靠演播室强大的信息背景,加强控制。从主持人的角度来说,主持人要善于掌控报道方向,并积极保护前方记者,为前方记者提供一个可以回旋的空间。从这方面来说,"5·12"汶川地震报道中的"许娜"事件,其实是可以采取适当的措施加以规避的。

另外主持人还可以从演播室掌握的信息、角度,通过提问的方式帮助现场记者厘清现场信息,深化问题。一般来说,演播室主持人由于掌握多方信息源,对事件有一个宏观而多角度的把握。因此,前方记者可以通过主持人的提问,更好地把宏观与现场的微观细节结合起来,共同完成现场报道。比如在"5·12"汶川大地震直播报道中,主持人与深入灾区的记者何莉的连线报道,在听完记者的初步介绍以后,主持人问了两个跟进问题:

主持人:请你给我们介绍一下今天这些抢救受灾群众官兵的工作状态,刚才你说到了一个细节,说有一些官兵受伤了,他们为什么会受伤?

记者:因为有很多人还进入不了北川的事发现场,那么在现场,我们见到的是所有的路都被巨石挡住,每个人想通过这条路,都是要侧着身子过去,而正在里面有很多倒塌的房屋,从里面救助灾民的同时,有时还会有轻微的余震。我们在里面采访的时候,也会遇到余震,其中有一次长达半分钟,这些余震会造成一些很危险的建筑物倒塌,会造成一些官兵的砸伤。

主持人:刚才我们连线四川电视台记者的时候,他说已经看到有一些救灾的设备已经运进去了,你的观察是什么样的?

记者:我们在北川的总指挥部,就是袁家萍中学,这个中学现在是北川的总指挥部,这里已经运来了大量的食物,还有80多个医疗人员已进入,对伤员进行抢救。

在这个连线中,主持人通过所掌握的信息与前方记者形成互动交流,帮助前方记者深化报道,同时也多方求证信息。

3. 嘉宾观点多元化

对于多视频连线采访嘉宾和评论员而言,嘉宾的选择很重要。应该尽量选取持不同观点的专家呈现于屏幕上,通过专家不同观点的争论、交锋、碰撞,共同推进对事件的解读,避免一边倒的状态。西方电视媒体常常是以主持人为轴心,选取正反方的嘉宾连线采访,通过嘉宾的碰撞来求得平衡解读,也使节目的可视性得以增强。

二、体验式采访

(一)体验式采访的界定

电视记者的体验式采访是指记者以参与者或目击者的身份,亲身参与到事件中,体验被访人的感受与情绪,并通过视听语言符号传达的采访方式。体验式采访要求记者投入相当的时间与精力参与到采访对象的事态中,感同身受。这种采访方式在纪录片中尤其突出。

戏剧表演艺术中有以斯坦尼斯拉夫斯基为代表的体验派,主张演员应该主动感受角色的情绪,生活于角色的生活之中,以使观众也有所感受;要求演员在舞台上,在角色的生活环境中,和角色完全一样,正确地、合乎逻辑地、有顺序地、像活生生的人那样去思想、希望、企求和有所动作,通过有意识的心理技术达到下意识的创作。

体验式采访在媒介发展历史中早已有之,汉代司马迁在撰写《史记》时已有许多亲历性和体验性的内容。西方新闻界早在19世纪即有体验式的采访。在体验式采访中,比较有名的例子是:1959年,由白人社会学家约翰·霍华德·格里芬(John Howard Griffin)为了了解美国南方种族歧视问题,乔装打扮成黑人,他用药物、照射紫外线等方法使自己的皮肤变黑,并剃光头发。在南方,他仿佛就是一个黑人。在人行道上摆摊擦皮鞋,到穷苦人家中去借宿,了解他们的生活,乘公共汽车到处旅行,通过这种亲身感受和调查的办法,了解黑人生活的万千状态。1960年,他在《瑟匹亚》杂志上发表了一部分《像我一样黑》(Black Like Me)的内容。1961年,出版该书。但是,由于书中的内容牵涉一些敏感问题,曾经一度遭到查禁。

美国在伊拉克战争中实行的"嵌入式报道"也属于战争中的体验式采访报道。2003年,在伊拉克战争中,美国军方实施了所谓的"嵌入式报道"方式,按照美国前国防部长拉姆斯菲尔德的说法,即让记者到战壕里去报道战事。这种方式的主要特点是把记者编入军队的作战单位中,让他们与部队同吃同住,就地发稿。在全球范围内,一共有600多位记者有幸进入了"嵌入式报道"记者圈内。在这次"嵌入式报道"中,凤凰卫视记者萧燕和隗静也被嵌入伊战前线,而其另外两位记者莫乃倩、赵宏也随美国海军的杜鲁门和罗斯福号航空母舰前往海湾,通过他们的视角发回大量美军前线的电视报道。在理论界与实践界,对"嵌入式报道"更多的是从美国战时新闻管控的角度来探讨,对此,本文不作赘述。而对记者来说,这也是一次特殊的战地体验式采访报道。

现代电视媒体的发展促进了体验式采访的形态与功能的演进。从电视媒介特性来看,体验式采访更能发挥电视媒介"过程感"这一特点,通过电视的随机记录和综合的视听语言,体验式采访能够给观众更真实、生动的信息。

体验式目击来访主要分为两种:一种是以记者身份参与目击式体验报道;另一种是隐瞒记者身份,以被访对象的身份参与其中,也就是通常所说的隐性采访。

(二)体验式采访特点及技巧

1. 更全面、真实地抓取到被访者特点

记者以亲历者、参与者的身份进入到采访中,能够抓取到被访对象自然、真实、生动的细节。比如上海电视台的纪录片《大动迁》,创作者为客观地反映动迁户的喜怒哀乐的心态感受,摄制组历时五个月,跟着动迁户陈佩芬体验乘车的滋味——等车、挤车、换车(仅有一次,摄制组在车里被挤得前脚贴后背,连摄像机都无法扛起来,才不得不下车)。由于电视媒介直观形象的特点,这种方式更能让记者呈现出现场的细节。因此,体验式采访更要求记者抓取现场细节,否则,体验式采访就没有意义。

体验式采访能够通过出镜记者或主持人的亲历感受,立体而人性化地向观众传达事件信息。这就要求记者在采访中能把自身的感受传达出来。比如《岩松看香港》中谈到香港高效的运输系统,白岩松带领观众体验了香港的地铁、电车、轮渡、出租车、室外电梯等交通工具,在采访中抓细节、谈感受。比如在乘坐香港的有轨电车"叮当车"时,记者谈到:"坐在里头还有一个特别的感触,让我们的镜头跟我们一起看看这个汽车本身的构造。有点古香古色的,顶上都是木头的感觉。跟其他的那种完全钢铁构造的机动车不太一样。让你坐在里头,有一种浪漫的感觉,还有一种怀旧的感觉。"在这里,记者通过自己的主观感受揭示了香港人的"电车情结"。

2. 有助于记者对被访对象的性质有更深的了解

感同身受,体验式采访使记者更能抓取、提炼到事件的主题和性质,从而能够形成独特的报道角度。在2008年两会报道中,中央电视台记者撒贝宁以体验者的身份去感受当时的一些社会热点问题。他和建筑工人一起爬到几十米高的脚手架,在招聘现场感受大学生找工作的难度,从而使他对这些热点问题有了更直观深切的认识。

3. 充分发挥电视媒介的过程感

在体验式采访中,采访的过程就是报道的过程,这有助于把点式的静态报道变成动态的报道。体验式采访的另外一类是隐性采访,关于隐性采访,我们将在下面进一步探讨。

三、隐性采访

隐性采访是一把双刃剑,从它诞生起就受到争议。电视采访通常的方法是明察,即在现场敏锐地边观察边分析边调查。只有当明确地感到若以记者身份采访不可能得到真实情况,且对方会竭力掩盖事实时,才可以用隐性采访。隐蔽摄影的方法是暗访。

电视新闻专题《"罚"要依法》曝光了山西省长治市地区部分公路交警利用职权在309国道上乱设卡、乱收费、乱罚款的现象。节目中最精彩、最令人激奋的是记者使用隐性采访方式所得到的取证材料。这个生动而典型的细节,是由摄像记者一个人完成的。记者装扮成搭车人,坐在驾驶室里与驾驶窗外的交警讨价还价,设法拖延交警要的20元钱。一个强作笑脸、苦苦哀求,一个蛮横粗暴、强取豪夺,记者用偷拍设备把这一幕展现得淋漓尽致,摄取到了违法警察的"凶狠状态",为另一幕中司机谈警变色、闻罚丧胆做了很好的铺垫。而在其他的采访中,记者基本都是采用显性采访,问话直抵要害,抓住破绽后穷追不舍,直到把对方追得无话可辩。

隐性采访由于采访对象处于不设防状态,一般都有很好的戏剧效果,但要慎用,只能在必要的情况下才可使用。

(一) 隐性采访的类型

具体而论,隐性采访按采访目的大致分为以下几种。

1. 揭露事件真相的舆论监督报道

这一类是揭露某个个人或利益集团为了掩盖真相而进行的违法犯罪活动。在采访中,记者主要抓取假象背后的真实状态。

2. 考验式的隐性采访

通过记者的策划设计,考验采访对象在某种情境下的反应、行为或状态。比如浙江电视台记者假扮患者,用普通茶水代替尿液送给多家医院进行化验,以此检验这些医院的医疗条件和医生素质,结果半数以上的医院给记者开了消炎药。但是这种方式普遍存在争议,因为记者策划事件与诱导采访对象的行为使媒体显现出一种不公正、不真诚的状态。

3. 揭示自然状态的隐性采访

为了不让摄像机对被访者造成干扰,妨碍被访者的自然状态,记者采用隐性采访可获取被访者自然的状态。但是,这种方式在采访完毕后要向被访者说明情况。

从隐性采访的工作方式来看,中央电视台梁建增把隐性采访分为三种方式:旁观式——记者所扮演的是旁观者、见证者,不用提问,只是记录;侦探式——采取的是像侦探一样的调查方式,而不是使用其身份和角色;体验式——记者装扮成当事人参与到事件中。①

(二)隐性采访的技巧与方法

隐性采访主要有三个特点:一是隐瞒记者的真实身份;二是被访者在不知情的情况下接受采访;三是未征得被访者同意。因此,隐性采访要经过精密策划和周密安排,才能取得预想的效果。

1. 隐性采访的技巧

(1) 选择好采访设备。

隐性采访需要采用特殊的技术设备,在摄录设备方面可采用微型摄像机,包括手持微型摄像机、笔式摄像机、眼镜式摄像机等。在一般情况下,记者是把微型摄像机放于提包里,摄像机打到广角位置,并在摄像头上蒙上丝袜类的防反光的材料。除此之外,还有无线话筒等设备。记者应根据现场情况合理选择设备装置。

(2) 善于发展"线人"。

记者应合理找到报道领域的"眼线",取得其信任,以便为采访提供帮助。但是,记者要善于分析"线人"的动机并与其保持适度理性的距离,维护新闻从业者的理性形象,既能完成采访任务,又不能被其利用。正如《焦点访谈》记者周学刚在《"线人"——舆论监督节目不可或缺的角色》一文中提及:"'线人'的成分是复杂的,所以他们给我们提供线索的动机和目的也不相同,有的'线人'是出于公心,出于正义,尽管事件和自己无关,还是提供给我们去曝光;有的'线人'本身就是事件的受害人,也叫'苦主',他们提供线索,既希望能曝光也希望自己的冤屈与不公正的问题能够得到解决;而有的'线人'提供线索,则是掺杂着个人目的,通常是被批评对象的对立面。"②

同时,记者要为揭露情况的"线人"保密和提供有效的保护,这是记者的职业道德。

(3) 取得相关公安、工商等执法部门的支持。

记者为了公共利益去获得采访信息,在适当情况下可以与相关公安、工商执法部门共同合作以获得这些部门在政策、信息和人身保护等方面的支持(当然,前提是记者调

---

① 参见梁建增:《〈焦点访谈〉红皮书》,文化艺术出版社,2002年版。
② 孙玉胜:《十年——从改变电视的语态开始》,生活·读书·新知三联书店,2003年版。

查的领域没有地方保护主义的存在,否则还是独立调查为好)。

(4) 在采访拍摄中,突出细节。

隐性采访拍摄是在一种非常状态下的拍摄,其镜头结构、场面抓取都具有突发性和不稳定性,因此,记者应该在现场或者编辑中突出镜头中的细节因素或重点,以引起观众注意。比如,《焦点访谈》在《触目惊心注水肉》这一期节目的报道里,乔装打扮的记者为了让镜头拍下真实的细节,不断通过各种方式展现猪肉注水后的状态,以保证镜头能从不同角度抓取到现场的状况。《焦点访谈》在《丧事上跳起脱衣舞》这一期节目的报道中,对隐性拍摄抓拍到的脱衣舞现场,记者以清晰的思路为观众陈述了现场不同区域、不同人的动作状态,使观众更好地理解现场综合信息,从而增强了证据的说服力。

(5) 适当的安全保护。

在揭露性和批评性报道中,记者进入暗访现场就把自身置于危险的境地中。中央电视台记者姚宇军与摄像记者王守城为了采访到河北衡水不法商贩们向生猪注水的真实过程,连续两天在半夜时暗访私人屠宰点,最后做出了《触目惊心注水肉》这期节目,详细展示了不法分子生产注水猪肉的全过程和细节。节目播出后,当地有关执法部门的负责人对记者坦言:"不是我们不知道这种事,实在是太危险,闹不好就会出人命,我们不敢查呀。"在隐性采访中,记者要有多方面的保护措施:

其一,有相关的经验和知识的储备,比如熟悉对方交谈的行话切口及其打交道的方式等。

其二,合理隐瞒身份、做好伪装,比如上文提到的两位记者在进入衡水采访几天前就开始蓄须,到衡水后更是头不梳、脸不洗,整天徘徊于各个肉市,从而为采访顺利进行打下了基础。

其三,有应对的多套方案,同时考虑好一旦暴露如何脱身的办法。尽量避免单兵作战,应该有接应的记者或者当地执法部门的工作人员。比如上文提到的两位记者在进入生猪私屠窝点前,后方制片人与记者、线人、随车司机等都保持着相互联系,以防不测。

其四,做好采访素材的保留,以便作为证据,防止对方起诉、纠缠等问题。

2. 隐性采访的注意事项

电视隐性采访从一开始就受到争议。因此,隐性采访所涉及的法律和道德问题远比技巧更受到关注。

(1) 遵守相关法律、把握采访的"度"。

隐性采访往往容易侵犯被访者的隐私权。在隐性采访中,公众的知情权与被访者的隐私权往往形成冲突,记者在采访中是牺牲被访者的隐私权,满足公众的知情权。在这时候,隐性采访的"度"要严格把握:

第一,记者的采访是为了维护公共利益;

第二,记者要权衡什么样的被访者可以实施隐性采访;

第三,记者要考虑在采访中被访者的哪些隐私可以被曝光。

中央电视台《焦点访谈》栏目就隐性采访的禁区做了规定,指出下列领域是不允许使用隐性采访手段的:涉及国家机密、商业机密;涉及与公共利益无关的公民的隐私;涉及个人隐私;涉及未成年人犯罪。① 而《新闻调查》和《焦点访谈》也规定了隐性采访遵循的四条原则,即有明显的证据表明,正在调查的是严重侵犯公众利益的行为;没有其他途径收集材料;暴露记者的身份就难以了解到真实的情况;经制片人同意的。②

（2）避免越位。

记者在身份装扮、行为方面要避免越位。有些身份如政府公务人员、执法人员是不能假扮的。同时在一些涉及色情、毒品等场合,记者不能亲身试法。

记者是通过调查呈现事实,而不是再造事实。记者在采访中要尽量避免主动诱导对方,引诱犯罪。在现实采访中,有的记者故意设套、布陷阱,这种采访方式仍然很受争议。

（3）体现人文关怀。

记者应以善意揭露问题、解决问题的心态进行隐性采访报道。记者在隐性采访之中和之后不仅仅是报道与传播事实,同时也要给被访者以人文关怀。在采访中,要考虑节目传播后对当事人的影响,权衡利弊。在节目后能给当事人展现改正的机会。比如《焦点访谈》播出的《"罚"要依法》节目揭露了山西交警乱收费的情况。在节目播出后,中央电视台《实话实说》节目做了一期回访节目,把当事人请到现场与观众沟通交流,这就体现了一个媒体的公正和责任感。

关键词

电视采访　television interview
现场采访　live interview
隐性采访　hidden interview

思考题

1. 和其他媒介采访相比,电视采访有什么特征?
2. 现场采访的特点和要求是什么?
3. 什么是事实性采访、观点性采访和情感性采访? 它们的特点和要求有哪些?
4. 什么是人物专访? 人物专访的要求有哪些?
5. 电视连线采访报道的技巧有哪些?
6. 体验式采访的特点与采访技巧是什么?
7. 隐性采访的技巧和注意事项有哪些?

---

① 参见梁建增:《〈焦点访谈〉红皮书》,文化艺术出版社,2002年版。
② 梁建增、关海鹰主编:《见证〈焦点访谈〉》,文津出版社,2004年版。

第七章 电视专题解说词创作

本章导言

电视专题节目作为一种重要的电视艺术形式,它包含着主持人、有声语言、画面、字幕、音乐音响等多种符号元素,解说词往往是其中不可或缺的重要元素之一。

"在中国的电视作品中,解说词一直被看成是一门艺术。人们说它不是散文,比散文还散;它不是诗,但又的确属于诗。它不是说明文,也不像叙述文,又不像议论文,但是,它需要说明,需要叙述,需要议论,它是一种特殊的文体。"[①]

本章引例

走过了几个世纪的公司,正在经历一次全新的机会和考验。伴随着全球化的足迹,公司已不再是一国或者一个地区市场的引领者了,全球资源、全球市场、全球规则,公司梦寐以求的世界似乎正在到来。但是,全球体系却用另一种方式放大了公司的威力。2008年9月,有着158年历史的公司雷曼兄弟宣布申请破产保护,全球股市应声下跌,10月,金融海啸开始蔓延,整个世界陷入了麻烦。对贪婪的讨伐让公司再次面对功与罪的争辩。

回顾历史,重大的危机常常预示着一个新时代的开启,全球化浪潮下的这场严峻挑战会将正在网络化的世界引向何方?人们需要重新审视无所不在的公司。

诺贝尔经济学奖得主约瑟夫·斯蒂格利茨(同期声):"问题不在于我们是否需要公司,而在于公司应该受到何种法律框架的约束。"

---

① 石屹:《电视纪录片——艺术、手法与中外观照》,复旦大学出版社,2000年版。

电视专题与专栏

> 麻省理工学院斯隆管理学院院长大卫·施密特雷恩(同期声):"公司有点像一棵树的一部分,可以用来建造房屋或拿来打人。"
>
> 阿尔卡特·朗讯公司首席执行官韦华恩(同期声):"我们的世界将是这样的,社会会问,你获得了利润,但是如何获得的呢?"
>
> 福特汽车公司董事长比尔·福特(同期声):"我认为,任何公司的目标都是帮助社会变得更加美好,如果不是的话,这样的公司可能并不需要存在。"
>
> 一个没有公司的社会是无法想象的,但是,当公司的创造力和破坏力都是全球性的时候,我们该如何面对这一由人类亲手培育的庞然大物?公司到底是什么?对于国家的发展、社会的进步和个人的幸福,公司存在的意义又是什么?
>
> 一切问题从来都没有唯一和不变的答案,我们出生之前,公司早已落地生根,我们离开之后,它还将长存于世。它是我们的过去,也是未来。我们无法错过这个比我们生命更古老和年轻的命题,在历史和现实的交错中,我们想要再次回望来时路。
>
> 字幕:你能看到多远的过去,就能看到多远的未来。
>
> ——中央电视台播出的纪录片《公司的力量》第一集《公司!公司!》

第一节 解说词的功能与作用

电视解说是一种特殊的电视语言,它与电视的其他手段如摄像、音乐、录音、美术等相互配合,有机结合起来,形成了一种反映社会、传递信息、表达情感的独特的语言形态。

一、专题片中的解说词

早在1978年的系列专题片《丝绸之路》中,电视解说词就向我们展示了它的强大魅力和重要作用。随后,一大批制作精良的电视专题片不断涌现,《话说长江》、《让历史告诉未来》、《话说运河》……这些作品共同组接成我国新时代电视专题片的历史轨迹,反映了我国历史发展和文化风情。随着时代的发展,电视专题片进一步开始了对历史、社会、文化等问题进行多维度多层次的审视和反思。在这当中,震撼人心的解说词成为这些杰出的专题片的点睛之笔,并影响了一代人的思想和情感。

时至今日,专题片与纪录片呈现出市场化、多元化发展态势。《大国崛起》、《故宫》、《舌尖上的中国》等一部部题材各异的电视纪录片相继推出。精美的视觉画面,和谐的背景音乐,配合着或掷地有声或跌宕起伏或娓娓道来的解说词,给观众带来了一次又一次的视听盛宴。

在这些电视专题片中,解说词是其筋,是其魂,是血脉,是根本。这是因为电视专题片往往主题宏大,所以经常以"主题先行"的模式进行制作。为了更好地体现主题观念,电视专题的整个制作过程可能都围绕解说词来展开,拍摄与剪辑往往要"循声填画"。电视专题片的解说词有着表达主题观念的重要作用。

二、解说词与其他电视元素的关系

如果把电视专题片比作一部气势磅礴的大合唱,那么其包含的多种电视元素,就如同合唱中的不同声部与各种伴奏。每一声部、每种乐器的出现,都不是随意的,而是有机的、艺术的结合。电视解说词正是专题片中众多电视元素之一,是电视专题片整体中的一个局部。解说词的这一属性决定了它的非独立性,在电视专题片中,解说词要根据主题的需要,和画面、音乐、字幕、同期声、特效等相互配合,去传递信息,表达作品的主题。因此电视解说词要处理好与其他电视元素的关系。

1. 从主题出发,服从总体结构与基本风格

电视解说词在电视专题片中以什么风格出现,所占分量比重,所起作用大小,都需要在整体的结构中合理安排,要受到节目总体风格和形态的制约。离开节目的总体结构和基本风格样式,自鸣得意、自说自话式的创作是行不通的。如果背离了总体风格和结构,必须根据总体要求重新修改协调。比如,作品的整体风格要求是气势磅礴的豪迈风格,解说词就不能写成娓娓诉说、婉转柔美的婉约风格。像下面的《复兴之路》这种严肃庄重的题材,就不宜写得过于轻灵、调侃:

> 109年沧桑巨变换了人间,北京天安门曾在1900年见证了西方列强的野蛮,在1919年见证了中国人民的觉醒,1949年的秋天它终于迎来了一个崭新的共和国。为了这一天的到来,一代代中华儿女前赴后继,在这峥嵘百年中历经无数艰难坎坷,他们的业绩将永远载入中华民族伟大复兴的史册。(《复兴之路·峥嵘岁月》)

2. 与其他电视手段相互配合,尽量做到浑然一体

解说传递信息、表情达意的实现,不是仅仅依靠语言自身体系就能够独立完成的。它要参与对对象全方位形象的报道,必须与其他手段配合。电视语言的各种手段往往是在同一时间内"共时态"的同时呈现,并发挥作用。因此解说词的创作必须充分考虑到它前后左右各种因素的配合关系,必须考虑同时出现的其他因素形成的环境影响,精心设计它在一部作品中的位置、分量和布局。比如,在什么情况下需要解说,什么情况下不需要解说;什么时候介入,什么时候推出;解说到什么程度,说成什么风格;哪些需要出声音,哪些需要上字幕。只有把握好这些,才能发挥出解说词的最大效用。

如《苏园六纪》中烟雨江南的画面配合悠扬婉转的古典音乐,再加上下面这段解说词,充分表现出了苏州园林的独特魅力。

> 这一派潇潇烟雨,也的确使这一幅写意的画卷,充满了淋漓的气韵。细雨霏霏,蕉叶上的雨声是轻轻地响,就像人在回忆绵绵往事,那样朦胧,那样淡远。雨下得大了,珠珠点点,又唱出了明明的天籁之歌。对于十分专注的蕉窗

听雨的人,那蕉叶上滑动的雨水,顺势而滴,就像是一颗颗滚落的心事。也许,就是在这样的环境中,当年的那些园林主人,在将手中的一方官印换作了几枚闲章之后,也将心中的仕途风雨,换成了眼前的蕉窗之雨。芭蕉,或可就是童年时代嬉戏玩耍的见证,或可就是少年时代寒窗苦读的伴侣,或可就是淹留他乡时回忆故土的念物,或可就是归隐江南后十分亲密的知音。(《苏园六纪·蕉窗听雨》)

3. 为"看"而作,控制解说

画面是电视语言中最基本的元素,是电视节目中唯一贯穿且最为典型的表现手段。因此在众多电视元素中,画面处于核心地位。因此在创作解说词时,应充分考虑到画面因素,为"看"而作。

具体来说,为"看"而作应包含以下三个层次的内容。

(1) 电视作品中能用画面表现的尽量用画面表现。

实际上,电视画面本身也具有极强的表现力和出色的叙事能力,因此在电视节目中,叙述事件尽可能不要依赖解说。只有在画面表现不了,或者画面表现不好的时候,才考虑使用解说。

(2) 解说词要指向画面,与画面相辅相成。

电视解说的文字中应包含着一定量的潜台词和指示代词,使观众通过解说,自觉地将听觉信息与画面视觉信息联系到一起,将画面中处于无序状态的信息进行必要的整合,充分领会画面之间的逻辑关系,充分理解画面的内涵。

比如下面这段《故宫》里的解说词:

公元1644年农历8月,在浩浩荡荡的随从队伍陪同下,一个六岁的男孩和他的母亲一起,从盛京老家向北京进发。男孩名叫福临,是大清王朝的顺治皇帝,此行的目的地是他们在北京的新家:紫禁城。对于六岁的顺治皇帝来说,这座他前所未见的高大城门,一定给他留下了新奇而深刻的印象。这是紫禁城最大的门,有37.95米高。按照中国的阴阳学说,正北叫子,正南叫午,所以位于紫禁城中轴线南端的这座城门,叫做"午门"。

穿过午门,紫禁城的真容出现在顺治皇帝的眼前。这里就是他们的新家,而对这座宫殿的占有,也将是他们成为中国新的统治者的象征。深红色的宫

第七章 电视专题解说词创作

墙和金黄色的琉璃瓦是这座宫殿最引人注目的特征,而这绵延一片的红色和金色也使紫禁城与周边的建筑完全区分开来。

在这段解说词中,通过"这是紫禁城最大的门"、"穿过午门"、"这里就是他们新家"等指示性语言的引导,使观众注意到相关的画面,把观众从无意注意状态,引向有意注意状态。

(3)解说不应是画面的简单重复和说明。

解说词应更侧重对画面的理解和感受。通过比较深入的理解和感受,一方面准确传达了编导的创作意图,另外也为观众的思维和联想开拓了更为广阔的空间。解说应当向观众介绍画面之外的更多信息,尤其是那些无形的信息,那些和画面有一定联系,但观众直接看不出来的信息。

如1974年美国的NBC在北京拍摄的电视片《紫禁城》中,有这样一组关于瓷器、指南针和纸张的画面,如果解说是"这是中国发明的瓷器、指南针和纸张",就重复了画面内容,没有给观众提供画面以外的内容。事实上,这部片子的解说是这样写的:

在中国发明瓷器七百年以后,马可·波罗才第一次把这些瓷器的样品带回意大利。

当耶稣横渡伽里里海的时候,中国人已经开始使用指南针。

而当中国人发明纸张的时候,用来做十字架的木料在耶路撒冷还是一株树苗。

这三段解说,用生动有趣的语言,将中西方进行对比,使观众更进一步体会到东方古老文明的强盛。这种解说显然延伸了画面的丰富内涵。

三、解说词的主要功能

电视解说词的功能和作用与电视画面的局限性是分不开的。作为电视语言中最重要的元素,画面虽然有客观、真实等优势,但影像本身所具有的模糊性、多义性等特点,使其难以有效地表达某些内容,如无法回答新闻的基本要素,无法完整再现已发生的历史事件,无法表达抽象的理念,无法预测和展望未来,等等。这为解说词提供了巨大的生存空间。解说词正是以画面为基础,与画面相互配合,发挥着多层次的功能。具体来说,主要有以下几点功能:

1. 放大画面,补充信息

在专题片中往往需要涉及时间、人物、地点等基本背景与事实,有许多是很难用画面交代清楚的。尤其是对新闻事件中各个要素的介绍,对人物关系和事件各方面联系的介绍,都需要用解说来完成。对某些事件来说,其发生的历史背景、时代背景和总体社会环境都需要说明,从而使观众能对节目有更为清晰的认识。但由于这些历史是过去时,电视画面难以重现,因此只有依赖解说交代这些相关信息。

如在下面这段《大国崛起》中的解说:

公元1143年,一个独立的君主制国家葡萄牙,在光复领土的战争中应运而生,并且得到了罗马教皇的承认,这是欧洲大陆上出现的第一个统一的民族

国家。(《大国崛起·海洋时代》)

短短的一句话，就清楚地交代了时间、地点、事件以及相关背景，这却都是画面难以说清的。

除了交代和补充信息外，解说词还负责放大信息。由于画面的转瞬即逝以及多义性，观众在观看电视节目时很容易忽视或误解创作者的意图。这时候就需要通过解说词来强调画面细节，将观众的注意力有效地引导或保留在重点对象上，从而实现其艺术价值。

比如在《半个世纪的爱》这部片子中，有一组画面是老人李光亮在唱歌，耳背的妻子带着助听器在认真聆听，若不注意，这幅画面就一闪而过，但解说却把它抓住并放大了：

这支"金婚曲"是李光亮老人自编自唱的。当他写完这支歌，他首先唱给了老伴儿。一支曲子唱出了两个老人的心声，助听器上一根细细的线，连着两个老人的心。

通过补充或放大画面的信息，解说词充分调动了观众的再造想象，使他们从无形的画面上感受到有形的东西存在，以充实画面形象，弥补了现有画面形象的不足。

2. 衔接过渡，整合内容

由于时间和空间的限制，电视画面很难完整再现事件的全部过程，只能摘取若干片断，进行蒙太奇组接。而要把本来断裂的电话画面组接起来，除了利用剪辑技巧，还需要内在的叙事逻辑，需要一种能穿针引线的因素，使画面成为一种有序结构。这种逻辑串联的任务通常由解说词来担任。例如在《当卢浮宫遇上故宫》这部电视作品中，画面很多是中西艺术作品，这些作品本身并无联系，单纯地组接起来，即使视觉形式上并没有问题，但依然会给观众莫名其妙的感觉，但配上合适的解说词，就顺理成章了。比如下面一段：

法国卢浮宫博物馆里，陈列的十七世纪后的法国绘画，多多少少都受到画家普桑的影响，而普桑的绘画风格来自几千年前的古希腊罗马，让我们来认识一下普桑，从他的自画像中，我们感觉到的是一种严谨坚定，正是他的坚定，让他在绘画的道路上，一直走到了辉煌的顶点。1594年，普桑出生于法国西部诺曼底，在普桑少年时，一个画家路过此地，发现了他的绘画天才，并指引他走上了艺术的道路，十八岁时普桑为了绘画，离家出走来到巴黎，三十岁时，他奔向了梦想中的艺术之都罗马。在普桑生活的时代，意大利的罗马、佛罗伦萨是欧洲艺术中心，各国的艺术家，如朝圣者一般来到这里，向大师们的作品顶礼膜拜，到处是古希腊罗马风格的遗迹和文艺复兴的雕塑绘画，这些艺术品讲究和谐平衡、朴实肃穆的美感，这正是欧洲人从古希腊艺术源头，流传下来的美的传统，普桑便是朝圣队伍中的一员，他希望自己能把这些古代的辉煌，装进他的画里。九十年后1715年，意大利人郎世宁，漂洋过海来到中国，当中国皇帝开始接受郎世宁笔下的西方式的人物造型时，普桑所倡导的古典主义绘画，风声鹊起，巴黎成了欧洲新兴的艺术中心。中国油画家陈丹青也有着普桑、郎世宁类似的经历，他远渡重洋到西方世界，去探索艺术与人生，在欧美博物馆里,陈丹青看到了西方最经典的艺术,达·芬奇、米开朗其罗、拉斐尔,也看到了伦勃朗、普桑。

在这里正是画面的引导和连接,才使本来毫无联系的中外美术作品的画面生动地串联起来。

3. 表达主题,提炼升华

电视专题片往往主题宏大,直观的画面无法有效体现这种过于抽象的思想意识或观点意见,所以必须使用具有高度概括性的语言——也就是解说词予以阐释。解说词通过外在语言的强调和刻画,更有力地突出展现了专题片的思想内涵,充实和完善了主题,启发了观众的理性思维,升华了电视画面。因此,从某种意义上说,电视专题片的解说词具有表达主题观念的重要作用。

比如在《望长城》第三集中,有一段水下长城的画面,对应的解说词是:

这是一段悄然隐去的长城,这是一段久违了的长城。悄然之中,我看见万里长城都没入水中,没入时间的水中,没入和平的春水之中。

解说词突出了画面又超越了画面,延伸出更深的内涵和意蕴。

再比如在《大国崛起》的最后一集,解说词这样说:

历史进入了一个新的千年。当全球市场把世界紧紧联结在一起,大国之间的互动、合作和依存关系开始增强,具有历史眼光和战略智慧的国家开始做出理性的判断:无论是崛起为大国还是维持大国地位,已不可能再走那种依靠战争打破原有国际体系,依靠集团对抗来争夺霸权的老路。如果沿用传统大国的思维方式来构造今天的世界,如果以不切实际的征服幻想来鲁莽从事,都将是一种时代的错位。和平与发展,已经成为当今世界的基本主题。沿着这条新路,人们开始表达新的愿望,寻求新的答案:当今世界,究竟什么样的国家,才称得上是大国?怎样才能成为一个大国?

这段解说词正是在回顾了各个阶段的世界大国崛起过程之后,创作者的反思和总结,这种理性的思考与概括,必须通过解说词来表达。

4. 抒情表意,营造意境

电视画面尽管可以通过强调细节、展现过程、营造氛围等方式表达情感,但这种表达是一种间接的表达,需要观众通过一种体验去感受、去理解。解说词则可以在特定的情景下直接表达感情,使一部电视专题片的直观形象和情感意境结合起来,诱发表情达意所需要的视听情绪,为观众的感性思维开拓更为广阔的空间。

例如在电视专题片《西藏的诱惑》开篇是一组关于西藏的美景,其对应的解说词是这样的:

我向你走来,捧着一颗真心,走向西藏的高天大地,走向苍凉与奔放。

我向你走来,捧着一路风尘,走向西藏的山魂水魄,走向神秘与辉煌。

令人神往的西藏啊,多少人向你走来——因为"西藏的诱惑",因为那条绵延的雪域之路;

令人神往的西藏啊,多少人向你走来——因为"西藏的诱惑",因为神奇的西藏之光。

……

这段解说词流露出作者对西藏那强烈而真挚的情感,那种敬仰与神往之心呼之欲出,结合精美的画面,构成了统一、和谐的意境。

因此,解说词既不是对画面的简单重复,也不是脱离画面的独行吟唱,而是在特定情景和情节下,与画面等电视元素的有机结合和丰富完善。总之,一篇好的解说词,需要其编辑或撰稿人,对节目整体有清晰的把握,对各电视元素的配合有准确的认识,同时还需要一定的文学素养和文学性的表达能力。只有这样,才可以保证解说词能有效地发挥功用,并拥有相应的艺术价值。

第二节 解说词的创作要求

解说词是电视专题片创作中极为重要的一个环节,一个好的电视专题片的解说词应当符合电视节目创作的一般规律,应当与画面相得益彰。同其他体裁的文章写作相比,解说词写作有其独特的要求。不同类型的专题片其对解说词的要求也各有区别。

一、不同类型专题片的解说词创作要求

一篇好的解说词,其第一要求便是有的放矢。即解说词要与电视专题片的内容、情感、韵味相一致,相贴切。只有这样,解说词才能恰如其分地配合画面,配合其他电视元素,达到浑然一体、天衣无缝。但不同内容、类型、风格的电视专题片对解说的要求存在着不少差异,可形成不同的表达样式,表现出极大的灵活性和创作个性。人为地从理论上规定一部片子是什么类型的,改用什么样的表达方式,显然是故步自封的做法。所以,下面我们只是就一般情况而言,列出几种常见的专题片的类型,说明其解说词创作的要求。

(一)科教类、文献类专题片

这类片子指的是那些涉及科技、文化、历史、生活等某个领域或某些对象的知识和资料的电视片。在这些片子中,解说词通常承担的任务是传达信息、阐明事物。画面是图解知识、说明道理的形象载体。解说词和画面往往呈现出互补状态。画面和解说词的位置一般来说必须精准,画面呈现什么,解说就安排相关内容,是一种看图说话式的"讲解"。

这种风格的解说词,因以传播知识和信息为主,所以语言上要注意通俗易懂、深入浅出,并且可以通过制造悬念、矛盾等技巧使解说词具备一定的趣味性。只有这样,才能保证观众能够看得清楚听得明白,并进一步产生兴趣。

比如在大型电视纪录片《故宫》中有这样一段解说:

公元1856年,随着一声婴儿的啼哭,一个女人一生的命运被改变了。她

就是后来统治中国四十八年的慈禧太后。储秀宫是她刚入宫时的居所,但我们现在看到的内部装饰,已经是在她五十大寿时,花费六十三万两白银重新修缮布置过的了。兰花,中国古人认为它有王者之香,又有生育男孩的象征,它与寿石组合的图案寓意为宜男宜寿,所以储秀宫的隔扇大量采用了这种绘画。也许是巧合,慈禧太后刚入宫时被封为兰贵人,不久就生下后来的同治皇帝。母以子贵,随着地位逐渐显赫,她的寝宫装饰也奢华起来,在储秀宫的庭院陈设中还出现了龙,这也是东西六宫中唯一的例子。

这段解说与画面紧密对照,在提到慈禧太后的时候,画面呈现的即慈禧太后的画像,提到储秀宫时,画面呈现的即储秀宫的宫殿格局;提到兰花,画面呈现的即储秀宫中的兰花图案……解说词亦步亦趋,紧随画面。同时这段解说词中亦涉及不少知识性的东西,比如有关慈禧太后的历史,兰花的寓意等,涉及年代、事件、典故等,因此信息的准确无误亦十分重要。此外,解说将建筑与历史结合,又通过慈禧太后的命运来阐述历史的变迁,娓娓道来,使解说既包含着巨大的信息量,又具备一定的趣味性。

由于这类的电视专题片所涉及的知识具有专业化的特点,因此在撰写这类解说词时,通常需要有相关专业的专家参与和指导。此外还需要注意的是,这些社教类、文献类、科教类的专题片中,很可能涉及一些专业词汇或特有称谓,这时候一定要注意进行有效的解释和转化,将枯燥的专业词汇变得生活化、生动化,才能满足不同层次观众的需要。

(二)政论类专题片

政论类电视专题片指的是那些针对政治、经济、军事、文化等领域中的某些现象、某些观点、某些事件、某些问题进行探讨和评论的电视片。这类片子涉及的题材往往比较宏大,内容严肃,这就要求其解说词的写作要逻辑严密、思辨性强、观点明确、说理透彻。此外,解说词在语言上要有气势,有说服力,有感召力。

比如《大国崛起》中的部分解说词:

1494年,在没有人准确地知道这个世界究竟有多大的时候,当时的两个海上强国葡萄牙和西班牙,就用一纸契约,像切西瓜一样把地球一分两半。从那以后,与大国崛起相伴随的,总是殖民地的扩张、划分和掠夺。

这个世界有时像黑白照片那样对比鲜明:大自然慷慨地赐予了非洲的热带和亚热带地区丰富的资源,但那里的人们却过着贫困的生活。早期大国对殖民地的剥夺是惊人的。虽然,大国也给殖民地带去了一些现代文明,但当地人却付出了极高的代价,他们不仅失去了自己的经济资源,也失去了国家的政治尊严,那就是民族的独立和平等。

大国称霸的故事虽然丰富多彩,却从来都缺少美好和顺利的故事线索。因为它造成的麻烦总比解决的问题要多得多。它固然拥有让世界刮目相看的荣耀,同时也面临着如何保持和扩大利益的烦恼。

这三段解说严肃厚重,将政论与史实结合,有感染力和号召力,把哲理和激情融合在了一起,从而调动观众的情绪。当然并不是所有的政论片解说词都是如此,有的时候这种议论可能更加平实、客观、舒缓。在《大国崛起》中也有这样的段落。

在政论片中,解说词的作用通常要重于电视画面的作用,因为画面不具备语言的概括能力。所以政论片的电视特点有时并不明显,解说词更有力地主导整部片子。所以,很有可能在制作这类片子时,解说词是提前完成的,画面的拍摄与剪辑是依照解说来处理的。有时候,政论片的认知价值可能已超越了审美价值。即使是这样,政论片的写作难度依然很高。因为要完成这样的解说词写作,必须具备扎实的基础知识、较高的理论文化素养,更重要的是要具备敏锐的政治感悟力。

(三)风光类、文艺类专题片

风光类、文艺类专题片通常以展示某一地域的风土人情、风光美景,或反映某种文化艺术形式作为主要内容,重在展示表现对象的艺术美感,以满足人们猎奇、欣赏或拓展视野的需求,兼有欣赏性和知识性。这类电视作品通常以画面语言为主,其解说词不必过多地叙述事件的前因后果,也没有必要故作高深地大发议论,要深挖画面含义,主要依靠观众直接感受画面与音乐文字的美好,并使其受到熏陶。它的解说语言一般要求亲切、甜美、柔和、真挚,节奏轻快、舒缓,应能与画面形成浑然一体的意境美和整体和谐的诗意美。

比如著名的电视专题片导演刘郎在专题片《江南》的第一集《在水一方》中一开始就这样写道：

就从这里开始吧。

周庄、同里或者乌镇，水乡的古镇在江南生长。在古镇上走一走，以这样的方式体会江南，我们细致而明确地感受到了江南的精神和风采。

水流在水里，风淡淡地吹着风。在这里，流水和流水，不就是江南翻飞的水袖吗？不就是把江南舞动得风姿绰绰、灵秀飘逸的水袖吗？在朴实无华中超凡脱俗，在超凡脱俗中返璞归真，这水做的江南，这江南的流水啊。小桥、流水、人家，这是江南最灿烂的风花雪月，这是江南最根本的从前以来。

十多年前，古镇的农民耕田的时候，掘到了一些石斧陶器和玉镯玉瑗，这一个发现，引起了文物管理部门的注意和重视，考古学家们从各地赶来，仔细看过了这些石斧陶器和玉镯玉瑗以后说道，这是崧泽、良渚文化时期的文物，离开现在，应该有五千五百年了吧。

五千多年前的古镇是什么样子，我们不能知道，我们只能知道，五千多年前，我们的先人，曾经在这里编织着生活，在这里的山下，在这里的水边，他们随意地唱着自己作的歌曲，一些鱼儿，悠闲地从他们身边游过。

我们不能知道，我们的先人从何而来，他们是千里迢迢赶来还是风尘仆仆路过，我们只知道，当他们和这一片山水相遇的时候，就毫不犹豫地留了下来，他们在这里开荒种田，纺纱织布，然后生儿育女，这一片山水，是我们的先人最初的家园。我们也不能十分清晰地勾画出五千多年以来春夏秋冬的交替和风花雪月的演变，我们还是只能从古镇的一山一水一砖一石中，领略岁月浩渺和沧海桑田。

这段优美婉转的解说词，经由播音员缓缓道来，结合画面中的江南风景，为观众营造出一个富于诗意和韵味的意境。

风光类、文艺类专题片的解说词往往语言优美雅致，讲究节奏和韵律的和谐，具有听觉上的形式美感，它吸取了中国传统文化中写实之外更重写意的精神，更重视由声、画、文字共同传达出的意境，更好地表达出了中国韵味。

（四）人物类电视专题片

人物类专题片往往将各种领域内有代表性的有特点的人物作为反映对象，以表现一个主题或一个立意。实际上，由于现代专题片或纪录片越来越重视人本化的创作理念，所以在一些表现地域风光、文化艺术、科教社教类的片子中，以人物作为主要表现对象或切入点的情况愈加频繁。因此，人物类专题片的外延相当宽泛。

在人物类专题片中，人物的内心活动以及经历、背景、事件过程的说明等是解说词通常承担的主要任务。因而其解说语言通常为叙述型的，表达平和、自然、流畅、朴素，贴近生活化，具有平民化和大众化的特点。

例如《藏北人家》结束时的解说词这样写道：

新的一天开始了，这一天和过去的每一天都一样。

> 对措那、罗追来说，昨天的太阳，今天的太阳，明天的太阳都一模一样，牧人的生活就像他们手中的纺锤一样，往复循环，循环往复，永远是那样的和谐，那样的宁静，那样的淡远和安宁。

整个解说自然流畅、亲切感人，将人物的心理描绘得清晰到位，并能激发观众的情感和感悟。

电视专题片的类型不是以上几种就能概括的，随着电视事业的发展，电视专题片正在朝着一种多元化的方向发展，因此解说词的写作并不是某一类的体式就能概括得了的。况且文无定法，主题各异，所以多数情况下，一部专题片的解说词更可能是多种形式的融合。和其他类型的文学作品一样，电视解说词的创作更应从实际情况出发，因题制宜，不断创新。

二、解说词的语言形式要求

（一）解说词要与画面精确对位

解说词是在时间的延续中展示空间的艺术，也是在空间的转换中展示时间的艺术。在电视解说词的写作中，撰稿人要精确把握解说词的长度与画面长度的一致性。电视解说不能随意挥洒，它必须要注意到同画面的对位与一致，注意到画面长度容纳字数和解说的语速。

过去，由于电视技术手段和观众的视听习惯原因，电视解说的节奏相对缓慢，每分钟画面大约对应180字的左右的解说词。随着技术手段的进步和人们生活节奏的不断加快，电视解说的播音速度越来越快，现在电视解说的速度大约是在200字/分钟～220字/分钟。当然根据不同内容的解说，解说员也会调整语速，比如抒情类的解说词可能语速更慢。所以在创作解说词时，首要考虑的问题就是解说词的长度问题。

除了时长的精准性外，电视专题片的解说词还要求内容与画面的精确对位，那些需要严格对位的地方不能错位。尤其是对画面中那些有特殊的背景，特指的人物，必须强调的细节，解说中的某个句子，甚至是某个词汇，必须同相关画面的位置准确对应，与针对性画面形象同时出现，才能取得声画结合的预期效果。否则，不仅这种交叉、碰撞、借力的效果难以实现，而且关键部分错位，还会带来非常恶劣的后果。

那么如何实现画面与解说的精确对位呢？我们通常可以通过细分解说词段落，尽量使用短句，提高解说词的针对性等方法来保证解说词的精确性。因为如果解说词的段落过长，句式过于复杂，将不便于播音员计算时间、调整语速、找准位置，甚至连处理句子的逻辑重音，抒发情感都比较麻烦。而解说词只有针对性强，才能保证画面编辑的段落性和单一性，保证节目的层次分明。

（二）恰当使用特殊词汇

在解说词写作中经常会出现数字、简称、同音词、专业术语等特殊词汇。在使用到这些特殊词汇时，应通过一定技巧，使解说词既通俗易懂、清晰明白，又准确无误、生动有趣。

1. 形象化处理数字

数字在解说中随处可见，它可能是一个时间，也可能是一个数量。但不论是时间还是数量在生动的文字中，数字总是显得要枯燥一些。而且，当这个数字代表的数量比较大，或者时间比较久远时，观众往往难以对所表现的对象得出清晰的概念。这是因为观众通过听觉感受转瞬即逝的解说词时，通常没有时间思考和计算，很难做出相应的反应，留下精确的印象。所以在提及一些数字时，我们往往通过一些形象化的处理，使它看起来更容易接受。

比如我们在介绍数字的时候，增加一个参照系和可比量，就能比较清晰地说明这个数字，当然这个参照物和可比量最好是观众熟悉的东西，以便观众能够迅速理解数字的基本度量。比如介绍某水电站的发电量，当观众听到年发电量是×××亿千瓦时，观众对这个数字可能并没有概念，但如果解说词补充说明这电量是某城市某省份多少年的总用电量时，观众可能就能感受到这个数字的巨大。再比如某饮料广告中说：×××一年卖出7亿杯，杯子连起来可绕地球两圈，抛开商品与广告效果，单看这句广告词，生动形象，很容易给观众留下深刻印象。

同样，如果在定时解说词中使用到历史时间，若是简单列出个年代序号，观众因为没有时间思考计算，查找历史资料，所以如果本身并不熟悉这段历史，可能会有历史时间感上的混乱。但如果在提及具体历史时间时，能够进一步用这个年代著名的历史人物或历史事件作参照，观众可能更易接受。比如提到公元755年，可以补充这是唐代大诗人李白和杜甫生活的年代，或者是"安史之乱"爆发的年代。

2. 慎用简称

简称，是我们在说话或写文章的时候，为了节省时间、节约字数，对固定称谓的一种压缩用法。由于约定俗成和社会认可，交流时无需解释，就可以相互明白，如"三个代表"、"八荣八耻"、"三中全会"、"人大代表"、"政协会议"，等等，都是广泛使用的简称。但是在电视解说词中使用简称，一定要非常慎重，不能随心所欲地使用简称，避免产生听觉障碍或误解。尤其是不能自己发明生造简称。另外要注意简称的时代性、地域性和行业性，因为有些简称可能只是在一定范围的群体中被理解，而一旦超出了这个范围，受众便难以理解这些简称的指代意义。但电视节目是面向大众的，必须保证绝大部分观众能够轻松地从中获得信息，因此那些有局限性的简称一定不能出现在电视解说词中。

最后还要注意简称使用的场合和对象。一般情况下经常使用的简称，如果遇到特殊情况，比如重要的人物或事件，正式的场合和重要的时刻，需要使用全称。比如重要的外事活动，正规的外交公报等都要使用全称。

3. 避免同音字产生误解

电视解说词是通过听觉传达的语言形式，由于各种语言当中都有许多发音相同或近似的字词，这些音同意不同或音同形不同的字词，写在纸上没有什么问题，一旦通过听觉传达，就可能在部分观众中引起误解。

有些同音词只要语言环境合适，出现听觉上的误差关系不大，比如"同志"、"同治"和"童稚"，再比如"签名"和"千名"。因为这些词汇所在的语言环境通常差别较大。但有些同音词一旦听错，问题就严重了，比如"全部合格"与"全不合格"，这完全是两个相反的意义。再比如说某某食物可以"zhì癌"，如果没有字幕辅助，观众听完之后就可能产生分歧，有人认为是导致癌症的"致癌"，有人则认为是治疗癌症的"治癌"。

因此对于使用频率较高的词汇，尽量创造准确的语言环境，保证这些词汇是特定语言环境下唯一的选择。再者，尽量使用双音节词汇，少用单音节词汇。因为双音节词汇多了一个字，就有了一个限定，意思比较狭窄，也相对更为准确。比如前面的"致癌"如果写成"导致癌症"就不会引起歧义了。而且单音节词播出时不容易突出和强调重音，很容易被"吞"掉，使观众漏听或误听。尤其是解说词中关键的连接词、转折词及时间副词在使用时，一定要用双音节词汇，使语句的传达更为准确到位，如"曾—曾经"、"虽—虽然"、"望—希望"、"因—因为"，等等，多一个字并不影响解说词速度，但意思的传达却会更清楚。

（三）注重解说语言的听觉效果

电视解说词作用于观众的听觉，在服务内容的基础上，解说词语言自身的形式美感和听觉美感，对提高语言自身的感染力和表现力是十分重要的。

解说语言的美感，主要侧重从语音和词汇的选择角度，追求语言的声调、色彩、感触等。例如选用词汇的明暗、软硬、响亮与沉郁的区别；语句中急促与舒缓、豪放与委婉、明快与抑郁的区别，都给观众以不同的听觉感受。色彩的浓淡、感情的深浅、褒贬的强弱都对内容的表达产生或大或小的影响，语句中的整齐、抑扬、回环、重音的不同，可以通过修辞中运用对偶、排比、重叠、反复、顶针、双关、谐音、骈散结合等形式构成不同的听觉感受，帮助内容的表达，调整与其他手段的配合关系。

解说词既然作用于观众的听觉，有一个基本的要求，就是要好听。除了播音员的艺术处理之外，语言自身有一个节奏和韵律的问题。有些解说词，播音员处理起来非常舒服、抑扬顿挫、朗朗上口，如行云流水一般，观众听起来自然也顺耳舒畅、声声入耳。而有些解说词读起来别别扭扭、断断续续，重音不好找，换气也不顺畅，处理起来感情气势都难以把握，观众听起来觉得刺耳，严重影响接受情绪。

为了保证解说词的听觉美，撰稿人应坚持培养自己良好的语感。语感包括字词选择、句子结构、感情色彩、节奏韵律、重音强弱、抑扬顿挫以及发音处理，等等。良好的语感需要不断培养和锻炼。比如可以通过朗读去找感觉，通过演讲去切身体验。写好的解说词，应当自己先读一读，感受一下是否有不够顺畅的地方。

在一定条件下，"形式就是内容"，解说语言的结构方式，往往直接影响内容的表达。比如利用排比句形成历史的纵深感，利用对偶句形成的对比反差，利用男女声交替形成此起彼伏的递进感，利用某些语言组织在观众中的深入影响，形成含蓄机智的潜台词效果，利用字词的同音或谐音形成的双关寓意等。甚至语言的气势和风格，也都会强化观众的感受，为解说词的内容增色，更有效地影响和感染观众。

第三节 解说词的创作过程

电视画面具有多义性,而人们的认知能力又有所差异,视野受到一定的限制,导致观众对画面的理解可能不尽相同。因此仅仅依靠画面来传达电视专题片创作者的意图,显然是不能令人满意的。解说词在这时就显示出重要的作用。不过解说词的创作并不像普通文章的写作过程,仅靠一支笔或一台电脑,就可以洋洋洒洒、天马行空般地任意挥洒。电视解说词的创作必须全方位地考虑问题,要瞻前顾后、左顾右盼,充分把握电视解说出现的外部条件和内在因素,尽量寻找同其他手段相互配合的最佳途径,包括实际操作中可能遇到的各种条件和问题。否则,写得再热闹,再精彩,却文不对题,漏洞百出,脱离画面,或者无法进行实际操作,也等于一番空谈,白费力气。

一、创作前的准备

在正式写作解说词前,通常要做好一系列的准备工作。只有做好这些准备工作,才能保证解说词的质量,使解说词充分有效地发挥其作用。具体来说,这些准备工作应当包括以下几步内容。

(一)拟定选题与大纲

电视专题片创作的第一步就是选题。当下电视行业竞争激烈,并且电视制作是一种高投入的创作,为了保证节目的质量和播出效果,必须要进行严格的选题。好的选题是电视专题片成功的重要保证。而大千世界,繁杂丰富、五光十色,选择什么样的题材才是成功的选题呢?这就要求创作者要有敏锐的观察力和长期的生活与文化积累。只有具备这样的素质,才能从生活中,从社会中,从繁芜丛杂的世界中选取有意义、有价值的选题。正所谓"问渠那得清如许,为有源头活水来",只有选题具有源源不断的营养,节目本身才能取得成功。

在对选题进行分析时,要首先判断其是否具有创作的价值和意义,必须考虑其成功的着眼点在哪儿。要考量选题本身是否具备一定的新闻价值,是否是当前观众和社会关注热点;是否在众多相近的题材中最具有典型性;是否有足以吸引观众兴趣的独特性;是否具有可以深入分析和挖掘的价值……通过对这些方面的考量,可以给选题提供充分的依据和基础。

完成选题并获取相关素材后,就要为解说词拟定一个大纲。大纲是文稿的基础,解说词的撰稿者不能听到选题就提笔开写,马上钻到具体材料的遣词造句中去。解说词的起草,首先是从提纲上考虑,如同盖房子要有设计、有骨架一样。

在构思提纲中,一般有以下几个方面的要求。

首先,要抓住主题。主题一旦确定,解说和画面都必须围绕主题展开。所以解说的首要任务是抓住主题。提纲实际就是主题的细化,而解说词又是提纲的细化。因此提纲是主题到解说具体写作的重要桥梁。提纲将主题进行分解为一个个更具体更微观的主题,为解说词的写作建起了骨架。

其次,要深挖材料。解说词的写作过程中,要把握和提炼专题片所采集的素材,对于哪些素材要重点阐述,哪些素材要进行补充,必须了然于心。

再次,要突出重点。一个专题片设计的内容往往不是一个方面,那么,是不是要把相关的内容都列入提纲的范围呢,显然不能这样,而是要抓住其中的重点,确定哪些是核心问题,必须列入提纲,而哪些又是边角信息,无需在提纲里提及。

(二)收集相关资料

在专题片解说词正式动笔之前,还必须收集相关资料,尤其是在解说词的大纲拟定之后,原来收集的资料,很可能无法满足解说词的写作需求,这时候,就需要搜集整理更多的相关资料,以便更加细致、翔实而又有针对性。

占有资料主要通过搜集整理、调查采访、座谈讨论、思考分析来解决。资料内容主要包括:相关的文字资料,如背景资料、个人回忆录、经验事迹总结,其他媒介的相关报道、有关的文件法规等;相关的图片资料、影像资料、录音资料和具体的实物资料等;所拍摄的全部画面素材、采访素材等。对于第一手的详实的材料,解说词的编撰者需要亲自深入到采访前线才能获得。而这种深入采访对后期的解说词写作非常重要,没有这个过程就没有切身的体验和感受,就不可能写出让观众信服、感人的解说词。凭空想象的"闭门造车"是不可能创作出优秀作品的。

在浏览这些资料的过程中,一定要善于发现和捕捉有用的材料。一方面,根据节目设定的主题和方向进行选择和取舍;另一方面,要善于发现素材中那些更为鲜活,更有意义的信息。也许一次偶然的发现和挖掘,就能改变整个节目的思路和侧重点。

一般来说,搜集相关材料是节目创作的必由之路,创作者大体都能做到,只不过投入的力量和发现的眼光有所区别而已。对于"死"材料,只要肯花工夫,大部分都得能搜集到手。但对于编导和解说词的撰稿人来说,最大的考验是围绕主题你能够"想"到的材料。"想"是节目创作中一个极其重要的过程。既是一个占有材料的过程,同时也是一个思考的过程,一个分析的过程,一个联想的过程。这个过程对以后的创作环节都会产生某种潜在的影响。因此在创作之前,围绕选题应该进行反复思考。

二、创作中的关键

(一)选择合适的切入角度

选择什么样的角度切入和表述,是节目创作能否成功的关键。在日复一日的创作过程中,真正全新的题材,几乎很难遇到。那些独特又罕见的题材往往是可遇不可求的。我们平常接触到的,多数是一些常规的题材、相似的问题。面对大体相近或比较雷同的题材,怎样做才能另辟蹊径,给观众耳目一新的感受呢?其中一个关键性因素就是选择一个新的、合适的角度。新的角度又从何而来,怎么发现呢?通常我们可以采取这样三种思考方式,来寻找新的角度。

1. 以小见大

接近性,是选择角度的重要原则。越是小,越是具体,越是能够接近观众,所以,最好通过具体的人物、具体的事件、具体的故事、具体的细节入手展开叙述。越是小,越是具体,越不容易雷同。再重大的题材、再宏伟的事件,也可以通过很小的切入点,逐步展开,以小见大,由实入虚。

比如,在改革开放三十年的时候,全国各地的媒体都在做一批反映党的十一届三中全会以来,我国社会发生的翻天覆地的变化的报道。题材相似,过程相似,评价一致。这时候若想突出重围,给观众留下深刻的印象,就需要选一个恰当的切入点,尤其是那些非常具体、细小,和老百姓生活息息相关的切入点。比如有一部片子就从一户普通百姓家的电视机入手,三十年前,可能一条街才有一台电视机,但随着时间的变化,家里的电视机由无到有,由黑白到彩色,由小到大,由一台到多台,再到现今,电脑手机已经渐渐取代了电视机。这就非常生动地反映了三十年来,人民生活质量的提高。

再比如,表现中国美食的专题片和纪录片不胜枚举,但《舌尖上的中国》为何能脱颖而出呢,除了出色的视听语言外,和它细腻入微的切入角度也分不开。比如在《自然的馈赠》的开篇,便以卓玛一家采集松茸作为切入点:

> 中国拥有世界上最富戏剧性的自然景观,高原,山林,湖泊,海岸线。这种地理跨度有助于物种的形成和保存,任何一个国家都没有这样多潜在的食物原材料。为了得到这份自然的馈赠,人们采集、捡拾、挖掘、捕捞。穿越四季,本集将展现美味背后人和自然的故事。
>
> 香格里拉,松树和栎树自然杂交林中,卓玛寻找着一种精灵般的食物——松茸。松茸保鲜期只有短短的两天,商人们以最快的速度对松茸的进行精致的加工,这样一只松茸24小时之后就会出现在东京的市场中。
>
> 松茸产地的凌晨3点,单珍卓玛和妈妈坐着爸爸开的摩托车出发。穿过村庄,母女俩要步行走进30公里之外的原始森林。雨让各种野生菌疯长,但每一个藏民都有识别松茸的慧眼。松茸出土后,卓玛立刻用地上的松针把菌坑掩盖好,只有这样,菌丝才可以不被破坏,为了延续自然的馈赠,藏民们小心翼翼地遵守着山林的规矩。
>
> 为期两个月的松茸季节,卓玛和妈妈挣到了5000元,这个收入是对她们辛苦付出的回报。

在这里,解说词还细致地描绘了松茸的生长环境在"松树和栎树自然杂交林",谈到松茸的保鲜期"只有短短的两天",松茸的销售,卓玛挖掘松茸的方式,甚至是卓玛的收入。这些语言朴实而细致地向观众展示了松茸这一"自然的馈赠",使观众对中国美食的食材来源有了细腻真实的感触。

越是重大的题材,越是要寻找和普通观众心理的接近性。《普通法西斯》反映了第二次世界大战的情况,但是作者从一组儿童画面切入,一面普通的墙壁上,孩子用稚嫩的笔画自己母亲的形象。每一个母亲都认为自己的孩子是世界上最好最可爱的孩子;每一个孩子都认为自己的母亲是世界上最美丽的母亲。然而,在希特勒的蛊惑宣传下,德国这个极富理性的民族,却被训练成一个个残暴的法西斯匪徒,去屠杀其他国家的母亲和孩子。这种切入点,看起来很小,却产生了强大的艺术震撼力。

2. 多向思维

多向思维,就是要求我们在创作中,尽量站在不同的立场上,从各种不同的角度,以不同的角色身份观察事物、思考问题。经过多种可能性的比较,可以使我们避免片面性和单一性,使我们在多种价值取向的矛盾冲突中,做出更加冷静与正确的选择。

比如在《华尔街》中,对于金融风暴的问题,既有来自普通职员的看法,还有来自经济分析师的意见,此外还有企业的高层、电视台的主播、纽交所的主席与普通经纪人,甚至还包括不同国家和地区金融专家各自的想法。这样将各个不同阶层不同背景的人的分析,有机地组织到一起,并用解说词贯通连接,就给观众带来了多维度的思考。

3. 反向切入

反向切入是一种创造性思维的角度。通过转换立场,转换角色,从完全不同的角度观察和思考问题,摆脱惯常的思路,往往能够发现新的切入点。创作的过程,就是一个不断向传统思维方式挑战的过程。艺术创作的规律就是要求在"情理之中,意料之外"。

例如一条保护水资源的公益广告。画面表现了水被污染和浪费的情景。广告词是这样说的:"如果人类不珍惜水,在这个地球上,我们看到的最后一滴水将是自己的眼泪。"这条广告写得相当精妙,作者没有去说水资源的枯竭,而是说有水,但这水是人类的眼泪。这样的解说词由于构思巧妙,角度独特,能给观众留下深刻的印象。再比如纪录片《最后的山神》中的结尾有这样的画面:在篝火照亮的夜色中,一位鄂伦春族的老人敲着萨满鼓在表演萨满跳神,他唱着颂歌,神情虔诚地祈求诸神光临。解说词却转借他老母亲的话说:"神走了,请不回来了……"这句解说词从表面上看是和画面的气氛唱反调,却是一句意味深长的叹息。因为一种远古延续下来的狩猎文化即将消失,与其说是那位鄂伦春族老人在唱着颂歌请神,不如说是一曲唱给神灵的挽歌。美学家克罗齐说过:"艺术家的全部技巧,是创造引起读者审美再创造的刺激物。"[①]反向切入的解说词是最能体现这一特征的,这种创造刺激物的方式愈独特愈新颖,能给观众以审美的体验。

(二)合理组织安排结构

电视解说是一种叙述方法,其叙述方式会对节目的组织结构产生重要的影响。解说词需要通过和其他电视手段的相互配合,才能形成完整的表述体系。因此最理想的电视解说词撰稿人,莫过于编导自己。即使是特约撰稿人,也要与编导相互沟通,对编导的意图有所了解,并参与片子制作的全过程,然后根据专题片的内容和形式要求,对解说词做出合理的结构设计和预先安排。

1. 整体布局,谋划全篇

解说词的撰写首先要对专题片做通盘考虑,根据主题和题材,确定整部片子的结构布局和体裁风格。电视专题片的结构框架是一部片子的骨架,也是一部片子的内容。

---

① 克罗齐:《美学原理》,上海世纪出版社,2007年版。

对创作者来说,结构是掌握全局的重要手段,也是创作者思想观念的体现,同时,也是观照自我、观照人生、观照世界的体现。

虽然专题片的结构形式有很大的灵活性和自由度,但我们依然可以从大量的已有作品中总结出一些结构样式来作为参考。

(1) 线索式。

这是电视专题片中最常用的结构形式之一。所谓"线索式"即将几部分不同的材料用一条或若干条线索串联起来,从不同方面展现同一个主题,好比长藤结瓜。比如著名的电视片《话说运河》、《话说长江》、《丝绸之路》、《望长城》等都是采用这种结构方式。大体以地理走向为中心线,沿线的各地仿佛散落的珍珠,金线串珠,牵藤引瓜,将纷繁复杂的内容串联起来。著名的纪录片导演及撰稿人陈汉元,在《话说长江》里就是这样引入对洞庭湖的介绍的:

> 长江流域有许多湖泊,打个比方吧,如果说长江是一条长长的藤,那么这众多的湖泊就是这长藤上的一个又一个的瓜。由西往东数,这是第一个大瓜——洞庭湖。

线索串联式的结构,通常适用于社教、散文类专题片,因为这类选题的故事性不强,通常难以构成连续的故事或情节,而且内容庞杂。线索串联式专题片则可以使庞杂的主题变得清晰明确起来。

(2) 放射式。

这种结构样式是先确立一个比较明确的主题,然后将几部分相对独立的内容并列组织起来说明这个主题。它和线索式结构有一定的相似之处,都是围绕一个主题展开不同部分的表现。但线索式的不同部分之间可能存在内在或外在的联系,而放射式的则各部分内容相互独立,互不联系。例如电视片《超级工程》,就是展现了五个重大工程项目:港珠澳大桥、上海中心大厦、北京地铁网络、海上巨型风机和超级 LNG 船。这五个项目都是围绕"超级工程"这个主题而横向上构成了放射型的结构。它们本身各自独立,但又都体现了主题。

国外电视片采用放射式结构的较多,其具体形式往往由一个主持人或类似的人提出一个题目,然后用不同的材料来说明或证实它,具有强烈的主观色彩。

(3) 递进式。

这是调查类、新闻类专题片总常用的结构形式,这类结构往往按照事物发展或人们认识事物的逻辑顺序来安排层次的。这种安排方法使整部作品有明显的发展线索,循序渐进,层层递进。它通常以时间为轴线,按照人物活动的线性发展,事物进程的自然秩序组织安排材料,具有较强的叙事性和较严格的生活逻辑。例如《半个世纪的乡恋》这部电视片就是这样的结构方式,它真实地展现了第二次世界大战期间,一个13岁就被日军从韩国抓到中国,成为日军"慰安妇"的李天英老人长达半个世纪的人生经历和情感世界。该片以李天英回国探亲的归程为主线,展开了一个凄婉哀怨的故事。

再例如电视科教节目《走近科学》,它的很多期节目,如《香尸谜案》、《封土下的亡灵》、《史前疑案》等就是随着考古调查的时间线索,一层一层,揭示真相的。递进式的结构方式,正符合人类认识事物的特点,人们认识事物总是由浅入深,由现象到本质的。

这种结构的另一个优点是，它便于讲述故事，便于设置悬念，从而克服了电视专题片容易平铺直叙的缺陷。

2. 巧设悬念，制造冲突

当今的电视专题片，越来越强调趣味性、人情化和矛盾冲突，突出解说词写作中的故事化，这是电视专题片人文关怀的一种体现。这种方式使专题片以更加直观、感性的方式营造气氛，其情节性增强了专题片的趣味性和可视性，使叙述更加富有表现力、感染力和说服力，诱发观众联想，达到"绘声绘色，身临其境"的效果。

（1）悬念的设置。

悬念是一件能够有效地推动故事发展，把叙事引向高潮（冲突）的"武器"，它是能使观众产生一定程度的好奇、紧张、焦虑和间接同情的戏剧性因素。① 正是因为这样，观众的心才能被剧情时刻抓住。

例如在《超级工程·港珠澳大桥》中提到建设港珠澳大桥的第一个难题时这样说：

> 这里是全球最重要的贸易航道，每天有4000多艘船只穿行。航道密集，复杂的海床结构让施工难度大大增加，每年南海的台风几乎都经过这里，在这里修建大桥要做好足够的心理准备。其实还远远不止如此。工程师们还要面对一个不可超越的数字：10%。

这里解说词在说明了造桥的困难后，强调了一个数字"10%"，这便为观众设置了一个悬念，观众会猜想，这个"10%"指的是什么，从而会对接下来的内容尤其关注。

再比如在《小平十章》的开卷篇中就设置了这样一个悬念：

> 1975年5月，邓小平以中国政府第一副总理的身份，再次踏上了法兰西的土地。在访问期间，邓小平受到了热烈而隆重的接待。法国总统德斯坦在欢迎辞中特意真挚地提到："希望这次访法能引起您对法国的回忆，因为您在法国曾生活过五年。"而就是这位受到最高礼遇的国宾，50年前却是法国警方搜捕的对象。那时候，他的名字叫邓希贤。1926年1月8日，在凌晨的黑暗中，数十名法国警察直奔比扬古尔卡斯德亚街三号。这个旅馆的5号房间，就是中国青年邓希贤。
>
> 法国警方为什么要去搜查邓希贤？这个不足22岁的年轻人为什么会引起法国警方的注意呢？

这部专题片就是开篇设悬，并层层递进，不断用解开悬念，设置新的悬念的方式，向观众展示了邓小平"一国两制"的伟大构思从理论到实践的历史过程。

悬念的设置还要注意所"悬"之"念"是有意义的，所揭之谜是有价值的。为了悬念而悬念，只能是故弄玄虚。比如《走近科学》的某几期节目饱受观众质疑，就是因为其"真相大白"后的结果，并不具备科学性和探索价值，观众的心理期待完全落空。

（2）冲突的制造。

罗伯特·麦基说："冲突法则是故事的灵魂。活着就是置身于看似永恒的冲突之

---

① 盘剑：《影视艺术学》，浙江大学出版社，2004年版。

中。"①把冲突确立为故事的灵魂,来源于人类实际生活的法则。故事是生活的比喻,而电视节目的叙事也正是在反映生活。可以说,没有冲突,就没有电视节目的故事性。

电视纪录片《达比亚》讲述的是中国云南怒江大峡谷的一个小村落里欧得得一家的故事。达比亚是怒族的一种古老的乐器,代代相传,传男不传女,到现在传到欧得得的手里,欧得得却生了三个女儿,所以达比亚琴就要失传了。影片中欧得得与村支书、与女儿、与两个光棍儿村民的矛盾互为关联,层层推进。每一个看似即将解决的矛盾,却又由此引发出一个个新的冲突。从"杀羊风波"到"饭桌风波",直至欧得得"哭坟",最终才揭示了节目的矛盾根源:达比亚作为一种传统文化的符号,在现代文明的冲击下,被三女儿的叛逆引发的一系列冲突摔得粉碎。在这里解说词的文稿对冲突的制造起到了不可忽视的建构作用,比如下面这段:

> 按照这里的规矩,不管谁家的牲畜吃了别人家的东西,它家的主人都得杀鸡宰羊向受损失的人家赔罪。但由于欧得得不知道昨天发生的事情,结果兄弟俩认为欧得得不讲道理,所以很生气。

所对应的画面则是光棍兄弟到欧得得家里的羊圈抓羊,在欧得得家门前杀羊。画面和解说词共同建立起推进剧情的冲突因素。

(三)善于观察捕捉细节

细节的捕捉和表现,是电视节目创作中最重要的一个因素。细节通常最具真实感,最有信息量,最有表现特征,并且不可替代。对于电视解说词的创作来说,细节的捕捉与表现不仅仅使节目表现更加具象化,在一定意义上,它也是解说词创作的起点和基础。

1. 捕捉细节需要有善于观察和发现的眼光

通过对画面和相关资料细节的观察和认真分析,很有可能发现一般人不容易看出的形象特征,或构成新的意象组合。比如陈汉元在为《话说运河》撰写解说词时,反复查看运河在中国版图上的位置,观察运河的航拍画面,并经过长时间的思考,突然发现,中国的长城和运河,一个由西向东,一个由北到南,恰好构成了一个"人"字,于是欣喜地找到了解说的切入口,并由此写下了片子的第一集《一撇一捺》:

> 各位观众,请仔细看一下中国的地图,这是山海关,万里长城从这里向西南延伸到中国的腹地,高高低低,途经七个省市自治区,这是北京城,京杭运河从这里伸向东南的大海之滨,深深浅浅,流经四个省、两个市,我们从地图上粗略地看,长城跟运河,它所组成的图形真是非常有意思的。它正好是我们中国汉字里一个最最重要的字眼"人",人类的人,中国人的人。请看,这长城是阳刚雄健的一撇,这运河不正是阴柔深沉的一捺吗?
>
> 长城和运河是中国人为人类所创造的两大人工奇迹。愚公移山,多么令人钦佩,但毕竟是先人编撰的故事。而万里长城和京杭运河,可就不同了。它们是人类历史上由中国人设计并施工的两项最大的建筑工程。巍峨的长城是

---

① 罗伯特·麦基:《故事——材质、结构、风格和银幕剧作的原理》,周铁东译,中国电影出版社,2001年版。

我们祖先用自己的骨和肉铸造的。深沉的运河是我们的祖先用自己的血和汗灌注的。我们的祖先为什么要以如此巨大的代价在如此辽阔的中华大地上书写这个"人"字？他又是何等可敬可畏、可歌可泣的事业呢？

在观察画面时，不能只用眼睛看，而是要调动多种器官参与观察。这种观察影视一种全方位的感受，视觉、听觉、味觉、嗅觉、触觉都要去感受画面。这样才能最大可能地发现有用的细节。

2. 细节是展开解说的支点和契机

画面细节为解说的展开提供了一处声画结合的最佳支点。要用心观察，根据主题和内容需要，巧妙利用这些"信息支点"展开解说，就很好地解决了如何根据画面撰写解说词的问题。

比如，《半个世纪的爱》是一部反映金婚老人幸福婚姻的作品，其中有一幕几个放学的小孩无意中进入了镜头，编导不仅发现了这个细节，还经过思考写进了解说词：

胡同里的孩子放学了，蹦蹦跳跳的。也是一个小女孩，她忘记跟同学们打招呼了。当然，她不会特别关注对面院里的这一对老人，更不会想到老人也曾经蹦跳着走过和她一样的童年。

通过解说，不但把小女孩和老人联系起来，使画面中出现的人物都围绕住主题。同时还表达了丰富的哲理内涵，把生命的轮回交替和生活的沧桑巨变带来的无限感慨表达得淋漓尽致。老人也曾经有过纯真烂漫的童年，而现在还是童年的小女孩总有一天也会长大，变老。生命就是这样轮回，而正是有了这样的轮回，人类社会才能生生不息。

有些画面的细节不一定处于画面构图的中心，可能处于画面中的一个容易被忽视的角落。如果这个细节能够与主题巧妙地联系起来，展开叙事或传递信息，就可以通过解说将它强调出发，引起观众的注意。这些为解说展开的细节支点，可以是画面中的任何对象，包括颜色、道具、动作、姿势，等等。

专题片由于篇幅有限而细节无穷，因此在解说词对细节的具体描摹中，要注意对解说对象的详略布局，选择典型段落细化描述，重点突出有价值的细节。同时应遵循真实性原则，细节唯有真实才可信，唯有可信才传神。

（四）精心谋划开头和结尾

中国传统文学创作中讲究"凤头、猪肚、豹尾"的说法，"凤头"即开头像凤凰的头部那样美丽、精彩；"猪肚"即主体像猪肚子那样有充实、丰富的内容；"豹尾"即结尾像豹子的尾巴一样有力。解说词创作亦如此。一部优秀的专题片解说词需要有一个精彩而巧妙的开头、丰富的内容和一个让人回味无穷的结尾。尤其是开头和结尾，要尽量显露文采、感情充沛、吸引观众。

1. 引人入胜的开头

美国学者罗伯特·赫利尔德说："从大量录像资料中认真选出几段相关人物的简短陈述，迅速把它们提供给观众，以便获得他们的注意和兴趣，并直接、具体地告诉他们节目是关于什么问题的。质朴无华的开头——没有介绍、没有音乐、简单的陈述——能使开头有力。应尽早让观众获知电视节目将采取的态度。"①的确，一个电视节目的开头是否精彩，直接影响着观众的收视心理。尤其是在当今的电子时代，信息泛滥，节目繁多，观众在观看电视节目的过程是一个不断筛选的过程。要在众多的电视频道和电视节目中让观众看下去，必须要能吸引到观众的兴趣。能否引起观众的注意，节目开头的解说词显然承担着更加重要的任务。

好的解说词开头除了需要选择一个恰当的切入角度，确定节目的基调风格外，还要做到先声夺人、出手不凡，给观众新鲜的感受或强烈的冲击，展现出解说的水平和语言技巧。

我们看下面几段解说：

  俗话说，外行看热闹，内行看门道。有人说他是石匠，有人说他是木匠，然而他不做家具，也不砌墙，是啊，他从少年时代开始就同石头、木头打交道了。起初，大概是因为好玩，后来却成了他拆不开、放不下、棒打不回头的爱好和职业了。（《雕塑家刘焕章》）

  瑞兔，象征吉祥和顺，给兔年的中国带来欢乐。六十年为一个甲子。六十年是整整一个人生。六十年前，历史有一次庄严痛苦的分娩。那是另一个兔年，到处鲜血飞溅……中国共产党刚满六岁。一夜之间，突然被自己昨天的盟友蒋介石推下血海……（《让历史告诉未来》）

  这是一支创造了历史的军队。然而，多年以来，人们对它的了解并不多，它真实的形象一直模糊不清。秦军强大的根源在哪儿？它靠什么建立了空前的丰功伟业？（《复活的军团·王者之师》）

  在世界的东方，屹立着一个历史文化从未间断的国家——中国。几千年来，勤劳、勇敢的中华民族，创造的灿烂文明对人类文明的发展、进步做出了不可磨灭的贡献。当历史的脚步，进入公元1661年的时候，随着清朝第三个皇帝康熙的登基，中国迎来了封建王朝的最后一段盛世。此时，人类社会正在发生着前所未有的巨变。15世纪末，欧洲的航海家们开始征服海洋。伴随着资本主义的对外扩张和贪婪掠夺，世界逐渐连接在一起，从此，任何一个国家，都无法孤立于世界之外而存在。18世纪后期，英国的工业革命、美国的独立战争以及法国的大革命，深刻地改变了人类文明的进程。人类社会的现代化，已成为不可阻挡的历史潮流。这股汹涌的浪潮，不可阻挡地逼近了中国。沉浸在康乾盛世中的人们，全然不知这盛世亦正面临着一场厄运。正在全球范围内，争夺利益和霸权的西方殖民主义势力已经扩张到东方，三千年未遇之大变局即将到来，中华民族百余年艰苦卓绝的伟大复兴历史，由此拉开了大幕。（《复兴之路》）

---

① 罗伯特·赫利尔德：《电视广播和新媒体写作》，谢静译，华夏出版社，2002年版。

请您用大理石、汉白玉、青铜和瓷器建造一个梦,用雪松做屋架,披上绸缎,缀满宝石……这儿盖神殿,那儿建后宫,放上神像、放上异兽,饰以琉璃、饰以黄金、施以脂粉……请诗人出身的建筑师建造一千零一夜的一千零一个梦,添上一座座花园,一方方水池,一眼眼喷泉……请您想象一个人类幻想中的仙境,其外貌是宫殿,是神庙……

——维克多·雨果1861年11月25日于高城居(《圆明园》)

上面这些例子中,第一例,语言平实却充满悬念,仿佛在讲一个小故事,观众会带着对主角是谁的疑问进入故事;第二例,由近及远,由当下追思历史,在追溯中展开序幕;第三例,提出疑问,设置悬念,打开了观众的期待视野;第四例,开门见山,直抒胸臆,气势磅礴;第五例,引用名人之语,语颇隽永,耐人寻味。

实际上,解说的开头各式各样,无定法可循,主要视作品内容和作者叙述风格而定。但是,新颖、独特、自然、接近观众,具有冲击力和吸引力,应当是对解说开头的共同需要。

2. 回味无穷的结尾

结尾对一部电视专题片来说,同样是非常重要的一部分。好的结尾可以收到"言有尽而意无穷"的效果。因此在电视节目中的主体内容讲完后,不要就此结束,而应有一个巧妙的结尾,使观众感受到超越事物本身的更多的东西,使作品能够得到观众的共鸣,引起观众的思索。

解说词的结尾方式多种多样,可以是自然简练,水到渠成地点明主题,并总结全篇内容:

紫禁城,初建于明朝,鼎盛于清代,五百年间它曾是封建皇权的象征,帝王将相的舞台。故宫博物院,得名于1925年,八十年来,它历经风雨,走向复兴,最终成为人类共同的文化艺术宝库。今天,紫禁城既古老又新鲜,它正承载着历史,创造着未来!(《故宫》)

解说词也可以是照应开头,使结构严密完整,并启迪观众思索的:

五味使中国菜的味道千变万化,也为中国人在品味他们各自的人生况味时,找到一种特殊的表达语境。在中国人的厨房里,某种单一味道很难独自呈现,五味的最佳存在方式,并不是让其中某一味显得格外突出,而是五味的调和与平衡,这不仅是中国历代厨师不断寻求的完美状态,也是中国人在为人处世,甚至在治国经世上所追求的理想境界。(《舌尖上的中国·五味的调和》)

还有些解说词的结尾是激情澎湃又发人深省,提出问题并做出了期许:

从地球仰望天空,是那样的遥远清澄,偶尔飘过的云彩,会遮住人们的视线。云彩的上面,将会是什么呢?是人类和平与发展的温床,还是未来大国竞争的疆场?或许,并不是所有的人都已经放弃陈旧的思维模式和全球对峙时代的种种偏见;或许,在未来的五百年,乃至更长的时间里,世界的发展仍将经受各种考验。我们不知道21世纪的变化将把大国带向何方,但有一点是可以肯定的:建立永久和平、共同繁荣的和谐世界,将是人类共同努力的方向。(《大国崛起》)

解说词还可以配合音响和同期声,给观众营造出耐人寻味的意境:

假如你要找刘焕章的家,那太容易了,只要记住胡同就行。因为他家的窗户外面,总堆放着那么多怪里怪气的大树桩。那他在不在家呢?你听!

【深沉的劈木声、凿石声一直延续……】(《雕刻家刘焕章》)

有时候在系列节目的结尾,解说词还要承担着承上启下的作用,为以后铺垫悬念。总之解说词的形式并无绝对的规则与方法,只要契合作品的整体结构和风格,为观众提供更多的思考和余韵,就有可能提升全片,打动观众。

三、解说词的录制

解说词创作过程是从选题开始,一直到录音结束的。并不是解说词文字稿成型后,解说词的创作者工作便完成了。在解说词录制过程中,创作者要始终在场,与播音员充分沟通,让播音员反复试说,才能使解说词最后得到一个好的呈现效果。

在录制解说词时,要特别注意以下几个环节。

1. 根据主题和内容确定解说风格

不同主题不同内容的节目,其情绪和节奏是完全不同的,并且同一部作品中,每一个段落的情绪和节奏也不尽相同。有时候需要的是舒缓、沉稳的语调,有时候又需要急促、紧张的解说方式,有时候需要铿锵有力,有时候又需要柔美婉转。这时候就要根据作品本身的特质来选择音色和特长最符合要求的播音员。一般来说,男性播音员的解说容易给人以厚重,理性,有说服力的感觉,在解说中占有较大比例。女性播音员的解说通常给人柔美,感性的感觉,在抒情段落常常由女性播音员来解说。

2. 把握每段解说的具体位置

尽管解说词在撰写时已经有了对应的镜头画面的标示,但因为专题片的画面往往相对复杂繁芜,解说词也可能不连贯、不完整,因此有时候简短的提示并不能让解说员即时把握和对应。为了从大量画面中找到确切的开始位置,解说词的撰写者需要提醒解说员,一一对照镜头,找到开口播讲的起点。

3. 根据画面长度调整解说速度

电视传播是一种线性的传播,因此每一个电视节目都会受到时间的限制。在专题片中,解说的节奏必须根据画面的长度不断地适应调整,使解说语言按照规定的时间融入画面,并在相应的时间结束解说。如果,镜头已经转换到下一内容,而解说还留在上一部分,就会打乱解说词的逻辑顺序,使观众产生误解。这就需要播音员在对片时,除了确定每段解说词的开始画面,还要试读一下,看看这段解说词是否能在规定的时间内完成。如果发现某一段落解说词的长度长于画面,就需要和编导沟通,是加快语速还是需要删减解说词。

在正式解说之前,播音员还需要反复地试说,通过试说发现解说中可能出现的问题,如检验是否与画面准确对应,解说速度是否合适,节奏是否和谐,语气是否到位,等等。等播音员充分熟悉解说内容和解说方式,并没有任何疑问之后,才能进入正式的解说。总之,解说的准备越仔细越好。

关键词

解说词　commentary
开头　beginning

思考题

1. 电视专题解说词的基本功能有哪些?
2. 举例说说政论片的解说词创作与人物专题片的解说词创作有何不同。
3. 举例说说电视专题解说词开头的常见方式有哪些。
4. 举例说说电视纪录片解说词结尾的常见方式有哪些。

第八章 电视专题修辞艺术

本章导言

修辞是指"有效交流的艺术或技能"。谈到电视专题中的修辞艺术,不得不提到影视蒙太奇理论以及比之更古老的文学修辞。影视蒙太奇可以将非连续的时间、空间、动作和声音组织成一个连续的、完整的运动整体,使镜头画面之间产生连贯、对比、联想、衬托、悬念、象征等艺术效果。文学中的一些修辞格在电视专题解说词乃至声画镶嵌结构中的运用也屡见不鲜。当然,文学修辞与电视专题修辞并非一一对应关系。

本章引例

张以庆导演的获奖纪录片《听禅》选段:

画面	字幕	声音
穿着清朝汉服的广东粤剧学校的陈家欣猛回头,东华里城市拆建,残墙断壁上的猫,写有"拆"字的墙。远处新建的高楼	东华里部分废墟	拆迁建设的背景音响
	广厦万间,夜眠八尺	
骆筠郿:"这里我已经守了七代了。" 骆筠郿年轻时照片	骆筠郿,(清)嘉道年间四川总督骆秉章后裔	采访同期声

续表

画　面	字　幕	声　音
石条街道水中倒影,从木窗前走过,撑着红纸油伞的演员陈家欣走在街道,渐虚化,远景。 骆筠郾侧面特写	东华里　原是广东保存最完整的清代街区	刘桂娟演唱的《渔舟唱晚》:"呀船儿摇动桨儿摆动,人儿醉不醒。江上渔火伴渔歌到了江中。"
	已失去　未得到　正拥有　轻重孰知	
金色的夕阳,金色的水面,船儿慢慢划走。渔民松哥喝水	罗列村村民　松哥	音乐《渔舟唱晚》:"船悠悠水悠悠桨悠悠人悠悠夜悠悠歌悠悠。"
	若水三千　只取一瓢	
江边渔船停靠,渔船河中划的虚化画面。金色的夕阳和水面,船儿慢慢划		音乐《渔舟唱晚》:"鱼儿游水儿游船儿悠月儿悠人儿悠歌儿悠。"
	同船不同路　渡人亦度己	
佛山街头富有活力的青年男女,格兰仕工人、媒体人、操作工、架子工、印染工匠、交警、技工	格兰仕工人谢善云、媒体人韩茜薇、操作工晚金芳、架子工胡少坤、操作工廖美丽、香云纱印染工匠李活生、操作工张小转、交警王桂德、技工邝建军、技工杨俊宁	广东音乐《旱天雷》
满头白发的谦伯在吟唱。陈家欣合掌拜佛		吟唱同期声
	其实　用心什么都是　禅	
一弯明月下,一老一少坐在祠堂门槛上的背影。一老一少手相叠特写。 远景		音乐《渔舟唱晚》:"月儿悠悠,顺风送船儿走船儿走。"
	佛山　简称禅	

第一节 蒙太奇理论概述

蒙太奇和修辞作为艺术语言存在着本质上的同源性,在艺术表现上有着先天上的相似性。

艺术语言和规范的理性语言的区别在于艺术语言是审美的,本质在于表现现实和人的精神美,是主体情感的反映,而规范语言是实用的,本质在于对认识对象的还原。"规范语言是理性的,艺术语言是精神的。"作为艺术语言的修辞遵循的是心理宇宙之真,而不是物理世界之真。它是对一般意义上的"逻辑"的跳脱与突破,体现了以简单的心理表层联系表达深层结构的主体创作情怀。在艺术语言中,人们运用修辞"抒写情怀,叙说感受,展露意绪,揭示哲理等无象无形,总是借景相宜,以物达意,用有象有形,具体可感的意象加以表达"。①

作为影视艺术的蒙太奇同样有这种将抽象的概念和情感投射到实在可感的事物之上的例子。著名的蒙太奇镜头"奥德萨阶梯"中石狮的沉睡、苏醒、站起,就是主体的认识寄托到客体之中的寓主于客的表达思维。所以,"'奥德萨阶梯'因而不再是对一场暴行的客观的新闻记录,而是爱森斯坦内在情感和艺术天才的外化形态。"

关于蒙太奇和修辞的关系,有学者进一步指出,"那种使作品条理贯通、表达清楚的技术可以称之为场面与段落蒙太奇的基本原则,那种使作品引人入胜、激动人心,产生更高美学价值的技术可以称之为场面与段落蒙太奇的常用手法,它们的关系非常类似于文学上的消极修辞和积极修辞的关系。"②

尽管蒙太奇和修辞属于两个不同的范畴,但它们作为人们表情达意的手段而使用时,存在着许多相似的地方——直观性、主客互渗、强烈的情感表现性、表现的选择性、语境思维以及非常态表达方式的应用。因此,研究电视专题中的修辞运用与功能,必然关涉蒙太奇理论和技法。

蒙太奇在电影艺术中的运用非常广泛,其功能也非常丰富。尽管在100年的电影发展过程中发生了很大的变化,比如蒙太奇的观念、艺术规则和技术技巧等方面,但是蒙太奇的基本类型与主要功能仍然被普遍认同。

在电影史上,美国人格里菲斯常常被视为自觉地使用蒙太奇的最早的导演。特别是在他的《一个国家的诞生》和《党同伐异》这两部电影中规范和创立了电影的表现手法。但真正全面地论述蒙太奇的美学价值和美学规律的是苏联蒙太奇学派。世界电影史上的苏联蒙太奇学派并不是一个有统一的艺术宗旨或发表过某项艺术宣言的团体。它只是泛指在整个20年代到30年代初期活跃于苏联影坛,并对蒙太奇的理论与实践作出过贡献的艺术家群体,其中主要有库里肖夫、普多夫金、爱森斯坦、维尔托夫等人。

---

① 慈祥:《突破与重构——浅谈蒙太奇与修辞》,载《电影评介》,2006年第32期。
② 邓烛非:《蒙太奇原理》,北京广播学院出版社,1988年版。

一、蒙太奇的概念界定与表意特点

蒙太奇是法文 montage 的译音,原意是建筑上的一个专有名词,是装配、构成、组装的意思,引申到影视中来,是指镜头与镜头组接的章法、技巧,即剪辑。在电影创作中,表现在拍摄与后期制作两个阶段。广义的蒙太奇是影视作品构成形式和方法的总称。因此,蒙太奇的完整概念,应包含三层意思:在电影方面,蒙太奇首先作为一种电影的剪辑技巧是将表演、摄影、造型、声音等按照特定的创作目的和遵循一系列的艺术规则组接在一起,形成连续不断、统一完整的银幕形象。其次,蒙太奇作为电影的基本结构手段和叙述方式,将若干个镜头或场面组合成整部电影,对镜头、场面进行分切与组接或者选择与取舍,从而创造出不同的叙述方式和结构形式。第三,蒙太奇作为一种思维方式是其他艺术所没有的,是电影艺术独特的表现手法和思维方法。因此,电影蒙太奇不仅体现在后期的剪辑中,也体现在前期的文学剧本和分镜头剧本的构思、创作中。

电影发展成为一门独立的艺术,是在蒙太奇产生和发展的基础上完成的。普多夫金说:"电影艺术的基础是蒙太奇。"蒙太奇是电影艺术所特有的表现手段和最突出的形式特点。通过蒙太奇手段,电影的叙述在时间和空间的运用上获得了极大的自由。

例一:
画面一:一双穿黑雨靴的男人的脚在上楼梯。
画面二:五楼上亮着的窗户五秒钟后黑下来(伴以女人的尖叫声)。
画面三:救护车与警车接踵而至(伴以警车、救护车的尖叫声)。

三个画面组合在一起,观众开始联想、揣测和判断:发生了一起谋杀案,凶手可能是那穿黑雨靴的男人。产生了"1+1+1>3"的效果,极具感染力。

例二:1920年苏联电影导演、理论家库里肖夫剪辑的经典影片片段:
画面一:一个年轻男子从左向右走来(地点是国营百货大楼)。
画面二:一个年轻女子从右向左走来(地点是果戈理纪念碑)。
画面三:两人相遇,握手(地点是大剧院附近),男子用手指着。
画面四:一幢宽阔台阶的白色大建筑物(事实上是白宫)。
画面五:两人走向台阶(地点转成救世主教堂)。

几个毫无关系的片断,经过导演的巧妙安排,蒙太奇的分切组合功能充分地体现了出来,达到电影的叙事和表意。

早在1916年,库里肖夫就开始致力于研究电影艺术的基本规律,他在总结自己的艺术实践并深入研究美国影片,特别是格里菲斯的影片特点的基础上,提出了蒙太奇理论,并认为电影艺术的特性就是蒙太奇。他以实验的方式证明,将同一镜头与不同镜头分别组接,就可创造出不同的审美含义,这一项有名的镜头剪接实验被称为"库里肖夫效应"。

他给俄国著名演员莫兹尤辛拍了一个静止且毫无表情的脸的特写镜头,分别与下列三个镜头组接:桌子上的一碗清汤、一个躺在棺材里的老妇人、一个正在玩耍的小姑娘;然后给三组不同的观众播放。他发现观众的感受不同,即看到清汤时认为演员饥饿,看到老妇人时感觉演员悲伤,看到玩耍的孩子时感觉演员和蔼亲切。而实际上这三个镜头中男演员的表情是完全一样的,由于镜头的不同组接使观众产生了不同的意义理解。由此,库里肖夫得出结论:造成电影情绪反应的,不是单个镜头的内容,而是几个镜头之间的并列或组接。两个镜头相接能产生新的含意,这就是所谓的"库里肖夫效应"。

他还指出,通过蒙太奇可以体现时间的运动,表达作者的态度,启发观众的感受。他的理论经过爱森斯坦和普多夫金的改进和阐发,对整个电影艺术的发展产生了重大影响。

苏联电影导演、艺术理论家、教育家爱森斯坦提出 A+B>C 的句式。这不是简单的一加一,而是一个新的创造,大大丰富了电影的艺术表现力,增强了其感染力。例:战士牺牲了,连接一个松树的镜头,产生了英雄虽死犹生如松柏常青的意念;卓别林把工人群众赶进厂门的镜头,与被驱赶的羊群的镜头衔接在一起;普多夫金的影片把春天冰河融化的镜头,与工人示威游行的镜头衔接在一起,就使原来的镜头表现出新的含意。所以,爱森斯坦认为,将对列镜头衔接在一起时,其效果"不是两数之和,而是两数之积"。电影制作中,艺术家们根据剧本主题的需要、情节的发展将影片所需要表现的内容分解为不同的段落、场面,分别进行拍摄和处理,再通过一定的艺术技巧,合乎逻辑又富有节奏地把它们组合起来,使其相互作用而产生连贯、呼应、对比、夸张、暗示、悬念、衬托、联想等艺术效果,构成一部完整的艺术作品。这就是运用了独特的形象思维方法即蒙太奇思维。

爱森斯坦同摄影师基赛合作拍摄的影片《罢工》,初步实现了导演的艺术设想:把一群安插在工人里的奸细,同猫头鹰、虎头狗的镜头穿插起来,将那些奸细比作灭绝人性的禽兽,具有深刻的讽刺意义。他在影片中甚至将警察镇压工人的镜头与屠宰场里宰牛的镜头交替出现,作为对杀戮无辜的象征性批判。在巴黎艺术博览会上,《罢工》为苏联电影赢得了第一个国际奖项。《罢工》的成功,迎来了爱森斯坦的另一个辉煌时刻。《战舰波将金号》是爱森斯坦 1925 年拍摄的,是蒙太奇理论的艺术结晶。片中"屠杀"桥段——著名的"敖德萨阶梯"被认为是电影史上蒙太奇运用的经典范例:一个镜头是沙皇军队的大皮靴沿着阶梯一步一步走下去,另一个镜头是惊慌失措的奔跑的群众;然后是迈着整齐步伐的士兵举枪射击,然后再是人群中一个一个倒下的身影、沿着血迹斑斑的台阶滚下的婴儿车、抱着孩子沿台阶往上走的妇女,两组镜头交相冲击,让人震撼。影片中同为世人乐道的后一段落"跳跃的石狮子",沙皇军队大肆屠杀敖德萨市民之后,波将金号战舰上发出的"愤怒"的炮火中依次交叉切入一只"熟睡"的石狮、一只"抬头"的石狮、一只前足蹬起"怒吼"的石狮(只是奥德萨市政厅门口同一石狮的不同角度影像),深刻隐喻了沙皇的腐朽统治连石狮都奋起抗议。这部作品被称为"有史以来最伟大的影片",专意于强调剪辑的重要性,使蒙太奇手法产生了令人叹服的艺术效果。①

匈牙利电影理论家贝拉·巴拉兹指出:"几个镜头一经连接,原来潜在于各个镜头里的异常丰富的含义便像电火花似的发射出来。"由此可见,运用蒙太奇手法可以使镜头的衔接产生新的意义,这就大大地丰富了电影艺术的表现力,从而增强了电影艺术的

---

① 魏锦蓉:《蒙太奇手法在电影中的艺术表现力》,载《电影文学》,2011 年第 5 期。

感染力。

综上所述，我们看到，蒙太奇表意具有其鲜明特点：单个镜头一般不独立叙事或表意，只有一组镜头才表达一个完整的意思；镜头的组合顺序对意义表达产生重要影响；两个以上镜头组接形成的意义超过各自含义之和；时空自由，即可以创造出独特的影视时空，或延长或压缩等。

总之，蒙太奇的独特性主要体现在对艺术真实的创造性上。影视作品中蒙太奇通过镜头的分切与组合，产生逻辑关联，从简单的事实中创造出思想、隐喻、节奏、情绪，产生单个镜头不能表达的隐含的思想。它将非连续的时间、空间、动作和声音组织成一个连续的、完整的运动整体，使之产生连贯、对比、联想、衬托、悬念、象征等效果，从而构成一部完整地反映生活、表达主题，又能为观众所理解的影片。

二、蒙太奇的基本功能

1. 保证影片的连续性

在影视片的叙事过程中，蒙太奇的首要任务就是将拍下来的镜头恰当地组接在一起，保证影片的连续性。恰如爱森斯坦所言，蒙太奇的基本目的和任务是跟任何艺术作品所要达到的认识作用分不开的——这就是条理贯通地阐述主题、情节、动作、行为，阐述整场戏、整部影片内部运动的任务。

第一，构成叙事的完整性。一部影视片由一系列镜头画面构成场面，由场面构成段落，由若干大的段落构成全片，所以蒙太奇首先要把那些分散的镜头画面组接成一部思想内容与表现形式都十分完整并具有审美感染力的影视作品。在这个组接过程中，必须根据需要从拍摄的素材片中选取最为合适的镜头画面，连贯流畅地构成全片，没有这种蒙太奇的组接，单个的画面就只是一堆散沙。

这里，对拍摄素材的选择至关重要。任何特定场面中的全部动作都是由一大堆细琐的运动组合起来的，其中有许多运动是同时进行的，因此，在任何情况下，要想叙事简洁，重点突出，都必须选择行动的某一特殊阶段所表现的细节。通过蒙太奇，对这些细节拾取组合，影视导演可以把乱糟糟的日常生活中的那些无意义的穿插删除，集中注意于重要的细节，以使他从日常生活中提炼出来的生活典型具有强烈的艺术感染力。用这种方法选择出来的片断组成影片时，必须注意使这些片断合乎逻辑而又自然流畅地互相衔接，力避任何中断和不协调，使上下镜头间具有有效的连贯性。没有这种有效的连贯性的蒙太奇剪接，任何一部现代意义上的影片都不可能产生。

第二，创造运动的连贯性。摄影机拍摄的每一个镜头画面都表现了人物瞬间的静态特征，而这些画面一旦组接起来连续放映，就会重新创造出运动和生命。马尔丹在《电影语言》一书中说，广义地说，蒙太奇是运动的创造者。因此，动画就是这一原则最有力的说明。惊险片、恐怖片、战争片中那些砍头断臂、子弹穿胸等动作，其实都是通过一系列镜头的剪接逼真地表现出来的。如黑泽明的《蛛网宫堡》中一支透明的箭射穿脖子这种骤然出现的残忍的伤口，就是通过蒙太奇手法拍摄剪接而成的。先拍一支箭射出的镜头，再通过化妆，让箭仿佛穿透脖子，拍下第二个镜头。这两次分别拍摄的镜头，一旦恰当地联结在一起,便产生了一种连续的运动感,即箭穿脖子。

第三,创造时空的连续性。任何艺术都注意时空的统一连贯性,影视尤其如此。蒙太奇手段给影视艺术家创造艺术时空带来了前所未有的自由。它可以将现实中不同时间和空间自由地分解,再艺术地组合在一起,构成统一完整的影视艺术时空,表现事件,传达思想。

2. 创造含义

如果说叙事蒙太奇主要保证影视片的连续性,那么,表现蒙太奇则更多地注意于通过镜头的组接,使原来潜藏在各个镜头里的异常丰富的含义,像电火花似的迸发出来,产生了另一种更为深刻的新的含义。所以,蒙太奇是冲突,是两个元素的冲突迸发出的概念。苏联的库里肖夫、爱森斯坦、普多夫金等电影大师的许多实验和电影创作实践都证明了这一原则。这一原则显示了蒙太奇技巧巨大的表现功能,有时甚至稍许改动一下画面组接顺序,便会产生完全不同的含义。电影美学家巴拉兹在《电影美学》一书中,列举北欧商人改变《战舰波将金号》一片中两处剪接顺序,便使原片革命的思想变成了反动的思想。这仅仅是调动了一个场面的先后顺序的结果,可见蒙太奇组接创造含义之一斑。

3. 创造节奏

蒙太奇剪接使影视片叙述故事时具有速度和节奏的风格,有的影片或段落平稳、缓慢、松弛,有的则快速、急骤、紧张。这种不同的节奏是利用镜头外部运动关系即把镜头按不同的长度和幅度(景别大小,景愈近则心理冲击力愈大)关系连接起来产生的。剧情的内在节奏通过这种蒙太奇组接变成可见可感的画面外在节奏。而外部的形式上的节奏,同时也促进了剧情发展的内在速度。一系列镜头的有节律的运动,就像说故事人的手势一样,产生了同样的视觉效果。

早期的苏联无声片经常利用短促镜头的快速蒙太奇造成富有表现力的节奏。现代影视艺术家则往往把短镜头和长镜头结合运用,达到强烈的对比冲击效果。

4. 创造情绪效果

蒙太奇之所以成为影视制作中有效的手段,不仅是由于把一景分成几个镜头并加以巧妙地组接而使之表现得更为生动和真实,同时还由于连续的镜头包括了它们之间的许多复杂关系。如前所述的思想含义的关系、镜头长度、速度与节奏的关系……给予这些关系通过巧妙的处理就可以感动观众,引起共鸣,创造情绪效果。

托尔斯泰说过,艺术活动是以下面这一事实为基础的:一个用听觉或视觉接受他人所表达的情感的人,能够体验到那个表达自己的感情的人所体验过的同样感情。影视艺术家要将自己的情感通过影片传达给观众,往往要通过蒙太奇镜头的积累,使观众情绪不断高涨。[①]

三、蒙太奇的主要类别

纵观蒙太奇发展的历史,诸多电影理论家和导演对蒙太奇进行了分类,其中既有对

[①] 邹定武、刘成杰:《影视蒙太奇的分类及其功用》,载《西南师范大学学报(人文社会科学版)》,1992年第3期。

其功能的共性认识,也存在观点的分歧,就其实质而言,其实只是分类的标准差异。电影理论家爱因汉姆就将蒙太奇分为36种;普多夫金从创作手法的角度将蒙太奇分为对比蒙太奇、平行蒙太奇、隐喻蒙太奇、交叉蒙太奇、复现式蒙太奇等5种;电影理论家马赛尔·马尔丹则将其归纳为"叙事蒙太奇、节奏(抒情)蒙太奇和思维蒙太奇";爱森斯坦则在杂耍蒙太奇和理性蒙太奇的基础上进一步延伸,建立蒙太奇类型学,先后提出了节奏蒙太奇、复调蒙太奇、声画蒙太奇、镜头内部蒙太奇。

蒙太奇可以从不同角度进行分类。一般来说,从功能上进行分类最为常见,可大致分为叙事蒙太奇、表意蒙太奇,其中叙事蒙太奇常见的有平行蒙太奇、交叉蒙太奇、重复蒙太奇、连续蒙太奇。表意蒙太奇又分为表现蒙太奇与理性蒙太奇。表现蒙太奇常见的有抒情蒙太奇、心理蒙太奇、隐喻蒙太奇以及对比蒙太奇。理性蒙太奇则分为杂耍蒙太奇、主题蒙太奇、反射蒙太奇以及思想蒙太奇。

(一)叙事蒙太奇的基本类型

叙事蒙太奇是以交代情节、展示事件为主旨,按照情节发展的时间流程、逻辑顺序、因果关系来分切组合镜头、场面、段落,表现动作的连贯,推动情节的发展,从而引导观众理解剧情。由美国电影大师格里菲斯等人首创,是影视中最常用的一种叙事方法。

1. 平行蒙太奇

"平行蒙太奇是两个或数个含有戏剧动作或事态内容的镜头交替出现、分头叙述而得到平行表现的蒙太奇结构形式。"这种蒙太奇常以不同时空或同时异地发生的两条或两条以上的情节线并列表现,分头叙述而统一在一个完整的结构之中。即平时所说的"话分两头"。

平行蒙太奇不要求叙述情节的同时性,甚至可以将不同时代的事件并列在一起叙述,从镜头或镜头组合的并列或对比中体现出某种含义。如香港影片《阮玲玉》把阮玲玉所演影片片段、张曼玉饰演的阮玲玉展现的其私生活,以及演职人员讨论这部电影的访问记录衔接在一起,呈现出不同的叙述层次,使同一事件、同一场景在不同时空互相撞击、互相诠释。

格里菲斯、希区柯克都是极善于运用这种蒙太奇的大师。美国好莱坞导演格里菲斯的影片《一个国家的诞生》(1915年)和《党同伐异》(1916年),其叙事语言的开创性具有让电影可以和音乐、戏剧、小说等门类一同站在艺术的行列里的划时代的意义。格里菲斯在影片《党同伐异》中使用了平行蒙太奇的手法,这就是电影史上著名的"最后一分钟营救"手法。

《党同伐异》包括四个片段:基督受难、圣巴戴莱姆教堂的屠杀、巴比伦的陷落、母与法。其中"母与法"这个故事根据美国斯泰罗工人罢工事件的素材编写而成,描写工人因反抗资本家而罢工,结果惨遭集体枪杀。有一个青年工人因失业流浪纽约并加入了小偷集团,后在爱人的帮助下想改邪归正,但小偷团伙不放过他。一次,一名盗匪在威胁青年的爱人时被枪杀,结果青年被误认为杀人凶手,被处绞刑。当他被押上绞刑架后,他的爱人发现了杀人凶手,便急告州长,但州长已乘火车离开。于是她乘车追赶,银幕上展开了你追我赶的交替镜头:火车疾驰,骑车追赶,犯人被押上绞刑架。镜头速度越来越快,气氛也越来越紧张,最后赦免令终于赶在执行前一分钟送到。格里菲斯的这种平行蒙太奇的运用,通过两个场面的交替切入制造悬念,加强节奏,达到了惊人的效果,成为电影史上有名的"最后一分钟营救"。这种手法至今仍在当代电影中使用。

比如在获奖纪录片《沙与海》中,就使用了平行蒙太奇,沙漠中的刘泽远和海边的刘丕成两户不同人家,两种生存环境,两种生活方式,两种对生活的期望,在片中平行地组接,相互衬托出同一个主题:"人生一辈子,在哪儿生活都不是件容易的事。"

平行蒙太奇应用广泛,首先因为用它处理剧情,可以删节过程以利于概括集中,节省篇幅,扩大影片的信息量,并加强影片的节奏;其次,由于这种手法是几条线索并列表现,相互烘托,形成对比,易于产生强烈的艺术感染效果。

2. 交叉蒙太奇

交叉蒙太奇是平行蒙太奇和交替蒙太奇的发展。交替蒙太奇是交替而平行地表现同时发生而又相互关联的两个或多个场景的蒙太奇结构形式,其特点是遵循严格的同时性。交叉蒙太奇不仅要求多条情节线索的同时性,还要求情节的交叉性和相互依存性,即互相联系,不同线索的汇合。影片《战舰波将金号》中著名的"奥德萨阶梯"片段,导演将官兵开枪、群众逃跑、母与子(婴儿车)等情景交叉叙述,突现了官兵的惨无人道和群众的无辜。交叉蒙太奇常常被用来制造紧张激烈的气氛、突出戏剧矛盾的针锋相对和设置悬念。

交叉蒙太奇可以说是平行蒙太奇当中的一种特例。它将同一时间不同地点发生的两条或数条有因果或呼应关系的情节线迅速而频繁地交替剪接在一起,其中一条线索的发展往往影响另外线索,各条线索相互依存,最后汇合在一起。这种剪辑技巧极易引起悬念,造成紧张激烈的气氛,加强矛盾冲突的尖锐性,是掌握观众情绪的有力手法,惊险片、恐怖片和战争片常用此法造成追逐和惊险的场面。影片《撞车》中,导演将发生在一天时间内同一城市的八个故事交叉叙述,使其平行推进,故事之间靠人物的角色转换互相交合,形成了纵横交叉的网状结构,有力地诠释了文化的冲突和人性的复杂,也使主题和形式水乳交融。

3. 重复蒙太奇

它相当于文学中的复叙方式或重复手法。在这种蒙太奇结构中,具有代表性的各种构成元素(如人物、动作、物件、音响、光影、色彩等),或具有一定寓意的镜头在关键时刻反复出现,以突出人物命运、性格的变化,达到刻画人物、深化主题的目的。如《战舰波将金号》中的夹鼻眼镜和那面象征革命的红旗,都曾在影片中重复出现,使影片结构更为完整,人物性格更为鲜明突出,主题更为深刻。

重复蒙太奇的运用方式之一,是从内容到形式完全重复。即不仅在内容上重复表现,而且在镜头处理上运用相同的景别、角度、拍摄方法、调度,在镜头组接上运用相同的手法、相同的音画结合方式,甚至相同的光影色彩的组合方式,再现重复的内容。这种完全重复的蒙太奇形式在电影中并不多见,因为单纯的重复,会产生单调乏味、令人厌倦的感觉,就像音乐一样,如果只重复一种节奏,会产生催眠的效果,更有甚者会令人感到沉闷和窒息。使用者一定要注意使用技巧,不可过度地完全重复,只要能够达到强调、引起观众注意的效果就行了。

重复蒙太奇的另一运用方式,是通过事物形式上的重复来突出事物内容上本质的变化,特别是突出人物命运、性格、心理的变化,以刻画人物形象、深化主题。

如韩国影片《八月圣诞节》就曾使用这种蒙太奇方式。影片讲述了一个已经收到死亡宣告的男子温暖而美丽的故事,用一种淡淡哀伤的情调道出了乐观平和的生活哲理——当死亡不可避免地降临,那么微笑面对,超越心中的裂痕。在影片开场2分多钟时画面出现了男主人公永元曾就读过的小学校园的操场,身患绝症的永元坐在操场边,看着熟悉的校园,展开内心独白:"我小时候,同学都走了,我仍独坐操场,想念逝去的母亲。我突然明白,我们最终都会消失……父亲,姐姐,所有好朋友。"此时空旷的操场和永元孤独无助的内心形成呼应。

当永元从医院回家,躺在屋檐下,沐浴着夕阳的余晖,忍不住流下了眼泪。之后,再次出现了小学校园的镜头,与前一次画面几乎是同一景别、同一角度,也是固定画面,但拍摄的时间不同。这次已是傍晚,天很灰暗,还有微风拂过,此时永元的心情大概也是如此灰暗,但女主人公德琳的爱情就像一阵微风吹过了永元冰冷的心灵。

第三次出现校园的场景是在一场大雨之后。在之前的雨夜里,永元等待的德琳没来,却为一位不期而至的老妇人拍摄了遗像,心情受到震荡的永元无法入眠,悄悄依偎到已经熟睡的父亲身边,感受着亲情的温暖。雨后初晴的校园正是永元此时的心情。

影片即将结束时,最后一次出现了校园。大雪纷飞,校园完全被白雪覆盖,此时的永元也已经离开了人世,苍白的校园正是永元的记忆,记忆在这里停留,被冰雪包裹,永远保持着他的样子。正如最后永元的一段独白:"我很明白,爱情的感觉会褪色,一如老照片,但你却长留我心,永远美丽,直至我生命的最后一刻。谢谢你,再会……"①

4. 连续(顺序式)蒙太奇

这种蒙太奇不像平行蒙太奇或交叉蒙太奇那样多线索地发展,而是沿着一条单一的动作、故事、情节线索,按照事件的逻辑顺序,有节奏地连续叙事。这种叙事自然流畅,朴实平顺,但由于缺乏时空与场面的变换,无法直接展示同时发生的情节,难于突出各条情节线之间的对列关系,不利于概括,易有拖沓冗长,平铺直叙之感。因此,在一部影片中绝少单独使用,多与平行蒙太奇、交叉蒙太奇手法混合使用,相辅相成。

5. 颠倒式蒙太奇

颠倒式蒙太奇是一种打乱时间顺序的叙述方式。它将自然的时空关系颠倒打乱,使各镜头逻辑关系发生变化。可以表现为两个场景的倒叙构成,也可表现为闪回或过去与现实的混合等。如美国电影《别问我是谁》通过回忆、复述、日记等形式穿插男主人公受伤前的情景,把故事的起因、过程逐步展现。

(二)表意蒙太奇

1. 表现蒙太奇的基本类型

表现蒙太奇是以镜头对列为基础,通过相连镜头在形式或内容上相互对照、冲击,

---

① 刘莉:《重复蒙太奇的艺术功能》,载《剧影月报》,2009年第6期。

从而产生单个镜头本身所不具有的丰富含义，以表达某种情绪、情感、心理或思想。

（1）抒情蒙太奇。

通过画面组合，创造意境，使情节发展充满诗意。让·米特里："它的本意既是叙述故事，亦是绘声绘色地渲染，并且更偏重于后者。"意义重大的事件被分解成一系列近景或特写，从不同的侧面和角度捕捉事物的本质含义，渲染事物的特征。

最常见、最易被观众感受到的抒情蒙太奇，往往在一段叙事场面之后，恰当地切入象征情绪情感的空镜头。浙江电视台制作的纪录片《俺爹俺娘》中有一段，在"俺爹"去世安葬后，出现一个对这片土地的深情的摇镜头，同时配的话外音是"俺爹"背的一首诗《悯农》——锄禾日当午，汗滴禾下土；谁知盘中餐，粒粒皆辛苦。这是对"俺爹"一生的写照，也表达了深深的缅怀之情。又如苏联影片《乡村女教师》中，瓦尔瓦拉和马尔蒂诺夫相爱了，马尔蒂诺夫试探地问她是否永远等待他。她一往情深地答道："永远！"紧接着画面中切入两个盛开的花枝的镜头。它本与剧情并无直接关系，却恰当地抒发了作者与人物的情感。值得注意的是，这种抒情又与比喻蒙太奇结合在一起。

（2）心理蒙太奇。

这是人物心理描写的重要手段，它通过画面镜头组接或声画有机结合，形象生动地展示出人物的内心世界，常用于表现人物的梦境、回忆、闪念、幻觉、遐想、思索等精神活动。

这种蒙太奇在剪接技巧上多用交叉穿插等手法，其特点是画面和声音形象的片断性、叙述的不连贯性和节奏的跳跃性，声画形象带有剧中人强烈的主观性。

纪录片《小留学生》中的回忆镜头：在离别前的回忆，表现人物的依依惜别之情。从另一个角度说，全片的叙述视角在回忆时也突然发生变化，由第三人称转变为第一人称。

（3）隐喻蒙太奇。

隐喻蒙太奇是通过镜头或场面的对列进行类比，含蓄而形象地表达创作者的某种寓意。这种手法往往将不同事物之间某种相似的特征突现出来，以引起观众的联想，领会导演的寓意和领略事件的情绪色彩。如普多夫金在《母亲》一片中将工人示威游行的镜头与春天冰河水解冻的镜头组接在一起，用以比喻革命运动势不可挡。隐喻蒙太奇将巨大的概括力和极度简洁的表现手法相结合，往往具有强烈的情绪感染力。不过，运用这种手法应当谨慎，隐喻与叙述应有机结合，避免生硬牵强。

意大利电影理论家帕索里尼的观点是："电影靠隐喻而生存。"[1]由此可见，电影中隐喻蒙太奇是多么常见。在影视语言中，往往是以画面、声音、色彩来表现隐喻意指的。例如日本导演今村昌平的影片《楢山节考》，在叙述人物故事的同时，不时地穿插一些动物生存的镜头：交媾、偷食、窥视、猎取等。朝吉和松子在田野边疯狂做爱时，画面上出现一对黄颔蛇干柴烈火似地缠绵在一起，旁边两只青蛙也停止了鼓噪声，似乎在静静地，好奇地观望着他们释放原始强烈的欲火。无疑，这个画面隐喻着人的自然性和动物性。意大利影片《天堂电影院》中，当男主人公托托与一位银行家的女儿谈恋爱时，编导与摄影师通过一系列构图暗示了他们之间不可逾越的鸿沟：他们两个人在银幕上出现时，总是被栏杆、木帘等障碍物隔开；而当女孩的父亲——那位银行家与他们两人相遇时，他在画面中的位置恰好将这对恋人隔开，如此一来，"他们的爱情注定是一场没有结

---

[1] 皮・保・帕索里尼：《诗的电影》，见李恒基、杨远婴编《外国电影理论文选》，上海文艺出版社，1995年版。

果的梦"。

日本电影《我们跳舞好吗?》讲述了一个平日循规蹈矩、每天在家与办公室之间奔波的中年男人,突然在回家的路上发现路边一个学习舞蹈的教室的窗口里,经常有一个漂亮神秘的女郎往外凝视。这位有妻子和女儿的中年男人对这个神秘女郎心生向往,为了接近这个女人,他瞒着家里,报名参加了舞蹈培训班。于是,本来平静的家庭生活被他的"出格"行为搅乱……这部影片开始部分的第一个镜头是平静的水面的特写,一滴滴下的水珠打破了水面的平静,形成美丽的涟漪,接着一只脚踏入水面,搅乱了水面,镜头摇起,几双脚入画,观众发现,镜头里呈现的水面原来是路边的一塘水……为什么制作者要把这个镜头放在影片的开头,许多人认为是交代环境。事实上,这个镜头是整个影片的概括性暗示——中年男子所处的生活状态的视觉隐喻!①

(4) 对比蒙太奇。

类似文学中的对比描写,即通过镜头或场面之间在内容(如贫与富、苦与乐、生与死,高尚与卑下,胜利与失败等)或形式(如景别大小、色彩冷暖、声音强弱、动静等)的强烈对比,产生相互冲突的作用,以表达创作者的某种寓意或强化所表现的内容和思想。例如,著名纪录片导演尹文思把焚毁小麦的镜头和饥饿儿童的镜头组接在一起,充分体现出资本主义危机时期的特征。张艺谋在电影《我的父亲母亲》中运用了色调对比,叙述父亲逝世用的是黑白色调,回顾父亲母亲恋爱时用的是彩色色调,这种形式上的对比运用具有情感表现上的艺术张力。日本NHK电视台制作的电视专题片《富人与农民工》内容上的对比旨在说明经济发展、日益富强的中国,同时也出现了贫富差距扩大化的趋势。

2. 理性蒙太奇的主要类型

理性蒙太奇则分为杂耍蒙太奇、主题蒙太奇、反射蒙太奇以及思想蒙太奇。让·米特里给理性蒙太奇的定义是:"它是通过画面之间的关系,而不是通过单纯的一环接一环的连贯性叙事表情达意。"它与连贯性叙事的区别在于,即使它的画面属于实际经历过的事实,按这种蒙太奇组合在一起的事实也总是主观视像。理性蒙太奇,是爱森斯坦在20世纪20年代末期提出的,他主张在电影中通过画面内部的造型安排,使观众将一定的视觉形象变成一种理性认识,镜头在这里成为某种符号或象形文字,而当它们组合起来便产生某种概念,从而代替艺术形象。理性蒙太奇就是把一系列镜头组接在一起,产生一种新的概念、新的思维,将抽象概念外化到屏幕上,引发人们的思考。有人认为,《战舰波将金号》中石狮子的睡、蹲、站三个镜头组接的蒙太奇是爱森斯坦理性蒙太奇用得较为成功的一处,它象征着沉睡、猛醒,直至抗争,昭示着俄国人民的觉醒;再比如,《十月》中亚历山大三世的雕像从基座上掉落下来,象征着沙皇专制政权的覆灭……这一个个镜头富有潜台词,淋漓尽致地把导演的思想、理性思维呈现出来,以此引导观众与导演之间产生共鸣。

(1) 杂耍蒙太奇。

爱森斯坦给杂耍蒙太奇的定义是:杂耍是一个特殊的时刻,其间一切元素都是为了

---

① 宋杰:《电影中的象征和隐喻》,载《云南艺术学院学报》,2007第4期。

促使把导演打算传达给观众的思想灌输到他们的意识中,使观众进入引起这一思想的精神状况或心理状态中,以造成情感的冲击。"把随意挑选的,独立的(而且是离开既定的结构和情节性场面起作用的)感染手段(杂耍)自由组合起来,但是具有明确的目的性,即达到一定的最终主题效果"。

这种手法在内容上可以随意选择,不受原剧情约束,促使造成最终能说明主题的效果。与表现蒙太奇相比,这是一种更注重理性、更抽象的蒙太奇形式。为了表达某种抽象的理性观念,往往硬摇进某些与剧情完全不相干的镜头,譬如,影片《十月》中表现孟什维克代表居心叵测的发言时,插入了弹竖琴的手的镜头,以说明其"老调重弹,迷惑听众"。爱森斯坦在《总路线》(也被称为《旧与新》)中,为了表现农民们土地改革的热情,插入了一个与情节和场景无关的喷泉镜头。这个镜头并不属于叙事空间,因此一般观众会感到莫名其妙。爱森斯坦杂耍蒙太奇和理性蒙太奇把叙事性与象征性对立起来的做法常常使观众感到迷惑,以至于后来很少有人像爱森斯坦那样进行创作。

蒙牛"随变"冰淇淋电视广告:画面用儿童熟悉的动画片的人物形象,围绕"随变"这个理性概念来图解说明,诱惑儿童产生相应的心理联想与兴趣。

(2) 主题蒙太奇(累积蒙太奇)。

用一系列性质相同或相近的镜头连接在一起,通过视觉的积累效果,造成强调作用。积累式剪辑不在于细节的表现,而在于形成一个总体的印象或主题概念。如电影《巴顿将军》一开头他在军队前训话用了一组特写镜头以说明他的身份、出身、个性等。

比如青岛纯生啤酒电视广告解说词:

风让树活起来;潮汐让海活起来;红色让野性活起来;笑容让关系活起来;灯光让夜活起来;玩具让童心活起来;足球让气氛活起来;什么让男人活起来?

鲜活滋味,激活人生。青岛啤酒!

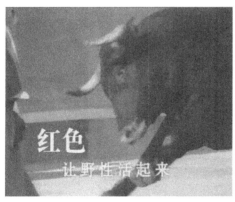

同样再看看台湾"来一客"速食面电视广告：

画面1：一群年轻男孩在雨中的篮球场上，共同撑着一把雨伞，抬头张望。
字幕：等雨停
画面2：背着行李的青年在路上招手试图搭便车，汽车不顾而去。
字幕：等回家
画面3：一个女孩坐在行李箱上无聊地张望，身边还有大包小包的东西。
字幕：等来人
画面4：一男孩在电脑前，握着鼠标表情无奈。
字幕：等下载
画面5：汽车里罪犯和警察手铐在一起，罪犯欲挣脱，警察叱责。
字幕：等分手
画面6：浑身泡沫的人站在浴缸里，伸手触碰没有水出来的莲蓬头。
字幕：等水来
画面7：一对恋人并肩站在一起，男孩欲吻女孩，羞涩的女孩躲开了。
字幕：等接吻
画面8：房间里，一女孩坐在地上涂脚趾甲油。
字幕：等约会
画面9：正在考试的教室中，一男生愣愣地托着腮帮。
字幕：等奇迹
画面10：街口交通灯下，一个骑着摩托车的男子抬头看灯，神情呆滞。
字幕：等绿灯
（来一客产品，背景是模糊但快速移动的人群。）来一客，不要等。

(3) 反射蒙太奇。

反射蒙太奇不像杂耍蒙太奇那样为表达抽象概念随意生硬地插入与剧情内容毫无相关的象征画面，而是所描述的事物和用来做比喻的事物同处一个空间；或是为了确定组接在一起的事物之间的反应；或是为了通过反射联想揭示剧情中包含的类似事件，以此作用于观众的感官和意识。

(4) 思想蒙太奇。

思想蒙太奇是由维尔托夫创造的，其方法是利用新闻影片中的文献资料重新编排来表达一种思想。这是一种抽象的蒙太奇形式，因为它只表现一系列思想和被理智所激发的情感。观众冷眼旁观，在银幕和他们之间造成一定的"间离效果"，其参与完全是理性的。

普多夫金曾说："在作家身上是风格，在导演身上就是他对蒙太奇的独特理解。"热拉尔·贝东也认为："蒙太奇可以确定风格，揭示对世界的创见。"在这个意义上，导演的个性与其影片的蒙太奇特征密切相关。但需要强调的是，不同导演对蒙太奇手法的理解和运用，是其紧紧地依赖于生活、取之于生活的结果。[①]

---

① 李铭、廖芳：《试论蒙太奇手法的类型》，载《电影文学》，2008年第17期。

第二节 电视专题修辞艺术

"我们以语言的方式进入世界,这个世界不是本真的世界,而是经过我们的认知经验重新编码的世界,这个编码的过程常常是修辞化的过程。"①

符号学研究的对象包括各种用以进行表达、交流、沟通的符号,即所有符号系统,包括文字、影像、话语、音乐、标志、动作、物品,等等。电视中的画面符号与其所指的对象非常逼真,除了成像技术外,很大程度上也是按照电视构图规则选择拍摄的结果。在电视中,许多图像既可以作为图像符号使用,也可以作为象征符号使用。如占据画面的红高粱,既是红高粱本身,有时也可以象征丰收,或者象征一种激情。还有音乐,小调和慢节奏意味着忧郁;画面的技术处理,如诸多银星的闪烁意味着梦想;手提摄像机意味着现场拍摄等。这些符号能指与所指的对应关系都是经过约定俗成和反复使用才被确定下来的。

"修辞"是指"有效交流的艺术或技能",传统的说法则是"有效地运用词汇的艺术"。然而,电视并不通过一般意义上的"词汇"来表情达意,而是通过对影像的选择、调度、剪辑和强化来传达某种意图、情调、氛围和意境。也正是这种"影像表意"的手段,构成了电视画面独特的表情达意的"话语方式"和"修辞手段",能够针对观众的需求强化或消解"意义",制造特殊含义的话语策略。电视艺术固有的具象性和直接性决定了电视修辞主要通过具体、可感的画面影像来表达抽象的概念、丰富的情感,揭示其丰富、深刻的思想内涵。所以,电视修辞的关键就是要善于在叙述语境中发现和塑造恰切传情达意的影像及其组合。

一、电视专题修辞中的几个概念

1. 语言学修辞与视觉修辞

中国社会科学院的冯丙奇认为,所谓视觉修辞,即为了使传播效果最大化而对传播中运用的各种视觉成分进行巧妙选择与配置的技巧和方法。

法国的罗兰·巴特和杰克斯·都兰德二人开创了视觉传播修辞研究。巴特1964年写作的《图像的修辞》是比较早的试图将传统修辞术语用于视觉传播领域的著作,都兰德1970年的《修辞与广告图像》、1987年发表的《广告图像中的修辞手段》对广告的视觉修辞初步进行了系统的阐述。这种研究主要建立在语言学修辞研究的基础上,他们开始都以广告图片为基本分析材料,巴特提出了视觉修辞研究的设想,而都兰德在实证研究基础上肯定了广告图片中存在几乎所有传统修辞手段,并试图总结一个基本完整的广告图片视觉修辞体系。

修辞使用的"物质"由语言成分转化为图像成分,但所有的修辞都是在研究成分之

---

① 谭学纯:《文学和语言——广义修辞学的学术空间》,上海三联书店,2008年版。

间形式上的变化与关系,研究这些变化怎样达到效果最大化。语言修辞研究语言成分之间形式上的关系,视觉修辞研究视觉成分之间形式上的关系。虽然语言成分与视觉成分的物理属性有了变化,但是成分之间的关系在形式上却没有变化。当然,语言学修辞手段与视觉修辞手段之间不存在绝对的一对一关系。不可否认,语言学修辞是视觉修辞研究的基础。

2. 单影像修辞与影像结构性修辞

对电视专题修辞研究,也就是对电视画面、声音、画面结构、声音结构以及声画统一结构修辞功能的研究。这既涉及画面、声音的"语义"的修辞,也涉及画面、声音的"语法"的修辞,即结构性修辞。

首先,语言的修辞性主要来自于它的语义,而词汇作为最小的语言单位,也是语言的最小的意义单位,词汇也就具有一定的修辞功能。纪录片的画面,它可以被定义为:"……播放的叙事的动作的一部分,存在于切换、淡入淡出或其他结束一个镜头、引向一个新镜头的编辑程序之间……每一个镜头和用在镜头之间进行过渡的编辑程序都是一些告诉我们某些东西的暗示。"画面以及画面之间的编辑程序独立表现意义,这一点颇近似于语言中的语汇。因此说画面的修辞,一方面来自于画面的内容本身(叙事动作的一部分),另一方面来自于画面间的编辑程序中。画面作为电视专题的基本"语言"单位,它由画面内容和构图、景别等要素构成。因此,画面的内容以及镜头构图——取景时所用近景、远景与照明——在此都有意义。镜头构图表现的是主体和陪体之间的关系,或者表现人物生存的环境,其表现的意义十分明确。而取景所表现的意义则更加丰富:中景表现私人关系;全景表现社会关系;远景表现背景、范围;特写表现人物关系的密切;而大特写表现人物之间相互审视。

其次,语言的修辞性来自于它的语法结构。单画面缺乏完整的叙事表意功能,只有将画面组合起来,也就是说形成了一定的结构,才能表达完整的意义。从修辞学的角度看,如果是组合的问题,它呈现在词组或句子的排列形式上,最常见的有转喻、隐喻、并置、重复、反讽等辞格。画面的结构修辞手法多种多样,它不仅可以使得画面结构更丰富,而且可以营造优美的意境,从而加强了电视画面的表现力。①

3. 声画蒙太奇与音乐音响的修辞性

与直观表达形象的画面不同,声音是以抽象的符号来传达信息的,因此声音的修辞性首先来自声音以及声音结构关系。

纪录片中的声音,一般来说有现场声、谈话、解说和音乐等。现场声(包括同期声等一些来自现场的自然声音)、谈话、解说的基本意义单位是语汇,它们的结构关系表现为内在的语法关系;音乐的基本意义单位是音符,它由音高、节拍、音量构成,它的结构关系多种多样,节奏、旋律、和声与调式是其中的重要形式。声音自身的意义以及结构关系所呈现的意义,一方面需要传达准确的信息,另一方面也要传情、达意、传达"言外之意",这样也就表现出特定的修辞性。

---

① 包鹏程、孔正毅:《纪录片中的修辞》,载《新闻大学》,2004年第3期。

如《雕刻家刘焕章》的结尾,斧凿声越来越大,这以违反常理的声音表现手段来隐含一定的喻指意义。有画面而无声音,即无声,也可以看做一种声画关系,往往可以起到"无声胜有声"的艺术效果。《一个艾滋病病毒感染者》中,有一组画面:当患者走过街头时,他的乡邻都以惊异的目光注视着他,没一个人和他打招呼,也没有一个人和他谈话,画面一片死寂。这种表现方式非常有震撼力,它胜过千言万语。

与声音直接传达意义不同,表达声音的方式和表现声音的技巧也会传达一定的意义。如因距离不同而出现的特写声、近声、远声、画外声等,因音量大小不同而造成的声音的高低,也有特定的修辞效果。四川和云南电视台摄制的《南方丝绸之路》的片头有一组马蹄的特写镜头,就配以特写的马蹄声。"这是强调,也是一种象征,它先声夺人,把观众引入空谷回响的群山之中,它向观众预示:南方丝绸之路正是马帮在崇山峻岭中一步一步踏出来的一条艰险而漫长的路。"

画面和声音作为各自独立的艺术符号,它们具有独立表现意义的功能,但纪录片是一个声画统一的艺术整体,声音和画面是不可分割的,声音赋予画面以形态,画面赋予声音以神韵。所以讨论纪录片的修辞也不能忽视对声画结构和由声画结构而形成的意义系统的修辞功能的讨论。一般而言,声画的结构关系表现为声画对位、声画错位等。例如云南电视台《经典人文地理》栏目曾经播出的郝跃进编导的纪录片《最后的马帮》,片中多次运用一段用箫来独奏的忧伤音乐与马帮中马和人的背影的画面组合,表达出马帮成员对马帮的依依不舍以及他们对今后即将失业的生活的无奈与惆怅。

二、电视专题常见的影像修辞格

修辞格也称修辞手段、修辞方式,简称辞格。"辞格是在一定的语言环境中,通过语言的巧妙运用而形成的具有特定结构形式、能取得特殊表达效果的特殊的修辞形式和方法。曾经有一段时间,人们对修辞的认识仅止于修辞格,这是不全面的,虽然修辞格在整个修辞系统中占有极重要的位置。"①

在电视纪录片(专题片)中,修辞格常常演变为影视辞格。"影视辞格指的是影视创作主体运用影视语言各要素表达自身主观意蕴和内在情怀,在长期的创作实践中形成的具有表达上的多样性和结构上的相对稳定性特征以及某种特定功能的影视表现方式;是影视艺术在欠缺表达抽象的思想和心理活动的条件下,把握人的心理活动,进入人的不同的意识层次的重要方法和通道。"②

电视纪录片(专题片)常见的影像修辞格类型有比喻、象征、借代、对比、排比、反复、特写、夸张、双关、叠印等,这些修辞格的运用有其严格的语境。

1.电视画面的比喻辞格及其功能

文学中的比喻是最常用的修辞手法之一。其含义是:思想的对象同另外的事物有了类似点,就用那另外的事物来比拟这思想的对象;即用某一个事物或情境来比另一个事物或情境。这种打比方的修辞手法,就叫比喻,也叫譬喻。运用它可以把陌生的东西

---

① 王本华:《实用现代汉语修辞》,知识出版社,2002年版。
② 苗瑞:《论影视辞格及其特征》,载《电影文学》,2006年第7期。

变为熟悉的东西,把深奥的道理浅显化,把抽象的事理具体化、形象化。比喻一般包括三个部分:本体(被比的事物或情境);喻体(作比的事物或情境);喻词(标明比喻关系的词)。比喻按三个部分的异同和隐现来看,其基本类型有三种,即明喻、暗喻、借喻。

电视画面的比喻修辞也是以人们实实在在的主体和它的比喻式的代用词之间提出的相似性或类比为基础的。画面的线形结构关系,"它以两个或几个在现实的系列中出现的要素为基础。相反,联想关系却把不在现场的要素组合成潜在记忆系列"。后者也就是寻找与出现画面相关,但并未出现的画面。影视(包括纪录片)的意义"来自于未出现的镜头或影像,故要将出现的镜头与影像,和未出现的(但可能出现的)镜头与影像加以对立,真义才会出现。"

电视画面的比喻修辞往往借助不同事物的相似之处进行,用后一个镜头对前一镜头进行比喻,后者形象深刻地表达某种意义。电视画面的比喻修辞有一种为明喻,另一种常称为隐喻,前者的本体与喻体都出现于画面形象,后者则只出现喻体,本体不出现,需要通过必要的联想才能理解本体,理解影像表达的真正含义。

《新闻调查》有一期节目《最后的民办教师》,栏目中主人公王军军的公办教师身份经过许多周折也没有确定下来,全家为此万分焦虑,疼爱他的老奶奶临终前还惦记着这件事。王军军伤感和无奈地叙述着自己的遭遇,在讲到老奶奶这一节时,他没能继续说下去,而是垂下了头,紧接着依次出现了两幅画面:

① 天空中一只鸟从高处展翅直线快速下坠;
② 一片芦苇在风中摇摆不定。

这样两个画面带给观众怎样的心理感受呢?作为一个边远贫困山村的民办教师,王军军对自己的转正遭遇耿耿于怀,心情很糟糕,但此时他很难用详细的语言来描述这种心情。而电视却能够通过特殊的手段,编导通过鸟儿迅速飞坠的意象给观众以心理落差感,风中摇摆的芦苇则意味着心情的不平静,这是王军军心情变沉重的写照。如何把主人公的情绪传递给观众呢?在这里,鸟儿和芦苇是创作者创造的视觉意象,即为喻体,成为心情消沉的感性表现。我们看到,隐喻蒙太奇的作用不仅在于使所要表达的抽象情感获得某个相似意象的感性呈现,而且在于把表达对象的心情跟一个非同类的无关事物相联系起来,使得观众心理能够同画面中人物处在一个相应的情境中,从而被新闻事件透露出来的情绪所感染。因此说,在这个片子中隐喻修辞的巧妙运用,不仅有利于表现事件的内涵意义,同时对于片子的节奏也起到积极的作用。运用隐喻手法,使情感形象地展示给观众,从而影响、感染观众;同时又作为结构手段促进报道拓展深度,使观众理解传播者隐含的意图。①

例如纪录片《公司的力量》第一集《公司!公司!》中有一个声画结合的比喻修辞。

解说:数百年中,公司热闹过也沉寂过,它生存下来,强壮起来,并且一点点地渗入到社会的血脉中,终于把自己变成无处不有的存在。

画面:冰雪融化,滴水汇成小溪,再变成江河入海,浪花拍打着海岸。

这里画面完全用比喻来表达。把公司从无到有,从小变大,从弱变强的过程,用滴

---

① 张雪蓉:《表现蒙太奇在电视艺术个性化语言表述中的嵌入性研究》,学位论文,2002年。

水汇成小溪乃至江河的过程来比喻,具有较强的视觉形象性与生动性。

学者雅克布逊认为符号意义不论在哪个层面上运作,其表达意义的主要手段都是隐喻和转喻。隐喻是指一个词(能指)以一种破除老套、非字面意义的方式,应用到一个目标物或动作(所指)之上,它强调能指与所指的相似(对应)关系。转喻是指用某一物的某一属性或部分喻指此物的全体,转喻强调毗连性关系。例如,当我们用白宫发言人这个称谓替代美国政府发言人时,白宫与美国政府之间的联系是转喻功能——毗连性关系发生作用。①

获 2002 年度中国彩虹奖的纪录片《留学的记忆·寻访 1973》开头有这样三组画面:

(1) 天安门、伦敦大桥;
(2) 希思、周恩来握手;
(3) 黑夜中,飞机起飞。

按照雅克布逊的观点,这里可以说运用了隐喻和转喻。天安门、伦敦大桥这两个画面分别替代了中国和英国,希思、周恩来是英、中两国家的领导者,在这里他们代表了两个国家。它们之间的联系是转喻功能——毗连性关系发生作用。"握手"一般意义上只是交往中的礼节,但在这里却代表着两个国家之间的友好关系。友好的握手与两个国家建立友好关系的联想都是以类似为基础,却是隐喻。"黑夜中,飞机起飞。"这又是一个隐喻。

隐喻蒙太奇将巨大的概括力和极度简洁的表现手法相结合,往往具有强烈的情绪感染力。不过,运用这种手怯应当谨慎,隐喻与叙述应有机结合,避免生硬牵强。

---

① 李岩:《媒介批评:立场、范畴、命题、方式》,浙江大学出版社,2005 年版。

隐喻的使用与其他修辞手段一样,是为了增加(画面)语言的表达效果。隐喻的精炼、新奇、间接和婉转等特征为增加(画面)语言的修辞效果提供了可能。束定芳在《隐喻学研究》一书中将隐喻的修辞功能概括为三个方面:①简练与生动;②新奇与启发;③委婉与高雅。

2. 电视画面的象征辞格及其功能

"象征"一词,《现代汉语词典》(第6版)中是如下解释的:"①用具体的事物表现某种特殊意义:火炬象征光明。②用来象征某种特别意义的具体事物:火炬是光明的象征。"第二种意思跟我们的论题无关,第一种说法又并不十分准确。崔锡臣在《修辞方法辨析》中认为,象征是"用具体的形象的事物暗示特定的事理,以表达真挚的感情和深刻的寓意"。象征即是"以物征事",简称象征。既然是"暗示",就不能非常直白地把其本意直接地说出来。

象征与隐喻很相似,是镜头间的联想关系,只是象征是"某一事物代表、表示别的事物"并且"某一事物"与其代表的对象在某种文化语境下具有重复、持续的意义。伦敦大桥和天安门在上述这组画面中就具有象征意义。电影中一些道具的运用也具有象征意义,如《看上去很美》中的小红花,《亮剑》中日本兵的匕首。MTV《国歌》中的长城、五星红旗等许多镜头都具有象征意义。

象征与隐喻在结构上都隐没了本体,只出现喻体或象征体,因而有时很难加以区别。电视专题中的象征修辞一般由单一镜头内的事物来完成象征意义的表现。电视画面修辞中隐喻与象征的主要区别在于:隐喻蒙太奇往往是两者间有相似之处,如少女犯罪与鲜花凋谢,一般由两组镜头的对列来完成比喻意义的体现;象征蒙太奇则两者间不一定有相似处,如天安门、长城是中国或中华民族的象征,这里"天安门"代指象征义"中国",也有人把这种修辞叫转喻,运用得好,就会具有生动形象、主题突出、含蓄深刻的效果。

纪录片《听禅》结尾:谦伯与一个小孩坐在家祠门口仰望天空,一老一少手叠着手隐喻着历史文化传承的主题。纪录片《小留学生》中有一段解说词:到了1998年,日本经济没有出现任何复苏的前兆,反而加速向低谷下滑。所配的画面是:有人来往的倾斜的道路。这里用"倾斜的道路"隐喻日本经济下滑。当然,这里的修辞运用还是声音与画面相配合的,用声音"锚定"画面的比喻义。这两个案例中运用的是隐喻而不是象征,还有一个重要原因,象征必须是"这个形象"在其他语境下具有可重复、持续的象征意义。

电视纪录片《最后的山神》中,有一个刻在松树上的山神像的镜头。这样的镜头是极具视觉冲击力的,它也对主题的形象表露。这样的画面,它表达的不仅是现实生活中一尊古朴的神像,而且是人类生活的象征,一种洋溢着形而上的意蕴,是浓缩了鄂伦春民族上一个时代生产方式、生活方式、宗教信仰、文化形态诸多社会因素的典型象征。仅仅是这样一个神像的画面,它便让我们更进一步地了解了鄂伦春民族。在这里创作者运用了象征蒙太奇,他通过山神像这一具有灵魂性意义的物象,向观众传达鄂伦春的民族特征,从而达到揭示主题的作用。

周安华在《电影艺术理论》中认为:"隐喻和象征被引入电影之中,通过电影独特的手法加以呈现。从语义学的角度来看,这是相当令人兴奋的,因为它真正地体现了内心语言存在于现实的意义,并由此证明,隐喻和象征是电影本身的一种结构元素,而非观影过程中偶然冒出的心理现象。"

3. 电视画面的反复修辞及其功能

文学中的反复修辞是指为了强调某种意思、突出某种情感,特意重复使用某些词语、句子或者段落等。反复有连续反复和间隔反复两种。词语反复,是为凸显某种感情或某种行为,连续两次以上使用同一词语,达到强调的目的。词组或句子反复,是有时为了表达内容或者结构安排的需要,要连续两次以上使用同一个词组或句子。语段反复,在诗歌和小说中最为常见。

电视画面的反复修辞与前面所提到的重复蒙太奇类似。除了景物和场面的重复,细节的重复运用也能起到刻画人物,渲染人物情感,揭示人物心理的作用。如电视新闻中,反战母亲在布什的农场外举行抗议,并在每个十字架上刻上一个死亡士兵的名字。在这则电视新闻中,为了突出表现伊战以来美军的死亡人数,多次重复运用了刻有死亡士兵姓名的十字架画面。这种"反复"辞格,其功能是对特定时空的强调和扩展,从而达到深化观众对电视新闻中心意象的感知目的。

张以庆的纪录片《听禅》中,粤剧学校的陈家欣这个人物在片中多次出现,构成了一种反复修辞,陈家欣既是写实又是写意,还构成了片子中的一个重要结构线索。处故居,唱粤曲,真有其人;片中穿香云纱,凝视、静观,猛回头,祈福等隐喻着一个佛山历史文化的见证者、传承者、思考者的形象。

其实,除了画面的重复修辞外,有时音乐、音响、音效的反复也会形成特定的艺术效果。如纪录片《幼儿园》中四次重复出现歌曲《好一朵美丽的茉莉花》,为片子营造了感人的氛围。

4. 电视画面的对比修辞及其功能

对比修辞是一种表现形式,是把相反、相对的事物或同一事物拿来对照比较,发现蕴含其中的意义,以达到变陌生的概念为已知的概念的目的。但对比修辞格不同于其他修辞手段,它具有刺激强度大,意义对照明显,给人印象深刻等特点。①

在纪录片《最后的山神》中有着一段意味深长的剪辑段落,在新一代鄂伦春族人的聚居地,孩子们在一起玩乐游戏,成年人的生活相比其他民族已经没有什么不同,这一段生活环境画面之后紧接着是孟京福独自坐在聚居地村口发呆。影片通过将两组场景剪辑在一起突出了孟京福复杂的心境。

纪录片《听禅》一开头就运用了对比的修辞,在画面内容上是古与今、人与物的对比,在画面的形式上也造成了动静、虚实的对比,而对比中又有联系,这一组带背景音乐的画面用对比修辞来表现佛山久远的历史文化。

中央电视台的《新闻联播》栏目同一时段就经常采用合并同类项的编排方式,集中报道某一类新闻事件。而对比的方式也是同样经常采用的方式,如一次中央电视台的《晚间新闻》就把洪涝和大旱的新闻编排在了一起,并使用这样的串词"当南亚大陆洪水泛滥的时候,非洲南部却是烈日炎炎似火烧"。鲜明的对比自然在观众头脑中留下鲜明

---

① 薛平:《论对比修辞格的强化作用》,载《兰州教育学院学报》,2011年第1期。

的印象。

5. 电视画面的排比修辞格及其功能

文学中的排比修辞是指,"把结构相同或相似、内容相关语气一致的三个或三个以上的短语或句子排列起来,叫排比"。"用它说理,可以把道理论述得周密深刻,条理清楚,富有说服力。用它抒情,可以把感情抒发得淋漓尽致,强烈深沉,富有感染力。"①——

---

① 王本华:《实用现代汉语修辞》,知识出版社,2002年版。

第八章 电视专题修辞艺术

般来说，排比的各项之间是并列关系，但有时也有先后、大小、轻重等区别，这就要注意它们的排列顺序。排比的运用可以达到一种加强语势的效果，它可使文章的节奏感加强，条理性更好，更利于表达强烈的感情。

电视画面的排比，如纪录片《听禅》在欢快的音乐背景下，有一组镜头：这20个镜头分别为无名的人物特写、有姓名的人物特写，无名的人物特写、有姓名的人物特写……出现10个有姓名的工人的劳动情景，其间插入的10个不知姓名的劳动者，组成一个排比，加强气势，共同表达一个主题：正是这样的普通劳动者才创造了佛山灿烂的历史文化。

前面累积蒙太奇的案例从另一角度讲,也是电视画面的一种排比运用,从而形成累积效果。又如中央台播放的为联合国儿童基金会拍摄的作品《别人的孩子》。在这部广告短片里,通过几组不同的镜头组合累积,取得了强烈的震撼魅力和感人效果。广告的主角统一命名为"别人的孩子":每天开出租车送你上班下班的是别人的孩子,抢救你生命的医护人员是别人的孩子,保卫你安全和财产利益的是别人的孩子……他们只要一个机会长大成人,就像你的孩子。这种意象罗列铺排具有直接的镜头感,通过几组内涵相近的影像共同烘托主题。使受众在镜头的反复中形成一个总体印象,从而使作品产生感染力。

6. 电视专题中比拟辞格及其功能

"把物当作人来写,把人当作物来写,或把甲物当作乙物来写,叫比拟。"[①]池昌海在《现代汉语语法修辞教程》中也指出:比拟就是把一个事物当做另外一个事物来描述、说明。运用这种辞格能收到特有的修辞效果:或增添特有的情味,或把事物写得神形毕现,栩栩如生,抒发爱憎分明的感情。诗歌、小说、散文、寓言、童话等经常使用比拟的辞格。

比拟分为拟人和拟物两类。拟人是把事物人格化,把本来不具备人的一些行为动作和思想感情的事物变成和人一样。这样做:一是色彩鲜明;二是描绘形象,使人或事物更生动形象;三是表意丰富,更利于表达作者鲜明的感情色彩,增强语言的亲切感,还可以使被描写的事物变得生动起来。这是在《动物世界》这类节目中经常运用的一种修辞方式。

"把人当作物来写,使人具有物的动作或情态,或者把甲物当作乙物来写,表达某种强烈的爱憎感情,叫拟物。"

为了让语言生动、活泼有趣,拟人、拟物的手法在电视新闻中也惯常用到。在有关动物植物类的电视新闻中,解说词中常常用到拟人的手法,有些电视新闻,解说词干脆直接模仿动物或植物的口吻。比如在一条放生大海龟的电视新闻中,记者就使用了这样的结束语:"海龟又转过头瞅了一眼救助过它的人们,似乎是要表达心中的留恋和感激。"把物当做人写,赋予物以人的言行或思想感情,用描写人的词来描写物,把禽兽鸟虫花草树木或其他无生命的事物当成人写,使具体事物人格化,表述的语言也就生动形象。

张以庆在获奖纪录片《英与白》中,"英"是大熊猫的名字,也是片子的主角之一,把"英"当做人来描写,"英"的性格、习性、发情状态等都用了拟人手法,有的地方没有解说词来"锚定"画面的意义,则加入邻居娟子的情态与大熊猫"英"相对照,比如"英"无聊时懒洋洋地打着哈欠,娟子坐在门口累了也打了个哈欠。两相对照,观众轻松地理解了大熊猫"英"此时的情态,也获得生动幽默的效果。

7. 电视专题中双关辞格及其功能

陈望道先生在《修辞学发凡》中指出:"双关是用了一个语词同时关顾着两种事物的修辞方法。"他将双关语分成表里双关和彼此双关两大类。言陈之外暗藏意许之义的,称作表里双关;将一义明明兼指彼此两事的,称作彼此双关。王希杰先生在《汉语修辞

---

① 王本华:《实用现代汉语修辞》,知识出版社,2002年版。

学》中指出：双关，就是有意识地使同一个词语、同一句话，在同一个上下文中，同时兼有两层（或两层以上）的意思。他将双关语分为谐音双关和语义双关。双关在电视、报纸、网络等媒介中经常运用。如网络用语"豆你玩"、"姜你军"，表层来看是几句一般性的话语，结合当今社会物价飞涨这一语境，人们不禁联想到诸如豆、姜之类的食材价格大幅提升以至于百姓都被难住了的这一真实含义。因此，双关辞格的恰当运用，可使语言表达得含蓄、幽默，而且能加深寓意，给人以深刻印象。

电视专题中我们也经常遇到双关辞格的运用。如湖南电视台《变形计》中有一期节目，讲到一个因父母离婚后存在心理问题的城里小孩到边远山区互换一周生活，当他到达新家后，"新爸"发现他头发长得很长，花钱让他去理个头发，他在理发的画面配以解说，说他要"从头开始"。这里就运用了双关，表面上指他在理发，实际上是他到一个新地方，他决心改变过去的不良行为习惯，重新做人。

又如纪录片《一个城市的奥运记忆》第6集《智谋·奥运》第31分钟画面如下，解说词："在竞技比赛中不到最后一刻很难断定双方胜负。"这里"最后一刻"一方面指比赛快要结束的时间，另一方面，显然还指雕刻大师在雕刻作品时的最后一笔。正是在这一点上的谐音双关性才把柔道比赛与雕刻联想到一起。当然这里还使用了比喻的修辞，形象说明这不仅是一场体育技能的比赛，更是一次毅力的较量。

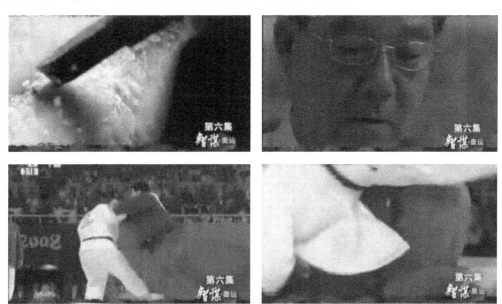

8. 电视专题中示现辞格及其功能

纪录片最典型的特征是真实地再现生活。但是这种真实并不是绝对的真实。因为按照修辞学的概念，真实再现隶属"示现"辞格。"示现是把原本早已过去，或还在未来的、尚未发生的，或纯粹是说写者想象中的一些实际上并没有发生在眼前的景象描述得活灵活现、如见如闻的一种修辞手法。"[①]

---

① 唐松波、黄建霖：《汉语修辞格大辞典》，中国国际广播出版社，1989年版。

情景再现仍然是纪录片富有争议的创作手法。但是，情景再现的表现方式，突破了纪录片"画面缺失"的局限，让纪录片在面对历史题材的时候也能够坚持"让画面说话"。演员表演、动画再现、细节暗示等是情景再现的常用技巧。纪录片《故宫》对这些常用的情景再现方法都有恰切的演绎。例如用细节来真实再现，《故宫》第七集表现明崇祯帝上吊的一组固定镜头：

特写：开着花的枝头。
中景：同一棵树上的绿叶，在夕阳映射下萧瑟凄迷。
一段白绫被抛上树干。
近景：树干，白绫被猛地拉直。
中景：树枝抖了一下。

在整组镜头中，没有演员出场，镜头把观众带到了彼时彼地，好像就站在事发现场，眼看着一个末代皇帝自尽。摄影师通过改变色温调节光线以后，画面呈现暖色调，使观众体会到了末世君主无奈与哀伤的情绪。[①]

此外，通过动画特技创造出符合历史事实的"影像奇观"来获取对历史的再现，类似的画面也会给受众很大的想象空间。《故宫》第一次全面地采用了动画再现的手段，将曾经在历史上发生过的场景、建筑原貌，逼真还原。虚构的动画场面常常与真实的现实场面相结合，创造出一个亦真亦幻的影像世界。在《故宫》表现朝代更迭的众多镜头中，有这样一个结合动画制作的镜头让人记忆深刻：明朝的京城被清军占领了。一支箭"嗖"地从弓中射出，呼啸着飞向城门，镜头急跟。"嘣"的一声，箭落在了一块写着字的匾上，箭身在匾上强劲振动。于是观众跟随着这支创造历史的箭看清了匾上的字："明"。

三、纪录片中视听要素的修辞作用

考察电视专题的修辞艺术，还要特别留意电视声音、画面中其他视听要素的修辞功能。画面是电视艺术之本，是纪录片展开纪实的基础。电视画面的构成要素除了人、物等实体要素外，还包括景别、光线、构图、角度等非实体要素，这些构图要素在特定的语境下，也具有特殊的修辞功能。[②]

1. 景别的修辞作用

景别的大小既是由摄像机与被摄对象间的距离决定着，又被影像记录者所用光学镜头的焦距所左右。不同的景别有着不同的含义，它们起着描写环境、叙述情感、展示情绪、抒发情怀的作用。电视纪录片对于远、全、中、近、特五种景别的创造性运用能够产生不同的艺术效果。远景着重渲染博大的空间和整体的气势，全景能完整地观照事物和场景，中景能表现人与人、人与物之间的关系，近景能表现人物的局部表情和细微的动作，特写则具有透视心灵的冲击力和爆发力。

---

① 赵翌、陈晓蕾：《历史的影像化传播——电视纪录片〈故宫〉中的"情景再现"分析》，载《新闻界》，2007年第5期。
② 李超：《影像修辞的力量——电视纪录片的影像修辞》，载《中国传媒科技》，2012年第16期。

在纪录片《英与白》中,拍摄者运用特写镜头来反映人物的内心。片中多次出现"英"或"白"通过窗户向外瞭望的特写镜头,这是以镜头相似性使"英"和"白"形成呼应,同时也是以特写镜头来刻画人物内心,让观众更好地体会到"白"内心的孤独之感。又如在《最后的山神》的结尾,是以远景来展现主人公孟京福在蜿蜒无边的结冰的河面上骑马远去的场景。通过这样的画面,观众很容易感受老一辈鄂伦春人远离家园,信仰式微的无力以及不知何去何从的迷茫。

2. 角度的修辞作用

"横看成岭侧成峰,远近高低各不同",角度在电视纪录片的人物塑造和创作者主观情绪的表现方面,起着不可忽视的作用。角度的变化能够增强影片的观赏性和可视性,角度的变化越大,感情色彩越强烈。角度越是趋于常态,其效果越是平淡。同一被摄对象用不同的角度表现,会得到不同的视觉形象,并体现出不同的感情倾向。平角拍摄使人感到平等、客观、公正、亲切、冷静;仰角拍摄常用来表现崇高、庄严、伟大的形象;俯角拍摄则能鸟瞰环境,可以表现出贬义,使人物显得压抑、萎缩。

如在纪录片《俺爹俺娘》中,"我"向观众展示了一副"俺娘"在自家地里劳作的照片。这张照片在拍摄时选择了仰拍,使"俺娘"的头略略向下俯视。将片中原本瘦小的母亲的形象瞬间显得高大起来,同时也呼应了解说词所说"平凡而又伟大的母亲啊,您是儿子心中永远的生命雕像"。

3. 构图的修辞作用

构图是指被摄对象与环境在电视画面中的位置分配。构图通常分为静态构图与动态构图。绘画、图片摄影的构图属于静态构图;电影摄影、电视摄像的构图则属于动态构图。与电影一样,纪录片的构图同样具有表意和抒情两方面的作用。

在纪录片《最后的山神》中,为了表现孟京福由于年老力衰以及猎物减少而很难捕捉到猎物的那种复杂的心情,影片中有一段画面,孟京福位于屏幕右上角,坐在一棵倾倒的枯木上,枯木自画面左下角直通右上角,形成透视感很强的对角线构图。这样的构图一方面可以引导观众的视线,使观众注意到坐在画面右上角的孟京福,另一方面孟京福在整个画面中所占的比重又非常小,同时还被前景的树干和枝杈遮挡。通过这样的构图方式使孟京福内心的无力感跃然屏幕之上。

4. 光线的修辞作用

电影被称之为光影的艺术,无光影则无光影艺术。由于对电影艺术的借鉴,光线同样是电视艺术用来塑造艺术形象的创造性元素之一。纪录片中大多数是采用自然光进行拍摄,通常情况下,这种光线可控性不强,所以需要及时利用好晴、雨天及不同时段太阳光的照度和色温,来表现画面中人物与景物的思想性与艺术性。当然,在自然光条件不足以反映创作者意图时,也可适当地加入人工光源。

如在《最后的山神》中一段抒情的段落里,由于大兴安岭伐木现象严重,山林里的野兽日益减少,狩猎也日益艰难,鄂伦春人认为山神不再保佑他们了,主人公孟京福也感受到山神渐渐离他们远去。此时纪录片的画面呈现的是昏暗的夜晚,远处月光照在前景孟京福和妻子的身上形成剪影效果,造成一种人物仿佛被周围的黑暗吞噬的效果。

通过这样的镜头，观众很容易就能感受到孟京福内心的痛苦和挣扎。又如在第二十一届中国新闻奖的获奖作品《姐弟》中，幽暗的乡村夜间，一对留守姐弟忘记带家门钥匙，不得不借助编导提供的手电筒的微弱灯光钻进自家院子，这黑暗中的一点亮光不仅真实反映了当时的情境，而且更加真实地反映出这对留守儿童生活在被父母遗落的黑暗中，他们只有靠自己微弱的力量才能够活出自己些许的光亮。

5. 运动镜头的修辞作用

与固定镜头相比，推、拉、摇、移等运动镜头可以让画面框架相对运动，观众视点不断变化，具有更大的修辞空间。推，可以突出重要情节因素和细节；拉，可以形成反衬、比喻的效果，发挥感情的余韵；摇，可以表现对比、并列、暗喻、因果的关系；移，能造成现场感和真实感。另外，运动镜头还可以通过对运动速度的把握，制造出一定的节奏，达到特殊的修辞效果。像《飘逝的江船》中，运动镜头就像瓯江的水一样缓慢地变化着，使作品充满了优美的乡情。

除画面的构图要素具有重要的修辞功能外，听觉元素对于电视纪录片的作用也很重要，电视的听觉元素包括音乐、音响、语言三大要素。听觉元素往往起着承载情绪、拓展视觉空间、掌控叙事节奏等作用。

6. 音乐的修辞作用

音乐是电视纪录片创作中的重要元素，音乐无法直接地描绘现实生活的画面，也不能叙述现实生活的时间，但是它却能以一定的顺序、节奏组合排列，构成听觉艺术形象。以之作用于人的情感，来间接地反映社会生活，"以声表情"是音乐最基本的艺术手段。

《幼儿园》中主要运用了两首乐曲，一首是《茉莉花》，还有一首不知名的音乐。前者旋律清新悠扬，适合表现童年的单纯和欢乐；后者带有淡淡的忧伤，适合表现童年逝去的哀伤以及影片更深层次的批判主题。两首音乐交替使用，更好地表现出幼儿园那种既是童年乐园又是一个小社会的复杂性，同时也使观众的情绪随两首音乐的旋律时而欢喜时而忧伤。

7. 音响的修辞作用

音响在电视纪录片的创作中拥有着巨大的表现力。首先，现场声音还原的效果音响直接影响到我们对镜头内容的感知。其次，音响可以成为有特定寓意的语言符号，这种寓意有时候是对创作者主观意图的说明，能够传达镜头中人物的内心感受。再次，音响还可以起到制造气氛、形成节奏的重要作用。在《英与白》中，电视机这一带有象征意味的典型道具的出现，有时是带有电视画面的，更多时候是只有声音。《英与白》中常以电视的同期声作为背景，伴随"英"或"白"的日常生活。通过这种不相干的两方面的联系，反衬了"白"生活的封闭，使观众体会到其与世隔绝的孤独感。又如在《雕刻家刘焕章》的片尾，镜头从小巷中拉出，离刘焕章的家越来越远，而"咚"、"咚"的凿木声却越来越响。这时，自然发出的凿木声，经过艺术化夸张，已不仅仅是传达刘焕章在凿木这样一个简单的事实，而是成为一种深入人心的力量，象征着刘焕章对艺术孜孜以求的精神。这音响留下了情绪延伸的余地，使片子结束后，仍余音绕梁，令观众回味无穷。

8. 解说词的修辞作用

对于电视纪录片来说,解说词不但能够起到解释说明的作用,同时对于影片整体框架的建设,整体风格的营造,实际内容的拓展都有影响。解说词不仅要起到解释说明的作用,电视创作者应该把它视作一种创造性表达的重要元素。解说词的修辞从属于文学修辞,即文学中所有的修辞格基本上都可以在一些经典的纪录片解说词中找到案例。

《最后的山神》中的解说词运用得非常好,与整个影片浑然一体。其中一段解说词这样说道:"孟京福的这杆枪已经非常老了,老到甚至都找不到同型号的子弹了。"影片颇费周折地介绍了孟京福的老猎枪,目的其实就是为了暗喻孟京福,甚至整个鄂伦春族的原始生活方式已经不再适应现代社会了。

正是这一个个看似简单、独立的元素加在一起才构成了纪录片的整体。各个构成要素既受到整体风格的影响,同样也影响着作品整体风格的形成。每种元素都有其特殊的艺术价值,正是在各个元素的创造性使用和共同合力下,电视专题作品才有了节奏,才有了画面符号和声音符号的能指和所指性,才有了诗意美妙的审美风格和深刻悠远的主题情愫。

梵·迪克在《作为话语的新闻》一书中说,"新闻修辞的形式不仅仅是建立在语法层次的音韵学、形态学或句法的基础上","它完全是通过运用提示新闻特征的各种相关性或显著性的方式来实现强调具体内容的目的"。

修辞的目的到底是什么?西方古代修辞学认为修辞的目的在于劝说,规劝或说服受众,使其接受某一种观点或采取某一种行动。亚里士多德就将修辞学定义为:"一种能在任何一个问题上找出可能的说服方式的功能。"陈望道在《修辞学发凡》中亦言:"修辞原是达意传情的手段。主要为着意和情,修辞不过是调整语辞使达意传情能够适切的一种努力。"他还说,"修辞以适应题旨情境为第一义"。这可看做对修辞基本原则的一种表述,在当代人们常常将其分解为修辞的两条基本原则:适应题旨和适应情境。因此,学习修辞的目的就是通过优化设计话语文本,对电视来说,话语文本包括画面、声音、语言等在内的多方面,以更好、更有效地达到传播交流交际的目的。

电视修辞技巧　TV rhetorical skills
蒙太奇　Montage

1. 蒙太奇与电视影像修辞有区别吗?试举例说明。
2. 说说蒙太奇的基本功能与主要类型。试从电视纪录片中找出一例平行蒙太奇叙事的段落。
3. 什么是影像修辞?试分别从经典纪录片中找出影像修辞与解说词修辞的案例,并分析其在语境中的功能和作用。

第九章 访谈类电视专题

本章导言

访谈类电视专题从字面上理解,应该包括以"访问"为主的电视专访和以"谈话"为主的电视谈话节目。源于西方的脱口秀节目与我们所说的谈话类电视节目大同小异,但有时"脱口秀"还可理解为脱口而出的表演,因此,脱口秀节目中除了谈话,还可以包括秀场、表演等成分,甚至有的脱口秀节目由主持人一个人单独完成。

本章引例

主持人胡一虎:今天我不说废话了,因为今天有四大天王来到现场,第一句话就是刚刚的最后一句话,2014年中国的楼市是不是遇到了拐点?抛出这个类似的话题的时候,有很多人,但是今天有个关键人物,在我旁边的就是任大炮——志强兄,一句话来点评一下,2014年房价是否进入了拐点?

华远董事长任志强:"我没看出来,所有的数据,都没有做出(这个判断)。"

主持人:"松祚,您是研究的经济,有数据可以让志强兄看到吗?"

中国农业银行首席经济学家向松祚:"我相信志强兄的数据可能跟我的数据不太一样。但是我掌握的数据,房地产的拐点,可以非常肯定地说已经到来。"

主持人:"我们的房地产的元老,晓苏兄,您的解读呢?"

中国房地产开发集团理事长、汇力基金董事长孟晓苏:"有人想要它成为拐点,我认为它不应当是拐点。"

主持人:"不应该。你说有人想要,是有人在造谣?有人在抹黑?"

孟晓苏:"很多人在推动。"

主持人:"有人在推动,贺铿,是这样吗?"

全国人大财经委前副主任贺铿:"我不大爱用拐点,现在的房市呢,应该说在走向理性。"

主持人:"走向理性。"

贺铿:"这是毫无疑问的。"

主持人:"好,我们就先看一下,在北京、在上海、在广州、在深圳、在杭州、在全国的部分地区,你可以发现有一些的数据,我们从这些数据,到底看到了什么?我想松祚,您来解读一下。这些数据跟过去所看到的最大的不同点在哪儿?"

向松祚:"这些数据其实表明,中国房地产市场,现在出现了三个根本性的变化。第一个,中国的房地产市场经过这么多年的积累,总体来讲已经出现严重的供应过剩。(主持人:供应过剩,嗯。)第二个,就是出现了市场的严重的分化,我们看到的北上广深杭的个别地方,可能房价还在上涨,成交量或许还有,但是如果我们看更多的城市,现在整个的成交金额、成交面积,从去年四季度到今年一季度都在同比下降,而且有的地方下降的幅度非常大。第三个,房地产公司开始在降价。我作为在银行工作的人,我去做过调查,我们有很多的客户,现在确实在降价。为什么?我们国家房地产公司普遍的负债率已经非常高,那么现在银行在高度警惕这个风险。而且有相当的房地产公司,除了银行贷款以外,还有社会融资,这个成本是非常高的,那么现在很多房地产公司开始需要抛售房产回收现金。'现金为王',已经开始逐步又成为很多房地产公司的一句口头禅了。所以我想这三个变化,表明这个拐点已经到来了。中国房地产的价格一定会出现一个相当长时期的调整,就是向下的调整。但至于会不会崩盘?我不用'崩盘'这个词,我认为是一个相当漫长的调整。这个调整是非常痛苦的。"

主持人:"好。至少松祚他从银行的角度,看到的这三个部分当中,志强兄,你看到了吗?这三部分当中,他是不是看到的是确实的呢?"

任志强:"不完全确实。"

主持人:"为什么?"

任志强:"第一个说今年增幅下降的是我,不是他。年初第一个向市场发出警告的也是我,也不是他。那么他说的下降,我们认为是下降,我早就说会下降啊。只是在供求关系发生这个调整的时候,会有局部,但是绝对价格下降了吗?当银行利率,他做银行的,把那个1变成了1.25的时候,我下降20万块钱,他涨了25万块钱,绝对值下降了吗?没下降。你别搞错了,我们如果说现在拐,是银行把它打拐的。"

……

——凤凰卫视《一虎一席谈》播出的《楼市拐点是否已经出现》

电视专题与专栏

第一节 电视谈话节目发展历程

这里有必要先对电视谈话节目、电视专访、脱口秀等几个概念进行辨析。

简单来说,访谈类电视专题从字面上理解,应该包括以"访问"为主的电视专访和以"谈话"为主的电视谈话节目。电视专访指的是电视记者就某一新闻事件或问题对有关人士所进行的访问,是进行深入报道的一种电视节目形式。在电视专访节目中,屏幕上出现记者与采访对象的问答对话。专题访问对象要有代表性、权威性。访问谈话的问题应是社会公众所普遍关注的或议论纷纭的问题。谈话主题应有特定的新闻背景,有强烈的现实意义。[①]

电视谈话节目是由主持人、嘉宾和(或)现场观众就一个主题进行讨论或辩论的电视节目形式。叶子在《电视新闻节目研究》一书中对新闻性谈话节目进行了定义:"新闻性谈话节目,是在主持人的主持下,邀请嘉宾和观众,就群众普遍关注的问题,以平等的对话交流方式,充分表达各自的意见、观点和见解。"这个定义可以从新闻领域推广到经济、文化、娱乐等整个电视谈话节目。

"脱口秀"是从英语词组 talk show(口才展示)音译过来的。脱口秀节目是西方常见的电视节目。通常指一群观众聚集在一起讨论主持人提出的话题的广播或电视节目。一般脱口秀都有一列嘉宾席,通常由有学问的或者对那档节目的特定问题有特殊经验的人组成。从这个角度说,它与电视谈话节目没有多大区别。

但是"脱口秀"还可理解为脱口而出的表演,节目中除了谈话,还可以包括秀场、表演等部分,也并非要两个或两个以上个体来参与节目,实践也正是如此。《说吧》《体坛快评》《有报天天读》就是一个人在说,而《大卫·莱特曼秀》《杰雷诺秀》等节目中的单口秀部分也主要是由主持人一个人来完成。由此看来,电视谈话节目往往没有涵盖单口秀节目和脱口秀节目中的单口秀部分。当然,脱口秀与电视谈话节目在内涵、外延、谈话目的、谈话场、主体构成、对主持人的要求等方面也存在一定的差异。

"电视谈话节目已经成为影响我们思想和行为方式的一种新权威。"美国学者吉妮·斯克特在《脱口秀——广播电视谈话节目的威力和影响力》中写道:"它们能够帮助我们知道这个越来越危险,越来越难以沟通的世界上发生了什么事情,应该怎样行事。"谈话节目在电视媒体节目形态中所占有的地位和重要性被日益发展与丰富的谈话节目所证实。

一、西方电视谈话节目的发展简介

电视谈话节目在西方尤其是在美国是一种非常风行并且影响力比较大的节目形式,由于它的英文是 talk show,因此被翻译为"脱口秀"。这是一个非常好的翻译,生动

---

① 赵玉明、王福顺:《广播电视辞典》,中国传媒大学出版社,1999 年版。

形象。早期的电视谈话节目是从广播节目中移植过来的,第一批真正的电视谈话类节目是 1934 年在美国出现的一系列公共服务节目,例如《芝加哥圆桌大学》、《美国空中城市会议》等,这些节目探讨和辩论的话题主要都集中在社会问题和政治问题两个领域。1948 年美国出现了以名人访谈为特征的大型杂耍节目《得克萨斯明星剧场》和《小城大腕》,从此具有现代意义的脱口秀节目正式亮相,成为电视节目当中的主流形式之一。

由于在 20 世纪 40 年代末期受到麦卡锡主义的迫害,爱说爱笑的美国人不敢再讨论与政治相关的内容。受到这种特定的政治环境的影响,人们的聊天内容开始向休闲、健康、娱乐的话题方向转变,这种风格成为一种时尚。"脱口秀"不再单一地局限在时政要闻和社会热点的讨论范围之内,开始向娱乐化方向转移。"脱口秀"的表演色彩更加突出。

从 20 世纪 50 年代的《今天》和《今夜》开始,确立了明星闲聊式的谈话方式。到了 60 年代,娱乐化脱口秀节目日趋成熟,出现了大量的以娱乐为主的脱口秀节目,这些节目大部分由明星担任主持人,主要在夜间或者清晨播出;到了七八十年代,美国的脱口秀节目大多以名人的访谈为主,节目风格亲切自然;现如今各种类型的脱口秀节目纵横交错,话题也从早期的关注政治、娱乐、经济到现在的家庭暴力、性、私生活等一些私密话题,以满足人们的好奇心和窥私欲,来吸引受众提高收视率。

电视谈话节目真正成为一股巨大的潮流,并对社会产生重大的影响,是 20 世纪 80 年代以后的事情。在美国,《大卫·莱特曼秀》、《杰雷诺秀》、《奥普拉脱口秀》、《拉里·金现场》都非常有影响力,作为人际传播和大众传播最有效的结合方式,电视谈话节目在发达国家拥有大量的观众。据调查,从早上 6 点到午夜,在美国 12 岁以上的国民中有 14% 的人在接受谈话节目的熏陶。①

二、我国电视谈话节目的发展概况

我国最早的电视谈话节目是 1993 年 1 月开播的上海东方电视台的《东方直播室》。之后,一些地方电视台相继开办了电视谈话节目,如山东电视台的《午夜相伴》、黑龙江电视台的《北方直播室》等。1996 年 3 月 16 日,中央电视台开播的《实话实说》,凭借覆盖全国的优势,迅速产生了广泛的社会影响,推动了我国电视谈话节目的发展。

1. 兴起的时代背景

我国电视谈话节目产生于 20 世纪 90 年代,这一时期是中国社会的重大转型期。之前人们的思想观点长期没有机会在公共场合得到沟通、碰撞和理解,人们比以往任何时候都更加关注自己所处的周边环境,需要沟通与理解;需要心理调试;需要有人帮助他们解决实际问题,因此谈话节目的出现就为这种交流提供了一个平台。此外人们对于社会问题的思考,对于自身价值的思考也趋于个性化、平民化,人们急切地想表达对于社会的各种事项的意见,谈话节目也就成为一个很好的表达方式。在这里,谈话节目充当了社会润滑剂的角色,具有显著的社会功能和伦理力量。②

---

① 雷建军:《电视谈话节目与脱口秀辨析》,载《电视研究》,2004 年第 5 期。
② 高燕:《我国电视访谈节目的发展现状及趋势》,载《新闻天地(下半月刊)》,2011 年第 4 期。

而且,这也是个偶像崇拜泛滥的时代,个性人物是社会的焦点,是领略社会的一个窗口。在这种情况下电视谈话节目应运而生,内容上选择了一些与百姓生活息息相关的事情,氛围是轻松愉快的,形式上也采用了平民百姓广泛使用的平实质朴的交流语言。访谈人物在摄像机前谈话,电视观众得到的视听的效果就像他们在自己家客厅与他人谈话一样真切,因此也调动了强烈的参与感,从而打破了我国电视以往的居高临下传播的局面。这些改变正符合当时人们的心绪,使得谈话节目深入人心并迅速兴起。

2. 我国电视谈话节目发展历程

一般认为,我国电视谈话节目的发展经历了两个阶段。

第一个阶段是从1993年的《东方直播室》的开播到1996年《实话实说》开播前。这是谈话节目刚刚在我国出现的阶段,数量不多但水准较高。东方电视台首创的电视直播谈话类节目《东方直播室》是一档涉及社会各方面的热点话题的访谈节目。其特色是讲究谈话的自然,追求谈话的真实,其实这也是现在一些访谈节目所没有或淡化的一个非常重要的原则,但《东方直播室》的创办者能在谈话节目刚刚开始的时候就认识到这一点尤为可贵。在它的影响下,全国各电视台陆续推出了一些电视谈话节目,如黑龙江电视台的《北方直播室》、山东电视台的《午夜相伴》和广东电视台的《岭南直播室》等。

中央电视台于1993年创办的新闻杂志节目《东方时空》改变了中国大陆观众早间不看电视的习惯,开创了中国电视改革的先河。它的子栏目《东方之子》受到美国著名访谈节目《拉里·金现场》的启发而创办,其节目样式成为后来的《实话实说》的雏形。

第二阶段从1996年的《实话实说》创办至今。在《实话实说》的带动下,中央电视台以及各地方电视台的谈话节目蓬勃发展,并逐渐有了各自的特色,话题、形式也越来越丰富,各个谈话栏目之间形成了相互竞争的态势。期间产生了不少给人印象深刻、让人称赞不断的节目。这一时期的谈话节目不再是单一的谈话,而是在谈话的同时融合了多种电视元素如新闻、纪实、娱乐等等。有的电视台还大胆采用了直播,并利用热线电话,吸引更多的观众参与。中国的脱口秀节目如雨后春笋在全国各地电视台兴盛起来,如上海电视台的《有话大家说》,深圳电视台的《魔方舞台》,东方卫视的《东方夜谭》,湖南电视台的《新青年》、《大当家》、《背后的故事》,湖北卫视的《财智时代》,重庆卫视的《龙门阵》,凤凰卫视的《有报天天读》等节目。

第二节 电视谈话节目基本类型

电视谈话节目是当今社会比较"火爆"的电视节目形态之一。在西方国家,电视"脱口秀"(talk show)的影响与威力越来越大,成为一道独特的文化景观,一把解读西方社会政治、经济、文化的钥匙。在我国,继20世纪90年代中期中央电视台推出《实话实说》之后,许多电视台也纷纷上马新式的谈话节目,令人目不暇接,谈话节目进入一个众语喧哗的时代。

一、电视谈话节目的定义辨析

什么是"电视谈话节目"？1999年版的《广播电视辞典》收录有"电视讨论"条目："电视言论节目的形式之一。由节目主持人邀请有关人士就某一问题座谈讨论，并播出实况录像。电视讨论题材广泛，包括国内外政治、经济、军事、形势和政策问题、重要的社会现象以及同观众生活息息相关的问题等。邀请讨论的对象应选择对所讨论的专题有研究、有见解或十分关心的人士。电视讨论并不强求讨论者的意见一致，而是使观众从讨论中听到各种不同看法，受到启示，引起深入思考，从而确立正确的观点。"这里的"电视讨论"，已十分接近"电视谈话节目"，或者说，反映了我国电视谈话节目初步阶段的某些特征。然而，这一定义仍然存在一定的局限。就我国电视谈话节目今天的实际情况而言，无论是嘉宾（可能是普通百姓）、话题的选择（家长里短也可能成为话题）上，还是适用范围上（谈话节目同样适用于娱乐性节目、对象性节目、专题性节目，其代表分别有《非常男女》、《相约夕阳红》、《对话》等等），都已经突破了这一定义。并且，真正意义上的电视谈话节目应该采用直播形式而非录播。

有论者认为，电视谈话节目是"谈话人（包括特邀嘉宾、现场观众），在演播室里就某一主题在主持人的引导下阐述和讨论观点的节目"。这一定义突出了节目主持人在现场的"控制器"角色，但对谈话的空间予以了限制。其实，电视谈话节目完全可以走出"象牙塔"般的演播室，回归嘉宾真实的生活空间。央视《当代工人》就是一档在野外的谈话节目，它常把演播现场设在厂矿企业，这种纪实情境有助于增强谈话节目的可视性和感染力。

也有人认为，电视谈话节目是"由一位主持人、几位特邀嘉宾、一群现场观众参与，围绕一个确定的话题展开讨论的，面对面敞开的，即兴的，双向交流、平等参与的"节目。这一定义也存在着值得商榷之处。第一，对主持人和嘉宾的数量限制没有实质性意义。为什么主持人不可以是两位甚至更多？美国ABC的著名主播芭芭拉·华特斯的早间谈话节目《观点》由5位年龄、种族、背景都不同的妇女一起主持，她自己也不是每次都露面。嘉宾也可以只有一位。第二，现场观众的设置的确能起到独特的传播效果，例如提高谈话节目的客观性、可视性，使电视机前的广大观众产生参与感和认同感，对主持人、嘉宾的发言即时反馈，等等。但是，是否每种类型的电视谈话节目都必须有现场观众呢？事实上观众参与节目的形式可以多种多样，比如拨打热线电话。第三，话题既可以是一个确定性的，也可以是不确定的，凤凰卫视《锵锵三人行》经常是漫无边际的海吹神侃的"意识流"。

上述几个定义瑕瑜互见，由于都是通过描述节目表现形式来界定的，比较具体，反而损害了其外延的确定性，无法涵盖现实世界里电视谈话节目的各种鲜活的节目形态。因此，给"电视谈话节目"下定义只有在内涵上予以定性，才能使它的外延具有一定的包容度。

美国学者吉妮·格拉汉姆·斯克特在她的专著《脱口秀——广播电视谈话节目的威力与影响》中，并没有给谈话节目（"脱口秀"）下定义，但从她对谈话节目历史和现状的种种描述来看，这一概念的外延相当宽泛。按照该书引用的韦恩·门森教授的观点，

电视专题与专栏

谈话节目的源头可以追溯到18世纪英国的咖啡馆,在那里第一次出现了讨论社会问题的公众聚会。20世纪20年代是美国早期广播谈话节目的开端。与今天流行的互动方式不同,当时的谈话节目大都是独角戏,是"专家对着听众讲话,而不要听众参与对话的节目"。令今人大跌眼镜的是,这种连访谈都算不上的"一言堂"式的权威讲话,在当时却是谈话节目的典型样式。真正的"脱口秀"出现于20世纪50年代美国的广播电视中,这是一种以谈话为主的节目形式,由主持人和嘉宾(有时还有观众)在谈话现场一起讨论各种话题,一般不事先备稿,脱口而出,因而被港台的翻译家们音义双通地译为"脱口秀"。这个定义对我国的情况并不完全适用,因为我国电视谈话节目绝大部分都是事先录播,至少有简单的策划书,甚至为主持人、嘉宾准备了谈话的文稿。这离舌绽莲花、出口成章的真正的"脱口秀"还有不小的差距。从传播学角度看,谈话是人与人之间交流思想感情的口语传播活动,是最基本、最普通的人际传播。它是互动的信息交流,"对话式"的人际传播。传播学家施拉姆认为,人际传播"就是两个人(或两个以上的人)由于一些他们共同感兴趣的信息符号聚集在一起"。即面对面的亲身参与的传播。关于电视交流的本质,有学者认为,从某种意义上说,是"人际口头语言传播通过电视技术的放大"。而电视谈话节目恰恰把"谈话"这种人际传播方式和"电视"这种大众传播媒介较好地结合起来。

综上所述,"电视谈话节目"可以定义为:以面对面人际传播的方式,通过电视媒介再现或还原日常谈话状态的一种节目形态,通常由主持人、嘉宾(有时还有现场观众)在演播现场围绕话题或个案展开即兴、双向、平等的交流,它本质上属于大众传播活动。

二、我国电视谈话节目的基本类型

(一)我国电视谈话节目的分类参照

随着对外交流的日益频繁,我国的一些电视谈话节目从形式到运作都借鉴了不少国外电视谈话节目的成功经验。新时期出现较早的在全国影响最大的电视谈话节目《实话实说》就直接借用了美国著名的脱口秀《Oprah Winfrey Show》的形式,不少电视谈话节目之间还存在互相借鉴和"克隆"的现象。因而,国外尤其是美国电视谈话节目的类型划分对我们是一个有益的启示。

在《电视谈话》一书中,伯纳德·蒂姆伯戈将电视谈话分为四个大类:第一,新闻谈话,包括专家们共同关注的热门话题、百姓普遍关注的大众话题、特别有趣的新闻或信息等;第二,娱乐性谈话,指主持人和娱乐圈名人之间随意的交谈,还有喜剧类谈话和游戏节目的侃谈;第三,重大社会事件谈话,包括专家们的学术研讨会、操纵的冲突、仪式化的接触和辩论会等;第四,商业推销性谈话,包括一些信息见闻,商界名流间自发性的交流,或付费的政治广告。

霍尔·汉麦斯顿则从传统与现实角度对电视谈话节目的类型做了区分。他认为,传统电视谈话节目可分四类:第一,"文艺界的名人轶事",通常有固定的喜剧幽默表演、音乐经典篇章、群星荟萃、私人谈论等;第二,"到名人家做客",电视摄像机走进名人的私人生活空间,主持人通过展示名人的个人生活,使其崇拜者更多地了解他们鲜为人知

第九章 访谈类电视专题

的另一面;第三,严肃的"圆桌讨论会",政界要人、文人墨客、各路英雄以及具有创造力的团体云集于此,就社会、文化等方面的实质性问题,提出不同的看法和意见;第四,"审判式电视谈话",参与者是一群有着坎坷经历或卑劣下流或奇思怪想的普通平凡人。新式谈话节目除了保留了传统谈话节目的部分话题和形式外,主要谈论性生活、暴力冲突、妇女在大男子主义社会里的不安感和不适症,还有探讨一些变幻莫测的、令人无所适从的新生活方式。这些节目以"女人的话题"居多,另外还有近年兴起的心理咨询谈话节目。

吉妮·格拉汉姆·斯克特也将美国电视谈话节目归纳为四种类型。第一,新闻信息节目,包括早间新闻杂志节目、新闻讨论和分析节目、新闻讨论嘉宾访问和观众通话节目、黄金时段纪录性杂志节目、小报式新闻和访谈节目。第二,杂耍喜剧访谈节目,包括深夜滑稽访谈娱乐节目、观点访谈娱乐节目、清晨时事访谈和娱乐节目。第三,人际关系、自助、心理和日常生活节目,包括以个人困境和失调的人际关系为娱乐的节目、更严肃的个人问题和自助心理学节目、更严肃的人际关系和日常生活节目。第四,为特别观众的特别谈话节目,包括理财与经营顾问节目,宗教和神灵启示,观点及访问节目,与运动、宠物或其他主题相关的其他特别节目。

从三位美国学者的分类来看,他们主要是根据内容来划分的,同时也考虑到了模式、形式、格调、受众等综合因素。我国电视谈话节目是多姿多彩的,因而划分标准也不一。以节目的区域特色划分,可分为区域性谈话节目、非区域性谈话节目。前者有鲜明的地域特征,话题不具普适性,如上海电视台的《有话大家说》、深圳电视台的《舞台魔方》,都是紧扣当地情况来谈,重庆电视台的《龙门阵》干脆使用方言;后者比较多见,如中央电视台和其他一些省市台的谈话节目。以目标受众的社会阶层和地位来划分,可分为平民谈话节目、精英谈话节目、明星谈话节目,分别以央视《实话实说》、《对话》和北京台信息频道的《超级访问》为例。按目标受众的年龄段则可细分为老年、中年、青年、少年、儿童谈话节目,分别以央视《相约夕阳红》、江苏卫视《情感之旅》、台湾华视《非常男女》、江苏教育台《成长不烦恼》、上海东方电视台《童言无忌》为代表。以谈话涉及的主要领域来划分,则分文化类、艺术类、体育类、教育类、医药卫生类谈话节目等,如央视的《文化视点》、《艺术人生》、《五环夜话》。按专题来划分,则有女性谈话节目、财富谈话节目等,如广东电视台的《女性时空》、湖北卫视的《财智时代》。以谈话人的数量来划分,除了个体式以外,还有群体式谈话节目,如央视《当代工人》、河南电视台《沟通无限》。以叙事的角度来划分,大量的话题型节目之外,还有展示型(个案型)谈话节目,如湖北卫视的《往事》、浙江卫视的《人生 AB 剧》。以演播现场的布景来划分,有外景式、茶馆式、客厅式等,分别以《当代工人》、《龙门阵》、云南电视台《周末夜话》为代表。如以节目整体特点来划分,除了"平民的"、"精英的"谈话节目之外,还有"前卫的",如湖南卫视《新青年》;"另类的",如凤凰卫视《锵锵三人行》;"开放的",如北京电视台《国际双行线》,等等。

如此纷繁复杂的电视谈话节目形态,令人叹为观止。过分细致地划分我国电视谈话节目的类型,既不可行,也无必要。

电视专题与专栏

（二）我国电视谈话节目内容上的四种基本类型

从内容上看,我国电视谈话节目有以下四种基本类型。

1. 新闻信息类谈话节目

主持人、嘉宾或观众共同对某一新闻事件进行讨论,以帮助人们了解新闻事件和公众舆论对这一事件的看法。这类节目是对新闻节目的有力配合,话题覆盖面广,信息量大,新闻事件、新闻人物、社会热点、公共事务等都可以作为谈资。嘉宾多为政府官员、专家学者、媒体工作者和新闻当事人,他们往往能够发布第一手的、准确的信息和富于导向性的见解,满足观众对信息的需求。这类节目的特点是具有权威性、准确性和贴近性。谈话多在演播室进行,主要由主持人与嘉宾交谈,《市民论坛》等电视谈话节目则由现场观众与嘉宾唱主角。例如,2003年3月美英联军发动了伊拉克战争,央视四套国际频道"关注伊拉克战事"特别节目就每天邀请军事专家和国际问题专家等权威人士到演播室与主持人一起讨论战争的下一步发展态势以及给国际政治、经济带来的影响,为观众释疑解惑。

较知名的新闻信息类谈话节目有《会见新闻界》(NBC,美国全国广播公司)、《面对全国》(CBS,哥伦比亚广播公司)、《拉里·金现场》(CNN,美国有限电视新闻网)、《新闻会客厅》、《面对面》(中央电视台)、《时事开讲》、《一虎一席谈》(凤凰卫视),等等。

2. 人际关系类谈话节目（有人把它归入普通话题谈话节目）

这类节目的话题一般不具有新闻性,但为公众所关注,话题涉及普通百姓的家长里短、方方面面,既有社会人际交往方面的困惑,也有家庭内部成员之间的调适,既有不同生活状态的展示,也有新旧道德伦理观念的碰撞。谈话基本上在演播室进行,现场观众是不可缺少的组成部分,谈话氛围比较轻松。其特点是贴近生活、贴近百姓,参与性强,因而深受观众喜爱。其中,以婚姻、家庭、爱情、友情、亲情为主题的情感类谈话节目是一道亮丽的风景线。台湾地区的《非常男女》是"始作俑者"。随后,湖南卫视于1998年7月16日开办内地第一栏以爱情为主题的谈话节目《玫瑰之约》,到1999年全国已有20多个同类节目,如北京电视台的《今晚我们相识》、上海东方台的《相约星期六》、海南电视台的《男女当婚》、陕西电视台的《好男好女》、河南电视台的《谁让你心动》、重庆电视台的《缘分天空》、湖北电视台的《今夜情缘》,等等,掀起了一股"玫瑰"旋风。这些节目中虽然穿插了一些嘉宾的才艺展示和幽默调侃等内容,但其主旨是探讨爱情真谛、价值取向,以及异性间相处的技巧,所以不归入综艺娱乐类谈话节目。

3. 综艺娱乐类谈话节目

这类节目主要是和娱乐界著名人物之间的谈话,是一种以愉悦身心、休闲逗乐为主要目的的谈话节目。它以谈话为载体,加入较多的综艺成分和滑稽的情境设计,充分展现话语中的幽默,达到戏剧化的效果,以娱人耳目。它的嘉宾主要为演艺圈明星和体育界明星,主持人大都与他们有密切的联系,甚至就是圈内人,观众主要是年轻人。这类节目的定位不容易把握,稍有不慎就会被真正的综艺、娱乐节目吞并了市场。《超级访问》也许是个例外。它巧妙地设置了游戏情境,通过大范围的外围资料采访和对明星语言的断章取义,凸现个性,制造悬念,实现主持人、明星嘉宾、场外嘉宾、现场观众的互动。

4. 专题对象类谈话节目

这是针对特定的观众群体或某一类社会内容而专门开设的谈话节目。特点是对象性强,话题专一,有品位和内涵。常见的有以下几种:女性谈话节目,以女性关注的婚姻、家庭、社会地位等话题为内容,如央视《半边天》周末版《谁来做客》;老年谈话节目,以"老有所养、老有所乐、老有所成"等老年话题为内容,如《相约夕阳红》;体育谈话节目,如《五环夜话》;经济谈话节目,如《对话》;法制谈话节目,如南京电视台《有请当事人》,等等。随着频道专业化和市场小众化趋势,专题对象类谈话节目将茁壮成长。

(三) 我国电视谈话节目形式上的四种基本类型

从形式上看,我国电视谈话节目有以下四种基本类型。

1. 聊天式谈话节目

主持人根据话题需要,从社会上邀请带有不同身份、职业特点的嘉宾到演播现场交流。其特点是嘉宾代表面广,可以真诚沟通,各抒己见。气氛宽松、亲切、自然,娓娓如话家常,一般不会形成激烈的言语冲突与思想交锋。适用于讨论大众普遍关注又无重大分歧,经过深入交流、探讨可能达成共识的问题。这类节目在我国比较多见,也深受观众的喜爱,如央视的《聊天》。但要聊得尽兴,聊得"出彩",并不容易。《锵锵三人行》节目"意识流"般的侃谈,无疑更接近日常"聊天"的本来面目。

2. 访谈式谈话节目

访谈式电视谈话节目是指以电视为传播媒介,主持人调动各种电视表现元素,以现场访谈或者连线等方式,与被访者、嘉宾和观众进行平等的对话交流的电视谈话节目类型。①

这类节目类似于人物专访,是主持人与嘉宾之间的交流,不同的地方是主持人也要把自己的观点和见解亮出来参加探讨,而不仅仅是提问和倾听,否则他就成了记者。嘉宾人数不多,常常是一位,往往是某领域的专家、权威或某事件的当事人,谈论的话题也相对严肃,能反映一定的品位和内涵。如凤凰卫视的《鲁豫有约》、安徽卫视《记者档案》,通过主持人与重大事件的当事人、目击者的交流,揭示幕后的故事,反映时代的变迁和人的思想境界。访谈式谈话节目有时也采取聊天的形式,但与聊天式谈话节目仍然有细微的差别。总体来看,访谈式谈话节目多数情况下为两人对谈,聊天式谈话节目人数可多可少;访谈式谈话节目话题、角度往往经过精心选择,甚至比较专业,聊天式谈话节目话题、角度比较家常,气氛更轻松,话题可以是确定的,也可以是不确定的。

3. 论辩式谈话节目

这类节目谈话各方的观点有重大分歧,在现场展开言语交锋,主持人以客观公允的态度引导他们充分陈述。其特点是紧张、冲突,适用于讨论社会上出现的新事物、新现

---

① 徐舫洲、徐帆:《电视节目类型学》,浙江大学出版社,2006年版。

象、新思潮，以及人际关系、民事纠纷等。江苏卫视的谈话节目《超级辩辩辩》把家庭、情感、人际纠纷的当事人和相关人请到现场，互相辩驳。由于矛盾冲突具有张力，现场富于戏剧性，比较耐看。

4. 综合式谈话节目

从形式上看，上述三种谈话节目以清谈为主，较少运用其他的电视表现手段。综合式谈话节目则不然，它充分利用外景录像、三维动画、片花隔段等丰富的电视手段，并吸取文艺、游戏、竞技等其他节目的成分，使谈话节目立体化，增强可视性。特点是活泼、谐趣，适用于谈论轻松的生活、情感话题。这类节目在我国电视谈话节目中占了较大的份额。

（四）我国电视谈话节目体裁文体上的两种基本类型

1. 叙事型谈话节目

叙事型谈话节目，也就是以叙事或讲故事为主要形式的谈话节目。不过这类故事是在现实生活中发生的，是节目嘉宾亲身经历或亲眼目击的而不是虚构的故事。代表性的栏目如中央电视台的《讲述》，湖北电视台的《往事》，河北电视台的《真情》等。

2. 议论型谈话节目

议论型谈话节目，是就某一抽象话题，通过嘉宾和现场观众的讨论、辩论进行思想和观点的交锋。节目最后一般没有定论，给观众以思考的空间。

这种类型根据话题的设计与谈话的方式不同，分为讨论型谈话和辩论型谈话两种。

随着电视节目的发展，也出现了一种把上述两种节目综合在一起的谈话节目，如湖南卫视的《大当家》，两个环节设计有讨论，也有叙事的。

总之，从以上归类和分析中，可以得出结论：一方面，我国电视谈话节目的内部形态具有差异性，有的差异还比较显著；另一方面，随着时间的增长和新的手法、新的元素的加入，谈话节目与其他节目类型之间的边界也在变化，越来越交叉，越来越模糊，新的谈话节目形态也许已在酝酿。

第三节 电视谈话节目创作技巧

电视谈话节目的构成要素主要有谈话人、话题和谈话方式的选择。谈话人包括主持人（记者）、嘉宾和现场观众（有些无现场观众或通过连线场外观众）。话题可以是新闻性的，也可以是非新闻性的，可以是具体的或抽象性的话题。谈话方式一般分为群言模式或对话模式。

一、电视谈话节目成功要素

1. 主持人

因为电视谈话节目与其他形态的节目不同，即使编导与策划事先进行了充分的准备,考虑到了各个方面的因素,但现场录制时仍然会产生各种意外。而对现场的这些变量,编导与策划是无能为力的,唯一能解决问题的只有主持人。所以有人说主持人是电视谈话类节目的核心,是有一定道理的。因此,选择一个合适的主持人,对电视谈话节目能否取得成功起着重要作用。

(1) 主持人要有号召力。

许多电视节目制作者在长期的实践中意识到:"谈话节目十分依赖主持人的个性色彩和个人魅力,观众常常会因为喜欢某位主持人而成为该节目的固定收视者。"所以从某种程度上说,主持人就是节目最有效的"金字招牌",把主持人培养成明星或由已成名的明星来担当主持人,便意味着节目能拥有成千上万的崇拜者,节目的收视率、影响力都会随之上升。美国的电视谈话节目就十分突出主持人的号召力。他们采用的是"明星"策略,要么把主持人包装成明星,要么走捷径邀请已经成名的明星来担当主持人,以此吸引观众的目光,提高节目的收视率。美国一档十分有名的电视谈话节目《奥普拉脱口秀》的主持人奥普拉·温弗瑞,是在出演了影片《紫色》并获得奥斯卡提名后才开始主持谈话节目的。在我国也是一样,湖南卫视于2003年4月27号开播的《背后的故事》便邀请了中央电视台的著名主持人马东主持,一播出就引起了相当的反响,收视率不断走高。

(2) 主持人要有机智幽默的语言风格。

主持人机智幽默的语言,不仅可以活跃谈话气氛,消除现场观众和嘉宾的紧张感,还可以控制、调整谈话的节奏,缓解激烈的言辞交流中出现的矛盾和尴尬。机智幽默的主持语言,还能够巧妙概括谈话的主题,提炼出正确的观点,同时表现出生活的哲理和思辨的睿智,体现电视谈话的文化意识和理性精神。中央电视台2002年录制的《交流——与李政道谈教育》的节目中,李政道与主持人王婷有一段这样的对话:

李政道说:"我想每个人都不一样……因为我年轻的时候,是在抗战的时候,所以我很早就离开家了,而我的教育也是不完全的,我小学没有毕业,中学也没有毕业,大学也没有毕业,我就是一个博士学位。"

主持人王婷迅速接着道:"李教授就差说我什么都没有毕业,就拿了一个诺贝尔奖。"

引来现场笑声一片,这充分体现了主持人王婷的机智和幽默,活跃了现场的气氛。王婷也因为这期节目而获得第十四届广播电视学会电视主持(谈话类)一等奖。

(3) 主持人应有控制现场的能力。

电视谈话节目的风格要求主持人对谈话现场具有较强的控制能力。电视谈话节目在进行过程中,要做到有张有弛,既有舒缓的情感流露,又有悬念丛生的矛盾冲突。电视谈话节目不能没有主题地一片混响,也不能弄成只有一个沉闷的单音,它应是有序流动的,这样才会形成一定的旋律和节奏。"好的电视谈话节目应该是一部交响乐,要有引子、显示部、展开部、再现部与精彩的结尾;要有华彩乐段;要有快板、慢板、诙谐曲;各个乐器之间应该互相谐和。"

当然,这就需要主持人对节目现场进行有效的把握。首先,主持人在谈话现场要把握住谈话主题的走向,引导谈话沿既定方向发展下去。其次,主持人在驾驭整个节目时要不时地制造趣味点,以活跃现场氛围。所谓趣味点是由嘉宾或观众一句幽默的或生动的又含义颇深的个性化语言引出的。每当有这样的语言出现时,主持人应及时抓住,以自己的幽默风趣语言,把这一个点在现场扩散,从而活跃现场氛围。在特定话题下,在特定环境中,由特定人物说出的话,往往会妙语连珠,引出观众的阵阵掌声或笑声,这时的语言最具有个性化的审美价值,它往往会激发、引活参与谈话者,使发言者的聪明、机智、幽默得以充分发挥,从而充分调动现场氛围。这是谈话节目最可贵、最吸引观众的地方,而这一切都要主持人依靠自身素质在现场娴熟地驾驭、把握。

（4）主持人"倾听者"的角色定位。

电视谈话节目的形式决定了"对话"和"交流"在节目中的重要性,这就需要主持人在谈话现场营造出一种对话感:让对方愿意对你敞开心扉,愿意和你交流。而只有看到了"你愿意听",对方才会自然而然产生倾吐的欲望,慢慢说出他们的"心里话";只有真诚耐心的"倾听",才会更关注嘉宾和他们的故事,而不是一味遵循脑海里既有的框架。所以电视谈话节目的主持人应该是个"倾听者","好的谈话节目从学会倾听开始,这是电视谈话类节目主持人的'第一哲学'"。一个优秀的电话谈话节目不是主持人"说"出来的,而是"听"出来的。当谈话陷入泛泛而谈、无法推进的困境时,通过"倾听"来发现、捕捉有价值的信息。美国CBS著名电视谈话节目主持人奥普拉·温弗瑞,她主持的谈话节目每周都吸引上千万的观众。她主持节目的特点是"满怀兴趣和同情去倾听"。正如她的传记作者、美国评论家乔治·麦尔所指出的:"一般来说,广播电视的访谈者只提出问题,却并不认真听回答,他们的心思放在其他事情或是下一个新问题上。但奥普拉仔细地倾听嘉宾们的谈话,并且利用谈话的内容把主题步步引向深入。这就是她适应当今时代的风格,由于对观众和嘉宾的生活进程充满关切,由于能同他们进行交流,这种风格大获成功。"

2. 嘉宾

谈话节目的嘉宾主要有两类:一类是作为访谈对象的嘉宾,一类是作为观众的嘉宾,当然随着节目互动程度的提高,作为观众的嘉宾也经常有提问、接受调查以及投票的权利,从而使其有向作为谈话对象的嘉宾转换的可能,但总体来说,他们在访谈中所占比例较小。

与其他电视节目不同的是,嘉宾决定电视谈话节目的内容品质。他不仅决定着节目内容质量的高低,而且决定着节目的收视率。具体而言,嘉宾的选择主要受到几个因素的影响。

（1）嘉宾的知名度。

知名度越高,则跑火的可能性就越大,一般时事谈话节目中的嘉宾可能只是一个新闻热点的人物,而娱乐类谈话节目则主要是明星。这点在《艺术人生》这类专门邀请影视明星做访谈的节目所见最多。对这一群体的访谈,主要是通过挖掘相关隐私性内容,使受众获得一种窥视感。

（2）嘉宾的能言善辩程度。

谈话节目的信息自身并不属于重大信息,其对受众的吸引主要源自于娱乐。因此谈话节目的"冲突性"主要通过言语冲突表现出来,嘉宾越是能言善辩,则节目的可视性越强。

(3)嘉宾的观点。

嘉宾的选择除了顾及嘉宾自身的特点,嘉宾提供的事实之外,还有嘉宾提供的观点。在一些辩论性节目以及一些讨论性节目中,嘉宾的观点对于事件的澄清以及讨论具有重要作用,因此在选择此类嘉宾的过程中,要非常重视嘉宾的知识丰富程度、嘉宾的基本价值观以及嘉宾对特定领域的熟悉程度。

邀请什么样的嘉宾,也是关系谈话节目成败的重要一环。杨澜曾说过:"就像一个农民犁地、播种、杀虫、锄草,可是如果老天不下雨,或者放引洪水下来,照样是颗粒无收。这可遇而不可求的天气就是嘉宾本人。他本人是否健谈,他那天的情绪如何,都直接影响节目质量。"一般来说,嘉宾应有较强的语言表达能力,要有人格魅力。在主持人的引导下,嘉宾要能够自由地表达自己的观点,讲述自己的故事,释放自己的情感。不同类型、不同定位的电视谈话节目对嘉宾的要求不同。

在谈话类节目中,有大量的嘉宾来自于资深传媒人或专家,这主要是看重其社会经验以及知识经验。

3. 话题

话题即节目选题。对于电视谈话节目的观众来说,话题是非常重要的影响因素。"一项有关美国电视谈话节目的受众调查表明,73%的观众认为,电视谈话的话题是决定其是否收看一个节目的最重要的因素,尽管谈话节目的主持人的吸引力也很重要。"因此,对于谈话节目来说,选择一个好的话题就意味着迈出了成功的第一步。

(1)话题应具有时效性。

电视谈话节目应当多选择社会上新近发生的社会事件、社会问题作为谈论的话题,增强谈话的时效性,以吸引人们的关注。我国香港凤凰卫视中文台的谈话节目《锵锵三人行》在这方面做得比较好,他们的话题紧跟新闻线索,往往新闻刚刚就事件进行了报道,它们就对此新闻进行讨论,有时甚至早上《凤凰早班车》的新闻,中午就成了《锵锵三人行》的话题。如"9·11"事件、伊拉克战争等方面的重大新闻,经常是《凤凰早班车》在早上对此进行了报道,《锵锵三人行》在中午就将此新闻作为话题,邀请有关方面的嘉宾进行讨论。美国的电视新闻谈话节目在这方面体现得最为充分,在新闻事件发生的当天,观众就可以在节目中看到当事人,或是有关的专家发表自己的看法、分析事态发展。这使得电视谈话节目不仅能成为许多历史的见证者,而且在某种程度上也以自己的力量改变着这些历史事件的进程。

(2)话题应具有争论性。

话题具有争论性或矛盾性的特点。这包括两个方面,一是话题内部本身具有争议性,如药家鑫故意杀人事件,该事件中药家鑫撞人后,再杀人,事件内部存在着令人难以置信的逻辑;二是话题与人们已有的社会生活的某些方面存在争议或矛盾,如王勇平的"不管你信不信,反正我信了",这种观点与人们日常对官员的期待感产生明显矛盾;三是话题导致社会群体出现分化,从而使得人们不得不关注这个问题,如近两年房价问题的讨论,等等。实际上,在节目中,这三种争论或矛盾并不能截然分开,理论上之所以分开主要源于分析的方便。

(3) 话题应具有接近性。

人们一般关注与自己较为接近的东西,如思想上接近、道德上接近以及生活上接近,等等。如果进行简化分类,我们可以将接近分为社会存在的接近以及价值观接近。社会存在接近就是发生的事与个人、群体或组织的存在有相似之处,社会存在的一个明显特征便是可观察性;价值观接近系指发生事实与人们的价值观或存在相同或存在相反的情形。

(4) 话题应具有可看性。

节目好不好看,有没有观众市场,能否引起广告主和观众的注意,特别是能否让广告主慷慨解囊,就要看节目的"卖点"如何。"所谓'卖点',指的是节目最具独特、最能吸引观众的地方。"只有找到了具有"卖点"的话题,节目的收视率才会有保证。所以,选择话题,除了要考虑栏目的定位外,还要考虑话题是否具备"卖点"。

明星、名人可以成为谈话节目的"卖点",但对明星和名人的选择,要结合节目的定位来进行。中央电视台的《对话》的定位是新闻性、开放性和前沿性,所关注的是中国的经济的发展,它的受众群主要是关注中国经济发展的高知识层人士,因此节目的话题是选择鲜活的经济事件,然后邀请名人来参与节目,探讨新潮经营理念。邀请的名人主要是一些企业界的巨子,这其中既有全球500强的企业家,如维亚康姆公司董事长萨默·雷石东,也有中国企业家,如联想集团前任总裁柳传志,等等。这些重量级人物的出现不仅吸引了大批观众的注意,也提升了节目的谈话层次。

悬念与新奇感也可以成为节目的"卖点"。美国的很多电视谈话节目的选题就立足于满足受众的窥视欲望与好奇心理,把观众闻所未闻、见所未见的神奇侠事作为话题,这样的选题在一定程度上能够提高节目的收视率,但负面作用也不小。我国的电视谈话节目不能像美国的电视谈话节目那样走极端,但也可以有所借鉴。

二、电视访谈节目话语方式

1. 谈话节目话语方式的选择

以人物访谈类专题为例,其话语方式主要有三种:一是平等交流的倾心交流式;二是让被访者倾倒素材的好奇式;三是让被访者处于防范境地的激问式。

(1) 倾心交流式。

这种方式强调采访者与被访者是一种平等的人与人间的交流。因为平等,最后双方能进行畅快交流。柴静在《看见》一书中认为"采访是一场抵达",这种抵达不仅是抵达信息,更是抵达心灵,正因为如间丘露薇认为采访就是对事实的无限接近。采访的目的是呈现,而不是评判,其最大的障碍就是"我认为我是对的",原因无他,仅在于人们会利用自我框架来采访,从而忽视世界的丰富多彩性。采访不是用来改造世界,采访只是来认识世界,最终目标就是让人明白,采访要达成的是信息,你必须要问舆论期待知道的问题,不可以回避。但要提供一个让大家明白这一切造成的因果和背景,那记者就不能够跟他构成对抗的关系。柴静形成的一个采访原则就是"对事苛刻,对人宽容",只有如此,倾心交流才能形成。

(2) 好奇式。

这种访谈方式主要是主持人与被访者处于一种不平等状态,主持人位置略低,从而引发被访者的交谈的兴趣。这种访谈方式主要用于一些娱乐性访谈节目当中,其目的在于引导被访者谈出自己较为私隐的话题,以进行自我暴露,这种方式的变体就是显得自己非常感兴趣,显得自己较为无知,从而满足被访者的那些心理倾倒的诉求。

(3) 激问式。

与倾心交流的方式不同,激问的方式主要是形成一种不平等,从而使思想体现出来。倾心交流体现出的是一种感情,一些事实,而激问出来的则是思想,这是其中最大的差别。柴静认为:"思想的本质是不安,不安就是这种动荡,一个人一旦产生动荡的时候,新的思想就已经产生了,萌芽已经出现了,人们需要的只是给这个萌芽一个剥离掉泥土,让它露出来的机会。"

在进行激问采访之时,主持人一定要明白他需要的是什么,如果需要的是事实,则不便使用;如果需要的是感情,可稍加考虑;但如果需要的是思想,则在大多数情况下可以采用激问的方式。

2. 现场氛围的营造

良好的现场氛围可以使现场充满谈话气息,让谈话者放松心情、敞开心扉、真诚述说,从而使谈话更好地进行下去。所以,在电视谈话节目中,应该营造一种适合谈话交流的氛围,从而使无论是在场的谈话者,还是电视机前的观众而言,都应该感觉到谈话本身是愉悦的、轻松的。只有在这样的一个氛围中,才会有谈话者"掏心窝子"的肺腑之言,才会赢得观众的真诚喜爱。目前,我国一些做得比较成功的电视谈话节目,在营造现场氛围上大都采取了以下几种方法。

(1) 运用背景短片。

许多电视谈话节目在谈话的进行过程中,都会穿插一些背景短片,这样不仅可以增加节目的可看性、调节谈话节目的现场气氛,而且还可以充分运用背景短片来加强对观众的说服力。例如湖北电视台的谈话节目《往事》在每次节目的开头(有时在节目中)都会加入相关的纪录片片段、照片等,给观众和嘉宾带来一种回归历史的心理感受,有利于观众更好地理解谈话内容,增强观点的说服力。国外的电视谈话节目也很重视背景短片的运用。有研究表明:在国外的谈话节目中,背景短片一般有二十多个,占节目播出时间的三分之二。由此可见,背景短片在电视谈话节目中的重要作用。当然,这也对背景短片的质量提出了很高的要求:背景短片的拍摄制作必须十分精良,画面、配音以及音乐的使用都要求精美,这样才能发挥其作用,极大地增强节目的感染力。

(2) 加入娱乐成分。

如果在一档几十分钟的谈话节目中,大家都是正襟危坐、表情严肃,一味地谈话,是很难持久吸引观众的注意力的。因此,加入适当的娱乐成分,不仅可以调动嘉宾的情绪,活跃现场氛围,还可以使得节目变得更加活跃、更有兴味。比如由东方欢腾文化艺术发展有限公司推出的电视谈话节目《超级访问》,参加节目的嘉宾,经常即兴表演歌舞、带情绪的小品,或是"秀"几个典型有趣的动作,主持人也经常兴高采烈参与其中。

这些即兴表演,不是为表演而表演,而更像是亲密朋友间的顽皮笑闹,通常只是点到即止,完全没有正式文艺演出的郑重,使得节目现场充满了快活的空气,让现场的观众和电视机前的受众也乐在其中。另外,适当地在节目中穿插一些游戏,使节目避免程式化,让现场的谈话氛围更加松弛。正如《超级访问》的主持人李静所说:"为什么谈话节目中,不能加入娱乐化的色彩呢?"

（3）背景音乐的运用。

目前很多的电视谈话节目,都特别注重对背景音乐的运用。音乐可以调节人的情绪、情感及心理状态。在电视谈话节目中加入与主题气氛相关的音乐作品,可以很好地调节现场氛围。如湖南台的谈话节目《越策越开心》,节目中会经常穿插现场打击乐、电吉他的奏乐,当台上争锋正浓的时候,加入轻松的音乐;当主持人或嘉宾遭遇尴尬时,则加入调笑的轻音乐,以营造一种良好的谈话氛围。

关键词

电视专访　　TV interview
电视谈话节目　　TV talk show
脱口秀　　talk show
话题　　topic

思考题

1. 访谈类电视专题节目的类型有哪些? 这些类型的划分是否科学?
2. 电视谈话节目创作时,如何根据节目特性选择适当的话题?
3. 除教材所举访谈技巧外,你能否举出其他类型的访谈技巧?
4. 电视谈话节目与脱口秀节目是同一类型吗? 为什么? 试举例说明。
5. 中央电视台的《焦点访谈》是访谈类电视专题节目吗? 为什么?
6. 试举例说明主持人的独特个性对谈话节目的重要影响。

第十章 科教类电视专题

本章导言

科教类电视节目狭义上主要指科、教、文、卫等题材内容的节目。我国不仅有隶属国家教育部的中国教育电视台,许多省市也开办有教育电视台。省级卫视开办的科教频道、科教栏目也不少,尤其是中央电视台科教频道开办以来,制作了许多优秀的科教节目,推动了科教节目的创新,丰富了受众的文化生活,也很好地实现了科普及教育的功能。

本章引例

主持人:"这位就是这次请的一个裁判长,由他来宣布这次比赛的结果,这边是我们的巴特,后面在我的身后,就是我们的人工队,那么我们今天的比赛的规则是一比十五,巴特一个人进行与十五个人的对抗,看谁究竟能赢。我说一遍比赛规则,我们用十分钟的时间,十五比一,然后不仅比速度,还有深度,就是说我们要保证我们种下来的柳条能够成活,其实这才是最关键的,所以两个考验大家的地方,准备好了吗?"人工队:"准备好了。"主持人:"好,现在比赛开始。"

解说:随着一声令下,两队投入到紧张激烈的比赛中,在狂风肆虐、满尘飞舞的沙尘中,大家干得热火朝天。

主持人:"巴特,您这次怎么样?"

巴特:"行,没事。没问题。"

主持人:"你看,这个地它不平,它不像咱们以前在平地做实验,它起起伏伏,这个机器可以吗?"

巴特:"可以,没问题。"

主持人:"那咱们一会儿看效果。"

巴特:"嗯。"

主持人:"人工队挖的,你们是这样断着来挖的是吗?一会儿我们要考验你们挖的深度,所以深度一定要够。"

人工队:"行,没问题。"

主持人:"你们队十五个人,比他一个人,怎么样?"

人工队:"有信心。"

主持人:"好,咱们一会儿等待比赛的结果。"

主持人:"你觉得你们会赢吗?"

人工队:"我觉得我们会赢。"

主持人:"觉得你们会赢。好,我们一会儿期待结果。"

主持人:"看看,现在时间已经进行到五分钟的时间,我们的巴特先生已经遥遥领先了,而我们的人工队开挖好像才刚刚开始。来,我们找巴特。巴特,时间才到五分钟,你已经把他们远远地甩在了后边,看来这个机器不错,你现在要干什么?"

巴特:"插柳条。"

主持人:"现在你插柳条,是一个人进行吗?"

巴特:"是的。"

解说:就在机器队干得越来越来劲时,人工队却有人累得倒下了。巴特的第三代种柳神器实在是太给力了,速度飞快。

——中央电视台《我爱发明》栏目播出的《种柳神器》

第一节 科教类电视专题概述

科教节目就是以科学为内容,运用多种电视传播手段,宣传科学思想,普及科学知识,传播科学方法以及弘扬科学精神的节目。郑保章提出:"所谓科教类电视节目,是由电视台和电视节目制作机构摄制的面向公众的、以进行科学教育和提高公众素养为宗旨的电视节目的总称。它们以广泛的内容、多样的形式,承载着记录科技发展、普及文化知识及展示科学精神的高尚使命。"《自然辩证法百科全书》中对"科学"的定义是:"科学是反映客观世界(自然界、社会和思维)的本质联系及其运动规律的知识体系。"这里的"科学"指自然科学、社会科学、思维科学在内的科学概念,比如中央电视台科教频道的《走进科学》、《科学世界》、《科技博览》等就是表现科学技术和介绍科学知识的节目,而《探索发现》、《讲述》、《历程》则是人文色彩很重的科教节目。还有一些节目既表现科学技术的内容,又与人文现象、社会背景紧密相连,如央视的《天工开物》,就是介绍我国民间传统手工技艺的节目。如今,科教节目经过几十年的发展,从科教电影到社教专题节目,逐渐演变成为一个相对独立的节目形态和模式,形成多维度、多视角、多元化的发展格局。

一、科教节目与社教节目的区别与联系

电视社教节目在中国电视史中曾是立台之柱。电视社教节目曾是我国电视节目以新闻、文艺和社教组成的三大板块之一。从20世纪50年代末中国电视的产生,到90年代中期中国电视节目走向成熟,许多电视台把电视社教节目的创作作为兴台大计。在电视节目内容划分中,包括时事深度报道、人物、经济、法制、教育、少儿、体育、服务、健康等内容的节目统统划为社教节目。在我国电视节目发展过程中,社教节目曾有过辉煌的历史。[1]

20世纪80年代至90年代中期,电视台的节目设置,除了每天固定播出的新闻节目和每周一到两次的文艺节目外,其他节目则全部归于社教节目的范畴。在这一期间,社教节目开出了灿烂的奇葩。电视社教节目由最初简单的形态开始了延伸和细分,分设了许多部门,如专题部、经济部、少儿部、科教部、国际部等,每个部门都自办栏目。这些栏目包罗万象,有效地宣传了各地方方面面取得的成绩和在改革中涌现出的先进人物、城市悠久的历史文化等,有的节目甚至走出了国门。这一时期全国的社教节目不仅数量上占有优势,而且质量也上了一个台阶,社教类的评奖种类繁多,奖项的数量和质量绝不低于新闻和文艺类节目,这一时期是我国社教节目的鼎盛期。

由此可见,社教节目使用的是一个粗略的"社会教育"或"大教育"的概念,与当时电视媒介大发展、电视节目频道少,收视市场处于传播方强势的情境相适应。但是,随着网络媒体的兴起,我国媒介格局发生了大的改变,电视频道不再是稀缺资源,电视频道和电视栏目越来越丰富,原来的社教节目开始向专业化、分众化方向发展,出现了经济频道、法制频道、科教频道等。正如美国著名传播学者施拉姆说:"所有的电视都是教育的电视,唯一的差别是它在教什么。"因此,继续笼统地使用社教节目这一称谓可能无法区分不同内容的节目形态,可能也会与当下电视频道专业化发展背道而驰。

科教节目原来也是社教节目的一个分支,是电视节目专业化、窄众化发展的必然结果。科教节目是近几年才普遍使用的一个概念,它不同于过去的社教节目。社教节目即社会教育电视节目,是那些由电视台和电视节目制作机构摄制的、面向公众的、以进行社会教育和提高公众教养为宗旨的电视节目的总称,分为电视专题节目和电视教学节目两大类;科教节目当时多指电视科普节目。从二者的概念所涵盖的范围来说,社教节目和科教节目有相似之处。

社教节目突出的重点是教育性、知识性和服务性等,强调受众的求知欲和约束性。而科教节目,多指反映与科学领域相关的内容的节目。当前,人们已经不再满足于仅仅了解自己周围的事情,而是渴望了解更大的世界,了解整个宇宙和人类,他们渴望知道

---

[1] 许玉琪:《电视社教节目的变革与发展》,载《新闻前哨》,2006年第9期。

科技将如何改变自己的未来。社会对科技电视节目的需求日益增加,使一批优秀的科教节目脱颖而出,也赢得了许多观众的喜爱和认同。传统的科教节目由于受当时的社会条件和人们的思想水平所限,不仅在节目的创作思路上,而且在电视技术的发展等方面都受到很大的制约和约束,与当代的科教节目相比有很大的不同,具体见下表[①]:

	传统科教节目	当前科教节目
选题视角	单一视角	多维视角
服务功能	教育性、知识性、服务性等,侧重于教育性	在前几方面的基础上更加侧重科学性
表现手段	传统教育式	故事化、生活化、科学化
后期制作与包装	设备简陋,包装意识淡薄	数字化先进设备,包装意识强烈
与观众互动方式	来信,来访	来信、来访、研讨会、电话、短信、互联网等
播出方式	我播你看	电视、网络视频、手机视频等、点播等

2001年7月9日,中央电视台科学教育频道(CCTV-10)经过长久以来的积淀终于正式开播,它标志着科教电视节目频道化的开始。

科教类电视节目就是以电视作为传播工具,利用电视艺术的手段达到对科学技术、文化知识进行普及推广目的电视节目。电视科教节目作为大众传播的一个具体形态,不仅具有环境监视、解释与规定、社会化以及提供娱乐这四大功能;还在搜集和传递科学信息、解释科学原理以及传播科学精神等方面具有独特的优势。从大众传播心理学的角度来看,依据心理学家马斯洛的需求层次理论,电视科教节目传播的内容能够满足受众自我发展的需要;从而对人的工作和生活产生积极的影响。

二、电视科教节目的主要类型

有学者认为,我国电视屏幕上的科教类节目可分为以下几种基本类型:科技新闻报道、科技事件直播、科教讲座、科学纪录片、科学实验、科教谈话等。[②]

科技新闻报道的主要特点是短小精悍、题材相对重大。科技新闻报道模式的主要构成元素是新闻口播、新闻现场画面、当事人采访。过去的科技电视新闻,内容让人费解,语言枯燥,缺乏生动有趣的细节,影响了传播效果。而现在的电视科技新闻在这方面已经有了很大改观,制作者正在用各种手段尝试把学术化的语言转化为观众能理解的内容,镜头更加丰富生动,更注重新闻背后的话题。

科技事件直播是指依托一项重大的科技新闻,实时直播最新进展的同时,把相关背景和资料有机地穿插进报道中,专家在现场或演播室对相关主题进行解读和分析的节目模式。电视作为具有综合传播优势的媒介,成为公众了解科技知识的首选平台,特别

---

① 王琳:《科学生活化与生活科学化的互视——当前电视科教节目生活化的趋势》,载《当代电视》,2011年第9期。
② 冯其器:《中国科教类电视节目模式分析》,载《电视研究》,2012年第6期。

第十章 科教类电视专题

是电视直播报道能将重大科技事件高保真、通俗化、无时差地呈现给观众,可以获得最佳的传播效果。如2013年6月11日中央电视台对神州十号载人飞船发射升空的直播报道。

科教讲座节目是以主讲人针对某一问题的具体阐述作为节目主体,适时以短片或其他形式进行补充。在科教类电视节目发展历程中,讲座类节目一直延续到今天。这类节目最初的形态就是直接把课堂搬上电视。但随着电视节目整体质量的不断提高,科教讲座由于专业性强,受众面过窄,其模式也发生了巨大变化。中央电视台科教频道播出的《百家讲坛》、凤凰卫视播出的《世纪大讲堂》、东方卫视播出的《名人讲堂》、湖南教育电视台播出的《湖湘讲堂》等栏目就是这一变化的产物。

科教纪录片的诞生,很大程度上依赖于科教电影。最初的科教纪录片走的是科教电影"讲解科学知识"的创作路子,沿袭科教电影几十年来为服务生产实践而形成的传播知识、展现科技成就的套路,选题偏重科学研究成果展示、新技术新知识介绍。随着电视有效传播观念的建立、国外同类型节目的引进以及收视率考评体系的确立,科教纪录片的创作思路和创作手法都发生了很大变化,在单纯的科普诉求中增加了娱乐的手段和因素,强化节目的故事性,用悬疑层层递进的方式吸引观众。

科学实验节目在国外一度流行,如美国探索频道播出的《流言终结者》,由特效专家Adam Savage 和 Jamie Hyneman 主持,他们利用自身的专业优势,针对各种广为流传的谣言和都市传奇进行验证。该节目曾经获得过艾美奖。2009年,中央电视台科教频道出现了两档这种模式的节目——《原来如此》和《我爱发明》。尤其是《我爱发明》播出后,收视率节节攀升,2011年跃居科教频道第一。这一模式的节目正在以其鲜明的特色发挥着越来越独特的作用。

科教谈话类节目在电视屏幕上最早引起人们注意的是北京电视台的《世纪之约》。人们通过主持人和嘉宾的对谈,认识了很多做出过杰出贡献的科学家。中央电视台推出的《大家》站在更高的层面上,每期节目都借"大家"之口叙述历史。2009年,湖南卫视又推出了一档科学谈话类节目《百科全说》,引发关注。由于科教谈话类节目访谈的对象是科学家,访谈的内容是科学研究,势必使访谈本身缺乏对普通大众的吸引力,加上一些受访嘉宾的表达往往不尽如人意,使得此类节目的收视率一直难以提高。

也有学者从另一角度按形态对科教节目进行分类,这些分类有助于我们把握科教节目的不同形态,创新节目类型。

我国科教电视节目形态划分如下表所示①。

	形态划分	表现形式
1	个案形态	个案既具有典型性、代表性,可以反映整体的某些特征;又具有很强的个体性、特殊性
2	探索形态	探索形态的科教节目是将最原始的科学过程真实地记录或还原,探索形态本身就洋溢着伟大的科学精神

---

① 远新蕾:《基于受众需求分析的中国科教电视节目的教育功效及发展研究》,学位论文,2013年。

续表

	形态划分	表现形式
3	竞赛形态	将比赛选手请到节目现场,进行某种技能的较量,一决高下
4	讲演形态	这里所要说的讲演形态是指新的电视环境下,经过改良的新讲演形态
5	生活形态	生活形态的科教节目主要指生活服务类节目,这类节目主要向观众传授生产、生活中的小知识、小窍门,关注身边的科学,突出服务性、实用性
6	信息形态	信息形态有些类似于新闻,用简短的语言和画面传递最新的科技实用信息。对于信息的准确性、真实性、时效性都有很高的要求
7	讲述形态	讲述形态就是介于讲演和故事之间,用口述和影像相结合的方式讲故事、说道理
8	人文形态	侧重表现文化、关注社会、关注人的一类节目
9	新纪录形态	以叙事模式为主,通过技术手段记录真实的事件,用客观事实来引人深思

尽管我们对电视科教节目进行两种不同形态的划分,但在电视科教节目的发展过程中仍然会不断涌现出新的节目形态。比如 2014 年江苏电视台推出的反响良好的《最强大脑》,被定位为一档科学达人秀节目。

第二节 教育教学类节目的创作

1981 年,在教育力量相对薄弱的新疆维吾尔自治区,我国第一个教育电视台筹建并试播,反响良好。1986 年,我国正式开播第一个卫星电视教育专用频道,随后,地方卫星收转站也相继开播。1987 年 10 月,中国教育电视台正式成立。进入 90 年代,中国教育电视规模日趋扩大,发展迅速。各省甚至较强经济实力的市县都开办了教育电视台。截止到 2010 年,根据 CSM 媒介研究在 149 个城市中的收视调查和监播数据,全国共有 77 个科教频道,涵盖中央级科教频道(中央电视台科教频道、中国教育台一套等)、省级科教频道(如山东教育台、江西教育台等)和众多的市级科教频道(南京电视台教科频道、无锡教育电视台、西安教育台等)。2010 年,人均每日收视所有频道 171 分钟,其中收看科教频道 5 分钟,与 2009 年以及 2008 年相比,都略有增长。[①]

教育电视节目不同于一般的电视节目,它以传播文化、普及知识为主要内容,以树人育人、服务社会为目的。中国教育电视台(CETV)是一个教育特色鲜明的专业教育电视节目传播机构。中国教育电视台隶属国家教育部,是中国重要的国家级专业电视新闻舆论机构,是中国具有教育影响力的主流电视媒体之一,是中国最具发展潜力的远程教育平台,现拥有 5 个电视频道和 1 个中国教育卫星宽带传输网平台。CETV-1 是以教育教学为主的综合教育频道,主要播出教育、科技、文化、卫生、体育节目,其中以教

---

① 周小林:《科教频道的现状与发展分析》,载《新闻世界》,2012 年第 10 期。

育教学节目为主体。CETV-2 是以播出中央广播电视大学课程为主的继续教育频道，播出主要内容包括文法、财经、理工、农医等科类 59 个专业 300 多门必修课程；同时播出中国燎原广播电视学校电视课程和其他培训类节目，主要播出节目如人体生理学、医学伦理学、医学生物化学、农村环境保护、养猪技术、农科化学基础知识、芥子园画谱技法讲座、跟我学汉语、英语教学法、商务英语、直播课堂英语语法辅导、钢琴即兴伴奏基础教程、跟庞老师学硬笔书法，等等。

教育电视节目对教育的理解已经由狭义的学校教育观，走向素质教育和终身教育理念下的"大教育观"。它既包括面向特定学生、有教学大纲要求的教学节目，又有面向普通公众传播、体现终身教育主题的大众化的教育节目；既包括家庭教育、学校教育和社会教育，又包括就业前的基础教育、专业教育，也包括继续教育和终身教育等。因此，教育节目按接受对象年龄层次的不同，可以分为少儿教育节目、青少年教育节目、成人教育节目、老年教育节目等；如果按内容题材的专业性质划分，又有语言教育节目、艺术教育节目、法制教育节目、道德教育节目、健康教育节目、心理教育节目、求职教育节目，等等。

我们这里使用狭义的概念来探讨科教节目的创作，即主要指科学、教育、文化、自然等题材内容的专题节目，把科教节目粗略分为教育教学类、自然科技类和文化类节目。这里就教育教学类的科教节目的一些典型的节目形态进行探讨。

1. 教学类

电视教学节目是学校课堂教学的延伸和补充，利用声画并茂、逼真影像、丰富内容、多元化传播模式来从多角度、多层次、多方位向广大观众传播科学文化知识。央视的《快乐汉语》以情景剧的形式让观众更真实地接触汉语学习，以轻松幽默的氛围让受众学习汉语，将中国的文化与汉语言学习有效地结合起来。中央电视台的《希望英语》突破了将课堂教学照搬到银屏的模式，制作出了符合电视传播的形式，有动感、幽默感的情景表演，有生动有趣的片花，为广大观众带来了构思新颖、设计精巧、信息实用的电视英语教学节目，使观者融入于真实的英语环境之中，进而提升英语的听说读写能力。从 1999 年到 2001 年，节目在 CCTV-2 和 CCTV-1 每周一期的播出，初期收视率就达到了 0.4‰。[①]

2001 年，《希望英语》开始在 CCTV-10 即科教频道播出，节目也增加至每周 6 期，节目全新改版，以突出其"主题周刊"的模式来面向广大英语学习者，这次改变确定了电视节目的针对人群——广大学生群体。《希望英语》以每天一个不同的主题带给观众不一样的英语学习环境，周一"朋友会"主要讲述了一些文化、音乐、体育等领域的名人在英语学习过程中的故事；周二"娱乐秀"主要播出流行音乐和经典影片，使观众能够轻松掌握娱乐世界的流行词汇；周三"聊天室"通过轻松诙谐的对话来提高英语学习者的交流能力；周四"新语录"通过世界上的最新信息使观众学习到最新的英语；周五"互动区"让观众与专家名师进行互动，提高英语能力；周六"挑战赛"是英语高手们相互交流、竞争的竞技场，精彩的内容令观众耳目一新。同时，节目还充分利用多种渠道与观众互

---

① 朱志美：《外语科教节目〈希望英语〉的传播模式研究》，载《当代电视》，2013 年第 7 期。

动,比如短信互动、有奖问答等活动。

2007年,《希望英语》再次调整节目内容,栏目定位更加明确,在一周六天呈现不同的精彩内容给观众,周一至周三节目内容为"希望英语故事会",是从寻常百姓人家到精彩大千世界的故事内容;周四至周五为"希望英语任我游",逛东西南北中,学习地道英语;周六则特别奉献"希望英语热力赛",走进全国大小校园,让学生们展现风采。

2. 讲座类

2001年7月,一个以"建构时代常识、享受智慧人生"为宗旨的节目《百家讲坛》在央视"科学·教育"频道开播。这是一档文化知识讲座类节目,主要形式为专家学者面对面给现场观众讲座,内容以百科知识为主,涵盖人文科学、自然科学、社会科学等多个领域。在众多的以图像传播和视觉冲击见长的电视栏目中,这种以"讲"为主要形式的电视节目居然也能占据重要的一席之地。刚开始走精英路线的《百家讲坛》在开播之初也曾面临着不温不火的困境。之后,栏目进行了大胆改革,通过栏目定位大众化通俗化、讲述方式故事化悬疑化、讲述风格平民化生活化、传播形式艺术化多元化的调整,更加把观众的认知接受能力与情感体验放在重要的位置,让观众对这样一档学术讲座节目像娱乐节目一样津津乐道,最终使《百家讲坛》成功转型为"大众讲坛"。

《百家讲坛》的大部分主题则是娱乐消遣性非常强的内容,如《刘心武揭秘红楼梦》、《明十七帝疑案》、《水浒传成书之谜》等主题虽然多为严肃的历史学与文学内容,但选取的都是这些学科里为受众所熟悉和感兴趣的内容,并且很多都是对这些历史或文学问题中受众一直存在着的疑问的解答。这样的主题设置使受众能在收看节目的过程中实现对自己好奇心的满足。以《刘心武揭秘红楼梦》为例,这一系列节目对《红楼梦》里的几个主要人物的原型揭秘,都非常具有娱乐性,并且是以前很少有人提及的内容。主题内容设置的实用性与娱乐性,使《百家讲坛》在完成了大众媒介的娱乐功能的同时,从这种寓教于乐的形式完成了传递精神遗产的功能。

北京电视台《中华文明大讲堂》是建立在《名师讲坛》成功运作基础上的。为了追求创新,在节目形态上体现差异,有专家、主持人、观众的三方互动,与《百家讲坛》专家独讲形成差异。凤凰卫视《世纪大讲堂》虽然有主持人,但是仅起到引出观点的作用,《中华文明大讲堂》主持人具有助教的作用,通过主持人和观众精彩到位的互动设计活跃了节目氛围,提升了传播的互动效果。另外该节目加强了影视画面资料的运用,加强了讲座的设计环节,注重细节,通过细节制造悬念,通过悬念的起承转合使节目更具可视性。

3. 竞赛类

2013年7月11日,河南卫视和百度爱奇艺网共同打造的《汉字英雄》首播。8月2日,中央电视台和国家语言文字工作委员会主办的《中国汉字听写大会》节目首播。这两档节目掀起了汉字书写、文化传承的热议。《汉字英雄》第一期节目除中国参赛学生外,还有5位在华留学生到现场参赛。

《中国汉字听写大会》以学校为单位展开团队之间的竞赛,实现了全国中学总动员。从组织规模看,比较适合夏季假期举行。尽管是团队比赛,但强有力的个人能力则能够

第十章 科教类电视专题

带领整个团队进入下一阶段的比赛,而比赛的悬念恰恰在此,当一支队伍只剩下1人,而其他队伍仍有4～5名参赛选手时,人数多的一方却不一定能够获胜。主考官由中央电视台新闻主播担任,这些新闻主播在主考现场选手的过程中向所有电视观众进行了标准读音示范。国内语言专家担任裁判和词汇解说,而3位裁判的亮灯也是众目期待的关注点之一;场外主持人与专家实时点评,场外比赛团队的辅导老师和家长在候场区或紧张或欢呼的镜头与比赛现场镇定自若的选手镜头穿插编辑,增强了节目的紧张感、戏剧性和可视性。

在电视大赛进行中,裁判讲述词语形成的故事、或以词语造句、或解读汉字构成原理,丰富了汉字听写节目的内容,传播了汉字所承载的中国文化。不仅参赛选手和现场观众获得关于汉字的解读,电视机前的观众也可以进一步通过场外主持人与专家之间的互动获知更详细的词语解释;提问—解释—思考—获知答案,从而完成学习或者普及知识的过程。汉字听写竞赛可以归类为知识竞赛,这类节目可以让观众在没有报名参加现场比赛的情况下也可以观看节目时同步体验间接参与的快乐,而答案的唯一客观性使得观众能够直接检验自己的水平。观众能够通过观看节目获得自我满足或者自我反省,这是知识竞赛类节目常常拥有良好收视率的原因之一。

4. 访谈类

成长教育类电视谈话节目是各类事件谈话节目中特色比较鲜明的一类,该类节目访谈的对象从名校名师到在读学生,从教育领域的专家、学者到普通的教育工作者,他们都是与教育密切相关的人群。成长教育类节目形式上通常也采用以访谈为主、辅以短片多角度展示的节目构成方式,节目的播出平台多集中于专业的教育电视台,如中国教育台一套的《教育人生》。

《教育人生》是中国教育台一套播出的一档演播室谈话节目,每周五晚上播出,节目时长25分钟。每期节目讲述一位在教育领域和教育理论研究界作出突出贡献、取得突出成绩的教育工作者的故事。此外,辽宁教育电视台的《名师名校》,江苏教育电视台的《成长》,北京科教频道的《非常父母》等基本上可以划入这一类型。

2005年3月,中央电视台社会与法频道推出了一档大型电视心理访谈类日播栏目《心理访谈》。此后,心理访谈类电视节目开始呈现出蓬勃的发展态势,如中央电视台的《心理访谈》加强了权威性和服务性;北京电视台的《谁在说》将目光瞄准寻常百姓的家长里短;上海电视台的《心理花园》坚持走都市情感问题的路线;广州电视台的《夜话》以国际流行的心理辅导范式作为节目重心等。

从栏目形式上看,央视的《心理访谈》属于谈话类节目,由主持人引导提问,嘉宾叙述和心理学专家专业化的解读为主线,辅以纪录片、真人秀等其他电视手段,不仅完成当事人、主持人、心理学专家三者的面对面、即时的真实语言交流,而且通过电视这个大众媒介使本属于人际传播范畴的心理话题公开化,为广大受众提供了公共心理咨询的平台。《心理访谈》在形态上并未改变谈话的性质,与一般谈话节目的不同之处在于心理学家介入电视媒介传播心理健康知识,可以看做谈话节目的新形式——心理类电视谈话节目。央视的《心理访谈》邀请心理专家现场对当事人进行心理剖析和输导,首创全国第一档以现场个案访谈为电视表现形式的心理访谈节目。需要注意的是这些心理访谈节目往往兼有电视服务节目和电视谈话节目的双重特征,并在此基础上结合节目自身特点,形成了新颖独特的节目形态。

由于近年来"混搭"、"跨界"的盛行,教育教学类电视节目与生活服务类节目、娱乐类节目元素融合、发展,又具有新的气息。如天津电视台科教频道的《健康大学堂》,北京卫视的《养生堂》等健康类栏目,都是通过课堂式的讲解将人们在日常生活中的误区和常见疾病通过电视手段加以表达,运用电视语言将复杂的原理通俗化,邀请专家讲解的方式向人们提供科学、健康的生活态度、方式和方法,并且在节目现场,主持人、嘉宾与观众形成有效互动,这类节目的主要收看对象是广大的中老年观众。

所以说,教育教学类电视节目形态也在发展演变中不断创新,不断借鉴或融合其他电视节目形态,如新闻节目、纪录片、访谈节目、情景剧和娱乐节目、真人秀节目、服务节目等电视节目形态的样式、元素、手法等技艺来发展形成新的节目形态。

第三节 自然科技类节目的创作

在"科教兴国"背景之下,中央电视台从1997年开始相继开办了《科技博览》、《走近科学》、《发现之旅》、《科学调查》、《科技之光》、《原来如此》、《我爱发明》等30多个栏目。在这些科教栏目中,不少在创办或发展的过程中,都受到过美国探索频道节目的影响。经过几年的模仿、学习,不断地创新发展,许多科教栏目在模仿中、在借鉴中逐渐形成了自己的特色。2001年7月9日,中央电视台科学教育频道正式开播,它标志着科教电视节目频道化的开始。进入21世纪,中央电视台科教频道和一些专业的科技电视栏目,如少儿科技、农业科技、军事科技等都取得了很好的社会反响,对科学传播理念做出了许多有益的探索,积累了一定的经验。

据调查统计,2010—2011年央视科教频道各时段品牌栏目收视率较高的多排在中午或晚上黄金时间段,节目形式和内容也丰富多样。央视科教频道的主体观众多为男性,35岁以上,高中以上,城市观众。并且,从全天的收视走势来看,央视科教频道形成了全天两大收视高峰时段,即中午的《百家讲坛》栏目时间段;晚间的《讲述》、《探索发现》等栏目组合成的大"故事时段"。[1]

美国公共广播公司播放的科学系列节目《新星》,目前已拍摄了近500集,被视为科教电视片的典范。该电视台的少儿节目《芝麻街》也含有不少精彩的科普内容。

广州纪录片大会把纪录片题材分历史文化类、社会人文类、自然环保类、科技教育类等几类。随着科技进步与人类改造自然的步伐加快,环境污染与保护的命题受到前所未有的关注。因此,自然科技类电视专题又划分为自然地理类与科学技术类两大类型。

---

[1] 唐玄璇:《中外科学实验类电视节目传播效果比较——以央视〈原来如此〉与美国〈流言终结者〉为例》,载《科技传播》,2013年第22期。

一、自然地理类电视专题节目

世界一些电视强国如美国、日本等非常重视自然地理类电视节目的开发与制播。美国除公共广播公司之外，美国"探索"频道、国家地理频道等也经常播出一些自然地理类节目。

美国国家地理频道是由美国国家地理学会所属的国家地理电视与美国福克斯娱乐集团和美国国家广播公司合资而成。美国国家地理频道以1997年于英国开播的第一个卫星电视频道起步，不断扩展在世界各地的传输覆盖。经过十五年的努力，国家地理频道已经能以25种语言在143个国家向1.6亿电视用户传输精彩节目，并且以国家地理频道为核心逐步拓展出其欧洲频道、澳洲频道、亚洲频道、美国频道等，逐渐延伸出国家地理野生频道、国家地理探险频道、国家地理西班牙语频道、国家地理高清频道等，形成国家地理国际电视、国家地理美国电视和国家地理教育三大业务板块，国家地理电视构建已颇具规模。

美国国家地理频道吸引了全球最有激情的优秀科学家、探险家、作家、摄影师和制片人，每年组织500次远征并派出250多名工作人员前往世界各地执行任务。节目内容主要包括探险发现、原野生态、科学新知、世界旅游、自然现象、人文风俗等。其特点是集科学性、故事性于一身，集新奇的情节与高品质的音像制作为一体。国家地理频道自1998年9月在亚洲开播以来，其业务发展异常迅速。目前为亚太及中东地区逾三千万收视户每日二十四小时播放节目，还有超过五千万个亚洲收视户可在每天部分时段收看到频道的节目。国家地理频道的主要栏目有《动物百科》、《大冒险家》、《部落历险》、《未来新视窗》、《终极挑战》、《海洋世界》、《狂暴大地》、《绿色星球》、《探险起点》等。

尽管国家地理频道节目选题与探索频道会有一定的重合，都制作关于星球宇宙的节目，都有关于野生动物的纪录，但是自然科学领域的最新发现只能在国家地理频道看到。比如《唤醒小猛犸》记录了2009年科学家发掘研究距今三万年前一只冰封小猛犸的整个过程。《深入失落的水晶洞穴》中，一个由专家组成的科学探险队首次带观众进入一个50万年前形成的55英尺长的巨型水晶柱洞，等等。

国家地理频道具有突出的科学性，主要体现在频道对播出内容科学准确性的严格审查。国家地理频道的首任CEO迈克·格文女士曾在采访中非常强调频道的科学准确性："我们是唯一一个对购买或者自制节目都会进行严格真实性验证的频道制片方，即使我们从其他制作人那里购买纪录片，该片也会由一位这一领域的专家进行真实性验证，每一小时的节目需要20小时的验证工作时间，以保证节目内容正确无误。"设于美国华盛顿国家地理学会总部的审查小组成为国家地理频道科学性保障的智囊库。国家地理学会与全世界各领域的优秀科学家们建立了长期友好的联系，科学家不仅是国家地理频道背后的有力支撑，有些更成为国家地理频道节目的科研探险主角或主持人，比如路易斯·里克、杰克斯·克斯托和珍妮·古道尔等，专业科学家们的真知、严谨、博学和对科学的热爱深深感染着国家地理频道的观众们，也为频道增添了许多科学魅力。

央视科教频道在学习借鉴美国纪录片制作经验的基础上，制作了许多生动有趣的自然地理类节目。2006年央视科教频道推出的特别节目《灭绝动物大揭秘》以强烈的视觉冲击、唯美的画面和故事化讲叙、戏剧性效果让观众大饱眼福。故事化的讲述方式不仅打破了纪录片"自然主义"式的记录,使纪录片变得好看,还可以加入人类的视角和体验,使纪录片更加真实、生动和深刻。其中第五集《恐龙杀手》中科学家为了复原三角龙和霸王龙争斗时的场面,以动物化石为依据,以现代动物为参照,对霸王龙牙齿的咬力,三角龙龙角的撞击力,以及它们奔跑的速度等都做了精确的计算,并复制出它们的模型。最后,科学家得出结论:这是一场势均力敌的比赛,谁是最后的牺牲者取决于谁第一个犯错误。为了得到最接近真实的结果,科学家花费的精力是巨大的,他们为了复制出一个三角龙的牙齿模型就花费几个月的时间。人们在观看节目的同时,也经历了一次精神的洗礼,每一项科学研究成果的产生都来之不易,不仅需要付出艰辛的努力,更需要一丝不苟的科学态度和求实精神。①

《灭绝动物大揭秘》中还运用了倒叙方式来构建悬念,以增强故事的吸引力。倒叙打乱了事件发生、发展、结局的自然顺序,把节目最精彩的部分首先呈现给观众。《恐龙杀手》有一段讲述三角龙和圆角龙的争斗,节目把结果(一只三角龙和一只圆角龙躺在一起,圆角龙嘴里有一截三角龙前肢的化石)提前展示出来,观众自然会想为什么是这样?继而迫切想知道事情的真相,从而吸引住观众的注意力直至谜团被解开。

二、科学技术类电视专题节目

科学技术类节目指传播科学知识,介绍科技成果等内容的电视节目。

(1)科学探索类。

这类节目以中央电视台的《探索·发现》为代表。1995年中央电视台与美国探索公司合作,开播了"科学探索"节目。节目把深奥、晦涩、前卫的科学知识,把科学家不畏艰辛、敢于向困难挑战、求真务实的科学精神,把科学探索的曲折进程……用一种简单明了、亲切自然的语言,用悬念迭起的故事情节,用高品质的画面和音效等电视传播手段一一展现在观众面前。用科学的视角,打开观众的眼界。详细、真实、充满趣味地普及各方面的科学知识。这样一种科学节目的制作理念正是我们现在大力倡导的科学传播理念的较完美的演绎。美国科学探索节目的播出,也替正在为传统科教节目枯燥的风格和暗淡的前景而困惑、徘徊、找不到出路的中国科教节目创作人员找到了一条现实的捷径。正如《发现之旅》栏目制片人张力所说:"'Discovery'的所谓娱乐恰恰是冲着观众去的,我们自己不是也经常说寓教于乐嘛,结果却还是寓教于教,乐早就没影了。娱乐并非就是说说笑笑、唱唱跳跳,对电视来说,其实就是好看。理论上讲,Discovery能做到,我们也应该能做到。"②

《探索·发现》倡导"娱乐化"纪录片的理念,采用讲述精彩故事,设置引人入胜的悬念,运用生动的电视声画手段,向观众呈现出一部部既有较高文化品位、知识内涵,又有

---

① 刘波:《纪录片如何营造戏剧性效果——兼谈〈灭绝动物大揭秘〉的成功之道》,载《电视研究》,2007年第3期。
② 许建华:《从科普到科学传播——电视科教节目科学传播途径探索》,载《成都大学学报》,2013年第3期。

很强观赏性和娱乐性的作品。

(2) 科学发明类。

央视《我爱发明》是国内首个鼓励国人通过自己的发明创造创业的电视节目。《我爱发明》每期节目都会详细介绍发明的诞生过程，特别是所选择介绍的发明大多贴近生活、贴近百姓，是发明人在生产生活中发现问题，受到启发，凭着对发明的热情、刻苦钻研的精神和坚忍不拔的意志，用简陋的设备进行的创造。如板栗剥刺机的发明人赖克富看到乡亲们剥板栗壳非常辛苦，便在自己的小修理铺发明了板栗剥刺机；全自动土豆播种机、全自动土豆收获机的发明人吴洪珠看到乡亲们播种土豆、收获土豆费时又费力，便在自家院里摸索发明了全自动土豆播种机、全自动土豆收获机……这些发明虽然没有特别多的高科技含量，但常常构思奇巧，又具有很强的实用性和贴近性，能帮助人们解决生产生活中的一些实际问题，减轻工作负担，提高工作效率，因此受到了人们的欢迎和专家的赞扬。这具有极好的示范性，能激发观众从事科技发明的兴趣。①

(3) 科学验证类。

J.D.贝尔纳在《科学的社会功能》中提出，在现在或者可以通过电视让观众了解科学工作的实际情况，公众可以收听和看到进行中的实验工作。2003年，美国探索频道推出的《流言终结者》开启了科学实验类电视节目的先河，迅速风靡全球，至2013年已经播出至第十一季，全球有几千万粉丝。2005年起，我国开始从国外引进科学实验类电视节目。近年来，央视和地方电视台打造出了多档口碑、收视俱佳的科学实验类电视节目，如央视科教频道的《原来如此》，中央电视台经济频道播出的《是真的吗》，浙江卫视的《小强实验室》，江西电视台都市频道的《都市现场·都市实验室》栏目，湖南电视台都市频道的《都市晚间·都市实验室》等。

法国的《原来如此》被称为"法国科学节目中最令人瞩目的里程碑"，在法国电视市场占有率高达28%，成为法国国家电视三台击败竞争台的一张王牌。从法国科学节目《原来如此》来看，它每期一个主题，内容涉及生活中各个领域，包括技术、生态、自然、动物、考古、能源、医学以及交通、建筑、经济、乃至演艺等各方各面。浪漫的法国人连科学节目都做得让人耳目一新，色彩鲜艳的演播室、体验式的外景、运用道具的科学解释过程以及风趣幽默的主持人，精心设计的这一切都成为了节目易受性的元素。《原来如此》将原来很复杂的科学原理通过模型、道具演示，一语破的，使得深奥的科技变得如此简单、易懂。《原来如此》不轻视观众，却也不高估观众的科学认知水平，总是从最明显的现象出发，层层揭开其蕴含的科学。比如在《热气球》一集中，杰米在演播室里解释的问题包括：

1. 热气球为什么会加热膨胀？
2. 热气球为什么会升起来？
3. 空气加热后重量？
4. 热气球能载重多少？
5. 怎样查看上升速度？

---

① 王勇、李琰、李杨：《科教栏目〈我爱发明〉浅析》，载《电视研究》，2013年第11期。

6. 为什么在热气球里感觉不到风的存在？
7. 紧急降落绳的原理是什么？
8. 如何使热气球飞行时间更长？
9. 热气球为什么能够持续飞行，环游世界？

这九个问题基本上涵盖了热气球的所有基本原理，节目都通过色彩鲜艳的画板和模型给以生动的解释。比如在解释热气球如何持续飞行以实现环球航行时，主持人杰米说："当我们开始这次历险时，我们首先要升起来，升得很高，达到 7000 到 12000 米的高度。在这样的一个高度，风是非常大的，可以形成气流（展示一个漂亮的地球仪，上面固定了几段透明管，代表气流等），从东吹到西，以气流漩涡的形式移动，中心地带的速度可以达到每小时 300 公里。可惜这个气流不能够送我们环游地球，我们的目标是想办法滑进气流中，让它送我们一程，然后离开，进入到下一个气流，以便走得更远一些。（展示一块画板，画板上蓝天白云中有两团清晰的气流，一个热气球模型正慢慢地从一个气流向前滑入另一个气流）就这样我们利用一个接一个的气流，可以乘着气球环游地球。"

（4）科学达人秀。

江苏电视台新近推出的节目《最强大脑》引入了"科学达人秀"的概念，不着重表现科学内容本身，而将挖掘普通人身上存在超乎常人的科学能力作为主要表现内容，使节目具有了独特的魅力。目前，借助各种技术手段，我们可以很容易地认识客观世界，但在认识自己的主观世界方面却没有太大进展。而在《最强大脑》中，无论是郑才千、心算神童，还是周玮、盲女等人，让观众看到了与自己一样的普通人是如何将不可能变成可能的，这极大地满足了受众对自己和他人能力的探索和好奇心。从内容选择来看，《最强大脑》并没有独辟蹊径，而是更多将精力集中于节目形态的改造和创新方面，将难以视觉化的科学内容借助"人"这个中介变成了画面化、悬念化、过程化的"真人秀"，从而让多年来电视媒体欲加表现却并未充分挖掘潜力的科学类内容焕发了新的活力。

三、电视科教节目的创作策略

科教频道的发展，非常受业界的关注，科教节目承担着传播知识和引导舆论的双重功能。由于网络视频的冲击，当今电视的发展已经进入黄金时段的末期，但央视科教频道却逆向而行，获得品牌性的发展提升，省级电视台也开始出现一些收视率和满意度高的科教节目。近年来的实践证明，科教频道的经营者和管理者，能够从自身出发，锐意创新，打拼出一片新天地。综观这些成功的科教节目，它们的创作策略各有其吸引人的地方。

首先，在选题上，也即内容上，应始终坚持"普及科学知识、倡导科学方法、传播科学思想、弘扬科学精神"。这一点说起来很容易，其实真正做起来很难。今天科教节目没有受到普遍的欢迎，甚至遭到质疑，问题往往就出在内容上，有时为了吸引观众的眼球，故意营造故事情节，而忽略了节目对科学知识的传播，也没有用严谨的科学方法去探究问题，导致科学思想和科学精神的严重缺失。如《走近科学》中"谁在背我飞行"、"半夜鬼声"、"吃农药上瘾的人"等节目，题目均奇特怪异、有悖常情。整个拍摄剪辑过程不断营造悬念,吊足了观众的口味,结果却牵强附会,让人大失所望,毫无科学性可言。除了这种很明显地缺少科学含量的节目外,现在还有一类科学节目,选题侧重疑难杂症、畸形怪胎。这种情况比较普遍,在中央电视台的一些科教栏目里也出现过,如《百科探秘》中的"野猪奇缘"、"狮虎奇缘"等;《科技博览》中的"切除巨趾"、"超大心脏"等;《走近科学》中的"玻璃娃娃"、"瘫痪之谜"等。这种情况还蔓延到一些省市的科教栏目里,这些选题应该说有一定的科学性,但是大量节目的相似雷同,以及选题侧重疑难杂症、畸形怪胎,看多了很倒胃口,各个栏目也变得越来越缺少特色。选题的狭窄,不仅直接导致科学知识含量缩水,也很难见到科学方法、科学思想和科学精神。

梳理一下电视科普类节目的传播历程,我们发现,"让科学流行起来"并不是一件容易的事,其中有两个关键问题。一是科学领域的细分化与专业性注定受众的小众化,导致此类节目往往是专业人士看不过瘾,非专业的观众看不明白,懂化学的看不懂物理,懂物理的看不懂天文等,隔行如隔山,没有大众关注,何来"流行"。二是一直令电视人头疼的科学类内容的视觉表现问题,化学变化过程镜头显然无法捕捉,宇宙天体运行摄影机更是无能为力。

多年来电视节目对于科普内容的叙事语态与表达策略一直都处于探索状态。如《走近科学》找到了"故事化"的叙事策略,即将科教类内容从"目不可及"转化为触目可及的故事,解决了科教类节目的可视性问题。而《原来如此》、《一探究竟》等栏目则找到了"情景实证"的方法,对生活中各种科学问题进行演播室的"现场实验"和"情景再现",克服了"故事化"容易带来的"伪科学"问题,部分解决了科学内容的视觉化表现问题。但无论是"故事化"还是"情景实证",这些手段或专注于科学内容本身,或将科学故事作为本体进行表现,离"让科学流行起来"的目标还有一段距离。

美国探索频道就深谙此道,其节目制作编辑流程就是科学探索的过程,引领观众去体会科学家是怎样发现问题,凭借什么方式对问题的结论做出了哪些大胆的假设,他的假设有哪些缺陷,他又通过什么样的途径去证明他的假设成立,最终问题或许解决,或许发生意想不到的变化……作为电视观众来说,坐在家中,很随意地、闲适地欣赏,体验这个充满冒险、惊喜、失望、痛苦的科学探索过程,其本身也是一个娱乐的过程,而这样一个过程将科学家理性的思维、创新的精神、大胆探索未知世界的勇气、特立独行的人格魅力尽情地展现。法国科学节目《原来如此》,是一个投入少、制作团队小、既经济又精致的科学节目。整个节目的流程主要在演播室完成,其魅力也在于"万能博士"杰米、"聪明助教"弗雷德、"伶俐助教"萨比娜等人配合默契地将科学的探索过程一步步呈现给观众,在轻松、愉快中解开了一个个的谜团。北京电视台科教频道推出的大型科普互动节目《智慧·接触》,同样也是蕴涵着这样一种传播理念,该栏目受到观众的喜爱和参与,全国各地的科技发明爱好者纷纷报名参加这个节目。

最后,科教节目还应该不断提升专业水准。国外的科教节目,尤其是自然类科教节目,很多都是把节目制作和科研结合在一起,参与者是自然学科的研究者。由此看来,鼓励科学家参与科教类电视节目创作也是当前重要的发展方向。科学家是当代中国社会中形象与地位得到最广泛认同的群体。但相比社会对科学家的期待,科学家在社会生活中的影响以及社会参与度等方面的表现却不尽如人意。科学家在公共话语空间中尚未发挥出应有的作用和影响。科学工作者不仅需要科学专业知识的训练,同时也需要综合性的科学传播素养的培养,这样才能更容易与社会群体沟通。实现这一目的的最好方法和途径就是让科学家参与到媒体节目制作当中。

第四节 文化类电视节目的创作

科、教、文、卫这四大题材内容形成了科教节目的主干。在《原始文化》一书中,英国人类文化学家泰勒第一个全面而明确地为"文化"下了定义:"文化或文明,就其广泛的民族学意义来说,乃是包括知识、信仰、艺术、道德、法律、习俗和任何人作为一名社会成员而获得的能力和习惯在内的复杂整体。"所以,广义的文化包括知识、信仰、艺术、道德、法律、习惯,以及其他人类作为社会成员而获得的种种能力、习惯在内的一种复合整体。电视媒介在文化传播中发挥着重要的传承作用,同时,其本身也是作为大众文化的一部分,成为人们吸取知识、接受教育、进行文化娱乐的媒介对象。

对文化类电视节目的界定,也可以从广义和狭义两个方面进行理解。从广义上看,由于电视节目本身就是一种文化现象,所以电视节目都可以归属于文化方面的节目。从狭义上讲,文化类电视节目是指那些专门报道、传播文化方面的现象与问题,并对之进行深入探讨的节目。也有学者从另一个角度进行界定:文化类电视节目指的是那些与娱乐类节目相对的,充分利用电视传播手段,以文学、艺术、生态环境等文化形态以及各种文化现象为背景,以关注社会进步、探讨人文理念,把脉人间万象、传播现代思想,继承历史文明,挖掘优秀传统,追踪时尚动态,探究生存方式、开拓宏观视野、提高素养意识为内容,既有丰富内涵又有艺术品位,形式题材多样的严肃节目。一般意义上所指的文化类电视节目正是这种狭义的文化类电视节目。

这里探讨的文化类电视节目就属于从狭义上来理解的。

一、文化类电视节目的主要特征

不同的电视节目都有其不同的特性。其实可以说成是栏目本身独有的特色文化才是形成栏目不同于其他栏目的重要条件。

文化类电视节目通常具有思想性、教育性和参与性三大特征。思想性是做好文化类电视节目的重要前提。任何一档好的电视节目都应该具有健康、向上的思想内涵。文化类电视栏目重要的特点就是有其独特的健康的思想。这是一种矜持而不张扬,激励而不激进的思想。通过节目的播放,潜移默化地影响观众,让观众通过观看节目,对自己亲身处的时代、社会以及自己的人生进行思考,观众通过观看节目而受到相应的启发和教益。[①]

文化类节目通常是对历史进行总结性再创的重现,让观众看到历史的精华,寻访历

---

① 文宜:《央视中文国际频道文化类栏目品牌化研究》,学位论文,2013年。

史文化的规律。有一类文化节目都是跟历史紧密相关的,但是它们又不仅仅局限于机械地重现历史,而是通过梳理和归纳,有思想性和再创性地将历史规律展现给观众。这样有针对性地对历史某一方面或是某一类进行系列的介绍,就能避免历史的琐碎,让观众能够整体性地了解历史、感知历史。并能通过文化类节目来寻访和总结历史的发展规律。《国宝档案》,本是一档介绍祖国瑰宝的文化类栏目,观众不仅仅看到一个个宝物,同时通过对宝物的介绍,可以了解和学习到相应的历史知识以及寻访相应的历史、文化规律,达到对文物、对历史以及对现实生活的一种向上追求的精神境界。

教育性是文化类栏目的一个基本特征。文化类电视栏目旨在通过节目的播放,向观众展示一些较高文化品位的电视栏目作品。让观众能更易于接受一些较高层次的文化、艺术作品,并让自己可以树立一种积极向上的世界观和人生观。然而,这种教育性的文化类节目应该是寓教于乐型。观众可以以一种欣赏且学习的心态去观看文化类电视栏目,陶冶自身的道德情操,提高审美情趣。

其实,当下很多文化类电视栏目都可以达到寓教于乐,它们吸引观众的方式多且好。比如悬念设计是许多文化类节目好看的重要原因之一。悬念可以营造一种收视期待,可以增加收视兴趣。如果说兴趣是学习的关键,那么悬念则是兴趣的催化剂。因为悬念可以激发人们的探索兴趣,一旦人们对某一事物发生了兴趣,必然对其关注增多,而对这一类事物的相关知识也会随着兴趣的提高而递增。

参与性是文化类节目的一个重要特点。从传播学角度来讲,文化类电视节目的参与性是一个基本特点。传播者和受众这种通过电视媒介来进行的画面传播,更易使观众受到节目的感染,将自身的情感与电视节目相融合,产生一种更为真实的亲身参与感。比如,中文国际频道的《文化之旅》这档文化类栏目,通过采用现场访谈、穿插主持等形式,通过现场观众互动来提高受众与节目的参与性,让受众觉得自身参与节目更加真实,传受双方的互动性也有所提高。

二、文化类电视节目的主要类型

根据节目内容范畴,文化类电视栏目可以分为以下几种主要的节目类型:
(1) 文化风情纪录类。
这是以介绍、赞美某一地域、民族、地区独特的风土人情为主要内容的栏目。观众通过这类节目,增长了关于某一地域、民族的地理特征、历史发展、文化构成及风俗习惯的知识。因此,这类节目需要展示具有鲜明特色的地域风土人情,更重要的是展示民族、地区的文化价值观。

2002年9月2日,CCTV-4创办了《走遍中国》栏目,替代了《祖国各地》。《走遍中国》是CCTV-4推出的一档侧重社会人文地理的专题节目。它是以所到地为主题,以国家意识为价值标准,注重挖掘中国的自然与人文地理遗产,注重报道重要的地理考察与考古发现,讲述自然差异的人文过程,揭示社会热点新闻背后的地理文化背景,展示中国自然与人文地理中的民族特色与东方特色。纪录式的文化类电视节目通常大量运用纪录片拍摄手法,故事性,画面感更强,需要投入的人力物力更大,更注重以小人物和细小情节带动大故事、大背景来展开叙述,从而达到以小见大的效果。同类的节目还有中央台的《边疆行》等。

(2) 文艺知识竞技类。

这类节目是以传播、普及和提高文化艺术知识为宗旨的节目形态,求知求乐是观众普遍的审美需求,这类节目以丰富的知识性、有奖竞赛性和很强的欣赏性吸引观众。中国谜语文化内容广泛,博大精深,涉及面广,与许多历史故事、名著典故、人物地名、诗词歌赋、琴棋书画乃至日常生活、风俗传统、社会时尚等密切相关,可谓包罗万象,对于电视节目来讲是一个很好的题材,可谓老少咸宜、雅俗共赏。《中国谜语大会》的成功有利于引领电视节目内容对于传统文化内涵的挖掘,有利于引领电视节目形式的自主创新。

(3) 文化名人访谈类。

文化类电视访谈节目关注的问题集中于社会文化领域的各种文化热点现象,邀请的嘉宾也主要以文化领域的专家、学者、名人为主,通过主持人和嘉宾就这些焦点问题发表的精辟见解,使电视受众能与名家和大师有更近距离的接触,同时也对一些热点文化现象做一梳理,使观众对其有更加深入的了解。由于该类节目对于播出平台的影响力和资源有较高的要求,因而多在一些较具实力的卫视频道播出,如中央电视台三套的《文化访谈录》,此外,中央电视台的《大家》,还有凤凰卫视的《文化大观园》、广东电视台的《文化珠江》等。

(4) 历史文物鉴宝类。

随着经济的发展和国民收入的提高,收藏之风逐渐在民众的生活中兴盛起来。随之而来的是近年来纷纷涌现的鉴宝类节目,这些节目大多通过相关专家对藏品的鉴赏,加之节目对藏品相关的历史文化背景、艺术价值、经济价值进行解读介绍,进而拉近普通观众与中华文明瑰宝之间的距离,在民众中普及传统历史文化知识。此类节目较为代表性的有中央电视台的《鉴宝》、凤凰卫视的《投资收藏》、北京台的《天下收藏》、广东台的《盛世话收藏》。

央视中文国际频道的《国宝档案》创办于2004年10月。从节目内容上看,《国宝档案》主要是通过主持人以实物举证的方式,对国宝级文物进行解读、揭秘、建档。由文物解读到相关历史及历史人物和故事介绍,配以文物展示、专家点评、电脑特技等综合手段,向观众完整地展示每期节目介绍的国宝所拥有的历史与文化价值。

(5) 读书类。

最具有明显的文化特点的就是读书类节目。该类节目经由电视媒体来解读"纸媒"——书籍的文化信息,通过"读书"这个方式来传播书籍中的文化内涵。书籍里的任何文化信息,都是通过电视媒体的带领,引导受众"读书"从而获得。读书类节目近年已经有很多,大家比较熟悉的节目有中央电视台的《子午书简》、河北卫视的《读书》和凤凰卫视中文台的《开卷八分钟》等。

三、文化类节目的创作要求

美国传播学者威尔伯·施拉姆说:"电视的出现让大众媒介占有我们醒着的时间的三分之一,不仅改变我们的闲暇时间的使用,也改变了对媒介的使用。"人们通过电视除了解信息、娱乐游戏外,还需要电视提供高雅的艺术作品,高品位的文化生活,以得到心灵的慰藉和审美情操的熏陶。因此，文化类电视节目的创作有着特殊的地位与要求。

(1) 文化类栏目定位要准确。

一个栏目的定位包括受众定位、内容定位、形态样式定位等多方面的内涵要求。《国宝档案》是通过介绍国宝传播祖国灿烂的历史文化，这个栏目随着央视全球电视卫星的覆盖，在海外的华人华侨几乎都可以通过卫星观看到，所以，《国宝档案》受众定位为海外华人华侨和内地观众。当前的栏目定位是"具有全国乃至国际影响力的强势教育文化类栏目"，以"穿越历史，感受国宝，分享文明"作为品牌定位的口号。整个栏目通过对国宝准确的解读，对我国相应的传统历史文化的传播，赋予了浓郁的中国色彩和历史的厚重感。

中国教育电视台推出的一档文化类栏目《一方印象》，把教育与旅游相结合，即把介绍我国各地教育情况与展示该处风俗民情、人文精神相结合，定位比较合适。该栏目策划有一点新意，不同于单独介绍城市特色景区、名特小吃的旅游类节目，也不同于介绍我国各地名校情况的宣传类节目，而是把两者结合起来。

(2) 利用特色文化资源，培养忠实观众群体。

如何深度发掘区域文化资源，如何善用"文化"而不为其所累，许多的省级卫视选择的是内向深挖、外向整合的策略，在"本土文化"上做足文章，使之有别于省级卫视群体，并逐渐在竞争中崭露后起之势。云南卫视提出的人文地理，河北卫视立足的燕赵文化，陕西卫视提出的人文天下，北京卫视立足的京味文化都使节目有了鲜明的地方特色，易于观众的识别和记忆。①

由于播出平台的不同，受众人群也会随之有很大的区别。例如，凤凰卫视、中央台科教频道、中央台纪录片频道以高级知识分子、白领为主要受众。不少地面频道则恰恰相反，以广东台珠江频道为例，该频道更吸引家庭妇女、草根阶层的受众，近两年受众呈逐渐年轻化的态势发展，因此在文化节目的制作上，需要更接地气，更通俗化，才能有助于低文化观众群、草根阶层观众群的培养。

(3) 提升记者编导的文化素养。

文化类节目相对于"新闻立台、娱乐兴台"而言，不仅内容特殊、采访对象特殊，收视人群众也很特殊。根据央视索福瑞的调查显示，文化类节目的收视人群，主要是35岁到55岁的男士，文化类节目更能得到男士的偏好，在社会上高收入人群中，拥有一批忠实的收视群体，而对文化类节目的关注，从某种意义上说是对生活品质的追求和向往。这些特殊性决定了文化类电视节目记者有特定的素质要求。

针对文化类节目特有的节目内涵，必须具备高屋建瓴的思想素质。针对文化类节目特定的采访对象，必须具备体贴入微的人文关怀素质。针对文化类电视节目特有的节目体裁，必须具备深入群众的业务素质。湖北电视台在拍摄《荆楚记忆》的过程中，记者不止一次地感受到了它的重要性。编辑会上，有人提到了史记的《屈原贾谊列传》，司马迁把两个生活年代相隔数百年的人物放在一篇文章中，是为了说明治国的道理。这给了记者很大的启发，决定把屈原和王昭君这两个片子联系起来，共同探讨一个话

---

① 孙韫茹、黄甜田：《文化类电视节目的现状与发展策略》，载《新闻知识》，2012年第6期。

题,那就是楚地先民和湖北人民为国家大义和人民幸福不惜牺牲自己的精神。这样,记者的视野变得更开阔,找到了更多的第一手资料,其中许多是媒体从未披露过的。比如,秭归人民在抗日战争期间,肩挑手扛,把粮食通过巫山转道神农架,支援襄樊抗战的故事;秭归县屈原镇上的居民,到现在仍然保持着背诵《离骚》的传统,这里甚至夜不闭户。[①]

(4) 尝试利用名人效应来重塑文化类品牌栏目。

名人效应可以在短时间内扩大节目的影响力,北京卫视的《天下收藏》栏目,就通过主持人王刚的个人品牌来推动栏目品牌的树立,开播第一期,收视率就达到2.3%。陕西卫视的《开坛》曾邀请易中天、孔庆东等文化界名人,提高栏目的收视率。

(5) 借鉴悬念故事的叙事手法。

《国宝档案》作为一档国宝解读和介绍的中国历史文化的文化类节目,还肩负着传播中华悠久的历史文化的重任,其严肃性和庄重性不言而喻。如何让冰冷的文物变得生动有趣,让观众在时长15分钟的节目中一直都饶有兴趣地观看?

《国宝档案》巧妙地运用了"故事+悬念"的紧凑编排的展现方式,通过故事讲述历史与文物,巧用悬念引出下一个与历史或文物有关的故事或典故。这样便使观众始终对节目抱有一颗好奇之心,也达到了节目传播祖国的瑰宝和灿烂的历史文明的目的。例如在2013年2月10日的"迎春特辑——蛇年话玄武"这期节目中,节目最开始呈现给观众的一个文物就是一个"蛇年大吉图",在新春节目中展示给观众与2013年中国生肖为蛇年的传统文明相得益彰。由"蛇年大吉图"的图案引出了"全形拓",即古代复制青铜器图案的一种手艺,将观众带进了湖北省博物馆,介绍了本期节目的国宝——明代鎏金铜玄武。在对该文物进行了细致准确的外观描述后,通过中国文物学会文物修复委员会秘书长贾文忠对本期节目里的国宝进行价值点评,节目以电脑特技向观众接着介绍了古代玄武—真武—真武神—真武玄帝—真武大帝的说法,紧接着介绍了古人的"二十八星宿"以及左青龙、右白虎、前朱雀、后玄武的典故,又从明成祖朱棣重视玄武并将本期国宝——明代鎏金铜玄武供奉在武当山的历史展示给观众,随着同期声和影视电脑特技的展现,接着又以清代最后一个皇帝溥仪回忆玄武灭火的典故,彰显出明代鎏金铜玄武的灵气与庄严。而此时节目播放才不过五分钟。《国宝档案》正是通过这样悬念式的叙事手法,几乎每隔一分钟左右就会出现一个新的与节目介绍文物有关的典故或故事来调动观众的收看兴趣,内容包含量大,节目编排紧凑,使观众能对节目产生好奇和学习的心态,并坚持收看,即向观众介绍了我国珍贵的国宝以及相关历史典故,也有利于传播我国华夏五千年的历史和灿烂文明。

第五节 科教类节目的文化批评

2004年和2005年,南京电视台教科频道的收视份额位列竞争异常激烈的南京地

[①] 孙旸、王亮:《文化类电视节目记者的素质要求》,载《新闻前哨》,2011年第10期。

区第三位。几年来该频道广告经营节节攀升,从 2003 年的 2000 万元到 2006 年的广告总收入突破 1 亿元,是南京广电集团重点打造的频道。相对其他新闻综合、影视等频道来说,教科频道曾经是一个收视率低的边缘化频道,恰恰是在底子薄、影响力弱的起点上,由南京电视台的一个边缘频道成长为南京地区的强势频道。同时,在频道经营运作上,教科频道的市场化程度在南京地区是最具有代表性的。①

与娱乐节目、新闻节目等其他电视节目一样,科教文化类电视节目有着其独特的界定标准和分类,由于这类电视节目在题材内容倾向、文化品质格调、愉悦心理取向等方面与普通大众的收视预期存在一定差距,造成一些科教文化类电视节目"曲高和寡"的尴尬境地。如何突破瓶颈?找到发展方向应该成为电视节目制作人思考的问题。

一、专业性与大众化之间的对话

中国教育电视台和中央电视台科教频道,它们所制作播出的节目,内容都具有教育特色,都没有脱离教育品质。这是电视节目或频道专业化发展的必然结果。科教电视节目如果以专业性为借口来逃避公众的要求,其结果只能是科教电视节目最大程度地从公众的视线中消失。由此,我们发现了一个致命的矛盾:一方面,科教节目以电视这种大众传播媒介为载体,就意味着要大众化;另一方面,科教节目本身具有专业性,这又意味着要面向"少数人"。正是这种专业性与大众化之间的矛盾,造就了许多"自我陶醉式"的尴尬的科教节目。

我们应该清醒地看到,科教节目因专业性和选材的单一性会使受众层相对狭窄,但这不应成为电视教育节目"不好看"的理由。因为一方面,科学与教育现象渗透社会生活的方方面面,与百姓生活息息相关,这就为科教电视节目提供了大量备受普通人关注和感兴趣的素材基础和受众接受的心理基础;另一方面,电视声画并茂的特性使它形象真实、现场感强,可远距离传播,并兼有各种艺术形式的特长,通过电子手段,进行再加工和再创造,极具灵活性和综合性。这种手段为科教节目由理性走向感性,由枯燥走向丰富和鲜活提供了充分的条件。由此可见,专业性与大众化之间固然存在着矛盾,但同时也存在着广阔的发展空间,应积极寻求二者的良好对话。②

目前,电视人找到的两者之间的切合点,其主要在于故事化的讲述和娱乐化的设计制作。

中央电视台社会评论部资深记者王猛曾经提出一个"大娱乐"的概念。他认为,人的喜怒哀乐都是一种娱乐,观众收看此类节目中,也能获得娱乐和心理上的满足。③

广州电视台的《夜话》栏目,除了节目中间穿插短片外,还加强了"专家现场辅导"环节的电视表现,充分运用灯光、音乐、道具来配合专家辅导,并增加运动镜头来使整个过程展现得更为详尽细致。

---

① 周小林、王炬:《科教频道的现状与发展分析》,载《新闻世界》,2012 年第 10 期。
② 任奉权、王炬:《寻求专业性与大众化之间的对话——谈教育电视节目发展中的问题》,载《电视研究》,2003 年第 2 期。
③ 周小林、王炬:《科教频道的现状与发展分析》,载《新闻世界》,2012 年第 10 期。

改版后的广州电视台的《夜话》栏目,定位为"更加大众化的心理节目",其中的一期节目中,中山大学的在校学生文文因为不堪家庭和学校的双重压力萌生了轻生的念头,向节目组寻求帮助。节目中,香港著名心理专家蔡敏莉分析认为,文文父母对其过高的期望值及保守的教育方法给她造成了极大的心理压力。专家随即在节目中对文文进行了心理治疗。蔡敏莉用长长的厕纸围住了文文的眼睛、耳朵和手脚,意喻文文父母过去的做法束缚了她的自由,蔡敏莉还让文文跟着自己大声说:"我不想要这样的生活,我要自由!"并让她亲自解开自己身上的"枷锁"。这时,文文终于控制不住自己的情绪,失声痛哭起来,一同被请到台上的父母也终于意识到了自己的教育方法存在问题,觉得对不起女儿,与她一起抱头痛哭。而台下观众,大部分也被感动到眼眶湿润。

从现代心理学的角度来解读心理奥秘,传播心理健康知识,帮助当事人走出心理困扰,是此类节目最为独特和最能体现出节目价值的所在。在这类节目中,心理专家从科学的角度对各种心理问题的理性分析不但可以帮助当事人走出心理症结的困扰,而且可以让更多的人了解和认知心理学以及心理咨询和心理辅导的相关知识。可以看到,在这类节目中,心理专家对当事人心理困扰的分析和对其进行的辅导都不是泛泛而为的,而是有着心理学与医学的相关依据。对此,央视《心理访谈》栏目的心理专家杨凤池曾谈到:"有人神化心理医生,觉得他们会算命、相面、预测什么的。另外一个错觉,心理医生的工作不过是思想工作,讲讲大道理。《心理访谈》让观众看到的是心理学的帮助而不是思想政治工作。"

二、文化品格与品牌塑造之间的沟通

CIS理论,即"企业形象识别系统",该理论的要点是通过一系列的形象设计,将企业的经营理念、行为规范和视觉识别有序地传达给社会公众,并被社会公众认识、认同和内化的系统策略。一档优秀的电视节目要形成自己的品牌,离不开一系列独具特色的视觉符号。

但是,有着鲜明内容特征的公共科教电视节目在品牌塑造时,应该始终秉持着良好的文化品格,这不仅是弘扬社会主义先进文化的本质要求,也是我国优秀电视节目成功的基本经验。我国科教电视节目表现出从形态到信息到文化三位一体的融合性,开始从科学、教育、文化、知识的角度关心社会大众、关注社会变革,引导广大受众重新建构高尚的人生观、价值观和思想道德情操,形成良好的生活方式,培育高尚的审美眼光,从而更好地提高人们的生活品质。打造科教电视品牌节目,必须赋予它浓郁的文化品质和人文精神,只有蕴涵浓郁的文化品质和人文精神的教育电视节目,才具备竞争力。在许多发达国家,商业性很强的电视台也播出大量文化性很强的影视作品,何况有着五千年灿烂文明的中国的教育电视台,更要把科学教育电视节目作为先进文化的象征和代表,赋予它一种超越时空的文化品质,以唤起受众对这种文化的认同和参与,将教育电视节目与教育、文化、知识紧密地联系在一起,并深深地"烙"在广大受众的心里,形成牢固的思维定势,养成自然的收视习惯。商业化的运作不应该使教育电视失去应有的文化品质和人文精神,必须使科学教育电视节目具有丰富的文化品质和人文精神。受众对文化的渴求是无止境的,不同的文化层次、文化爱好形成不同的文化消费,需要不同的文化。

美国国家地理频道承袭了《国家地理》杂志120多年来的品牌经验,以影像画面、叙事和科学性三方面的高品质,作为频道核心品牌支点。在探险家的带领下,我们领略了人迹罕至的北极无人区、南美热带雨林、非洲草原部落,等等;在科学家的引导下,我们可见离子高速转动的美丽轨迹、受精卵在子宫内的发育过程、三万年前猛犸的生活环境,等等;在摄影家的目光下,我们从司空见惯的景象中,看到无法想象的画面,突破观众日常视觉体验,呈现新鲜景象的奇异性。这些都是国家地理频道影像的突出特点。与此同时,追求画面色彩、光照和构图的和谐均衡,力求每一个画面都带给观众艺术的美感,这种精致影像也赢得了许多观众的青睐。①

三、科学内容与服务实用的联姻

科教节目有一类题材内容远离日常社会生活,往往通过陌生化的题材与形态设计,可以获得较好的收视效果。但是,还有一类题材内容反其道而行,把科教节目与生活服务联系起来,让科学内容生活化,或者说生活服务内容科学化,也是一个重要的发展方向。

央视科教频道的《我爱发明》所介绍的发明都有一个共同点,即从生活中来,与人民群众的生产生活息息相关,所以广大观众很感兴趣。许多发明都是因人们生产、工作中遇到的难题而生,自然能激起人们,特别是与其生产、工作有关的人们的极大兴趣。如2013年3月12日—15日《我爱发明》播出的节目"慧眼辨真假"分别介绍了重庆市技术监督局前副局长吕长富团队发明的"优劣碱性干电池快速鉴别方法"、"优劣蜂蜜快速鉴别方法"、"优劣大米快速鉴别方法"和"优劣碘盐快速鉴别法"等,与人民群众的日常生活质量密切相关,而且简单适用。

天津电视台开办的《健康大学堂》,通过课堂讲座形式先后邀请了杨奕、曲黎敏等专家,以生动的讲解,深入浅出地普及健康新观念,突出了高品位、多角度与权威性、公益性。节目开播时是周播,平均收视率为0.81%,2009年增加日播版,当年平均收视率为1.49%,位列频道自制栏目排名第3位,全台自制栏目排名第18位。2011年,该节目升级为《有嘛别有病》,融中西医文化于一体,汇医疗精髓于一炉。以每日一小时直播的方式,邀请全国著名医疗专家、学者走进直播间,围绕人们普遍关心的健康话题,将严谨的医疗知识运用通俗易懂的讲述方式进行阐述和讲解,从而给观众提供最科学、权威、及时、实用的健康保健知识。

科学生活化和生活科学化,二者是相辅相成、互相作用的。生活科学化是将普通的生活原理加以科学应用,从而起到升华的作用,体现了一种实用性;科学生活化则是将科学原理还原到实际生活中,起到降解的作用,即对科学的普及和通俗化,体现了一种可视性。而当前的科教节目生活化,正是将这两种形式加以结合,使两个相对独立的内容交叉、融合在一起。对于当前的科教节目来说,生活化的趋势凸显更加重要的特性和功能。我们在制作节目中只有科学生活化和生活科学化相互审视、共同作用,才能做出

---

① 何艳:《品牌合力:美国国家地理频道品牌构建研究》,载《中国电视》,2013年第2期。

百姓喜欢的科教节目,更好地传播科技知识、普及科学观念、服务"科教兴国"的战略部署。①

四、科学精神与时尚元素的结合

我们应该重视和研究当前流行的深受观众喜爱的电视节目中所蕴含的时尚元素。电视节目的时尚元素是基于受众的收视心理与知识框架而提出来的,当下观众喜爱的节目必然包含着许多时尚元素,反之亦然。时代的变化也会导致节目时尚元素的诸多变化。电视节目时尚元素涉及节目的内容与形式等多方面,包括娱乐元素、故事元素、费力程度的元素、审美元素、情感元素、新奇元素,等等。比如悬念的设计、人物的个性、矛盾的冲突、有趣的细节、精彩的对话、叙述的视角、复杂的情节,等等,这些属于故事元素;竞争性、对抗性、艺术性、幽默性、综艺表演、插科打诨、背景音乐、音响音效、演播室布景、主持人服装道具,等等,这些又属于娱乐元素。

传播学家施拉姆曾提出一个选择或然率公式来解释受众对媒介的选择概率,这个公式就是"选择的或然率=报偿保证的费力程度"。"费力程度"为受众接受信息时付出的代价(时间支出、精力消耗)的大小。公式的意思是说,如果受众对信息的预期需求量越大,而获取信息所费力程度越低,则受众对该传媒的选择概率越高;相反,如果预期需求越小,而获取信息的费力程度却很高,则受众对该传媒的选择概率就会越低。这里讲的是,科教节目要做到寓教于乐,使观众乐于"易受",换言之就是指观众收看时的费力程度的一些内在元素。

竞争性、对抗性是重要的娱乐元素。有竞争有对抗才有冲突,才有悬念,才富有刺激性,才能扣人心弦,才能激发人们关注的兴趣和热情。《我爱发明》虽然是介绍科技发明的科教栏目,但它在内容的展开上注意采用竞赛的叙事模式来增加趣味性和娱乐性,以激发观众的收看兴趣。《我爱发明》的许多节目都在外景地安排新发明的机器与人工进行竞赛,而且在新发明的机器的不同阶段与人工举行几场竞赛,有些是几十人参加的野外"人机大赛",场面十分壮观。"人机大赛"一方面以实践检验的方式发现新发明在初期阶段存在的问题,促进其不断改进,最后证明新发明的适用性、先进性;另一方面,也增加了节目的趣味性和娱乐性。如《挤栗子》中就有三次"人机大赛":第一次,是两个人工加机器与四个人工比赛,结果机器组输了;第二次,是三个人工加机器与六个人工比赛,虽然机器组赢了,但过后发现质量存在问题;第三次,是两个人工加机器与八个人工的比赛,结果比到一半,出现了意外,停电了。但发明人不服输,骑车回家运来了柴油发电机,继续比赛。整个过程充满悬念,观众的情感自然卷入其中。比赛中双方奋力争胜,精彩纷呈,甚至还有些小动作,富有趣味性,让观众忍俊不禁。这种叙事模式,使观众感觉不到是在介绍枯燥的科技发明,而是在观看几场"人机大赛",新发明的机器经过一场又一场失败后不断改进,终于打败了人工,获得了成功。比赛充满对抗、紧张和悬

---

① 王琳:《科学生活化与生活科学化的互视——当前电视科教节目生活化的趋势》,载《当代电视》,2011年第9期。

念,跌宕起伏,妙趣横生。①

关键词

科教节目　science and education TV programs
中国教育电视台　CETV
科学频道　science channel

思考题

1. 电视科教节目与电视社教节目的联系与区别是什么?
2. 教育教学类电视节目的主要类型有哪些?以中央电视台的《汉字听写大会》为例,说说做好教育教学类电视节目的基本要求。
3. 说出一档你最喜欢看的自然科学类电视专题节目,并指出你喜欢看的理由是什么。
4. 举例说说我国科教类电视节目的发展趋势特征有哪些。

---

① 王勇、李琰、李杨:《科教栏目〈我爱发明〉浅析》,载《电视研究》,2013年第11期。

第十一章 生活服务类电视专题

本章导言

服务类电视节目狭义上主要指吃、穿、住、行相关题材内容的节目,它承载着为受众提供生活服务的重任。从最初的提供简单生活资讯,到今天的集生活服务、教育理财、休闲娱乐等多功能为一身,生活服务类电视节目的内涵和外延也在不断变化、发展。随着频道数量的增加与市场细分的发展,这种符合国家导向、具有现实需求、制作周期较短、费用较低的生活服务类节目成为电视台节目创新的重要选择。

本章引例

现在是家庭牛排之夜,是时候向总厨拉姆塞(Ramsay)一展厨艺了。

帕特里克(Patrick)急于表现自己。

帕特里克(同期声):"不好意思,这还是生的。"但他的表现却令人失望。"滚出去。"

罗依丝(Royce):"总厨,给我三分钟。"罗依丝想挺身而出带领团队。"你,罗依丝!一半生一半熟。""我真没想到!""滚蛋。"

红队厨房里。

(同期声):"一份菲力牛排,两份烤腹肉。好。""罗宾,别乱喊。""大家不能和平相处。""罗宾,我没听到你说配菜。""噢,我的天啊。"

罗宾(Robyn)和吉米(Kimmie)依然不和。吉米根本不知道自己在干什么,妨碍了她俩沟通。

(同期声):"你叫我上菜的,还有烹饪。""开什么玩笑?摸摸看。""这玩意皱纹比我的还多。"

在另一场激烈的争吵中。

(同期声):"你想说就说别乱喊。""蒂芙尼(Tiffany)……蒂芙尼谁都不在乎。还有芭比,我很讨厌她看人时的那副傻样。"

整晚都在吵架。"看看你们这场面有多糟糕。"

总厨拉姆塞尽力挽救这场晚宴。"贾斯汀(Justin)你负责鱼。""你负责肉,快点。"

但却已无可救药了。

"别碰我的鱼。""不管是谁说句话啊。""兄弟离我的灶台远点。""停下!""我们还没做完呢。""冷冰冰的。""你——你——你,滚出去。""快滚。""我的天啊!"

今晚获胜的队伍是——没有队伍获胜。

蓝队提名:Patrick 和 Royce。

红队提名:Tiffany 和 Robyn。

总厨拉姆塞很为难:"蒂芙尼,用一到十分来评判,你给自己打几分?""九分。"

罗宾(女)激烈地为自己辩解:"我有时是为了保护吉米。""是吗?""别转身,克里斯蒂娜,因为我确实这么做了。""真的吗?你现在连我也要管了是吗?""这就是为什么我不想在红队,我更想去蓝队。"

最后总厨让帕特里克回家了,晚安。"你加入蓝队。"又给了罗宾一次争取成为拉斯维加斯巴黎酒店拉姆塞牛排馆主厨,实现自己梦想的机会。

《地狱厨房》精彩继续……

——美国厨艺类真人秀节目《地狱厨房》第十季第 11 集

第一节 生活服务类节目概述

《广播电视词典》(1999 版)对服务类电视节目的定义是"以实用性内容为主,直接为观众日常生活、学习、工作服务的电视节目。这类节目通过传播信息、解答问题和反映群众呼声,帮助受众解决日常生活、工作和学习中的各种实际问题,为社会提供直接、具体的服务。节目注重实用价值,力求满足现实社会生活中的各种服务需求。"值得注意的是,从频道专业化发展与英美国家生活频道的角度来讲,生活服务类节目逐渐聚焦于个人与家庭生活。

广义上讲,所有的电视节目都具有服务受众的功能,但由于生活服务类电视节目是为受众个人与家庭生活提供服务与帮助的节目,所以其服务属性是区别于其他电视节目的。随着经济的日益发展,人们的生存需求与生活理念也在不断提高变化,为了适应受众多层次的需求,生活服务类电视节目的内容、形态等也在不断调整,不再是单一地提供实用信息或围绕家庭琐碎生活,而是向着社会生活领域、经济生活领域迈进。这样一来,生活服务类电视节目的分类、内容、表现形式等也向着精细化、多元化发展。

一、生活服务类电视节目的发展概况

(一)国内生活服务类节目简介

从1979年第一档服务类节目《为您服务》开播以来,生活服务类节目先后经历了创业期、发展创新期,并在21世纪逐渐进入繁荣期,呈现出类型化和专业化的发展趋势。

1.《为您服务》——开创生活服务类电视节目先河

1979年8月,作为中央电视台最早的一档生活服务类专题性栏目《为您服务》初登屏幕,从栏目的名称上来看,其具有强烈的服务属性。早期的《为您服务》针对性较强,关注焦点是受众日常生活中的琐碎事件,节目内容较为单一,每期只有一个固定主题,开播伊始便得到受众的广泛好评。

1983年,《为您服务》进行改版,新版的《为您服务》在关注受众日常身边琐碎事件的基础上,增加了对受众社会生活、精神生活的关照,使得原本单一乏味的节目变得充满趣味性与知识性。而这档节目中率先设立的固定节目主持人沈力,也为电视生活服务类节目最初的风格奠定了基础。

1989年《为您服务》更换主持人。在张悦接替沈力主持《为您服务》后的五年里,虽然此时已有些电视生活服务类节目出现在荧幕上,但《为您服务》已然在某种程度上成为当时全国此类节目中的第一品牌。这主要归结于栏目在内容设置上的大胆与超前:第一个在电视上展示健美;第一个在节目中引进时装模特;第一个在节目形式上采用娱乐元素。进入20世纪90年代,全国有关电视生活服务类节目大量增多,在节目竞争机制的影响下,电视生活服务类节目开始有了一些改变,主持人开始走出演播室,在外景地进行主持,演播室与外景之间的串联,在某种意义上有了早期杂志型电视生活服务类节目的雏形。

《为您服务》开播以后,地方台也出现了一批服务性专栏节目。如1980年广东台创办的《家庭百事通》,内容涉及健康、养生、家庭等方面;1981年上海出现了一个服务型新闻栏目《市场掠影》;1985年湖北电视台推出《生活之友》。这些节目当时在一定程度上都受到了观众的欢迎。但是受播出条件和环境的限制,我国最初出现的这些生活服务类电视节目数量少,内容单一,播出比重不高。

1996年7月1日,中央电视台经济生活频道精心推出一档杂志型生活服务节目——《生活》,带领生活服务类电视节目进入一个发展创新的时期。《生活》栏目先后设置的子栏目有《百姓》、《消费驿站》、《消费调查》、《时尚接触》、《生活报道》等,采用新颖的节目形式,借鉴杂志的编排方法,用主持人串场的方式把栏目的小板块结合起来,各板块之间既自成整体,同时也是整期节目的一个个组成部分,改变了以往生活服务类电视节目形式单一的状况。

第十一章 生活服务类电视专题

进入21世纪以来,生活服务类节目进入繁荣时期。不仅节目数量大幅增加,节目形态也丰富起来,有的把生活节目与新闻、法律顾问等结合起来,如中央电视台《生活》栏目的《热线3·15》和《特别关注》,《为您服务》栏目中的《法律帮助热线》,北京电视台的《7日7频道》。服务节目不再局限于"演播室+主持人"的简单形式,更是利用竞争、真人秀、调查、纪实等元素来增加节目的可视性,激发观众收视兴趣。如2001年底,《生活》栏目周末推出的厨艺比赛节目《满汉全席——中华美食烹饪电视擂台赛》,采用竞赛的形式,以制作中华美食菜品为主打节目内容,充分利用电视声画结合的特点,直观立体地呈现了中华美食的魅力和饮食文化的源远流长,吸引了大批观众。

2. 旅游卫视——开启电视生活服务类节目新时代

2002年海南电视台在合理整合资源的前提下,创办了旅游卫视。该频道以二十四小时滚动播出的形式为受众提供旅游、时尚、美容、家居等方面的信息,在全国拥有较高的收视率,收视群体广泛。旅游卫视的成功运作,在某种意义上,开启了生活服务类节目的新时代。

从此,生活服务类节目不再是以栏目的形式出现,而是以专业化频道的方式向前发展。如北京电视台的生活频道、杭州电视台的生活频道、南京电视台的生活频道、江苏电视台的靓装频道、成都电视台的美食天府频道、湖北电视台的孕育指南频道、黑龙江电视台的女性频道、无锡电视台生活频道、贵州电视台健康频道以及旅游卫视、中国气象频道等。

中央电视台开辟的生活服务类栏目有:《天天饮食》、《天气预报》、《健康之路》、《生活》、《为您服务》、《快乐主妇》、《交换空间》、《生活567》等。北京电视台生活频道开辟的栏目主要有:《健康生活》、《食全食美》、《生活广角》、《快乐生活一点通》、《时尚装苑》、《你该怎么办》、《生活面对面》、《我爱我车》、《美食地图》、《四海漫游》、《幸福厨房》、《生活+》等。上海电视台生活时尚频道开辟的栏目主要有《人气美食》、《左右时尚》、《爱你爱美丽》、《X诊所》、《心灵花园》、《今日印象》、《相伴到黎明》、《星地产》、《甲方乙方》、《潮流汽车》、《生活大不同》、《星尚精选》等。海南旅游卫视频道开辟的栏目主要有《有多远走多远》、《乐活好正点》、《心煮艺》、《行者》、《健康》、《杏林好养生》、《第一时尚》、《霓裳艳影》、《第一收藏》、《汽车派》等。

随着生活水平的提高,我国的生活服务类节目的数量越来越多,节目越来越专业、越来越时尚、越来越丰富多彩。截至2008年9月,全国地方频道正在播出的生活时尚类节目有1700个左右,其中2008年出现的新节目为350个左右。而专业的生活服务类频道也纷纷出现,旅游、时尚、购物、美食等各分类定位明确的频道纷纷出现。

(二) 英美国家生活频道节目简介

BBC Lifestyle是英国广播公司(BBC)下属商业公司BBC Worldwide旗下的一个专业化生活频道。BBC Lifestyle在成熟的商业模式下运行,通过与不同国家、地区的合作扩大落地范围,通过向国内外销售自制的节目和节目模式来获取利润。目前BBC Lifestyle已在亚洲的香港地区、台湾地区、新加坡、韩国、印度尼西亚、马来西亚和泰国,以及北欧的挪威、瑞典、丹麦和芬兰等地落地;中东大部分地区的观众也能收看BBC

Lifestyle 的节目。BBC Lifestyle 旨在成为真正的国际性的"世界之窗"。其节目主要分为以下六类:饮食(food)、家居与设计类(home & design)、时尚与风格类(fashion & style)、健康类(health)、教养类(parenting)和个人修养类(personal development)。BBC Lifestyle 在进军全球的过程中充分考虑到不同国家、地区观众的喜好,在不同地方播出不一样的节目。例如,考虑到南非地区的观众对之前的 BBC Food(BBC Lifestyle 的前身)情有独钟,BBC Lifestyle 特别注重饮食类节目在南非地区的播映。[1]

下表为欧美生活频道主要节目类型及播出平台。[2]

种 类	节 目 名 称	播出频道
家居服务	购房人 House Hunter	HGTV
	改头换面 Extreme Makeover: Home	ABC
	交换房间 Changing Rooms	BBC 澳大利亚 9 频
	设计师的挑战 Designers' Challenge	HGTV
	彻底清洁 Clean Sweep	美国学习频道 TLC
装扮服务	我想要张明星脸 I Want A Famous Face	MTV
	从头到脚 Head 2 Toe	Lifetime
	改头换面 Extreme Makeover	ABC
	天鹅 The Swan	FOX
美食真人秀	顶极主厨 Top Chef	Bravo TV
	与我共进大餐 Come Dine With Me	BBC Lifestyle
	地狱厨房 Hell's Kitchen	ITV
	吉米的食品工厂 Jimmy's Food Factory	BBC Lifestyle

在美国,电视频道的专业分工十分精细,美国的生活服务类节目丰富多元,但其本质仍然是整合多种媒体平台与社会资源,展现生活的美好与惊喜,倡导积极健康的生活理念。美国主要的生活频道有以下几类:以 Style 为代表的时尚购物类,以 Food

---

[1] 吴敏苏、孟兰娟、庄琴芳:《我国生活类节目的现状与提升对策分析》,载《现代传播》,2012 年第 11 期。
[2] 参见孔义国:《全球生活服务类节目浅析》,载《中国广告》,2011 年第 12 期。

第十一章 生活服务类电视专题

Network 为代表的烹饪美食类,以 Travel Channel 为代表的休闲旅游类,以 Discovery Health & Fitness 为代表的健康美容类,以 HGTV 为代表的家居园艺类,以及以 ABC Family 为代表的家庭情感类。2011 年初,美国著名电视制片人及脱口秀主持人奥普拉·温弗瑞一手创办有线电视频道 Oprah Winfrey Network(简称 OWN),将节目拓宽到涵盖健康、情感、时尚、美容、家居、烹饪、休闲、娱乐等方面,使 OWN 成为美国流行生活频道的典型代表。

斯克利普斯网络(Scripps Networks),拥有 HGTV 和众多的生活频道,美国有九千七百万的家庭收看 HGTV。这些节目孜孜不倦地教观众怎样从自己拥有的房子里面"淘金"。《为卖而装修》、《猎屋高手》、《屋值几许》等节目给房地产的游戏注入了魅力和激情,创造了一大批像瘾君子一样的观众。《玩转彼屋》(TLC)和《玩转此屋》(A&E)等节目同样大力炫耀节目上的人是如何包赚不赔的,为房地产游戏加上了诱人的光环。

二、生活服务类电视节目的主要类型

电视生活服务类节目是对人们日常生活进行服务与指导的,因此此类节目种类繁多,分类方法也不尽相同。从服务功能方面来划分,可分为说明阐释类、信息传递类、生活服务类、健康辅导类、实用帮助类等。从收视对象上划分,可分为一般性服务节目、儿童服务节目、青少年服务节目、老年服务节目等。根据生活服务类节目的属性,以及目前生活服务类电视节目形态的发展情况,可将其分为综合服务型节目和专项服务型节目两大类,以下就此展开介绍。

1. 综合服务型节目

在众多电视生活服务类节目中,综合服务类节目是最早产生的一类。这类节目主要是以受众日常生活中的某几方面为切入点,以多主题、杂志化的形式进行编排。虽然节目中包含的信息内容繁多,却十分有序,节目中的板块看似分散,实则通过巧妙的处理有机结合在一起,形成一个整体。而这类节目中由于节目播出的制式不同,又分为两种类型。一种类型是将几个小板块编排在同一期节目中播出,例如我国最早的电视生活服务类栏目《为您服务》,一期栏目中同时设置了"生活情报站"、"律师出招"、"生活智多星"、"旅游风向标"五个板块,但该栏目在经历了 28 年的成长历程后,在 2010 年停播。另一种是把栏目拆分为几个子栏目,再将子栏目投放在不同的时间段进行独立播出。例如凤凰卫视中文台的《完全时尚手册》,星期一《天桥云裳》针对时尚潮人率先预报全球顶级时装、潮流走向、彩妆技巧,全面提升受众对美的认知和需求;星期二《私享家》网络全球各地艺术建筑与家居摆设、布置,开阔受众视野;星期三《食色行野》综合旅游美食健康资讯等内容,使受众在品味饮食文化、感受世界各地风光的同时,获得更为贴身的实用信息;星期四《相对论》以数码潮流和尖端科技为中心,通过主持人的分享与网上短片、嘉宾的独到见解,为受众营造出轻松有趣的资讯传递氛围;星期五《车元素》主要针对热爱机械动力的受众而设计,该板块内除汽车资讯外,还包括游艇、腕表等一切和机械相关的时尚资讯。

2. 专项服务型节目

相对于综合服务节目,专项服务节目只有一个方面的题材内容。受众对于节目的

不同需求,使得专项服务节目数量日益增多,且节目在划分上也日益精细化。主要包括以下方面。

(1)旅游节目。当下旅游节目主要有三种:一是以纯粹风光欣赏为目的的单一风光型,如中央电视台的《请您欣赏》;二是以吃喝玩乐、介绍旅游路线常识为目的的实地旅游型,如旅游卫视的《行者》;三是以冒险或益智为内容的趣味娱乐型,这类旅游节目因为其含有一定娱乐性,近些年来颇受青睐,如《极速前进中国版》。

(2)气象节目。电视气象节目是将科学精准的气象信息通过电视传递给受众,为受众外出、旅游等提供气象参考。目前我国各省市电视台均有各自的电视气象节目,而其中最为人们所熟知的就是中央气象台制作的《天气预报》。

(3)医疗保健节目。狭义的医疗保健节目主要是就病论病,以专家、医生介绍医学常识、疾病预防、日常保健卫生为主;广义的医疗保健节目则包含优生优育、强身健体、健康养生等内容。如北京卫视的《养生堂》,中央电视台国际频道(央视四套)的《中华医药》等。近年来,随着人们生活压力的增大,一些关于心理疾病预防、诊治方面的节目出现在受众视线中,在这里也应该归类为医疗保健节目内。如中央电视台社会与法频道(央视十二套)的《心理访谈》。

(4)美食节目。美食节目从涵盖内容上来讲,主要是围绕饮食这一话题所引发的相关内容,如介绍世界各地饮食文化、传授烹饪技巧、关注饮食消费习惯等。如中央电视台综合频道的《天天饮食》、浙江卫视的《爽食赢天下》、凤凰卫视的《美女私房菜》等。

(5)汽车节目。汽车节目中所包含的内容主要有新车报道、车展动态、养护维修、购车指南、名车欣赏、专家评估等。近些年来随着人们物质生活水平的提高,人们对汽车的关注度也随之提高,一时间国内有关汽车的节目呈现出方兴未艾的局面,如中央电视台经济频道的《车风尚》、北京电视台的《我爱我车》、旅游卫视的《梅卿快车道》、黑龙江电视台的《车行天下》等。

(6)家居房产类节目。所谓家居房产类节目,包含两方面内容,一方面是家居生活类,另一方面是房地产类。在房地产类节目中不仅有对楼盘楼市的介绍、购楼指南、二手房源等信息,还有对国家有关土地政策法规、重大城建规划、地产界突发事件等资讯的报道。如浙江公共频道播出的《地产时间》、广东电视台房产频道的节目等。而在家居生活类节目中,则多是为受众提供如何装修房屋、生活中的常识窍门、居家摆设介绍等内容。如中央电视台经济频道的《交换空间》、宁夏卫视的《家装总动员》等。

(7)导视节目。导视节目是电视台与受众联系的纽带。一方面导视节目为受众一目了然地提供了各类电视节目的观看信息,另一方面导视节目也是电视台树立自身形象、打造包装自身的重要组成部分。导视节目主要有三种类型,一是节目预告,二是重要节目推荐,三是独立的导视节目。

(8)美体护肤类节目。在电视技术快速发展与受众需求日益精细化的今天,一种专门为受众提供美容养颜、穿衣打扮、形体塑造等内容的美体护肤类节目在电视生活服务类节目的大家庭中悄然兴起。比较有代表性的节目如中央电视台经济频道的《购时尚》、黑龙江卫视的《美丽俏佳人》、湖南卫视的《我是大美人》等。

(9)交友相亲节目。长沙女性频道、合肥文体频道等共同打造的栏目《爱情房车》

是目前国内首档提供户外流动交友平台的全新节目。此外,江苏卫视的《非诚勿扰》、湖南卫视的《我们约会吧》、浙江卫视的《爱情连连看》、东方卫视的《百里挑一》等栏目都是以年轻人为主,而北京电视台的栏目《选择》定位为中老年人相亲交友。要注意的是,许多相亲节目夹杂太多的综艺娱乐或恶搞成分,致使一般观众认为这些婚恋交友节目失去了服务的本来面目,而演变为娱乐节目。

(10) 电视购物节目。电视购物是指以电视为媒介长期经营顾客群的方式,针对顾客需要筛选适当产品,并通过电视频道将商品销售给消费者的购物方式。1992年广东省的珠江频道播出了中国大陆第一个购物节目,现在发展到众多电视购物频道,如中央电视台的中视购物频道、湖南卫视的快乐购频道、上海的东方CJ购物频道等。电视购物在国外有着非常辉煌的业绩,进入中国后却一度出现水土不服,近年又被网络购物的势头所超越。

此外,以节目形式出现或于节目间插播的各种电视广告,虽然是有偿服务,也属于服务性电视节目的范围。

第二节 饮食与健康类节目的创作

饮食与健康类节目其实是美食厨艺类节目与健康养生类节目的简称。两者有一定的联系与交叉,但两者在内容题材上又截然不同。饮食类节目,顾名思义,就是以介绍烹饪技巧、烹饪方法和饮食文化为主要内容的电视节目。健康类电视节目指的是以传播健康教育理念、提高全民族健康意识、普及医学必备知识为目的,以讲述疑难杂症和养生保健为主要内容的电视节目。

一、饮食与健康类电视节目的发展

在20世纪七八十年代,我国的电视屏幕上开始出现饮食类节目,中央电视台《为您服务》栏目中,就有部分涉及健康饮食以及烹调方法的内容。直到1999年2月,刘仪伟主持的日播栏目《天天饮食》的推出,被认为是真正意义上的饮食烹饪类栏目的开始。此后十几年,饮食类节目作为一种具有独特内容和表现形式的电视节目,经历了一个从无到有,从萌芽到成熟,再到如今节目内容不断丰富,表现手段多种多样的发展过程。

改革开放初期,各省、市电视台相继开办了一些健康科普节目,例如上海电视台的《健康与长寿》、河北电视台的《幼儿保健》、山西电视台的《卫生与健康》等,都是以普及健康科学理念,传播卫生科普知识为主。1996年7月6日,中央电视台的《健康之路》节目开播,以其权威性成为国内电视界最具影响力的健康节目之一,2000年,《健康之路》进行改版,首次把"直播"引入节目,现场直播手术全过程,并且加入了与电视观众现场连线互动环节,收视率不断攀升。1998年6月1日,中央电视台国际频道开播的《中华医药》节目以"关爱生命健康,服务全球华人"为主旨,多年来一直致力于向海内外观众传播中国优秀传统医药文化的魅力,设有《人物档案》、《专科门诊》、《健康话题》、《养生有道》、《民族医药》、《医林专讯》等小栏目。

频道专业化的发展与竞争,导致国内外都出现了一些以美食或健康养生为主题的特色电视频道。如成都美食天府频道,青岛电视台的中华美食频道,卫生健康频道,美国饮食电视网频道等。

最早的以美食或健康养生为主题的特色频道是四川美食天府数字电视频道,于2004年开办。频道立足四川,辐射全国,内容以推介川菜文化为主,逐步推出川酒、川茶、川景,以及由美食衍生的特色旅游等内容。频道节目包括互动咨询、新闻资讯、教育培训、美食评比、人文历史等内容。《美食成都》致力于介绍老百姓喜欢的味道,厨艺类节目《家常菜》每天向社会征集一道菜品,《超级品味》突出成都人幽默乐天的性格,《百味人生》讲述川菜代表人物酸甜苦辣的经历,《洋厨房》带来"洋美食",《饕餮之夜》是一档介绍极品美食的电视栏目。频道还播出以美食为主题的电视剧。

青岛电视台广电中视文化有限公司承办的中华美食频道,于2005年11月8日正式播出。频道主要栏目有《满汉全席》、《节会直通车》、《食界精英》、《天下名厨》、《千味坊》、《养生馆》、《美食天下》、《中华美食大讲堂》等。

卫生健康频道由中央电视台、上海文广传媒集团联袂合作,中华医学会医学专业技术支持,多元化资本重金打造。频道汇集了国内外各类与健康关联的精彩节目,针对不同年龄、层次和需求的受众群体精心编排,更利用各方面资源,将节目内容和节目外的导医服务充分结合,全力开发与健康产业相关的各项服务。目前,频道的主要栏目有《木兰健身系列》、《私人空间》、《好莱坞健身教练》、《健康探索》。

美国斯克里普斯公司经营的饮食电视网频道(Food Network)拥有几十个不重复的各类栏目,内容包括教做菜、厨房点滴、健康饮食、经济花销等与饮食相关的方方面面,主题独到,主持个性化,令人感到生活的实在和美好。频道主要固定栏目有《30分钟用餐》(30 Minute Meals)、《不可思议的晚餐》(Dinner: Impossible)、《美味饮食》(Good Eats)等。

(一)美食厨艺类节目

厨艺类电视节目(TV Cookery Show)亦称"美食节目",通常以美食作为诉求,向观众提供精致可口佳肴的烹饪方法。在过去相当长的时间内,这一类节目被划入"电视服务节目"的类别范畴,重点突出电视媒介的服务功能。然而,随着媒介融合的不断深入以及媒介竞争的日趋激烈,昔日的"美食节目"已经逐渐转型为"厨艺节目",二者最大的不同之处在于,美食节目以美食作为最终诉求,强调"食"这个结果;而厨艺节目以烹饪作为核心诉求,重在展示"艺"这个过程。

美食厨艺类节目主要类型有以下几种。[①]

1. 教学指导类饮食节目

这类节目是我国电视上最早出现的,也是形式最为简单的饮食类节目,主要形式是由主持人或者嘉宾现场操作讲解,直接向观众介绍烹饪技巧以及营养学知识等,比较知

---

① 马川:《饮食类电视节目的品牌提升之道》,载《青年记者》,2013年第32期。

名的节目有《天天饮食》、《美女私房菜》、《方太厨房》等,这类节目指导性强,观众比较容易接受,并且看过之后直接就可以动手操作,目前已经成为饮食类节目最为普遍的形式。

2. 旅游体验类饮食节目

这类节目应该算是前些年电视旅游节目热的衍生品。记者或者主持人以观众视角体验品尝各地美食,介绍不同地域的饮食文化,这类节目的特点体现为走到哪吃到哪,搜寻特色菜肴,探访传统手艺,融合了旅游、文化、地域特色等多种元素。如央视的《远方的家》、浙江电视台《爽食行天下》等。

3. 现场竞技类饮食节目

伴随近些年电视行业娱乐性的增强以及真人秀节目的增多,以普通观众或者烹饪高手为选手的竞技类饮食节目开始出现并逐步得到发展。这类节目主要以比拼厨艺为主,具有竞技类真人秀节目的特点,节目现场紧张激烈,具有强烈的竞技感和戏剧性。比如央视的《满汉全席》、《中法厨王争霸战》,东方卫视的《顶级厨师》等。

4. 纪录片类饮食节目

2012年红遍大江南北的纪录片《舌尖上的中国》,以及2014年播出的《舌尖上的中国Ⅱ》的成功,却恰恰说明了这类内容的纪录片所蕴含的独特文化审美情趣。用饮食展现中国人的生存哲学,在传统饮食中探寻精神家园。

5. 娱乐真人秀类饮食节目

2013年4月,英国独立电视台(ITV)推出一档由希弗制作公司(Shiver Productions)制作的全新厨艺类电视节目《烹出奖金》(Cook Me the Money),这档节目的最大创新之处一方面在于将烹饪的炉灶由以往封闭的厨房改设在喧闹的市场,以增进参赛选手与现场观众的互动;另一方面,该栏目大大拓展了"烹饪"的外延,在"烹饪"的过程中纳入"营销"的元素,即把过去将"烹饪"单纯理解为"做菜"的传统观念拓展为"做菜+卖菜"。《烹出奖金》一改以往厨艺节目在厨房或演播室录制的手法,直接将节目场景设置在了露天闹市,而且在2013年这一季,每期节目在不同的城市录制,这不仅增加了节目的新鲜感,同时所到之处也为这个新播出的电视栏目做了绝佳的宣传。同时,《烹出奖金》继承了《顶级厨师》等厨艺节目中的竞技与对抗元素,将选手分为红、蓝、白三组,每组两人,在节目开篇通过小片与访谈的形式介绍每组选手的特点与饮食偏好。介绍选手之后,竞技内容正式开始,整个竞技过程由三个部分组成:购买原料、烹饪菜肴和食物营销。

在购买原料环节,每组选手被给予100英镑作为采购原料的本金,他们要在15分钟之内按照自己对所要烹制食物的想法来选购原料,在这个过程中他们不仅需要买足原料,更需要充分降低成本。于是,在这一环节中,影像叙事的主要目标是通过剪辑和配乐等方式营造选手和商家砍价时的紧张感和博弈感,同时通过平行蒙太奇的方式,将每对选手的经历组接成小故事以吸引观众。在购买原料的环节之后,给予选手60分钟烹制自己的"独家"美食,"人人都能烹饪"的理念在这里一览无余。在这一环节中,节目大量使用特写和近景的景别来展示食物的精致,以期通过视觉展示来调动观众的味觉。

60分钟的烹饪时间结束后,节目有一个特殊的设计,就是选手们拿出自己烹制的菜肴,彼此品尝后定价。从节目整体来看,这一设计独具匠心,因为选手们的终极目标并不是卖到最多的钱或是卖出最多的食物,而是要比其他两组选手赚到更多的净利润(卖出食物所收到的数额减去购买原料所支出的数额),换言之,在成本相差不多的前提下,比其他两组对手定出更有竞争力的食物价格将直接决定选手在接下来的营销环节中占据有利位置。

营销环节是整场节目最好看的环节,也是选手与主持人及现场顾客互动最多的环节。三组选手之间不仅要互相竞争,而且还要同市场上其他销售食物的商户竞争。在2013年播出的10集《烹出奖金》节目中,选手们使尽浑身解数,拿出"卖萌"、"献唱"、"美女推销"等诸多方式招揽生意,而随着竞争的白热化,选手也会在出售食物的过程中选择主动降价以扩大销售。当销售时间终止,各组选手要将钱匣交给主持人,由主持人清点出每组选手的净利润后评出冠军,最终冠军可以获得全部三组选手的销售总额作为奖金。[①]

(二)健康养生类节目

近些年,以讲解养生保健知识、倡导健康生活方式的电视节目受到人们的普遍欢迎。代表性的栏目有中国教育电视台的《健康你我他》、上海电视台的《名医大会诊》、山东电视台的《养生》、湖南卫视的《百科全说》、浙江卫视的《健康最重要》、天津卫视的《健康大学堂》、辽宁电视台的《健康一身轻》等。北京电视台的《养生堂》栏目以"传播养生之道,传授养生之术"为宗旨,以演播室访谈加专题片为形式,请专家介绍中西医科学养生知识,对百姓关心的健康问题和养生保健活动进行正确的引导,成为我国健康养生类节目中最知名的品牌之一。

目前,我国各电视台播出的健康养生节目按照传播模式划分主要有以下几种。

1. 娱乐化模式

娱乐化模式就是摒弃传统严肃说教的表达方式,将严肃的养生话题轻松化。这种模式改变了观众对传统养生节目的思维定势,但要注意切忌因为娱乐化的传播方式而削弱节目的真实性。湖南卫视《百科全说》就是这类形态的代表。

2. 访谈模式

以北京卫视的《养生堂》为例,主持人与嘉宾和观众通过在节目现场交流等形式,向受众传递健康知识,普及养生常识。这种模式是最典型最普遍的节目形态,符合健康养生这个题材的特征,在传播的可行度和说服力方面起到了很好的作用。

3. 脱口秀模式

《健康最重要》是浙江卫视的节目,它在引入美国当红健康类脱口秀《奥兹医生》版权基础上,融入了中医等本土化的元素,辅以大量科学研究资料,是主持人梁冬与当期嘉宾共同完成的一档节目。

---

① 张龙:《"御厨络绎送八珍":英国厨艺类电视节目创意研究》,载《中国电视》,2013年第10期。

4. 故事化模式

故事化模式就是以讲故事的方式体现节目所要传递的内容。表现在健康养生节目当中，就是通过真实的案例讲述进而向观众传递一些健康养生知识，故事化模式不仅在养生类电视节目中，在其他类型电视节目中也应用颇多。①

5. 真人秀模式

德国 RTL2 频道健康节目《爱护孩子》采取的是真人秀模式，该真人秀向现代父母提出忠告：不良的饮食习惯和生活方式会影响下一代的健康。每一集中，受邀的专家学者凭借高科技仪器，模拟四十年后在问题家庭长大的小孩成人后的模样，然后会帮助这些家庭改变其生活方式以让过胖的孩子恢复健康。节目中，营养师的第一任务是追踪观察问题家庭，第二项任务是教育指导该家庭。节目完整记录家人面对新生活时的态度和反应，以及在这过程中发生的一些趣事。②

近年来随着生活水平的普遍提高，我国步入老年化社会的速度加快，以及仍然存在的医疗保障不健全等问题，使得越来越多的人开始关注媒介传播的健康养生之道。各种健康养生类节目扎堆播出，据统计，2010 年健康养生类节目的播出时长接近 4 万小时，人均收视时长的增幅也达到六成以上。但炒作背后出现了过度娱乐化、内容虚假等现象，中华中医学会用偷梁换柱、以偏概全、囫囵吞枣、瞒天过海和混淆是非五个成语来概括当前养生类电视节目的五宗罪。曾因"神医张悟本"事件，湖南卫视热播中的《百科全说》也遭遇停播。这为该类节目制作播出敲响了警钟。

二、饮食健康类节目的创作

饮食健康类节目有不同的类型与结构安排，其创作有不同的思路方法，无论从栏目的定位、内容题材的选择、形态式样的安排，还是主持人的个性、嘉宾的邀请、演播室的设计等各方面都有其独特性。但是，从当前流行的饮食健康类节目来看，饮食健康类节目创作的关键在于转变节目制作的理念。

1. 服务与娱乐的多元结合

目前，厨艺类电视节目呈现出的发展趋势是服务性减弱，娱乐性增强；专业性减弱，普及性增强；大众性减弱，分众性增强。

为了增强节目的娱乐性和可视性，充分提升节目的节奏，英国的厨艺类电视节目大量采用选手竞技的方式。比如 2010 年开播的《英国烘烤赛》(The Great British Bake Off)即是采用这样的模式。

随着近年来"草根选秀"类电视真人秀节目的迅速火爆，厨艺类电视节目也在不断地从真人秀节目中汲取着新鲜的创意元素，将其与"烹饪教学"这一核心内容相结合，推出新的厨艺类节目样态。英国电视荧屏上比较热门的最新厨艺类节目，很多都已放弃由一位"电视大厨"单独在演播室里教观众做菜的单调形式，而是由"电视大厨"在节目

---

① 王深：《2011 年至 2012 年国内养生类电视节目的回顾与反思》，载《西部广播电视》，2013 年第 7 期。
② 参见《生活服务类节目大盘点》，http://media.people.com.cn/GB/22114/70684/120550/7123575.html。

中培养非专业的厨艺爱好者成为烹饪高手,换言之,参赛选手的学习过程取代"电视大厨"的烹饪过程,这变为此类纪实节目的主体。[①]

2. 实用与人文关怀的交融

所谓人文关怀,是指对人自身的存在和发展中所遇到的各种问题的关注、探索和解答,是对人的生存状况的关注、对人的尊严与符合人性的生活条件的肯定和对人类的解放与自由的追求,是一种以人为主体、以人为对象的思想。[②]

对于健康养生类节目来说,关注的焦点理所当然是健康,正确理解健康是体现人文关怀的核心。在现实生活中,大多数人对健康的认识还仅仅停留在"健康就是指没有疾病或不虚弱"上,没有意识到健康包括生理健康和心理健康的双层含义,没有意识到健康是一种道德,是与周围环境、社会和谐共生的。因此,健康类节目必须用科学的态度去影响、引导大众的健康生活,批驳伪科学,让那些养生骗子没有生存土壤。2010 年,央视"3·15"晚会给弱碱性水曝了光,也驳斥了"酸性体质是万病之源"一说。中央电视台的《健康之路》及时邀请中国中医药大学著名中医专家王琦教授讲解"人的九种体质,解开人体密码";辽宁广播电视台的《健康一身轻》栏目则请来著名营养学家于康做了一期《酸碱体质之说可信吗?》的节目,逐一驳斥酸碱体质之说的种种谬论,让大家看清了真相,知道了人的体质分酸碱纯属无稽之谈。要做到以人为本,健康类节目无论是所请专家的言论、主持人的表述,还是节目宗旨等,都必须科学、严谨、权威、实用。但是,近年来却出现了一些所谓的"养生大师"利用个别媒体的健康节目误导甚至歪曲健康保健知识以达到不可告人的目的。比如"食疗专家"张悟本、"排毒教父"林光常、"盖世华佗"胡万林、"刘太医后人"刘宏章,等等。这些"养生明星"已先后倒下,一些养生节目也自动下马。这种现象表明,健康养生类节目必须把人文关怀的理念贯穿节目始终。

此外,生活服务类节目应该把服务这个核心与人文关怀结合起来,在展示生活方方面面的同时,着眼于关注人性中的真善美,给观众以精神上的慰藉。吴敏苏等学者也指出:"生活类节目在定位与立意上不应只盯在衣食住行的细节上,而应通过这些细节予受众以精神上的慰藉,展现生活中的爱与美好,倡导由个人和家庭的健康完整申发而来的积极的都市感。如此才能打动观众的心,形成媒体与受众之间全面的互动,形成与受众水乳交融的情感勾连,形成主流价值观传播的全面强化,这将是生活类节目的独特魅力所在。"

3. 强化观众参与互动

加拿大学者麦克卢汉在他的名著《理解媒介——论人的延伸》中将电视这种媒介归为"冷媒介"的范畴,他认为:"一种冷媒介,无论是口语、手稿还是电视,留待听众或使用者完成的东西远远超过热媒介留待人去做的东西。媒介的强度低,参与度就高。恋人窃窃私语恐怕就是这个道理。因为电视的低清晰度保证有观众的高度介入,所以最成功的电视节目,是那些在情景中留有余地,让观众去补充完成的节目。"因此,饮食健康

---

① 张龙:《"御厨络绎送八珍":英国厨艺类电视节目创意研究》,载《中国电视》,2013 年第 10 期。
② 徐亮:《从张悟本现象看人文关怀在健康类电视节目中的作用》,载《中国广播电视学刊》,2011 年第 1 期。

类节目加强与观众的参与互动空间越来越大,这是电视节目形式创新的一种趋势。

饮食健康类节目的互动性首先表现在台上台下互动,台内台外互动,调动各种手段吸引观众参与,打造独具特色的交互活动平台,充分提高观众参与度。比如有奖收视、有奖竞猜、有奖解难、有奖征集生活小窍门的活动。在观众中招募都市调查员、热点评论员、美食品鉴员、美食创意达人等提供线索或参与节目内容,同时他们还可以代表观众参与节目的改进讨论,还可以开通频道或栏目的官方微博,实现与受众的即时沟通与反馈。

比如英国厨艺类电视节目早在20世纪中叶诞生之初,每位当红的"电视大厨"在节目中讲授烹饪技巧之余,都会配合节目出版自己编制的菜谱和美食指南,而且也被安排不定期举办各种现场讲座活动。时至今日,各种新媒介闪亮登场,无论是网上视频烹饪教学,还是通过手机订阅进行食谱推送,媒介间的迅速融合已经使"电视大厨"们的上镜率成倍增长,他们成为媒介融合的直接受益者。

健康类节目也要吸引广大市民参与节目,邀请有关专家参与策划节目。节目要改变传统的固定模式,要走出演播室,走进社区,来到老百姓的身边,关注他们的健康状态,倾听他们的健康观念和心得诀窍,了解他们切实的健康需求,这是大众参与节目的积极有效的形式,辽宁电视台在《健康一身轻》的基础上组建了子栏目《健康大讲堂》。《健康一身轻》的嘉宾通过《健康大讲堂》到社区为普通百姓服务,普通百姓反映的鲜活健康话题又通过《健康大讲堂》反馈到《健康一身轻》。《健康大讲堂》每场观众都过千人,观众与主持人互动、与专家互动,现场话题丰富多彩、鲜活生动。

第三节 家居与旅游类节目的创作

家居与旅游类节目其实也是两类内容题材风格不同类型的节目。房地产家居类电视节目指的是对涉及房地产、家居装修及相关行业的国家政策、市场信息、发展经验教训进行调研、分析和深度解读,对房地产行业发展和老百姓相关消费进行理性引导的电视节目。

狭义的旅游类电视节目指仅仅以旅游作为单一内容的电视节目,不涉及其他的内容。广义的旅游节目指利用电视媒体,通过各种各样的节目形式宣传、介绍旅游资源以及和旅游相关内容的电视节目,节目的播出对地方的旅游产业会产生重要的影响。

一、家居与旅游类节目的发展

人们生活需求的结构与重心与20年前大不同,家居房产类节目与旅游节目的兴起不仅与人们生活水平的提高有关,更是与我国多年来大力实施城镇化战略造成的"房地产热"密不可分。因此,服务类电视节目也应与时俱进,不断发现生活消费中的新热点、新需求,想百姓之所想,增强节目的服务性与针对性。

电视专题与专栏

（一）房产家居类电视节目

随着城市的扩展与房地产的蓬勃发展，百姓买房成为家中的头等大事，东奔西走的看房费时费力，让百姓跟着镜头一起看房可谓是一个帮助百姓走捷径的最佳方法，在繁荣的背景下，地产节目油然而生，并且在全国各地迅速发展，买了房子自然需要装修，因此地产和家居往往成为不可分割的节目内容。

1. 我国房产家居类电视节目的发展

早在2004年，广东电视台公共频道的《置业安居》，重庆电视台的《家住重庆》，河南电视台经济生活频道的《房产超市》，辽宁电视台经济生活频道的《家居服务》，江西电视台公共频道的《第一地产》等专业的地产栏目就已经存在。此外更多的房产节目则作为综合服务类栏目的一个版块存在于众多的电视媒体中，例如凤凰卫视的《完全时尚手册》中就有《我的家》这样一个地产的子板块。

房产家居类栏目主要包括杂志类和专题类两种类型，《置业安居》和《我的家》这两档栏目分别代表了这两类节目的不同形态。广东电视台的《置业安居》栏目包括了"地产资讯"、"构筑经典"、"家居时尚"、"地产界"、"地产聚焦"、"置业连线"、"置业导航"等几个板块。整个栏目集新闻、推介、论坛、访谈、投诉、大型专题片于一体，全方位地展示了住区景观与深度的人居文化，播出的《千年绿色思想　铸造绿色住区》、《商业地产在燃烧》等一些大型电视专题在业界引起了高度的关注。凤凰卫视的《我的家》包括"家居小贴士"、"美丽家园"和"装修流行线"三个板块。"家居小贴士"主要介绍居室的装饰与设计，色彩的选择与搭配，家居饰品和居家用品的选购与最佳摆放，不同风格居室设计的欣赏介绍，等等；"美丽家园"板块则介绍一些风格化的室内设计；"装修流行线"则主要介绍一些新潮的居室装修理念。整个栏目全面系统地介绍了现代家居的各个方面，既有各种最新的针对受众的家居小常识，各种时尚建议以及经典的居室欣赏，等等，又为受众提供了家居全方位的信息和知识。

目前，代表性的房地产栏目除上述外，还有中央电视台的《交换空间》，北京电视台的《家住北京》，贵州电视台的《家园》，天津电视台的《百姓家居》，云南电视台的《房市直通车》，南京广播电视台的《南京房产报道》，辽宁广播电视台的《第一地产》，沈阳广播电视台的《阳光购房》，河北电视台的《燕赵房地产》，长沙电视台的《第一房产》等。

中央电视台经济频道的《交换空间》栏目是对美国家居服务真人秀节目《交换空间》进行的本土化移植与改造。节目省去了演播室的环节，全部采用外景拍摄，用镜头真实记录了两个家庭在设计师的带领下，装修对方家居空间的全过程。

近年来，一些电视台开始开办专业的房产频道，如广东电视台房产频道、杭州电视台房产频道、长沙电视台现代房产频道等。

长沙电视台于2007年8月28日开播运行的现代房产频道，主要栏目有房地产综合新闻专栏《每日房产报道》，全国首创的一站式售楼节目《电视购房》，以及分别涵盖楼市、家居、家装、建材的《新楼市》、《新居家》、《天天家装》、《建材直通车》等栏目。

广东电视台房产频道于2008年5月开播，主要有专题类栏目《高瞻远筑》、《楼市七日谈》、《设计家》；楼盘介绍类栏目《轻松置业宝典》、《细说名门》、《买楼三分钟》、《商业地产档案》、《楼市播报》、《公寓无限购》、《海外地产》;楼盘资讯类栏目《买楼帮》、《楼盘连线》、《投资精明眼》、《楼盘连线》、《商业大扫描》、《楼市共同睇》;家居类节目《家居大变身》、《新概念家居》、《别具心思》、《玄来如此》、《家居第一线》、《空间魔法师》。

2. 国外房产家居类电视节目简介

美国家庭与园艺频道(HGTV)由美国斯克里普斯公司独立拥有,用户 8000 万,是美国有线电视史上发展最迅猛的频道之一。频道栏目内容以家装设计为主,几乎涵盖了从房屋居住和选择、家庭园艺、房屋内外装饰到手工艺品的制作等方方面面,节目贴近生活,实际操作性强,体现了受众本位的理念。频道晚间主要时段的节目有:《巧妙的改装设计》(Deserving Design)、《小居室装修设计》(Design on a Dime)、《购房人》(House Hunters)等。《购房人》节目的主旨是为购房者选择中意的房子,节目向观众介绍个人、夫妻或者家庭如何找房子,并如何判断所找到的房子是否合适。每一期节目都展示买房人的搜房经历,着重讲述找房和买房过程中的个人体会。

美国广播公司于 2003 年 12 月 3 日推出的《改头换面(家装版)》(Extreme Makeover Home Edition)在美国首播,随后即成为 ABC 电视网收视率较高的节目之一。节目模式是,将一个毛坯房、一个应该受到奖赏和关爱的家庭、一群颇有见地的设计师放在一起,在短短的七天时间内,观察他们会做什么、会发生什么样的故事。除了开场的本期预告外,节目主要由五个板块组成,如"破坏与建设"、"幕后故事"、"泰的神秘房间"、"本地天才"和"最后的 24 小时",不同的板块侧重于不同的主题,避免了内容上报流水账式的枯燥。

德国 VOX 频道的《理想的房子》的真人秀节目中,一个由建筑师、内部装潢设计师以及装修工等组成的团队,在一周内完成对一所房子的改建。由房屋主人的亲戚或者朋友联系这个团队,他们会在主人外出的时候完成工作,给主人一个惊喜。在节目的最后,镜头会展现一家人看到新房无比高兴的那一瞬间,以及全家搬入新房的激动场面。

在英国,装修节目如第 4 频道的《大设计》、《房产阶梯》,第 5 频道的《如何不加修饰》及《怎样开发房产》等。

日本朝日电视台《全能住宅改造王》是一档形式新颖的家装改造节目。在节目中,由日本顶尖建筑设计专家们,针对各式各样家庭的住宅翻修需求,进行令人叹为观止的大改造。节目所倡导的理念是:任何房子都会有它的问题存在,与其逃避性地换房子再去面对新的难题,不如改善现状。

(二)旅游出行类电视节目

旅游节目的兴起与人民生活水平的提高有密切关系,都市里的人们经常谈到的话题之一就是旅游,大家在一起交流出行的经验与感悟,旅游节目即应运而生。目前人们对旅游的理解已经不再是单纯的游山玩水,而是渴望在旅行中获得的难得的人生体验。因此,旅游节目从最初简单介绍式的风光片,逐步发展到了融入知识性、趣味性的综合性栏目。旅游节目形态也越来越多样化,比如风光介绍型、实地旅游型、趣味娱乐型等。

《祖国各地》是中央电视台 1978 年 9 月 30 日开播的专题栏目,主要介绍各地独特的山水风光、风俗民情、历史文化、人物事件等,1997 年 3 月进行过改版,由过去的松散结构变为明晰的杂志型样式,设有《城市年轮》、《旅游探索》、《中国一绝》等子栏目。

《请您欣赏》作为中央电视台的热播栏目,每期5分钟,自1993年开播至今,已经摄制播放过数百部风光片,栏目内容主要以自然风光、历史名胜、人文地理等为主要元素,画面风格清新愉悦,配以流畅舒缓的音乐与节奏,让观众在前后节目跳跃转换的间隙得到一种自然过渡的享受。

进入20世纪90年代中后期,我国旅游行业开始快速发展。人们需要大量关于旅游的信息及相关知识。各家电视台纷纷开辟旅游节目,如浙江卫视开播的《电视旅游周刊》。各台的旅游节目内容迅速从山水风光扩展到旅游政策法规、旅游新闻、旅行技巧、人文风俗等,节目形式向多样化发展,综艺、访谈、专题等形式都出现了,电视工作者已经意识到行业化节目必须紧密依靠行业为旅游者和旅游行业提供双向服务。

21世纪初,随着各省级卫视差异化竞争,各卫视的定位逐渐清晰。极度活跃的市场致使电视领域里终于出现了第一家卫星旅游频道即海南旅游卫视。旅游卫视采用的是在北京制作,在海南上星的制播分离模式,旅游卫视的前身是海南卫视,1999年9月25日上星,于2002年1月28日改版为旅游卫视,是全国唯一一家异地制作,异地播出的电视台。2004年7月5日以前,旅游卫视共有20个栏目,除《环球播报》为本台制作外,其余19个栏目均采取外包方式。旅游卫视理念集中概括为:"身未动,心已远"。开办的栏目主要有《环球流行报告》、《美丽俏佳人》、《勇者总动员》、《有多远走多远》、《行者》、《玩转地球》、《畅游天下》等。

有代表性的旅游类节目还有中央电视台的《走遍中国》、北京电视台的《四海漫游》、山东电视台的《走四方》、陕西电视台的《畅游天下》、旅游卫视的《打的去伦敦》。早年较少走出国门的中国观众,对于《正大综艺》的喜欢,很大程度上是因为里面奇奇怪怪的异国风情,极大地挑起了观众的好奇,从而让《正大综艺》红极一时。

由中国视协、广州电视台共同策划的《9+2旅游大放送》栏目于2006年元月开播,《9+2旅游大放送》栏目的开播节目为由广州电视台《周末导游》策划组织粤港企业家赴川藏区拍摄的"泛珠川藏红色爱心之旅"系列特辑,包括《走向太阳部落》、《红军会师地——甘孜》、《雅江木雅人部落》、《康巴汉子村》等系列旅游纪录片。

随着改革开放的深入,国外旅游电视节目进入了中国观众的视野,如《发现》、《国家地理》、《两天一夜》、《欧洲之旅》等,这些节目不仅扩大了我国观众的视野,也为我国电视旅游节目的发展注入了新鲜血液。

二、家居与旅游类节目的创作

1. 以丰富立体的画面信息真实还原市场面貌

叫卖式口吻是房地产开发商较为习惯的宣传策略。"本区最低价"、"秉承多年品质、打造人居大盘",千篇一律的口号难免招人厌烦。电视的优点在于真实还原。虽然画面的易逝性会削弱一部分表现效果,但形象直观的画面表现却是报纸杂志这样的平面媒体所不具备的。任何一个商品的价值并不单纯地取决于它的效用,而且还取决于人们是否拥有该产品。在无法拥有产品的情况下,体验和试用也不失为一种选择。例如创办上海《第一地产》的上海华映传媒在 2006 年就创办了大型互动节目《看房》。节目推出后,被观众誉为"立体楼书",收视率连创新高,获得了不错的市场效果。①

2. 善用声东击西术化硬广告为软广告

对于观众来说,需要在地产类电视节目中获得最大的信息量。这种信息一方面是政策、新闻等已发生或已经预设好即将发生的信息;另一方面则是与楼盘项目或房屋价格密切相关的市场信息。比较而言,后者对于观众的吸引力更大。于是,不少地产节目就成为了"项目报价集锦"和"新开楼盘快报"。地产节目应"化硬广告为软广告",将有效信息植入节目中。这种植入并非生搬硬套,而是在潜移默化中完成的。例如天津电视台《聚焦房地产》栏目在宣传某开发商的"摄影活动"时就运用了这样的解说词:

> 对于一座城市来说,建筑所蕴含的不仅是居住的功能,它更承载着城市的文化记忆。巴黎塞纳河畔的砖瓦将法国人的浪漫展现无遗;伦敦泰晤士河边的古朴建筑散发着英国人的严谨作风。一如往日的人来车往,海河带给天津人的则是一种莫名的亲切。因此,当泰悦豪庭时光钟摄影大赛拉开序幕时,参赛选手们,不约而同地将镜头聚焦在了天津的母亲河身上……

3. 在把握观众需求的基础上增强节目互动性

相较于娱乐节目,生活服务类节目具有先天的收视劣势。纵观目前我国收视率较高的生活服务类节目,无一不体现着与消费者的密切相关性。受网络媒介的影响,加强电视节目的互动性将成为大势所趋。韩国电视机构在分期编剧拍摄长篇电视剧的时候,就会根据观众的反馈意见随时改变剧情和剧中人物的命运。目前的地产电视节目,同样可以照方抓药。天津电视台《聚焦房地产》开辟了《王牌顾问》子栏目,针对购房者关心的二手房片区进行介绍。其间,二手房置业顾问会针对片区的房源质量、价格等情况给出自己的专业建议。从收视曲线上看,这个板块的收视率普遍高于节目整体的收视曲线平均值。通过与二手房中介企业的合作,可以吸引其参与栏目板块冠名,达到收视率与经济效益的双赢。

4. 坚持以科学的理念与新颖的思想为指导进行节目创新

生活服务类节目策划必须以科学的理念为指导,对节目内容严格把关,保证提供给观众的信息的可靠性和准确性,对观众起到正确的引导和服务作用。只有科学的节目内容才能使节目走得更远。2005 年 3 月 28 日央视二套推出的《交换空间》栏目是一档贴近群众,倡导自主动手,以节俭装修为理念的服务类节目,同时它也借鉴了美国有线电视台 TLC 的节目内容和成功经验。

《交换空间》中宣传的轻装修、重装饰的装修理念与中国传统的装修观念不同,所以节目中设置了装修专家的点评以及装修专家阐述装修理念的环节,在这个过程中将该节目的理念传播出去。同时节目设置了装修预算,这就打破了奢侈的装修观念,打破了那种认为只有钱多才会装修出好效果的观念。旧物改造这个环节更是将节俭装修的理念进行到底,看起来并不起眼的东西,经过装修专家等人的双手就变成了一个实用的

---

① 邵帅:《地产类电视节目生存之道》,载《新闻传播》,2012 年第 11 期。

物件。

5. 对负面事件的报道要处理好舆论监督与建设发展之间的关系

在一些房地产节目或者旅游节目中,仍然不断出现一些负面报道的电视节目,这些节目可能导致局部冲突或矛盾纠纷的激化。电视节目制作人应该从全局出发,要处理好舆论监督与建设发展之间的关系,做好事件处理的后续报道。否则,局部的某一问题会对整个行业发展产生重要影响。比如,2012年春节期间被炒得沸沸扬扬的"三亚宰客门"事件,如果没有后续的事件处理报道,作为旅游者会对去三亚旅游心有余悸,甚至于对整个旅游行业的服务质量产生担忧。

6. 房地产家居以及旅游节目要立足本地资源突出地方特色

俗话说,"百里不同风,千里不同俗"。各地独特的风土人情和风俗习惯、独特的历史内涵和文化形态,应成为旅游节目努力挖掘和表现的重点。

房地产行业有着与生俱来的地域特征,因此,在寻求房地产节目定位时,应充分挖掘利用本土资源,体现出本地的地域特色,多研究一下观众的心态、客户的心态,发挥本地传播的区域优势,突出节目的服务宗旨,达到一种观众、节目与客户共赢的效果。如长沙电视台现代房产频道的《新楼市》,其内容涵盖有当地楼市动态报道、地产信息和为楼盘量身定做的电视专题。在节目的内容和表现手法上,《新楼市》根据楼盘和项目的具体情况,对其资料和信息进行筛选,以其独特的版式、生动的讲解、直观的画面,加上主持人、记者的现场报道和实景演说,融合多种电视宣传表现手法,让消费者更全面、立体、透彻地了解长沙楼盘的全方位信息。《新楼市》迎合购房者的置业心理和楼市未来的发展方向,也为房地产商开辟了一条新的营销途径。

第四节 生活服务类节目发展趋势

电视生活服务类节目的核心是服务受众,关注百姓日常生活,解决受众生活中的难题,有效提高受众物质和精神生活质量。服务性是贯穿电视生活服务类节目始终的灵魂。早期电视生活服务类节目里的服务性是以实用性为基础的。节目中所包含的信息一定是具体的、可操作的。然而随着我国电视生活服务类节目的发展,在当下,节目的实用性不仅局限在家事范围内,而且"在宏观层面上,在广阔社会范围内对整个社会生活加以指导,帮助人们纠正社会经济生活中的不规范行为,树立正确的价值观念"[①]。

一、节目理念大众化

生活服务类电视节目作为一种与受众日常生活联系紧密的节目形态,其在节目理念上往往体现出大众化的态势,而这种大众化最终是以电视大众文化的形式体现出来的。

---

① 卜心田:《电视生活服务类节目现状与发展研究》,论文,2013年。

第十一章 生活服务类电视专题

约翰·菲斯克在其著作《电视文化》中认为,电视文化是资本主义经济社会中的商品。"电视是意义和快乐的承载体和激励体,而文化则是这些意义和快乐在社会中的生成与传播。电视是一种文化,是使社会结构在一个不断生产和再生产的过程中得以维系的社会动力的重要组成部分,而意义、大众娱乐和传播就是这一社会结构最基本的组成部分。"①菲斯克在这里强调了电视文化的核心应落于意义生成上,而意义生成由大众参与,这样便为其后续的大众文化奠定了基础。

对大众文化的研究源于西方,但是随着经济全球化的快速发展,我国也深受大众文化思潮的影响。表现在电视方面,节目不再是早期的单向传播模式,视角也逐渐趋于大众化、平民化、生活化。学者黄会林对我国电视大众文化的定义是:"电视大众文化,指以民众思想和喜闻乐见的形式为中心的文化形态。"②因此,我国电视大众文化具有为大众服务、以大众为本的根本特征。而这种根本特征与生活服务类电视节目为受众服务的特性不谋而合。

电视大众文化首先是一种以大众传播媒介为载体的媒介文化,大众传播媒介是电视大众文化中的一个重要组成部分。电视生活服务类节目作为众多电视节目中的一员,与其他电视节目一样,是大众传播媒介的一种样式,在受众日常生活中发挥着重要作用,影响受众的日常生活习惯。同时,生活服务类电视节目受自身节目性质的限制,在内容选择和编排形式上以反映当下大众生活状态,传播大众生活理念为宗旨。节目向受众传递的信息中涉及受众日常生活中的各个方面:从烹饪技巧到房屋装修、从出行天气到旅游资讯、从身体保健到美容护肤、从生活常识到消费理念。例如,中央电视台经济频道播出的《交换空间》是一档为受众提供家居装修参考的节目。节目秉着自主动手、节俭装修、绿色环保的理念为那些热爱生活、热爱家装的受众提供装修知识、家装常识和居家创意。每期节目中都会有两队家庭分别交换自己家中的一间房间,在专业设计师的指导下完成装修任务。节目通过两队家庭对装修任务的理解与完成过程,将含有居家装修知识的内容在潜移默化中传递给受众,而两队家庭的参与也是电视节目与受众之间进行有效沟通交流的互动体现。节目突出了电视大众文化的"能动"作用和大众意识。

电视大众文化在漫长的发展过程中显现出商品性、流行性、日常性、娱乐性、多元性、互动性等特点。这些特性与生活服务类电视节目中所反映出来的文化特征也是极为吻合的。电视大众文化的商品性首先体现在电视节目以商品的形式进行包装与营销,其次体现在节目内容中所包含的商品性。例如,在《顶级厨师》第一季中,节目中所用的烹饪工具是由九阳公司赞助提供的,其中对九阳沸腾压力煲进行了着重推荐;而第二季中,节目的赞助商则换为美的公司,节目中除场景设置里会出现美的厨房电器的字样,选手们所用的烤箱也是由美的公司提供。显然这样的广告体现了节目具有商品特性的一个方面。说明电视生活服类节目与电视大众文化一样具有商品特征。总之,这些特性使得生活服务类电视节目中所倡导的生活理念、生活方式最终以电视大众文化

---

① 约翰·菲斯克:《电视文化》,祁阿红、张鲲译,商务印书馆,2005年版。
② 黄会林:《影视受众论》,北京师范大学出版社,2007年版。

的形式体现出来,将大众化、平民化与生活化贯穿于节目始终。

二、节目内容贴近化

1. 对养生知识的关注

一方面,社会经济的快速增长加快了人们的生活节奏,在生活与工作的高强度压力下,人们的身体健康逐渐出现情绪焦躁、过度疲劳、内分泌失调、身体酸软无力等亚健康症状,迫使人们对养生保健的意识逐渐提高。另一方面,"看病难"与"老龄化"这两个与健康有关的社会问题日益凸显,健康成为愈来愈多人的追求目标。在这样一个背景下,为了更好地贴近受众生活,满足受众需求,生活服务类电视节目在内容的选择上开始注重有关养生方面的知识。从概念界定上讲,养生类节目应该隶属于电视生活服务类节目里的医疗保健类节目范畴。养生类节目是以为受众提供医疗常识、疾病预防、科学饮食、规律作息、增强体质、疗养生命等方面的内容,以期达到养护生命、延年益寿的目的。

目前,我国养生类的节目主要有两种表现形式。第一种是最为常见的访谈节目,通过专家、主持人和受众的提问式互动传递养生知识与内容,如北京电视台的《养生堂》、山东卫视的《养生》等;第二种是讲述类,即通过主持人或专家的讲述配合典型性案例传递内容,如中央电视台的《中华医药》、重庆卫视的《健康大学堂》、光线传媒的《健康宝典》等。纵观当下现有的养生类节目,无论节目采取的是何种表现形式,其在传递内容的时候大都是站在中国传统医学的角度为受众服务的。这主要是因为,相较于西方医学"因病治病,局部治疗"的诊治方法,中国传统医学更多是强调预防与调理,是通过对精神状态的调养、对饮食习惯的调节、对身体机能的训练等方法的运用,来达到"治未病"的效果。且中国传统医学在养生方面无需复杂器械与特殊场地,适用于大部分受众。

2. 对新闻手法的借鉴

生活服务类电视节目在一定程度上也需要具备新闻节目中的及时性、真实性等特点。生活服务类节目中运用新闻的表现手法,更体现了服务类节目的贴近性、生动性、真实性和可靠性。对电视新闻节目真实性与准确性的运用有效提高了生活服务类节目中服务内容与生活知识的可信度;对电视新闻节目及时性的运用有效提高了电视生活服务类节目中有关最新生活资讯与健康生活理念的时效性;对电视新闻节目中重要性的运用有效提高了电视生活服务类节目中生活急救常识的紧张性。

借用新闻手法,对生活服务类节目来说,表现在对节目选题的选取与处理上。以往对于电视生活服务类节目选题的选取与处理主要是从实用性的角度出发,而加入新闻元素的手法则是需要电视人在选取和处理选题的时候用新闻的眼光发现生活中的有效服务点,并且借鉴新闻报道中的一些形式处理选题。这就要求生活服务类节目在题材选择上要突出节目中的新闻性;从新闻之中寻找具有服务性质的生活热点。并且借鉴新闻节目中常出现的事件特写、现场目击报道、暗访纪实、专访、深度报道、调查性报道、解释性报道、采访札记等报道形式处理服务类节目内容。

2012年6月,中央电视台播出了《生活提示》小栏目,栏目以"服务观众、服务生活"

为宗旨,紧扣衣、食、住、行、健康等与百姓生活息息相关的话题,进行深入浅出的解答和权威提示,倡导健康生活。该档节目在节目表现形式上成功地借鉴了新闻播报的手法。节目只有四分钟,分为两个部分:一部分是以解决生活常见问题的提示为主,另一部分则是介绍生活小妙招。提示部分主要侧重通过对事件或事物的科学原理、解决方式的阐述,向受众传递在遇到类似事件、问题或情况时应该如何应对。在提示部分中,节目所采用的表现形式是借鉴了电视新闻节目中常见的导语、由头、主持人报道等形式进行编排的。如2012年8月19日的《异常天气安全提示》,主持人在节目开端报道说:"那么,面对险情如何救助和如何自救就成了大家现在最为关心的一个话题了,本期的《异常天气安全提示》和大家来谈一谈我们如何应对暴雨引发的险情。"这段导语将本期所要讲述的重点内容一目了然地呈现在受众眼前。接着画面转向针对异常天气的应对措施介绍。第一点提示是遭遇洪水如何逃生,在这一点中画外解说从躲避方法的介绍自然而然地过渡到专业人士给予的建议,画外解说通过对专家给予的建议进行整理归纳,将有用信息罗列出来,并针对每一条信息进行详尽的讲解,使受众更加全面而直观地对救助方法有所了解。节目中对洪水侵入时的画面拍摄以及被采访专家给予的意见,突破了以往电视生活服务类节目在传递生活中遇到紧急事件应对策略时类似说教的形式,以一种全新的、贴近受众生活的新闻方式向受众传递知识,使得紧急事件中的紧迫感和真实感加强,给受众以更加真实、可靠的感觉。

三、节目形式多元化

1. 对真人秀节目的嫁接

清华大学尹鸿教授对电视真人秀节目的定义:"真人秀作为一种电视节目,是对自愿参与者在规定情境中,为了预先给定的目的,按照特定的规则所进行的竞争行为的记录和加工。"

从中可以看出,真人秀节目主要具备三个特征。首先,在节目中参与者为普通人且自愿报名参加,而非经过特殊训练的演员。其次,节目的整体架构编排中只包含假定的情境,所谓假定的情境主要指节目中既定的规则、奖金额数的限定、参赛环境的选取等,无具体可实施的剧本,节目在发展过程中具有不确定性。再次,节目在录制过程中始终保持真实记录的原则,力求将最真实的节目呈现在受众眼前。电视真人秀节目表现形式的特殊性,让电视变得更加平民化、娱乐化、大众化。电视真人秀节目与电视生活服务类节目的有机结合,为电视生活服务类节目与受众之间的交流建立起一个新的平台,为节目和受众打开了一扇双向发展的大门。

东方卫视的《顶级厨师》就是近些年来将电视真人秀节目元素引入电视生活服务类节目之中的典范。该档节目是引进英国BBC公司制作的《顶级厨师》(Master Chef)的版权。它自2012年7月29日在东方卫视播出第一季以来,受到社会各界的广泛好评,并于2013年1月开始了第二季的播出。节目从运作理念上来看,以打造中国第一档美食类才艺秀节目为口号,传递给受众关于烹饪美食技巧、饮食营养健康等信息。"美食才艺秀"一方面符合美食节目作为电视生活服务类节目直接服务、指导受众日常生活的要求；另一方面也体现了将美食背后所蕴藏的个人梦想放大到台前，为普通受众提供展示厨师梦想的舞台。从节目的功能和形式来看，《顶级厨师》采取了一种将服务性、娱乐性、受众参与性与展示性同时融入进节目编排当中的形式。美食类节目的首要目的是为受众提供实用有效的美食烹饪技术、各地饮食特色和健康饮食的方法和建议。因此，服务性是其最基本的功能，节目不仅要帮助参与到其中的受众完成烹饪美食的任务，还为端坐在电视机前的广大受众提供了如何更好地烹饪美食、选择食材的知识。其次，通过节目的精心设置，节目中所包含的娱乐性也得到良好的体现。节目分为海选与顶级厨房争霸两个部分。从第一季来看，在海选期间，参赛者会经历一个递进式的考核，这其中包括拿手菜的比拼，刀工的比拼，限定食材料理的比拼，在获得三位美食评论员认可后方可进入正式比赛，即顶级厨房争霸赛。选手在进入争霸赛后将面临两种赛制的重重考验。赛制一是在演播室进行，其中包括神秘盒挑战、创意菜比拼、压力测试；赛制二是在室外进行，其中包括团队赛、技巧测试、压力赛。从两种赛制的安排上可以看出，演播室内与演播室外两种场景的切换在观赏性上给受众带来了一定的新鲜感；神秘盒与创意菜的设置为受众提供了一个学习如何选择食材与烹饪技巧的良好平台；团队赛环节在潜移默化中向受众传递了一种注重团队合作精神与资源优化配置的积极健康的观念；在紧张刺激的比赛过程中，受众跟随参赛者一同走入比赛，学习、观赏参赛者在既定规则下如何烹饪出美食。再者，对展现自身厨艺和实现厨师梦想的愿望使得《顶级厨师》节目在仅开办两季即引来数万名受众报名参与，这种电视真人秀与生活服务类节目相结合的新形式极大程度地调动了受众对于电视节目的关注与参与。《顶级厨师》从表面上看是一场由普通人参与其中的具有真实性的游戏，而其实质是在以一种近似于演绎的方式将生活服务类节目中所蕴含的服务信息、指导意见传递给受众。虽然电视真人秀节目具有强烈的娱乐性，但适当地将娱乐性与服务性结合，可使节目既满足了受众对于日常生活常识等知识的需求，又增强了节目与受众之间的交流互动；既做到了实用服务信息的双向传递，又提高了节目本身的观赏性、参与性。

2. 竞技、益智等娱乐性元素的加入

随着电视技术日新月异的发展，我国服务类节目的表现形态也在发生深刻的变化。各种新兴的节目形式或节目元素不断被生活服务类电视节目吸收和运用，服务类电视节目形态出现了许多新的变化，比如服务类节目引入竞技、益智等娱乐节目元素，增加了节目的观赏性、娱乐性，而且这些娱乐元素中所包含的未知性、刺激性和不确定性等特点，成为吸引受众收看的原因之一。服务类节目中加入娱乐性元素的手法主要有以下几种。

（1）加强服务类节目选题的娱乐性。

生活服务类节目本身所具有的服务特性使得节目在编排处理上容易陷入严肃和沉重之中。这样一来，节目不仅没有达到服务受众日常生活、指导受众享受生活的目的，反而会使得节目变得枯燥乏味，降低收视率。对此，许多生活服务类电视节目在题材选择与节目设计方面加入一些娱乐元素，用轻松活泼的设置来调剂节目的节奏和风格。

《消费主张》原本是中央电视台《生活》栏目里的一个子栏目。在《生活》栏目停播后，经过重新整合，《消费主张》以全新的面貌为受众提供有关生活消费方面的服务内容。节目主要关注的是百姓日常消费生活领域的最新动态,以通俗易懂且不失幽默的方式为受众讲解包括消费误区、消费内幕、消费陷阱等消费问题。节目在风格设置、题材选择、主持人言语等方面均运用了诙谐幽默的手法。2013年2月26日,《消费主张》的话题是"淘乐进行时——好味'酸'出来"。节目一开始,主持人的语言就具很强的幽默感:"我来海南了,不过这里是没有海的海南,四眼望去都没有海水啊。不过呢,这里是海南的中部地区,有山,这里是白沙黎族自治县,在这里一定是有不少的水果了,我要用水果来补偿自己哦!"接下来,节目围绕有关海南黎族人民爱吃酸味东西这一话题,为受众介绍当地人们喜爱吃酸味东西的同时,还提供了"酸菜"与"肉酸"的制作方法,以及食用的方法。在介绍制作"肉酸"师傅的时候,主持人以京剧唱法将制作师傅介绍给受众,给受众留以深刻的印象。

(2)加入智力竞猜与竞技性元素。

娱乐节目的火热为一些传统电视节目带来了压力,但也为服务类电视节目的革新发展带来了启示。服务类节目中加入智力竞猜与竞技元素,调动观众收视期待,促进节目与受众之间的互动。观众在比赛结果未知性与博彩性的引导下,对节目产生了浓厚兴趣。

浙江卫视播出的美食类节目《爽食赢天下》(2011年更名为"爽食行天下"),该档节目将美食、美食文化、风土人情、比赛的趣味性与竞争性融合在一起。《爽食赢天下》在节目设置中安排了五道以美食为谜面的谜题。参加节目的主持人、嘉宾,需以接龙比赛的形式将这五个谜题全部找出。在对谜面的寻找与品尝的过程向受众展示该美食背后所隐藏的民间传说或当地风土人情等。节目中既运用了娱乐节目中的智力竞猜元素——谜面接龙,又将寻找谜面的任务以两队竞技比赛的方式呈现出来,加强节目对受众的吸引力。改版后的《爽食行天下》将原有的竞赛机制稍做改动,虽然节目仍然具有竞技性质,但此时的竞技是在由主持人与嘉宾组成的爽食大队与当地居民之间展开的,且获胜方的奖励为:若爽食队赢,则可免费吃美食;若当地居民赢,则可获得由节目提供的公益金来享受美食。这样全新的节目设置,在原有节目传递服务性与知识性的基础上,进一步增强了普通受众与电视节目之间的交流互动。通过当地居民的参与,节目中所包含的有关当地美食与风土人情的内容更加真实可靠。而节目中对当地居民获胜提供的奖金也在一定程度上调动了受众对于节目参与的积极性。

3. 情景剧模式的借鉴

情景剧是一种处于室内空间拍摄的轻喜剧。《我爱我家》、《武林外传》是我国情景剧的代表作。其最大的特点是每一集情景剧通常都有一个相对独立与封闭的结构,即使是相对复杂的故事,也会在两到三集中将其完整叙述。

用"情景表演"的方式来表述节目的内容,可以说是生活服务类节目在表现形式上的又一个突破。北京电视台播出的《快乐生活一点通》开创了中国首档以室内情景剧的形式将电视生活服务类节目角色化主持的先河。节目同情景剧模式一样,营造了一个相对封闭的空间,在这个空间中居住着三代同堂、其乐融融的一家人。这一家人分别由几位主持人饰演。在这一家人每天生活中,都会遇到包括吃、穿、住、用、行等各个日常生活方面的小问题,在遇到这样或那样的问题时,一家人会想办法解决或者是向外人寻求帮助。节目正是通过这种"虚拟"的日常生活再现,帮助受众解决日常生活中遇到的各种小问题,提高受众的生活质量与生活乐趣。例如在2012年12月20日的那期节目中,节目伊始是一家人正准备端坐在电视机前观看《一点通年代秀》,这时画面从一家人切换到本期节目的主要内容上。第一部分是爷爷带着孙子来到了寻找五六十年代记忆的红色主题餐厅,在参观过餐厅后,孙子乐乐向餐厅厨师咨询了如何制作菜团子。由此厨师长在乐乐的要求下将菜团子的制作方法与注意事项详细地传递给了受众。第二部分是外景主持人与热心观众走访1970年代的"主唱大厨",品味不一样的私房菜。在这一部分乐队主唱老雷向受众展示了自创的蘑菇炸酱面的做法与注意事项。第三部分是外景主持走访中国铁皮玩具博物馆,由馆长张洋带来1980年代的私房菜羊蝎子的烹饪技法。虽然三部分内容均是教授有关美食烹饪技术,表面上看并无联系,但实质上三部分内容是通过快乐生活家庭集体观看的电视节目《一点通年代秀》所展现出来的。家庭成员在观看这三部分内容时,会像普通家庭日常观看电视节目一样产生一些针对节目内容的言语,这些言语巧妙地将三部分内容串联起来,透过"年代秀"这个主线形成一个相对封闭的叙事结构。受众在观看节目时不自觉地被带入到快乐家庭中来,跟随快乐家庭成员一起观看"电视"中所播放的《一点通年代秀》,从中学习到每个年代所特有的美食的烹饪技巧与年代的背景知识。

生活服务类电视节目　life service TV program
房地产频道　real estate channel
美食频道　food channel

1. 服务类电视节目的主要类型有哪些?
2. 你最喜欢的美食类电视节目是什么?请说说这个节目的主要结构与看点。
3. 举例说明服务类节目中如何综合运用娱乐化的电视手段。

第十二章 娱乐类电视专题

本章导言

中国电视专题节目界定分类条目简表把益智性、娱乐性节目都归为电视专题节目。波兹曼的《娱乐至死》、沃夫的《娱乐经济》等著作中都曾断言:"这是一个娱乐的时代。"巴尔特用"小乐"来指主要源自文化的快乐,也是精神层面上界定"快乐"的意义。如果从电视文化的角度看,人们观赏电视所获最多、最直接的快乐还是从娱乐类电视节目中得到的,甚至许多其他类型的电视节目也深深地打上了娱乐的烙印。

本章引例

2004年初,美国广播公司推出了一档全新的真人秀节目《学徒》(The Apprentice)。这档节目由美国著名的房地产商特朗普(Donald Trump)赞助并担任主持人。节目的16个参赛者来自社会的各个阶层,每期节目中,参赛者被分为两个小组,互相竞争完成主办方安排的一个商业任务,其中失败的一方会有人被解雇。接下来进行团队重组,完成下一轮任务。经过若干次这样的循环后,最后的胜出者将获得一个在特朗普集团年薪25万美元的工作机会。《学徒》自开播以来取得了巨大成功,节目受到美国观众的热烈欢迎,特朗普也成为家喻户晓的电视明星。

同其他的真人秀节目一样,《学徒》也是由制作方制定游戏规则,所有的参赛者在这个游戏规则的框架内展开竞争。《学徒》的游戏规则分为四个环节。环节一:选手被安排同住在纽约的一个公寓中。每周特朗普与他们会面,将他们分为两组,布置一个商业任务。环节二:小组成员自行选出项目经理,在他

> 的带领下完成特朗普布置的任务。环节三：特朗普和他的两个助手在专业人士的协助下对项目进行评价，决出胜负。获胜的小组将得到特朗普的奖励，包括去高级餐厅晚宴、与社会名流见面等；而失败的一组则进入会议室和特朗普及助手会谈，分析他们失败的原因。环节四：失败方的项目经理选出一到两个人和他一起承担失败的后果，被解雇者将从这几人里产生。每期节目都包含这四个环节，经过十几期的淘汰赛后，唯一的胜出者会成为特朗普集团旗下一个分支机构的高层管理者。
>
> （李娜：《美国真人秀节目〈学徒〉的游戏规则》，载于2007年第4期《视听界》）

第一节 娱乐类电视节目概述

"娱乐"这个词自古就存在。早在《史记·廉颇蔺相如列传》中就有"赵王窃闻秦王善为秦声，请奉盆缶秦王，以相娱乐"。魏晋时期《咏怀》诗中也有"娱乐未终极，白日忽蹉跎"。早在古人的心目中，当时"娱乐"的概念已经与我们今天使用的概念相似。《辞海》对娱乐的解释是"娱怀取乐；欢乐"。简单地说，娱乐就是让人欢乐的意思。这种欢乐，可以是生理上的放松、愉快，也可以是心理上的满足、兴奋或者宣泄，甚至是紧张、刺激、悬疑的感受。

如此说来，大多数的电视节目都或多或少地带有娱乐的功能，都能为观众带来感性愉悦。从这个角度而言，一切使人感到放松、愉悦的电视节目都可称之为娱乐节目。事实上，西方电视人已经提出泛娱乐化的概念，认为娱乐节目是包括新闻在内的所有电视节目。这种广义上的娱乐节目的概念显然与中国作为政府喉舌的媒体形象有所不同，因此究竟什么是电视娱乐节目呢？

一、电视娱乐节目的概念界定

与西方宽泛的定义相比，这里所论述的娱乐节目是狭义上的娱乐节目。一个电视节目如何能被界定为娱乐节目，它的界定是不明确的，许多学者有其不同的观点。

朱羽君教授这样认为："何谓电视娱乐节目？通过一定的中介形式与大众参与，在相互交流中形成娱乐氛围的节目形态。"

石长顺教授认为："电视娱乐节目是综艺节目发展的新形式。较之传统综艺节目，它具有更为纯粹的娱乐性、游戏性、消遣性、商业性与大众性。"

《穿越视听时空》的作者蔡凯如则提出"电视娱乐节目是那些以娱乐消遣为目的，包括演播厅现场、游戏、竞赛、文艺表演、轻松话题的谈话为内容的电视娱乐节目"。

以上的观点中，无一不提及核心词"娱乐"，无论是游戏竞赛还是轻松谈话；无论是大众参与还是小众交流，只要给人们带来"轻松欢乐与感性愉悦"，我们就认定是娱乐节目。它需要满足以下三大条件。

1. 节目的首要目的是"娱乐"

与传统观念不同的是,当今许多节目制作的首要目的是为了满足观众的娱乐需求,而不是为了完成传播信息、教授知识和道德教化等目的。但是许多节目尽管也有娱乐化倾向,可还是以传播信息为首要目的,例如新闻类节目。生活服务节目也采用了娱乐化的表现形式,但它还是以提供日常生活资讯和服务为主;《百家讲坛》之类的科教类节目也能使观众开怀大笑或者愉悦身心,但它终究还是以普及知识和弘扬文化为主导。所以,这些节目都不能列为真正意义上的娱乐节目。

2. 多种手段的综合运用

娱乐节目的精神内核,决定了它必须动用一切可能的手段去调动观众的全部感官,使其整个人陷入一种轻松愉悦的状态。新闻、访谈、歌舞戏剧表演、纪录片等多种手段会出现在一个娱乐节目中,再加上五彩缤纷的字幕和短信平台等辅助手段,这使节目显得新奇逗趣。但是娱乐节目又有别于传统的综艺节目:后者尽管也综合了多种文艺样式,丰富了观众的视听,但本质上还是各类文艺表演的组合叠加,更倾向于让观众在得到纯粹的艺术享受之余,提升审美情趣;而娱乐节目则以多种手段不断对传统的艺术形态进行创新甚至解构,让观众得到即时的轻松愉悦。

3. 零负担的受众心理

与观看其他节目不同,观众在收看娱乐节目时的心态是完全的享乐心态。不需要知识储备,不用提升文化修养、艺术品位,甚至不太需要动脑子,只要五光十色、好看好玩就能满足。

因此,狭义的电视娱乐节目可以定义为以电视为传播媒介,利用综合性的表达手段,将多种娱乐性强的元素组合在某一种形式中,强化电视的娱乐功能,使观众身心放松、精神愉悦的电视节目类型。

二、电视娱乐节目的发展概况

美国是世界上电视业发展最早的国家,全世界的电视业都受到了来自美国的竞争和启发。第二次世界大战以前美国的电视屏幕上就出现了娱乐节目,例如由吉尔·菲茨主持的《CBS电视讲戏节目》,总共持续了一年多。美国电视发展初期也是以电视娱乐节目为主导的,其中又以转播戏剧演出和播放电影为主。此外,从一些广播移植过来的节目,如音乐、综艺、口技表演和猜谜等游戏,也是当时电视娱乐节目的组成部分。电视娱乐节目的发展势头迅猛,逐渐成为了电视观众每日必备的精神消费品,也为电视台带来了巨额的广告收益。

20世纪50年代,CBS首播了一个游戏竞猜类节目《猜猜我的职业》。此后的几十年,很多节目都模仿了这个模式。后来,彩色电视的试播成功使得电视节目更加注重豪华的布景、绚丽的舞台和光彩耀眼的明星。因此新出现的具有强烈的视觉效果的游戏娱乐节目一时吸引了大量的观众。50年代中期最为火爆的是以CBS为代表的1955年开始的《六万四千美元问答》有奖竞赛节目。该节目在播出后的三个月里,有着高达

89%的观众收视率,随后奖金越来越高,还出现了大量模仿的节目样式。20世纪60年代,美国的"脱口秀"的节目类型开始大量涌现。以日间"脱口秀"和名流表演"脱口秀"为主,最著名的是1967年开播的《唐纳休节目》,主持人唐纳休亲切的主持风格迅速赢得了观众的青睐。90年代"脱口秀"节目在数量上超过了游戏节目。随着节目样式逐步走向成熟,1986年开播的脱口秀节目《奥普拉脱口秀》走向了辉煌。节目改变了以往"脱口秀"节目以名人为主角的模式,将普通人请到演播室,话题也定位在社会和家庭生活领域。很长一段时期内,《奥普拉脱口秀》一直是美国脱口秀的收视率冠军。90年代末期"真人秀"节目在美国红火起来,较为典型的节目有《幸存者》、《学徒》等。21世纪真人秀节目《美国偶像》更是创造了收视神话,仅仅2004年3月16日两个小时的节目即吸引了近270万名观众。这个节目学习了英国金牌经纪人富勒构思的《流行偶像》节目,其实就是美国的业余青年歌手大奖赛,却对其他国家的真人秀节目发展有着重要的影响。

和美国的电视娱乐节目相比,英国的电视娱乐节目则显得创意无限,加之世界一流水准的舞台设计,常常成为其他国家模仿的对象。曾经席卷全球的猜谜娱乐节目《谁想成为百万富翁》就原创于英国。据统计,近年来全世界原创电视节目中45%来自英国。

我国电视娱乐节目的开端可以追溯到1958年5月1日,中国第一座电视台北京电视台试播当天,播出了一场小小的娱乐晚会。其中有诗朗诵、舞蹈等文艺节目,可以说是中国最早的电视娱乐节目的雏形。此后,60年代北京电视台举办的"笑的晚会"和80年代初开始的春节联欢晚会等各类大型晚会,都可以称为娱乐节目的前身。

我们将电视娱乐节目的发展大体划分成四个阶段。

第一阶段:晚会式的表演。20世纪90年代初期,在各地省级电视台还未上星,全国范围的收视频道较少,节目类型单调,娱乐方式匮乏,观众娱乐化要求不高的情况下,融合了歌舞、小品、相声、曲艺等多种节目形式的晚会式周播节目《综艺大观》,的确让观众眼前一亮。这种晚会式的综艺节目源于"春晚",是舞台文艺演出的电视化表现。20世纪90年代,中央电视台推出了《正大综艺》、《综艺大观》、《旋转舞台》等综合艺术栏目,这些栏目以其丰富的节目类型,鲜活的表现手法深受观众喜欢,为日后我国娱乐节目的发展奠定了基础。

第二阶段:"快乐"的明星游艺。20世纪90年代中后期,省级卫视纷纷上星,落户于各大中城市,选择忽然增多的观众不满足于每周看类似的演员阵容、形式单一的歌舞和小品。随着1996年湖南卫视的《快乐大本营》开播及走红,由当红一线明星包括港台明星为节目嘉宾,青春、开放、活跃的主持人,以竞技游戏为平台的游戏类娱乐节目迅速侵占了各个省级卫视的周末黄金档,形成了全国电视的"快乐系列"。

我国真正意义上的电视娱乐节目发端于1996年湖南卫视推出的《快乐大本营》、《玫瑰之约》,以及北京光线广告有限公司(现北京光线传媒有限公司)制作的《欢乐总动员》等。产生于20世纪90年代中期的娱乐节目,增强了与观众的互动性,将明星拉下神坛,与观众近距离接触。观众的收视心理由旁观变成了参与。风靡一时的《欢乐总动员》、《快乐大本营》把电视节目推向了"娱乐时代"。1996年,《快乐大本营》的播出获得了巨大成功,平均收视率曾达到33%,广告价格甚至超过中央电视台的平均价格。《快乐大本营》的成功,引发了电视娱乐节目的热潮,吸引了全国各个电视台对娱乐综艺节目的关注和参与。各地省级卫视和城市台在短时间内纷纷上马以"快乐"为宗旨、以"游戏"为内容的综艺节目,其中影响较大的有北京电视台的《欢乐总动员》、江苏卫视的《非常周末》、福建东南电视台的《开心100》和安徽卫视的《超级大赢家》等。

第三阶段:益智竞赛开心拿奖。中央电视台的娱乐节目尽管起步较晚,但是后劲较足。20世纪90年代后期,中央电视台2套推出了益智类节目《幸运52》、《开心辞典》等。《幸运52》有机地将游戏与知识普及融为一体,充分调动观众参与的热情。开播之后,获得了广大电视观众的喜爱和肯定。《开心辞典》在引进借鉴国外同类节目的基础上对其进行了本土化的改造,将电视手段的卖点和社会文化心理的卖点区分对待,保留了电视手段的卖点,改善了社会心理的审美文化。《开心辞典》创制了独特的中国电视益智节目形态,首创"家庭梦想"的概念,对国外同类节目的博彩成分进行了成功解构,成为本土化创作成功的典型案例。因此全国上下又掀起了一轮"竞猜时代"的高潮。例如上海东方电视台的《财富大考场》、广东电视台的《赢遍天下》、重庆卫视的《魅力21》和江苏卫视的《夺标800》,以及湖南电视台的《超级英雄》等。

第四阶段:平民的娱乐饕餮——真人秀。2000年年初,益智类节目在国内方兴未艾,然而一批真人秀节目也拉开了序幕。它打破了新闻、纪录片等真实的电视节目与电视剧等虚拟的电视节目的界限,以其真实性、对抗性以及悬念性的节目特点,一跃成为屏幕的宠儿。真人秀节目在中国发展的十几年时间内,节目形态也进行了从单纯模仿、引进模式到自主设计的多种尝试。早期电视真人秀节目《完美假期》、《生存大挑战》、《走入香格里拉》、《夺宝奇兵》到后来的《超级女声》、《快乐男生》等,我国的真人秀节目有着广阔的发展空间,成为当今电视节目中一种独特的文化现象。

三、电视娱乐节目的主要类型

电视娱乐节目在我国经历多年发展与创新,已形成了丰富多样的形态类型。各种电视娱乐节目的类型都具有其特有的形态特点以及内容环节构成。

1. 综艺娱乐节目

电视综艺娱乐节目是以娱乐大众为目的,借助于电子技术手段,运用声光效果、时空转换、视觉造型等独特的电视表现手法,广泛融合音乐、舞蹈、戏剧、戏曲、小品、杂技等多种艺术形式,对各种文艺样式以及相关可提供娱乐的内容进行二度加工与创作,并以屏幕化表现,用以满足广大观众多方面的艺术审美和休闲娱乐需要的一种电视节目类型。

目前,我国的电视综艺娱乐节目开始与真人秀节目融合,以舞台表演、才艺展示为核心,由传统的以明星为中心的表演舞台,逐渐出现了一批满足观众自我表现与自我娱乐需求,为普通人提供一个公共舞台的综艺娱乐节目。代表性的栏目有湖南卫视的《我是歌手》,浙江卫视的《中国好声音》、《我爱记歌词》,中央电视台的《星光大道》、《梦想剧场》,东方卫视的《加油!好男儿》、《舞林大会》,江苏卫视的《绝对唱响》,北京电视台的《红楼梦中人》,等等。

2. 游戏类节目

电视游戏节目,是指大众广泛参与的、按照一定规则进行游戏与表演的电视娱乐节目。电视游戏节目主要有以下两类,一类是以竞技比拼为主的,另一类是以益智博彩为主的。

我国的游戏类电视娱乐节目在20世纪90年代崭露头角。1993年,上海东方电视台首创了全国第一个游戏类电视娱乐节目《快乐大转盘》。而使游戏类电视娱乐节目真正在全国范围内刮起旋风的,时至今日收视率还居高不下的电视娱乐节目,是1997年由湖南卫视推出的《快乐大本营》。

益智类节目作为游戏类电视娱乐节目的重要组成部分,它是以观众参与益智类游戏为主要特点。代表性的节目有早期的《开心辞典》、《非常6+1》以及现在由江苏卫视推出的《一站到底》等。这类节目突出"知识"与"游戏"这两大特征,寓教于乐,一直保持着很强的生命力。

1995年,英国电视导演戴维·布里格斯设想制作一个益智类游戏节目,与以往同类节目不同的是,它有高额的奖金——一百万英镑。1998年,这个《谁想成为百万富翁》节目终于与观众见面了。短短几年时间,不同版本的《谁想成为百万富翁》在六十多个国家和地区播放,成为一档收视率极高的电视节目。2000年,英国广播公司又推出一个与《谁想成为百万富翁》抗衡的游戏节目《最薄弱环节》,该节目也有巨额奖金吸引观众。仅仅一年时间,该节目也遍布六十个国家和地区,成为又一档高收视率的益智游戏节目。

3. 娱乐资讯节目

娱乐资讯节目即以娱乐为内容的信息节目,它融合了资讯性和娱乐性。当下娱乐盛行,与其他电视节目类型融合的娱乐资讯类节目在这样丰沃的背景下得以发展成长。港台地区的娱乐资讯节目早于大陆出现且相对完整成熟,而大陆本土的娱乐资讯节目发展得相对较晚。1998年,王长田建立了中国第一家专业电视策划与制作机构北京光线电视策划研究中心,旗下的第一个节目是《中国娱乐报道》,中国大陆地区的娱乐资讯节目由此开始了。如今的电视屏幕上,已经出现了中央电视台6套的《世界影视博览》、东方卫视的《娱乐星天地》、湖南卫视的《娱乐无极限》、北京生活频道的《娱乐通天下》、凤凰卫视的《相聚凤凰台》等这样具有代表性的娱乐资讯节目。

4. 娱乐访谈节目

电视谈话类节目融合了电视娱乐节目的娱乐性元素,坚持以谈话为载体,对节目的话语进行重组,突出幽默性,形成了电视娱乐访谈节目,相较于传统类型的电视谈话节目,旨在给观众营造轻松愉悦的收视氛围。近几年来不管是港台地区还是大陆地区,在明星访谈类节目上都有很大发展,台湾地区的《康熙来了》通过网络红透大江南北。大陆地区的《超级访问》、《娱乐串串秀》、《艺术人生》、《东方夜谭》等一系列电视娱乐访谈节目也不乏亮点。

5. 真人秀节目

真人秀节目基本上采用纪录片的拍摄方式,表现真人在真实场景中的活动,同时也有游戏、比赛、采访、表演秀等。这是一种集纪录片、游戏、益智、竞技、谈话、报道等多种形式,融知识性、娱乐性、可视性等多功能于一体的节目类型。

自从1999年荷兰的真人秀节目《老大哥》成功后,这种节目便风靡了整个世界,成为近年来国内外最火爆的娱乐节目之一。这类节目的出现和风行是电视节目日渐把"真实"和"虚拟"的互动作为最具吸引力的元素融进电视节目生产中的必然结果。

第二节 真人秀节目概述

"真人秀"类节目,也被称之为"游戏秀"、"真实电视"。该类节目的产生可以追溯到20世纪中期。始于1948年拍摄真人生活的《公正的镜头》,20世纪50年代拍摄的《美国家庭滑稽录像》,以及1973年公共广播公司电视台制作的《一个美国家庭》等,这些成为美国"真人秀"节目的雏形,但在节目的播出的当时并没有造成太大的影响。自从1999年荷兰的"真人秀"类节目《老大哥》播出获得成功后,这种纪实性的电视节目便风靡了整个世界,成为近年来最为火爆的一种娱乐节目形式。

"真人秀"对应的英文名称为 Reality TV 或 Reality Show。所谓真人秀,是指由普通的人(非扮演者)在规定的情境中按照制定的游戏规则,围绕一个明确目的去行动,同时被记录下来的节目形态。有人认为"真人秀"节目是制片方给选手提供一个封闭的环境,一个刺激的游戏规则,让选手在规定的情境里自行其是,然后对他们进行全天候、全方位的拍摄,真实记录他们的言行、情感、心理以及隐私,也有人称其为"窥探电视"。

真人秀节目《老大哥》是一个成功的案例。该节目在荷兰播出后不到两年,在欧美便有18个不同国家的版本;在非洲,超过3000万观众收看《非洲大哥》,《非洲大哥》成为非洲历史上最为流行的电视节目。2012年美国的收视率调查显示,真人秀节目是美国本土电视节目收视率最高的节目类型。

真人秀节目在西方的电视屏幕上创下了收视率和广告收入的新纪录,在我国也产生了广泛的影响。中国早期的真人秀节目是广东电视台的《生存大挑战》,其后涌现出一批节目,如四川电视台的《走入香格里拉》、上海卫视的《走通黄浦江》、央视经济频道的《欢乐英雄》、星空卫视的《勇往直前》,等等。国内真人秀节目多以生存冒险为主要内容,节目形态更为复杂,融入了益智、竞技、综艺等多种元素。

但是任何一种节目形式受欢迎的情况都是变化的。21世纪初,平民体验类、选秀类节目独占鳌头,充斥各国屏幕。但是十年之后,除了个别制作优良的节目能持续保持受众的关注,许多类似节目收视平平。近期,真人秀节目在发展中求新求变,一方面表现为明星回归节目,《明星学徒》、《中国好声音》等节目通过增加明星嘉宾与普通候选者之间的互动争取了更好的收视率。同时类似于《中国星跳跃》等明星跨界体验类节目的出台则是将名人作为真人秀的主角,反映明星在其他领域的真实状态。尤其在中国大陆,许多的真人秀节目的核心价值观由个人理想的实现向公益慈善事业转移,使娱乐与公众利益结合起来,播出媒介实现了经济效益与社会效益双赢的目标。

一、真人秀节目的个性特征

真人秀节目基本上采用了纪录片的拍摄制作方式,表现了人在真实场景中的活动情节,根据节目设置,同时也有游戏、竞技比赛、荒岛及室内生活、记者的现场采访等节目形式。

真人秀作为一种电视节目,是参与者在规定情境中,按照制作方预先给定的目的,遵循特定的规则所进行的竞争行为的记录和加工。参与、规定情境、给定目的、特定规则、竞争、记录和加工,在节目基本元素的基础上,形成了真人秀节目以下的特征。

1. 纪实性

贯穿真人秀节目始终的事件实质上是围绕游戏规则展开的。虽然事件发生建立在预设规则的基础上,但是事件本身是自发的,参与者是真实面对反应的。他们所做的一切被记录下来,呈现于观众面前。事件是随机的,突发情况时有发生,结果是未知的,进程是开放的。因此,真人秀节目在形态上最接近纪录片,它的纪实性变现为非扮演性的主角,顺时自然发生的事件的线性叙事模型,纪录片的拍摄手法。这种只有电视方能具备的纪实语言使得真人秀节目的参与者在规定的情境与规则中更加真实,其自身的活动与心理、氛围、状态、情感等在摄像机的窥视下一览无余;纪实语言重视对过程的追踪与积累,关注真实情境中的一切事件,记录人们在远离日常生活情境中的不同态度,把人类在相对封闭环境中的心态与情感完整地记录下来。

2002年的夏天,湖南经济电视台率先推出了中国首个室内真人秀节目《完美假期》。《完美假期》精心挑选了12名互不相识的选手,30多台摄像机在70天期间,对他们与世隔绝的生活进行全程记录。物质上保证优厚的供应,但精神生活将极度贫乏:选手们将与外界失去联系,不能看书、看报,没有任何电子通信设备,必须自己给生活创造快乐。选手们每周进行内部投票,淘汰一人,坚持到最后的一名的为优胜者,将获得高额奖金。在节目的拍摄中,人物的言行、个性及品质等细节是在真实的情境生活中捕捉到,通过后期剪辑播出。节目鲜活的细节,人性的较量在镜头下被体现。在拍摄手法上,该片子采用了纪录片惯用的纪实手法,如长镜头、同期声、跟拍、抓拍的大量运用,将参与者的表现以一种原生态的质感展现在观众面前,伴以丰富的细节,形成纪实的风格。

2. 规则性

真人秀节目要在短时间之内表现丰富的人的自然属性与社会属性,就必须人为地制造矛盾冲突。矛盾冲突的集中产生要依靠规则的制定。规则中稀缺资源的分配,淘汰环节以及大额奖金的设置,都是为了引发矛盾冲突。选手与环境的矛盾,选手与选手之间的矛盾,这些矛盾的呈现深刻地表达了参与者的人性。节目中的规则性可以说是娱乐节目中形式最为丰富的。

规则性首先体现在活动空间与节目设置上。选手如果被设置在野外,将会以他们在恶劣的自然环境下生活生存为背景,在完成节目设置的游戏项目的同时,通过淘汰或者选优展现人与人之间的矛盾。选手如果在日常化的生活中接受节目设置,通过人与

第十二章 娱乐类电视专题

人的交往展现个人的能力与魅力,在游戏规则中获得生存的权利。其次规则性体现在奖励部分,即节目的约定目的。这种奖励对选手与电视机前的观众都是有吸引力的。

游戏规则是节目的重要元素,它控制着整个节目的叙事节奏,确保将最精华的部分展现在观众面前。无论认同与否,所有普通人只有按照既定的规则,一步一步向前推进,才可能有机会角逐最后的大奖。无论采用什么样的游戏规则,真人、规则、行动共同构建了真人秀节目一种奇怪有趣的准假定性。

3.戏剧性

真人秀节目最大的虚构性就是节目本身是认为策划的产物。从节目的时空环境到欲望客体到游戏规则,无一不是事先设计好的。节目中的人为干预与艺术加工则凸显了真人秀的戏剧性。

真人秀的欲望客体是人为设计的,强调选手参赛的目的性与功利性,解释选手种种行为背后的原始动机,推动节目的叙事进程,构成相应的收视期待,起到戏剧中类似于"悬念"的作用。

真人秀的戏剧性体现于节目效果的营造。和戏剧一样,真人秀需要必要的艺术加工与气氛渲染。人为制造冲突。改变比赛进程与选手命运,对参赛选手进行有意识的筛选,这都是戏剧加工的表现。

从冲突的类型看,真人秀节目主要设计三类冲突:一类是参与节目的普通人与节目制作者所设置的环境之间的冲突,还有一类是发生在节目参与者之间、人与人之间的冲突;第三类则是参与者自身的矛盾不安与纠结,内心的冲突。前两类冲突是外化的,较适合屏幕展现,而第三类冲突则是内在的。从这个角度说,真人秀是人类社会矛盾的一种表现。其实,在节目策划开始,人物和环境的选择就为矛盾冲突的设置埋下了伏笔。从人物来看,不同阶层、不同年龄和不同性格的人在一起就必然产生矛盾冲突;从环境来看,日常化的人与非日常化的环境的冲突也是不可避免的。再加上预设的许多环节设置,如巨额奖金以及围绕大奖所设置的许多竞赛项目,冲突随着节目的发展自然地表现出来。

从目前情况来看,一个有趣的差异是:大多数国外的真人秀节目强调冲突的重要性远远多于合作,强化西方文化中的个人奋斗,反观国内不少真人秀节目对合作的强调要更甚于冲突。其实这一点是由中国传统文化所决定的。中华民族的情感相对比较含蓄内敛,不习惯公开表达自己的情感。尤其是对于人性恶的一面,更是讳莫如深。

4.参与性

电视传播多年来一直是所谓的单向传播模式占据主导地位,传受之间的互动性始终是电视媒体的弱项。而真人秀节目在网络、手机等新媒体的帮助下已经成为目前观众参与度最高的节目类型。真人秀节目的观众已不单纯是节目的接收者了,还是节目的参与者、选手的支持者。真人秀节目与受众的互动主要表现在三个方面:利用各种媒体加强节目宣传和征集参赛者;利用网络传播节目;直接让观众参与节目。

传播学认为,传播是一种信息共享的行为,单向传播往往传而不通,无法形成有效的意义分享机制。真人秀节目则是力图通过网络、投票以及声势浩大的节目宣传攻势使电视机前的千万观众当了"短信评委",将选手晋级的决定权交给观众。这既让观众感觉是自己手中的短信起到了决定性作用,从选手的胜出中感受到了自身价值的体现,更重要的是让习惯了单向式灌输节目的观众有了即时说话的权利,从而产生强烈的参与感、互动感,掀起一次次短信高潮,形成全民参与的娱乐活动。因此,真人秀所呈现的人物和故事不是"外在"于观众的,不是与观众无关的完成时态的东西,相反,它是与观众互动的。观众可以参与、影响节目,甚至成了节目的组成部分。电视那种被动的观看行为,由于互动因素的增加变成了一种主动的参与行为。

二、真人秀节目的主要类型

真人秀节目曾经被划分为"野外"与"室内"两大类,这种以拍摄地点为区别标准的分类已经无法适应当前真人秀节目的发展现状。因此根据节目内容与形式上的差异,大致可将节目分为以下几类。

1. 生存冒险型

生存冒险型一直是真人秀的主打类型之一,如《生存者》、《奇异旅程》、《峡谷生存营》、《走入香格里拉》、《生存大挑战》,等等。CBS 播出的《生存者》(Survivor)是生存挑战类型的最典型的节目形态。生存冒险型真人秀的主要特点就是将参与者设置在一个特殊的艰苦环境中,借助有限的苛刻的条件去完成各种难以完成的使命,在不断地淘汰之后,最后决出胜利者。

这一类型的节目首先要选择险峻的生存环境,如沙漠、雪山、孤岛、陌生的异国他乡,等等。环境越艰难,选手的表现空间会越大,而命运也越能够引起关注。同时对观众来说,会产生更大的好奇心和新鲜感。其次,设置的任务必须具有一定的难度。任务越难,选手的付出就越多,个体之间性格和能力的差异性就表现得越明显,当然,在设置任务时候,要考虑到先易后难的阶梯性,还要考虑到个体完成和合作完成的配搭、任务难度不能超过参与者的最大能力等复杂因素。再次,应该设定苛刻的条件,条件是一种控制难度的手段,不同的条件则可以呈现参与者不同的性格。最重要的是要有残酷的淘汰制度,既体现了优胜劣汰的自然规律,也能够体现人物关系中的情感和价值因素。在这类节目中,由于规则的设置,结果往往不仅是那些缺乏自然生存能力的人被淘汰,甚至也可能是那些自然生存能力较强的人因为与他人的利益冲突或者性格冲突而被淘汰,节目的残酷性更加强。

2. 生活体验型

生活体验型节目是真人秀中最受争议的一种形态。《老大哥》、《阁楼故事》等都是这类节目的典型代表。这类节目的特点,是将人物放置在一种封闭的环境中,记录他们的生活状态和人物关系的变化,让观众能够看到参与者的日常生活特别是隐私内容,并在逐渐淘汰过程中,得到人们最喜爱的胜利者。这类节目一般制作时间和播出时间都比较长,让参与者在一定的时间长度中产生各类"关系",又让观众在长时间的观看中,对参与者产生判断。

这类以个人隐私和猎奇展示为重点的窥私真人秀是比较传统的真人秀节目类型。

第十二章 娱乐类电视专题

这类节目以满足观众的窥视欲和好奇心为切入点,节目的核心是参与者的个人隐私、参与者之间的相互关系及充满原始气息的与外界隔绝的环境。这类节目要选择具有差异性和代表性的参与者,既突出代表性又要构成了一种冲突性。节目中要有与观众互动的设计,由投票替代了判决,由制作者决定去留变成由观众的喜好决定结果,节目充满的未知性与互动性增强了节目的吸引力。一般这类节目会通过各种方式将观众对节目中不同人物的认识、评价反映在节目中,而且要体现出观众对参与者的最终判决。

这些节目曾经取得相当的成功,并且仍然存在甚至在某些国家愈演愈烈。但不可否认的是,人们已经厌倦了这种以依靠迎合观众本能欲望为卖点的节目,其收视率有下滑的趋势。在中国,这类生活体验真人秀还比较少见。如何减少对观众窥视欲望的迎合,引导观众对健康人格和健康生活的态度和选择,是值得这类节目在创作过程中特别注意的。

3. 演艺选秀型

演艺选秀类真人秀的主要特点是让具有一定"表演"能力的参与者,按照预先设置的竞赛规则进行才艺表演,而专家和观众则对这些参与者进行淘汰和选拔,最后的优胜者将获得成为"明星"的机会。福克斯公司播出的《美国偶像》,中央电视台的《梦想中国》、《星光大道》,湖南卫视的《超级女声》,湖南经视的《明星学院》,上海东方卫视的《我型我秀》,华娱电视的《我是中国星》等都是这样的节目。在繁多的娱乐真人秀节目中,这类节目渐成亮点。

表演选秀类真人秀节目重视节目的表演环节。通过精心设置表演内容、方式、环境和效果,充分展示参与者的魅力,强化表演的娱乐效果和表现力。节目按照娱乐文化的规律,将表演者的美和表演性作为一种快感换来收视效果。演艺选秀作为一种真人秀节目,不是以参与者的专业水平作为节目的核心的,而是让许多普通人来参与表演,让观众通过这些普通人产生一种真实感,消除观看专业演出的职业距离和神秘感。所以,在真人秀中,往往选手要数量很多、代表性很强,参与者要具有广泛性。表演选秀类型的真人秀在淘汰选拔机制中需要引入专家元素与观众元素。前者从专业角度对参与者的专业水平进行评估,后者同样可以参与决定选手命运。演艺选秀节目的最终就是制造大众明星,而这种选拔机制正好体现了大众文化、流行文化的特点。在节目的环节设置、手段使用上,发现和帮助观众塑造出明星,是这类节目成功的重要前提。

演艺选秀类型的真人秀虽然目前出现了同质化、低俗化等问题,但是欧洲的《流行偶像》,美国的《美国偶像》等选秀节目的收视率一直稳定居高,应该说这类节目还是有一定的市场生命力的。

4. 生活技艺型

生活技艺真人秀完全改变了过去的生活服务类节目的"教育"性质而成为了真正的娱乐节目。这种比赛有的是直接进行技艺的比赛,有的则是通过一定的培训和学习以后再进行生活技艺比赛。这些技艺往往包括购买技艺、旅行技艺、化妆技艺、服装技艺、烹调技艺、装修技艺等与老百姓日常生活相关的技艺。比赛可以是集体、个体或组合的形式,比赛的组合方式也是节目戏剧性设计的组成部分。最典型的节目,如 NBC 的《学徒》、中央电视台经济频道的《绝对挑战》等。这类节目的特点是参与者被指定完成规定的、需要一定专业技能的任务，由评判者根据参与者的完成情况做出淘汰和入选决定。

这类节目具有技能的难度和新鲜性的特点，因此内容中体现的技能性决定了是否对观众有陌生感和信息感。能够被观众看得懂的专业性是这类节目差异性的来源，也是吸引观众的重要因素。真人秀的技能应试应该倾向于动作性、现场感和可视性。看得见的比赛，是一种最基本的要求。利用道具、前期实地拍摄、各种表演性再现，通过这些方式使节目中选手所表现的专业技能成为一种展示性内容吸引观众。《学徒》和《绝对挑战》等节目，几乎都采用了演播室与前期拍摄的纪录短片相结合的形式，来强化行动性和可视性。

生活技艺型真人秀将电视所具有的传播信息、提供服务的两个功能融为一体。与一般服务类节目相比，此类节目更有人的气息、更有戏剧性，因此也更好看、更实用。有学者认为，生活技艺型真人秀节目一般局限于生活、情感领域，对主流意识形态和伦理道德有益无害，所以，此类节目有可能成为今后中国真人秀节目的增长点。但是在节目内容的选择上，像《学徒》、《地狱厨房》、《赢在中国》、《天生我才》等技能考察型真人秀大都瞄准学历较高、收入较丰、技能等级较专的所谓"白领"或高端蓝领型参赛选手，这在某种意义上限定了选题的来源，也限定了节目的参与度，不利于真人秀平民化、日常化，这是应当注意的地方。

5. 身份置换型

社会角色有着与某种社会地位、身份相一致的一整套权利、义务的规范与行为模式，离开了各自角色所赋予的权利、义务与行为模式，便被称为"角色冲突"、"角色中断"、"角色疏离"等。而角色置换型真人秀恰恰通过特定的情境尤其是特定的环境和特定的规则，以游戏的方式，把每个参与者的环境、人际关系、角色要求以及社会预期全部打乱。这种方式类似于文艺美学中的"陌生化"理论，人们突然发现自己要面临陌生的环境、陌生的人际关系、陌生的话语方式、陌生的角色要求以及他人陌生的角色期待。正是这样的内容，构成了一类身份置换型的真人秀节目，如《变形计》、《交换空间》、《简单的生活》，等等。

这类节目的重点在于置换带来的反差，置换的对比性越强，戏剧性也就越强，娱乐性也更明显。因此节目中一定要注意置换的幅度把握。同时在许多情况下，身份的置换都具有一定的喜剧性。错位、预期与现实的不符、措手不及，等等，都是喜剧的重要元素。因此，这类节目的参与者一般要具有比较良好的心理素质，具有承受喜剧的能力。

目前这类节目做得较为成功的当属湖南卫视的《变形计》。在我国转型社会的背景下，角色置换型真人秀既有很大的发展空间，当然也面临着一定的文化与道德障碍，这对节目制作人员的智慧和能力也是一种考验。

6. 求爱婚恋型

以性别关系为内容的异性配对型节目是备受关注也备受争议的真人秀节目。这种男女婚恋约会型节目以异性之间通过各种交流和表演环节建立起一种选择关系为内容，重点表现男女对异性的评判方式、标准和选择。有的节目是相同数量的男女性进行相互选择配对,有的是一女多男或者一男多女的淘汰选择。在国外,这类节目早期的代表是《盲目约会》(Blind Date),后来还有《男人秀》、《女人秀》,英国RDF电视公司的《换妻》(Wife Swap)、福克斯的《诱惑岛》,等等。还有亚洲国家日本的《谁令你心动》等节目。

现在中国最为火爆的求爱婚恋类真人秀当属江苏卫视的《非诚勿扰》。节目的规则采用了淘汰制,所有的男嘉宾要过三关,这无疑增加了竞争的激烈程度。选手是否被淘汰,能否走到最后的环节,没有任何客观的标准,完全取决于场上女嘉宾们主观选择,具有一定的不可预知性和偶然性,这使节目充满了悬念和期待。另外,男性权利环节的设置,也给节目增加了一定的变动性。这种规则的设计就带有一定的冒险性,而这往往能提高节目的刺激性。

第三节 娱乐类节目文化批评

目前,看电视依旧是大众娱乐休闲的重要方式,而电视娱乐节目正是制造流行,产生时尚的重要推手,是电视节目中最为活跃的部分。在媒体承载的大众文化受到更多关注的今天,如今的电视娱乐节目出现了"节目弱智"、"唯收视率是举"、"搞笑主义"等现象,电视娱乐节目也引来了一些批评。普遍认为娱乐节目中的人文内涵缺乏。目前在游戏类、益智类、真人秀类电视娱乐节目中,不难发现,文化的认知功能、教育功能甚至审美功能都受到了抑制,却强化和突出了它的感观刺激功能和游戏功能。从小娱乐到大娱乐,电视娱乐节目不应该仅仅是提供娱乐资讯,更应当是一种把握方式、一种关照方式、一种解读方式。真正的娱乐可以彻底洗掉人们心灵上的烦恼,实现心灵上的自由快感。目前关于电视娱乐节目的批评与争议主要体现在以下方面。

一、优秀文化的匮乏

世界上任何事物都有着它的文化形态,电视文化是一种复杂的文化形态,既有文化的意识形态性、审美性,又有商品的物质性、消费性;既有强制性、操纵性,又有迎合性、对抗性;既有同质性,又有多元性;既有类型性,又有创造性;既有娱乐功能,又有教化功能。电视文化已经成为一种跨学科的文化形态,涉及的领域已远远不是传统文化艺术所能涵盖的。然而,当代中国电视文化的发展已经置身于市场经济以及文化全球化的新的历史语境下,它的商品属性使其由以往的艺术文化转变成一种商业文化、大众文化,新现象、新特征由此频频凸显。娱乐节目由《正大综艺》发展到真人秀类的平民化娱乐节目,这一过程中节目形式渐渐步入世界潮流,并慢慢地全球化,但是发展过程中总会有很多的弯路。北京师范大学艺术系、中文系联合对北京市大学生进行收视状况调查,其中调查范围是北大、清华等23所大学的在校生,根据有效问卷1027份的数据分析,37%的被调查者认为娱乐节目符合大众化、通俗化潮流;56%的受访者认为节目流于庸俗,过于泛滥,42%则认为品位不高,低估了受众的智商。杨滨先生在《评电视文艺娱乐节目的庸俗化倾向》一文中说:"目前的所谓电视娱乐节目,已经是艺术之树上的病枝、享乐的麻醉剂,刺激收视以牟取金钱的商品。他们垄断着荧屏逐斥着真正的艺术。丰满生活的艺术传统正在枯萎,尸骸标本式的华丽'艺术'将成为我们后代子孙的精神食粮。"娱乐传播"繁华"的背后是思想和艺术的"贫乏",娱乐节目的低俗品味将艺术沦为商品的附庸,文化的内涵也被稀释消解。

在娱乐节目中"重义轻利"与"金钱崇拜"等价值观逐渐在某些节目中显现。"在中国传统文化中,对于'利与义'有着明确的区分,从先秦至明清,人们对'义'和'利'的内涵虽然有过不同的理解,也有过激烈的争论,但在本质上却是一脉相承的。无论是孔子的'君子喻于义,小人喻于利'还是孟子的'王何必言利? 亦有仁义而已矣!',在中国绵延 2000 余年的历史长河中,贵义贱利,先义后利,先公利而后私利乃至无求私利已经成为人们长期公认的和追求的价值核心。"①随着改革开放发展,中国以"经济建设"为中心的国家战略的建立,不断深入,对于"利"的追求逐渐"公开"和"合理",这对我们传统观念有了一定冲击。而媒体也都处于"失语"状态不去做正确引导,相反还起到推波助澜的作用,有些娱乐节目以"金钱至上"的倾向,如最近较火的相亲真人秀节目《非诚勿扰》中一些女嘉宾的言论"宁愿坐在宝马里哭,也不愿坐在自行车后面笑","我闻到豪宅的味道",还有一些引人瞩目的话题如"富二代"、"拜金女"等都会给观众一种暗示作用,无疑会给整个社会的价值取向造成不良的影响。再如"非礼勿视"的传统观念在电视娱乐节目中居然演变成"合理窥视"。孔子在其所著《论语·颜渊》中曾说:"非礼勿视,非礼勿听,非礼勿言,非礼勿动。"他对于人们的行为规范提出了标准,希望通过礼法使社会稳定和谐。这种思想也一直植根于中国传统文化中延续至今,规范着中国的行为方式。但是一些娱乐节目特别是"真人秀"的兴起,彻底颠覆了这种传统,以"偷窥"为乐趣的"真人秀"让潜藏在人们内心的欲望得到充分满足,还贴上了公开、合法的标签。如:湖南经济电视台的《完美假期》就是利用 30 多台摄像机 24 小时拍摄选手的生活,让观众大开眼界也引发了很大的争议。很多节目为了逼退对手不断的使出"新花招",在对他人"隐私"的毫无遮掩的窥视中,我们慢慢接受节目所传递出的道德伦理观,而中国传统文化中的道德准则也逐渐在强势的电视媒体前"失守"。

当然。从本质上来说,与其他媒体相比,电视是一种大众的传播媒介,通俗性是本能体现,但是通俗不等于庸俗和粗俗。唯收视率、唯广告效益的逻辑,使得一些娱乐节目降低文化品位。一味迎合大众,以满足人性中隐秘的体验刺激和快感的欲望,对物质的狂热贪恋,对他人的偷窥欲望心理等阴暗心理,在节目中模仿戏谑、恶意、诋毁,实际上将传播真、善、美的电视,变成了张扬"恶"的载体。在这种复杂的状态下,既要正视电视文化迅猛发展的事实,承认电视文化所蕴涵的商业文化、大众文化特性,以历史的理性清醒地认识到经济转型、社会转型赋予文化转型的可能;又要从不同的研究视角,对其进行全面的把握、理性的认识,恰当的评价,审理各种理解的偏差,以期更有效地规范和引导这种新型的文化形态。

---

① 刘高勇:《中国传统"义利"观与和谐社会的契合》,载《湖北社会科学》,2006 年第 4 期。

二、审美正义的缺失

电视节目应当具有人文内涵是毋庸置疑的事实。"人文内涵"指的是电视的精神向度、文化品位及审美价值。而当下电视娱乐节目的过分追求形而下的"快感",而忽视了形而上的"美感",导致节目"人文内涵"缺乏,审美精神的缺失。在目前的电视娱乐节目中,文化的认知功能、教育功能甚至审美功能都受到了抑制,而强化和突出的是它的感观刺激功能和游戏功能。文化被"娱乐化"了,而"娱乐"又被"商业化"了。"电视大众文化在物质话语僭越的当代中国社会最根本的特征,就是以大众文化的商业性稀释消解着高雅文化的艺术性,具体表现为那些具有大众文化倾向的电视文本以商业目的的直接功利性替代着高雅文化的无功利性;以程式化、复制化、平面化、无深度感对抗着高雅文化的个性、独创性、典型性;以情感策划的虚假性拆解着高雅文化的情感判断的真实性和深沉感;以享乐性、消遣性置换着高雅文化的启蒙性、先驱性。"[①]思想淡出对话,内容淡出形式,感性驱逐理性,夸张取代真实,搞笑胜过幽默,表象打败内涵,"审美"变成"审丑",娱乐传播的低俗品位的确将艺术沦为商品的附庸,文化的内涵也被稀释消解。作为大众传播的电视,已成为快餐文化的生产者与推销者。爱德华·希尔斯在《大众社会和它的文化》一文中曾将文化划分为三个层次:高雅文化或精致文化、平庸文化及粗俗文化。高雅文化的特点是主题的严肃,即它所处理的问题的重要性、知性上的穿透力和一致性,感情表达上的丰富和细腻。粗俗文化则是更少文化内涵的文化样式"这些文化样式几乎无深度可言,表现形式罕有精巧之处,在感觉和知性上通常也是粗糙的。"[②]目前的电视娱乐文化即使不至沦于"粗俗文化",充其量也只在"粗俗文化"与"庸俗文化"之间,很少能到达"精致文化"的高度。

传播内容的高下决定其传播效果的好坏。电视娱乐传播的内容"弱智"、"空洞"、"无聊"甚至"恶心"彰显殆尽。"一套莫名其妙的问题,两个颠三倒四的主持,几个七拼八凑的嘉宾,满座憨头憨脑的观众"。"娱乐"几成"愚乐","益智"实为"抑智"。无需思考的"思考",无需品味的"品味",充分暴露出了娱乐节目的肤浅、媚俗与平庸。[③] 正如哈特莱所说:"对电视业来说,电视是一个儿童政权。受众被想象成具有儿童般品德和特性。当然,这个政权并不是每时每刻都控制着对方的所有电视,但是可能存在这样一个'规律',即目标受众群越大,他们被儿童化的程度就越高。"[④]为了吸引眼球,追求收视率,"隐私"、"金钱"和"女色"等也成为电视娱乐节目中的巨大卖点。"拿人隐私作秀,是电视'真人秀'的原罪。"实际上。以丑为美,拿嘉宾的隐私开涮,一度成为娱乐节目的"亮点"。电视娱乐一定程度上成了满足人们窥视欲望的替代品。"大众以电视为桥梁能够接触到以前无法接近的秘密. 这个'秘密'往往被作为人的弱点的社会性暴露在大众面前。"

---

① 隋岩:《当代中国电视文化格局》,北京大学出版社,2004年版。
② 奥利费·博伊德-巴雷特:《媒介研究的进路》,汪凯、刘晓红译,新华出版社,2004年版。
③ 邵培仁、潘祥辉:《论中国电视娱乐节目的困境与出路》,载《嘉兴学院学报》,2005年第5期。
④ 胡正荣:《看不见的虚构物——论电视的受众》,载《世界电影》,1996年第3期。

在收视率和广告收益的作用下,中国电视娱乐节目一次次挑战着观众的道德底线,为了收视率一味迎合满足人们的低级趣味和人性中的阴暗心理,电视娱乐节目已经将传播真、善、美的目的抛到了脑后,如有一档方言节目在7月播出的一期节目中,讲述一个都市小保姆与男主人有染并蓄谋伤害其妻子和女儿的故事,结果双方在演播室现场围绕"是否勾引男主人问题"争执不休,形同吵架骂街。然而这样的实录场景在丝毫不加任何处理的情况下原生态播放出去,编导也不做任何引导,也没有提出任何有建设性的意见,导致内容粗俗,节目导向不明。还有些综艺娱乐节目故意让参赛者出洋相,看谁摔得更厉害,观众完全是在"审丑"。电视的大众文化特性决定了电视节目的大众化发展方向。"成功的大众文化作品应当不仅能使公众获得丰富而深刻的审美愉悦,而且能在审美愉悦中被陶冶和提升,享受人生与世界的自由并洞悉其微妙的深层意蕴。"① 可现实是,大部分人误读了大众文化,使得很多电视娱乐节目的编导走入了一种误区,认为只要节目加入娱乐色彩,把节目做得浅显易懂,为了吸引眼球甚至刺激出格也无所谓,完全扭曲了大众文化的"通俗性",让节目变得低俗甚至恶俗。如:重庆电视台的选秀节目《第一次心动》中的一期节目,著名的"柯以敏与杨二车娜姆之争",以及之后又陆续传出"张国立得癌"等消息,不断恶炒各种新闻。最后的下场是被国家广电总局以环节混乱,评委失态,过度炒作,格调低下,损坏了媒体形象,给社会造成了不良影响等原因叫停并予以全国通报批评。审美变成审丑,通俗变成低俗,这种不负责任的娱乐节目给观众造成了极其不良的影响。

三、社会功能的失衡

作为对社稷民生影响最大的大众传媒,电视媒体所肩负的社会责任无疑是重大的,这也是科学和时代所赋予的责任。一方面,电视是社会文化和社会道德的传播者,也是国家意志、国家意识形态的体现者。另一方面,电视对国民的素质的形成起着不可低估的作用。从某种意义上来说,电视就是一个社会或一个时代主流价值观的呈现。电视传递着的各种各样的信息,无形中对接收信息的受众带来了影响,但是,所传播的信息又是良莠不齐的。好的信息,让人上进,获得进步,使人成长;坏的信息,使人受到污染,不进反退。但是随着时代的发展,电视的娱乐功能空前强大,成为紧张快节奏生活的减压阀。但是我们也发现许多电视娱乐节目开始过度宣扬放大其"娱乐大众"的功能,甚至丧失了其社会功能。

当今时代,我国的电视娱乐节目的受众多数是青少年,电视里所传递的价值观、道德观、行为规范无时无刻不在影响着青少年的心灵,这种影响是潜移默化、无声无息、日久天长的。由于青少年的价值观、人生观、世界观尚未定型,因而会不自觉地模仿电视所传播的信息,长期如此,也就内化为自己的价值观和世界观,从而影响自己的成长,影响自己日后对世界对社会的理解和解释。在众多的娱乐节目中,不少节目由于其内容庸俗、格调低下,核心价值的缺失,从而影响了青少年的健康成长。

首先,使青少年社会角色类型错位。社会角色,是指有一定社会关系的个体,依据

---

① 傅守祥:《消费时代大众文化的审美悖论》,载《兰州学刊》,2006年第10期。

社会的期望,凭借自身主观能动性,为了适应社会所表现出来的常规行为模式。生活中所充当的社会角色由社会期望与主观愿望起决定性意义的。这两者如果得到有机的结合,相辅相成,才能让一个人取得社会所期望的社会角色,反之则会使其本应获得的社会角色错位。电视娱乐节目《超级女声》由于其超强的社会效应,已经不是纯粹的娱乐节目,更是一种社会现象。"超女"已然成为为数极多的青少年的精神偶像和模仿对象,每一个成功的"超女"都是她们做人的"参照标本","超女"的举手投足,一颦一笑,超女的着装和爱好,一切都是那么强烈地吸引着她们,成为她们争相效仿的对象。被卷入"超级女声"狂潮的女孩大多是十几岁的中小学生,是正当学习科学文化知识的好年华,这个阶段正是她们为将来成为社会的有用之才而打好基础的关键阶段,"超女"的超强杀伤力,使得她们对自我扮演何种社会角色没有一个恰当的评估,只能在没有定型的角色当中迷失,导致社会角色类型的最终错位。

其次,使青少年的价值取向错位。《超级女声》是"出名要趁早"的现实注脚,是"梦想成真"的真实写照,对每一个爱做梦的少女来说,其诱惑力是不言而喻的。青少年都梦想着能有一条成功的捷径,"超女"模式的成功让她们最为渴望,成为"超女"无疑则更为现实。于是,她们在迷惑中,不再信奉积极进取、顽强拼搏的奋斗精神,也丢弃脚踏实地的可贵品质,取而代之的是一飞冲天、投机取巧的不正常的思维,她们找到了离梦想最近的距离,找到了一种成名的最快捷的方式,她们的价值取向开始错位和扭曲。疯狂的追"星"和明星梦让她们丧失了自我,精神上被"绑架",灵魂上被"奴役",同时也带来了诸多难以估计的不良后果。可以毫不客气地说,"超女"从某种意义上来说,是对未成年人价值观的强盗式的剥夺。

最后,许多电视娱乐节目使得社会的人文关怀精神在逐渐流失。人文关怀的核心是以人为本,关注人的生存状况、精神欲求和情感思想,重视人的价值和尊严,在物质生活提高的同时谋求人的全面发展。作为大众强势媒介的电视媒介应关注人性的价值、个人的尊严,关注人生的意义,为受众奉献有积极意义的娱乐产品。可是一些娱乐综艺节目根本就没有人文关怀的概念,主要表现在:以搞笑为幽默、以嘉宾主持人的互相捉弄、贬低为卖点;肆无忌惮地侵犯公民的人格和隐私,在嘉宾毫无知情的情况下"捉弄"嘉宾,让嘉宾出丑博得观众一笑,给嘉宾心理造成了不小的伤害。人文关怀无论如何都不能丢弃,节目丧失对人性的关怀也就失去存在的基本条件,最终会将会被观众"放弃","娱乐至死"终将变成"娱乐之死"。

从功能上讲,娱乐不应是传媒的唯一功能。电视作为一种大众传媒其功能是多方面的:传播、教育、娱乐、服务、经济等功能应兼而有之。媒体工作者最不应忘记的是其应当承担的社会责任,应当肩负的舆论导向功能。电视娱乐节目中一些夸张的情节经常让观众目睹普通人如何迅速成名成星。这已经使电视成为人们幻想中试图摆脱平凡生活的捷径,这无疑冲击着国人特别是青少年被告知的需要艰苦奋斗才能取得成功的传统观念。德国传媒界的权威人士都极为肯定这种说法:对于在电视前长大的一代,电视对他们的意义远远大于原子弹。电视传媒不应过于偏重娱乐功能,避免由于过分沉溺于娱乐节目中,对未成年人的思想意识、价值观念、生活方式等方面产生误导作用。应注重强调舆论导向功能和传播教育功能,我国的传统文化是以儒家思想为核心的中华民族智慧的结晶,其中很多精华是支撑民族精神的灵魂,是维系国家的精神纽带,应珍视和保护我们传统文化的精髓,因此,追求电视各功能的和谐发展是传媒应坚持的一种社会责任。康德曾区分过两种"愉快"。第一种是"感性的愉快",主要经由感官或者鉴赏获得;第二种是"智性的愉快",主要通过可显现的概念或者理念而表现出来。现代社会生活节奏加快,人们已经被快节奏的生活和超大负荷量的工作所累,加上信息媒体的增多,人们已经不只通过电视获得,多媒体的世界更能引起人们娱乐的情趣,人们需要轻松的娱乐,目前的电视娱乐节目正是迎合了大众的感性快乐的需求即"快感",它消解了电视文化的深度,"膜拜价值"。使娱乐传播由艺术的"美感"变成感官,使艺术越来越突显其"展览价值"而非"膜拜价值"。

四、模仿复制的泛滥

目前我国电视娱乐节目看似丰富多彩,事实上大多缺乏个性,了无新意,内容上大同小异,形式上千篇一律,浅显的模仿造出很多孪生节目。如果节目不注重深度的挖掘与创新,就只能使节目越来越无味,而最终被湮灭在众多的节目中。法国著名导演雷纳·克莱尔在20世纪30年代说过这样一段话:"对于某些人来说,新事物不是旧事物的手抄本,那是不可思议的。在所有的艺术形式中,唯有电影、电视是发明的。"娱乐节目出现的初始,以其轻松、快乐的特点区别于一本正经的联欢方式,这不能不说是一种进步。可时间一长,如果娱乐节目没有更新的创造,就很难再吸引观众。这种娱乐节目的"互文本"现象严重地阻碍了我国电视娱乐节目的发展。

1997年,湖南卫视的《快乐大本营》深受观众欢迎,于是就有了一系列"快乐"节目系列。1999年,北京有线电视台的《欢乐总动员》,江苏卫视推出的《非常周末》,福建东南台推出《开心100》,"娱乐市场"被各大媒体竞相争抢。不仅节目名称大同小异,节目的内容和环节设置的"起承转合"也都相差甚微。同质化的节目现状,使观众的收视心理在"千人一面"的娱乐中达到了饱和,产生了严重的"审美疲劳"。当"欢乐"系列在无奈中低调收场,取而代之的"真人秀"和"益智类"节目拉开帷幕。2000年8月,《生存者》节目在央视二套播出,"真人秀"由此进入中国电视观众视野。随后广东电视台的《生存大挑战》;2002年凤凰卫视引进的《生存者Ⅲ》——"勇闯非洲"开始吸引了大批观众,国内的电视加速"复制"。广东电视台推出《生存大挑战》之"美女闯关",上海电视台等在黄金时段倾情推出《走入香格里拉》,湖南电视台随后推出的《完美假期》和《有爱不孤独》,贵州卫视则推出了《水上训练营》、《丛林竞技营》、《城市别动营》等系列节目。由一两个节目的星星之火最终燎烧中国电视市场,貌似是节目类型的丰富,其实是同类节目的过剩。从内容到形式,打开电视,老百姓看到的都是这些同一个模子打造出来的"面孔"和"尊容",这就是我国当今电视娱乐节目的现状。

随着传媒的高速发展,受众的媒介素养在日益提升,电视节目也应该与时俱进,不断更新节目理念,注入节目新意。但恰恰相反,面对这尴尬又很无奈的现实,当今中国电视娱乐节目却没有显示出创新的劲头。模仿国内同类型的节目,克隆国外的节目类型,娱乐节目的"拿来主义"使本应令人精神愉悦的精神大餐却成为一个个食之无味、弃之可惜的"鸡肋"。尽管克隆是简单的,创新是艰难的,但是任何事物的发展就要坚守一个原则即没有创新就没有发展。无论是何种艺术形式,能打动人心的,必然有它的原创性,只有"创新"才能让节目走得更远。中东的电视节目《百万诗人》,是阿联酋阿布扎比电视台的真人秀节目。这个节目思路开阔,富有创意,令人耳目一新的制作方式让人饶有兴味。节目中参赛选手在舞台现场吟诗作赋,比拼各自的语言感染力、文学才华乃至思想境界,透露出浓郁的文学气息和感人的力量。作为阿拉伯世界最受欢迎的电视节目,不仅能引导和提升观众对诗歌的鉴赏力,更能起到普及和推广阿拉伯诗歌文化的作用。中国的古典诗词浩如烟海,文学的意蕴可谓丰厚,而我国的真人秀节目,往往也都是创意不大。节目过度拘泥于唱歌跳舞,缺乏对中国文化的宣传与传承。所以,国内的娱乐节目亟须切实有效地进行改革,提高创新意识,立足本国的国情,对节目形态和节目内容进行恰当的定位与选择,杜绝节目的同质化现象。

第四节 《变形计》栏目解读

《变形计》是湖南卫视于2007年推出的一档大型置换类节目。该节目结合当下社会热点,寻找热点中的当局人物。参与节目的双方在一个星期内互换角色,体验对方的生活,最后回归。节目全程24小时跟拍,编辑后原生态地播出。节目以平民化的视角关注中国社会发展过程中普通个体人物的成长和命运,以个体人物折射出群体社会的真实映像。置换式真人秀《变形计》以其独特的纪录性、教育性、争议性及最重要的人文关怀主义色彩渐之脱颖而出。成为引发思考,引导舆论,富有教育意义的一枝独秀,可谓老少皆宜,成为一档泛娱乐环境下令人关注的真人秀节目。

一、节目引进与变形

1.《变形计》的引进

2003年1月,英国第四频道制作播出首档角色互换类真人秀栏目《换妻》。2004年9月美国广播公司引进该栏目模式,制作美国版《Wife Swap》。该栏目以两个家庭互换主妇展开生活为拍摄内容。在为期两周的交换中,编导通过设置互换规则,即第一周"新主妇"必须服从"新家庭"的全部生活规则,第二周权利反转,"新家庭"必须听从"新主妇"的一切安排。该栏目在欧美播出后引发了极大的社会效应,以低投入获得了高收视,随后美国福克斯广播公司跟风制作的《交换配偶》也大获成功。节目中角色交换的既可以是妻子也可以是丈夫,交换期限也弹性控制。

2005年,北京电视台青少年频道推出一档《相约新家庭》的角色互换类真人秀栏目,标志着角色互换类真人秀在国内的首度亮相。该栏目拍摄两个不同的家庭互换孩子,表现在完全陌生的家庭中生活一周的孩子所体会出的不同的家庭环境和家庭教育。然而由于受到播出平台、制作包装水平限制,以及策划定位说教性质过强、节目内容设置单一等原因的影响,该节目未能引起社会大范围关注。

2.《变形计》的"变形"

《变形计》版权引自英国《Wife Swap》,采用该栏目创作模式。然而,在栏目的引进中,交换妻子存在着巨大的文化鸿沟,中国社会大众普遍还不能接受"换妻"这样敏感的话题,如果仅仅是模式引用,却不进行必要的本土化,那必然会引起巨大的社会争议,极易触动中国传统的伦理道德观念。对该栏目模式进行必要的本土化改造势在必行。《变形计》在主人公的角色设置上采用了"变形"。

湖南卫视《变形计》用"真人秀+纪录片"的模式打破了电视市场格局,节目关注平民、关注人文。《变形计》栏目主人公的选择,从第一季开始就带着鲜明的时代性。第一期《我是我儿子的"儿子"》就将练摊卖衣服的父亲与读初一的儿子互换角色。这一集全程记录了这对父子通过一周角色互换,相互体验对方生活的全过程,儿子在痛哭中追悔自己对父亲艰难谋生的不理解,父子最终达到相互理解,感情得到升华。《变形计》第三季的内容仍然重点关注青少年教育问题。前三期节目是城市少年和农村少年的互换,角色的地域性得以扩大,从广西桂林、云南丽江、贵州从江等地的农村到长沙、上海等城市,地域的扩大也使得节目呈现的问题更具有典型性。

二、《变形计》的形态特征

1. 内容特征

(1) 角色的矛盾性。

这档纪实性专题片以两个生活背景截然相反的人物互换生活角色为内容,讲述变形后的种种矛盾、困惑、冲突、快乐。① 在角色的选择上,农村少年与城市孩子的互换,城市少年网瘾现象与边远山区学生读书难问题的冲突,结合当下社会热点,寻找热点中的当局人物,体现人物身上的矛盾纠结与冲突。

(2) 互换内容的广泛性。

乡村少年与城市少年、父与子、老师与学生、交警与驾驶员、受管教者与正常少年、闲人与忙人、钢厂炉工与冷库保管员等,这些角色遍及生活的许多领域,使得节目具有广泛的群众基础与现实意义。一切具有强烈反差和冲突的人物都可以成为节目的内容。其实,这不仅是角色的互换,更展现了不同的社会现象、人情世故、家庭的富裕与贫困、地区的发达与落后、世道的善良与麻木、人心的渴望与厌倦、生活态度的感恩,等等。

2. 形式特征

该节目的制作模式为"两地真人秀+传统纪录片+主持人静态叙说",一部时长40分钟,一周四期的节目被媒体谓之"新生态纪录片"。其实纪录片与真人秀结合的模式在世界电视视史上已经有十年,但是一直都是以娱乐搞笑,或通过对暴力、性的渲染来刺激感观。然而《变形计》的静态叙述采用娓娓道来的叙说方式,较之传统戏剧类节目的煽情与夸张,感情演绎恰到好处,自然流畅。全程采用记叙的叙述方式,不竞赛,无选票,用点滴的真情实感给人以内心触碰,起到教化启迪的作用。

---

① 纪辛:《"快乐"基因下的湖南卫视》,载《国际广告》,2006年第11期。

"真人秀"的"真"与"秀"是在节目设置中的重要尺度线。真人秀比一般的娱乐类节目真实,但是又比纪录片多了节目本身的规则设置。自愿参与、规定情境、给定的目的、特定的规则、竞争行为、记录和加工七个基本元素构成了"真人秀"节目的共同点。"真人秀"节目的参与者不是演员,而是现实生活中的普通人;它虽被放置在一种具体的情境之下,却没有事先的编剧和台词,反映了平民的现实生活;事件的发生是随机的,没有预定的结果。但是,一个"秀"字,就意味着一定程度的扮演、假装、虚构等,它并不是如纪录片一样对于真实事件的完全"不介入"记录,节目的编导已经在节目制作过程中设置了各种规则、环节、限制,等等,在必要时还加进了很多煽情和戏剧的成分,增加节目的可看性,并对结果有一个控制和引导。因此,"真人秀"节目介于真实和虚拟之间,打破了新闻、纪录片等真实电视节目与电视剧等虚拟电视节目之间的界限。中国社科院社会学研究员沈杰认为"真人秀不过是一场导演和业余演员共同做给观众的戏。真实的环境只是虚晃的招儿,透过其贩卖隐私的表象,电视在仿真的情境中制造着新的卖点。"[1]

在"真人秀"节目中,编导无时无刻不在控制或引导事件的发生,但是参与者的情感是真实的,这一点与观众达到了共鸣,观众在看节目的过程中,心情跟随着主人公的心情而变化,并不会意识到节目有"秀"的成分,而是把它当做完全真实的事件去理解,因此,节目符合了人们日益求真的文化消费心理。真实和虚拟的完美结合便是"真人秀"节目的魅力所在。从美学的观点看,真实地反映现实生活的作品更能唤起人们的悲伤、憎恨、喜悦、怜悯、同情等真实的情感。当观众欣赏真实的报道时,正如匈牙利的贝拉巴拉兹所说的那样:"我们的眼睛跟剧中人的眼睛合而为一,于是双方的思想感情也就合而为一了。"[2]

3. 传播特征

在传统的电视传播观念中,信息传播者不仅是控制信息的"看门人",而且也是解释信息的"审判人",电视制作者决定着传播方式、内容和对传播内容的唯一判断,而传播的受众则只是信息和信息阐释的被动者。《变形计》的拍摄中,主角不是明星,不是政治名人,不是新闻主角,而是我们身边的人。从社会上征集节目内容,真人、真事、真演员,跟观众有很强的接近性。演绎身边的故事,在传播角度上说更具有贴近性,贴近生活,贴近现实,让节目更具备真实感,引发观众的共鸣。另外,在节目的播出过程中,观众可通过网络和即时短信进行事件进程的互动。观众及时反馈对节目的感受,节目及时调整内容,传者与受者形成良好的互动,促进节目发展。

电视业发展到今天,受众的位置早已不再是被动和消极的。受众的主动权表现在三个层次:第一,受众对节目有选择权;第二,受众对节目的理解和评价是独立的;第三,受众有积极的参与愿望。受众只有对节目有相当的投入度和关切度,节目才能达到最好的效果。"以人为本"的节目制作理念要求从平民的视角出发,关注平民生活。娱乐

---

[1] 徐锐:《"情境"论在"真人秀"节目中的运用和价值》,载《湖南大众传媒职业技术学院学报》,2006年第2期。
[2] 王永利:《电视纪录片一抹亮色:真人秀》,载《电视研究》,2003年第10期。

节目的主角从明星变成了身边的普通人,节目内容从精雕细琢的舞台走向原生态的生活场景,节目形式从单向变为双向的互动模式。对于娱乐类节目来说,一般有两种方式来参与节目:一是直接参加节目,如担当某角色,进入演播室成为现场嘉宾、现场观众,或者在观看节目时参与各种竞猜等;二是间接地参与,即对于节目内容和人物设置的心理体验和认同。"在游戏节目中,真人秀电视节目中观众的参与程度又是目前为止电视节目中最高的。观众不仅能够借助各种交流手段来表达意见,更重要的是他们可以直接参与节目或者通过各种方式影响节目的进程和结果,观众成为了游戏的有机组成部分。"观众通过信件、短信、邮件和电话甚至是网络途径表达意见。而另一种参与则是心理上的认同和情感上的共鸣。当观众觉得节目中那个角色就是自己或身边人的时候,就意味着得到了情感上的共鸣,通过电视的虚幻空间达到心理上的宣泄和满足。通过这种方式,节目吸引了受众的眼球、控制了受众手中的遥控器,这无疑是节目的成功。

三、置换式真人秀的传播优势

1. 体验化

置换式真人秀具有强烈的体验色彩。心理学上认为,体验是人们达到相互理解的最佳途径。《变形计》即秉承"换位思考"这一思维理念,并且将之推至极致,在节目中,主人公不仅要站在对方的立场去设想和理解对方,还要去过对方的生活,真正体验对方世界的大小风云、品察对方思想最微妙的情绪触动。"变形计"的主人公就在与相关对象的互换中,体验不同人生,达到改善关系、解决矛盾、收获教益的目的。另外,观众也有一种强烈的体验感,媒体一直在唤起观众的参与意识,普通人不仅可以以志愿者的身份参与节目,而且还可以以投票、短信竞猜等方式参与其中,竞猜节目主人公下一步的命运,悬念迭起、冲突不断、意外群生,从中获得一种难忘的感受和体验。

2. 人性化

以往《超级女声》这类真人秀都没有涉及人性关怀的层面,而一直饱受"低俗"、"泛娱乐"的指责。而《变形计》打着"换位思考,互相理解"的旗号,似乎具备一定的教化意义。《变形计》第一季的节目中对社会热点的把握和拿捏都十分精准和到位:悬殊的城乡差距、城市网瘾少年、贫困农村学生辍学、母女的代沟问题……在如此巨大的社会背景下,节目中两位主人公的出现有着巨大而鲜明的时代印记,他们的"变形"可以说代表着两个巨大的社会群体的一次生活和观念的碰撞,他们身上都是千千万万的个体人性的体现。

3. 低成本

在激烈的媒体大战中,制作成本的控制是节目长远发展的重要策略。置换式真人秀的主人公都是普通人,制作公司可以省下付给明星的高额酬劳。另外,置换式真人秀中普通人的身份互换为它提供了丰富的节目素材,因此不再需要为编剧支付薪水。与长达几十集的电视剧相比,置换式真人秀的制作和播放周期短,如《变形计》为一个星期的制作周期。灵活的制作方式往往又能获得较高的收视率和良好的广告效应,如此算来,制作费用往往只占节目收益的很小一部分。相比较国内类似的一些综艺类选秀节目如《非常6+1》、《超级女声》等,它们巨大的媒体宣传费用和舞台制作费用往往占到节目制作费的两成,而置换式真人秀则大大节约了这些开支。

湖南卫视《变形计》的意义不仅在于真人秀节目全新的本土化发展,更在于在"娱乐至死"的电视生态环境下,电视媒介社会责任感和历史使命感的主动担当。作为湖南卫视引进的角色互换类真人秀节目,《变形计》以新颖的节目模式、深刻的思想意识、主流的价值导向获得了经济效益与社会效益的双丰收。

关键词

娱乐类电视节目　entertainment TV shows
真人秀节目　reality show

思考题

1. 举例说明电视真人秀节目的主要类型及各自的特征。
2. 举例说说目前我国电视真人秀节目存在的主要问题及相应对策。
3. 列举你喜欢的真人秀节目,试分析其创作特征。
4. 我国娱乐类电视专题节目类型主要有哪些?

第十三章 电视专题节目创新

本章导言

2013年8月9日,习近平同志在全国宣传思想工作会议上强调,"不日新者心日退","明者因时而变,知者随事而制","做好宣传思想工作,比以往任何时候都更加需要创新"。创新是一种创造性的劳动,其实质就是人们在遵循事物发展客观规律的同时,发挥主观能动性,使劳动对象在量和质两个方面发生变化,从而实现社会生产从较低级向较高级发展演进。没有创新,就没有人类进步!因此,电视专栏节目创新,是电视事业兴旺发达的不竭动力,是电视媒介永葆生机的力量源泉。

本章引例

《中国汉字听写大会》是一档原创的汉字听写教育类电视节目。节目邀请来自全国31个省、自治区和直辖市以及在内地受教育的港澳台学生组成32支代表队参加多场次晋级比赛,并将之编排为12期电视节目,2013年在中央电视台综合频道与科教频道暑期档周末黄金时间播出。

节目一经播出就受到高度关注,最重要的原因就是节目的内容引人入胜并传递了文明、健康的正能量。收看节目的过程,是一个普及汉语知识的过程,也是对历史、地理、生物、化学甚至民俗文化的普及过程,它具有广泛的参与性,不仅选手能写、家长能写,电视前的观众也都会跟着一起写,所以热度持续升温,收视率不断刷新。

《中国汉字听写大会》节目创意源于六年前,设计完成于四年前,在国家版权局的登记完成于2011年年初。节目形态设计研发者关正文说:"为孩子们举办汉字听写竞赛活动的想法产生于在美国有英语的全国拼字比赛,从1925

年延续至今,一代代孩子参加,成为全民关注的带有民族性质、国家精神的活动。我们的汉字那么美,传承又那么重要,我们也应该有这样的活动。"因为时尚娱乐的收视效应比较容易判断,复制已有成功先例的节目样式风险也会小得多,而像《中国汉字听写大会》这样一档文化节目能否获得收视支持,判断起来却比较困难,作为原创节目的设计也面临着许多无法预料的情况。在历经两年的电视形态研究、论证和长达一年的制作准备之后,《中国汉字听写大会》终于出现在荧屏上了。监制金越说:"这不是一个浮躁、奢华的秀场,而是非常单纯质朴、充满紧张感的游戏,是扩展汉字知识、领略汉字之美的平台,希望节目真的能获得全国观众的关注和认同。"①

节目总导演关正文认为,作为一档原创的电视节目,这次制作收获的不仅仅是具体的设计经验,在新的节目竞争环境中,有机会建立一个参照系,形成一套可供实际执行的创意规则,可能是更重要的收获。

第一节 我国电视节目创新概述

改革开放以来,我国电视节目创新发展过程中形成了不同的热点节目形态。20世纪90年代以来,从综艺热到谈话热、真人秀热,再到民生新闻热,电视节目形态品种江山代有才人出,各领风骚三五年。不同的电视节目形态,反映不同的节目本质属性,以及不同的内涵和外延,电视节目形态的变化折射出电视传媒角色意识的演变和传播理念的进步,其背后,蕴含着电视传媒角色变迁的社会背景、理论依据和文化意义。

在2012年进入日常播出序列的1347档新节目(18:00—24:00播出时段)中,上星频道共播出262档,省级地面频道(不含直辖市)播出500档,城市台播出585档。随着中国电视节目市场生态环境的日趋完善,电视节目的创新求变越来越受到重视。在国际电视节目交易市场中,与节目创新相关信息的追踪和趋势分析也始终成为重要议题。

从数量上看,我国在电视节目创新方面十分踊跃,远远超出一些节目版权出口大国。2012年上半年,在欧洲数据公司所检测的国家中,英国、荷兰和日本仍牢牢占据节目创新数量排行榜的前三位,新节目的数量和类型分布如下表所示。

英、荷、日三国节目创新的类型分布 单位:档

节目类别 国家	娱乐类节目	纪实类节目	虚构类节目	新节目总数
英国	47	161	38	246
荷兰	53	88	32	173
日本	70	43	43	156

---

① 刘靖:《由〈中国汉字听写大会〉引发的思考》,载《当代电视》,2014年第1期。

电视专题与专栏

欧洲数据公司将电视节目分为娱乐类、纪实类和虚构类三种,与我国的节目分类有所不同。其中,娱乐类节目和纪实类节目中均包含有真人秀节目;虚构类节目主要涵盖各类非纪实题材的电视剧。[①]

从影响力来看,具有我国自主知识产权的电视创新节目的收视竞争较弱。2012年,广受好评的新节目,几乎都是引进节目版权而加以本土化改造的,如浙江卫视的《中国好声音》、湖南卫视的《女人如歌》、东方卫视的《顶级厨师》、江苏卫视的《一站到底》、中央电视台的《谢天谢地,你来啦》等,这几档节目的收视份额都比较理想。湖南卫视的创新节目《百变大咖秀》,市场份额为4.52%,高出2011年同时段0.58个百分点。但是,《百变大咖秀》在节目样态上类似于台湾地区著名模仿秀《全国最大党》,只是前者模仿对象为娱乐名人,而后者多为政界名人。2009年年底湖南卫视播出的《我们约会吧》、2010年东方卫视播出的《中国达人秀》,作为版权引进节目均获得收视佳绩,引爆了一轮电视节目版权引进热潮并影响至今。版权引进节目在我国电视荧屏上的风头,反衬出我国自主产权的本土创新节目在收视影响力方面的差强人意。尽管如此,还是有相当一批本土创新节目广受欢迎,如CCTV-3的《CCTV直通春晚2012》,其收视份额高达5.82%,而2011年同时段的收视份额则为3.91%。

2013年,我国电视节目创新在整体架构方面主要体现在节目类型、节目形式和创新手法三个方面。从类型上看,轻松的娱乐类节目是创新重点,而信息类节目的创新相对较少。由于上星频道覆盖面广、竞争激烈、影响力大,故而是电视节目创新趋势的重要风向标。2012年,我国卫视频道在18:00—24:00时段共有262档节目播出,其类型分布如下图。

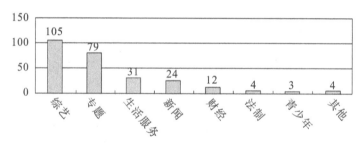

综艺娱乐节目有105档,所占份额最高,为40%;生活服务类节目有31档。需要指出的是,生活服务类节目在呈现形态上,趋向于将真人秀元素、新闻元素、娱乐元素、更加随意的聊天沟通等(区别于谈话节目)杂糅兼容,如央视的《交换空间》、湖南卫视的《平安2012》、河北卫视的《家政女皇》等。相对于综艺娱乐对信息传达的软性特征,专题、新闻、财经、法制等节目皆属于传播硬性信息的节目。上星频道在信息类节目的创新数量上相对较少;这一方面是由于信息类节目是电视的传统优势所在,节目形态较为成熟、稳定;另一方面是由于综艺娱乐节目竞争激烈、蕴藏着拉动收视的巨大潜能,故而创新动力更足。

从节目形态来看,近年来,真人秀节目风头强劲,发展迅猛;脱口秀节目平稳前行。

---

① 乔新玉、王甫:《浅析近年来中国电视节目的创新特征》,载《中国电视》,2013年第10期。

第十三章 电视专题节目创新

2012年,中央电视台推出的真人秀节目包括综合频道的《旗鼓相当》、《谢天谢地,你来啦》,综艺频道的《CCTV直通春晚2012》、《中国味道》,财经频道的《女子学院》,农业军事频道的《防务精英》等。一线省级卫视较为成功的创新节目也主要以真人秀为主,如湖南卫视的《百变大咖秀》、《女人如歌》,浙江卫视的《中国好声音》、《中国梦想秀》,东方卫视的《顶级厨师》、《梦立方》、《今晚80后脱口秀》,江苏卫视的《一站到底》等。真人秀节目在世界范围内的风靡并非偶然,其极具纪实性和设计感的两极张力,使得它能够突破文化、地域、种族等限制而成为节目版权出口的重要类型。除了真人秀节目外,脱口秀节目也引人关注。2010年,成功借鉴美国明星脱口秀《深夜秀》元素的《壹周立波秀》由凤凰卫视首播,随即,该节目在东方卫视播出后也受到广泛好评。2012年,北京电视台文艺频道的《脱口而出》、东方卫视的《今晚80后脱口秀》等也有上佳表现。此外,梁宏达主持的几档脱口秀节目也受到观众认可。值得关注的是,中央电视台推出的《小崔说·立波秀》兼具犀利和幽默的风格,或许可以促进我国脱口秀节目向深刻性、批判性的方向发展。

从创新手法来看,对王牌节目的衍生节目开发,成为一种较为稳妥的操作模式。对王牌节目的开发利用,向来是各电视频道经营的题中之意。在早些年间,电视工作者常常利用不同时间、不同手法的编排策略,挖掘王牌节目的收视影响力,发明了吊床式编排、帐篷式编排等手法,前者是将较弱的节目放在两个强势节目之间进行播出,后者是在强势节目前后各放一档弱势节目。无论是吊床式编排还是帐篷式编排,都致力于延伸强势节目的收视效应。但此类编排手法是建立在观众不换台的前提之下。当人们在频道之间频繁切换的时候,这些所谓的"物理关联式"手法就失去了意义,而"内容关联式"更受欢迎。2012年8月3日《中国好声音》完美收官之后,浙江卫视跟进播放了一档10分钟的新节目《好声音后传之酷我真声音》。这一节目创新手法,被视作是对王牌节目"物理关联式+内容关联式"的新节目的延伸开发。《中国好声音》节目模板的原创国荷兰在2012年也推出了一档衍生节目——《儿童好声音》,收视效果也不错。总之,在节目竞争日趋激烈的当下,国内外电视节目创新一个"多快好省"的模式,便是对王牌节目的衍生节目开发。

值得注意的是,以互联网为代表的新媒体在媒介工具使用习惯、受众接受心理和期待等方面,都对受众产生了深刻影响。不是微博、微信引发了碎片化、高密度的传播时尚,而是它们恰恰契合了时代和受众的需求。碎片化、高密度的传播潮流,通过影响民众的接受心理和收视期待,最终反射到对电视节目创新的生态环境改造上。多屏互动和移动终端的快速发展,使人们在视听内容的接收上越来越容易,其伴随感日益凸显,这是电视节目传播的"革命"。人们的生活、学习和工作,不仅总是与视听内容的伴随密切相连,更会被这种伴随不时打断,因此,碎片化、高密度的传播成为视听内容普遍存在的样态。习惯了微博、微信的受众,期望电视也能够在信息传播、娱乐营造上是高效率、大密度的,能够让观众在短时间内沉浸其中并获得较为完整的叙事体验。这种变化,使观众对节目品牌的识别热情,远远高于对频道品牌的识别热情。面临着年轻观众的流失、收视竞争的巨大压力、电视泛娱乐化倾向等问题,特别是娱乐节目的普遍热播,不少一线卫视从频道的专业化经营,开始向节目的分众化传播过渡。

2012年,央视综合频道仍高居各卫视年度收视率榜首的位置,但亚军却意外地花落央视少儿频道。纵观近十年排名在前十位的卫视频道不难发现,收视率差异正在快速被削平,收视份额似乎正在被均摊。这就意味着收视竞争已经达到了白热化程度,位居前列的各卫视之间的收视差异极其微弱。2012年全国4岁以上的电视观众人数为12.82亿人,比五年前增加7700万人,增幅为6.39%。其中,13岁及以上电视观众为11.56亿人,4—12岁电视观众为1.26亿人。

随着新媒体的蓬勃发展,一些卫视曾经轰轰烈烈的频道专业化经营开始悄然转型,用分众化的节目来吸引受众。湖南卫视"快乐中国"的立台宗旨,在2012年也受到浙江卫视《中国好声音》的严重挑战,娱乐节目正在成为众多一线卫视争夺收视的"制胜法宝"。当娱乐节目在电视荧屏上大行其道之时,卫视经营的差异化策略正在从频道层面降至节目层面,而节目层面的娱乐差异化也主要体现在目标受众的区隔上。如针对已婚妈妈的节目有《妈妈咪呀》(2012年在上海新娱乐频道播出,2013年在东方卫视播出),湖南卫视的《女人如歌》等;针对青年的聊天类节目有中央电视台的《开讲啦》等。

2013年,CCTV及省级卫视纷纷投入巨资,对电视节(栏)目进行改版或创新,其中尤其以娱乐节目为重点,全力打造各台的名牌栏目,进行激烈的收视竞争。据CSM全国测量仪监测,2013年上半年CCTV及省级卫视创新节目收视排名的前10名,有9档节目为娱乐节目,排名前五位的是CCTV-1的《舞出我人生》、CCTV-3的《开门大吉》、湖南卫视的《我是歌手》、CCTV-1的《加油少年派》、CCTV-3《越战越勇》。由此可见,娱乐节目在收视率排名中具有举足轻重的地位,而且每一年娱乐节目的创新对抢占收视率这块蛋糕又具有极为重要的影响。

总之,我国电视节目在整体上不断加大探索和创新的步伐,在新节目的推出时机、数量和影响力方面呈现出一些特征,这些特征是策划、创新节目的重要参考因素;在新节目的类型、形态及表现手法上,娱乐、脱口秀等节目的研发和王牌节目衍生形态的开发成为重点;在频道经营层面,新媒体对电视节目生态的影响,明显地表现为差异化策略从频道层面降至节目层面。在这些电视节目创新特征的背后,是更为本质的电视生态变迁,即节目制作理念的创新。无论是节目模式的版权引进,还是具有自主知识产权的"中国制造",都反映出我国电视节目制作理念正在经历着"国际化视野＋本土化叙事"的探索期。一方面,通过引进、借鉴国际一流节目,更新影像传播形态,与国际电视节目时尚潮流接轨,有助于在与新媒体的竞争中重新发现、塑造电视自身的核心优势;另一方面,借助纯粹的本土化叙事,满足我国受众在社会转型期对信息、娱乐的需求,进而实现弘扬民族文化、传递国家意识、建立社会共识的责任。在可预见的未来,中国电视节目必将与国际市场进行更为密切的沟通与合作,在节目类型与制作模式上形成更为稳定、完善的创新机制。

第二节 电视节目创新的方法

电视节目创新,指的是为了实现更好的传播效果,电视机构对电视节目的生产与传播所实施的创造性实践活动。①

电视节目创新包括节目形态的创新和节目内容的创新两个方面,但从版权的角度衡量,电视节目创新的成果往往体现为新的节目模式或形态。所谓"节目模式"往往包含节目概念、构思、总体框架和结构,布景设计、比赛规则、经典台词、广告语,以及其他可识别的特征和元素。电视节目形态常常是与电视内容相对应的电视节目表现形式,它受电视节目容量大小、内容取向、接受者需求等条件的影响和制约。

一、电视节目形态创新的主要方法

纵观这几年我国各大电视台风起云涌的新节目,可以发现电视节目形态创新的主要方法有以下几个方面。

(一)引进模仿与本土化改造

在多数人的观念中,模仿似乎不够光明正大,往往背负"抄袭"的恶名,很难与创新画上等号。但事实上,模仿也是一种创新途径。伏尔泰曾说过,独到性就是明智而审慎的模仿。我国企业管理界有一句名言——"创新就是率先模仿"。作为一个电视新栏目在成长中最稳健的方法选择就是对新兴成功栏目的跟随模仿。但是,跟随模仿不能简单地跟随,也不能简单地模仿,要在创新中学习,在学习中创新。《美国偶像》是美国FOX电视网推出的一档演唱真人秀节目,湖南卫视《超级女声》就是对《美国偶像》的模仿。2004年,湖南电视台的《超级女声》音乐选秀活动在开播仅两个多月的时间里,创下了极高的收视率,报名参赛的选手超过万人。这个选秀节目引起观众和业界的巨大反响,不难看出,它在制作思路、组织方式、营销模式上是国内娱乐节目的创造性发展。《超级女声》的总导演彭志认为,《美国偶像》、《超级女声》这两个节目之间最大的区别就在于,《超级女声》做到了更深程度的大众化。《超级女声》在借鉴国外同类节目长处的同时,积极创新,既保留了外来节目的优势,又有本土特色,容易被观众所接受。②

随着全球电视节目模式贸易的繁荣和媒体竞争的加剧,国内越来越多的电视台开始尝试从正规渠道进行节目模式引进。电视节目模式的交易过程是一个受到严格控制的许可过程。许可方将原创节目版式许可给被许可方,并传授制作该类型节目的诀窍,但是这种许可有时间、播出周期、时长、语言、播出方、轮数等诸多限制。事实证明,模式引进带来了双赢的结果。对于被授权方来说,可以很好地维护自身的形象和声誉,并与国内外同行保持良好的商业关系,还可以直接引入已经受到市场检验的可靠品牌,制作高质量的电视节目,降低盲目投资的风险,同时可以获得许可方的经验、制作手册和一系列支持服务,尽量减少开发的周期,从而在电视市场竞争中抢占先机。同时,作为授权方来说,它们一本万利,可以反复许可、反复授权并获得好的商业回报,从而鼓励了它们进一步的创新和研发,同时它们能够很好地控制授权的周期、地域、语种和传播平台,

---

① 胡智锋:《电视节目策划学》,第2版,复旦大学出版社,2012年版。
② 郭慧玲:《浅议电视节目创新的类型》,载《新闻爱好者(下半月)》,2008年第7期。

从而实现经济效益的最大化。①

2013年我国创新的娱乐节目中,引进国外版权的节目以压倒性的优势占据着电视娱乐节目市场。全国同时段排名前列的湖南电视台《我是歌手》就是引进韩国MBC电视台歌手竞赛类真人秀节目《我是歌手》;《中国梦之声》的原型是在美国拥有12年辉煌收视历史且被誉为"美国真人秀之王"的王牌节目《美国偶像》;《星跳水立方》则引进了德国本尼吉国际模式公司的节目《临危不惧》的版权;而广西卫视的《猜的就是你》采用的是风靡全球的游戏秀《角色》的原版模式。引人注目的是,在众多引进国外版权的节目中,湖南电视台创新的亲子类娱乐节目《爸爸去哪儿》一推出就取得了不错的收视业绩。这个节目的版权模式源自韩国MBC电视台的《爸爸!我们去哪儿?》,技术指导也直接来自韩国,在拍摄过程中,韩方制作团队还为中方提供了拍摄方法和宝贵经验。

电视台之所以选择引进国外节目模式,一是这些节目经过国外观众的检验,已获得了一定知名度和良好口碑,符合当下的流行趋势;二是这些原版节目在本国均已形成了比较成熟的操作模式。当然,引进国外节目模式之后风采依旧,还得归功于成功的本土化改造。因此,只有适应中国观众审美趣味的节目才能获得成功,否则版权引进只会带来适得其反的效果。我国电视台在引进国外节目模式时也有过惨淡遭遇,社会文化、观众审美心理等的差异,导致美国原版节目《幸存者》引进到国内播出时并没有达到预期的收视效果。

本土化改造的关键点是把电视手段的卖点和社会文化心理的卖点区分对待,保留电视手段的卖点,改善社会心理的审美文化。这一点较好地体现在中央电视台《开心辞典》节目形态的本土化改造过程中。《开心辞典》首创"家庭梦想"的概念,将国人重视家庭观念和亲情关系的观赏习惯、心理与原版节目的电视表现手段有机结合,创制了独特的中国电视益智娱乐节目形态。对国外同类节目形态的博彩成分进行了成功解构,在为普通人提供参与节目、知识博弈的同时,也给更多的普通家庭提供了互相表达爱心与真情的机会。事实证明,"家庭梦想"作为该节目形态的主要元素,吸引了更多的家庭参与和支持节目,促进了家庭成员之间的交流,营造出了积极向上的和谐氛围。②

(二)移植其他媒介艺术形式或元素进行节目创新

移植创新主要体现在电视媒介对广播、报刊、网络等其他传媒,以及影视戏剧艺术元素和传统文化艺术的借鉴上。

许多电视节目形态都有报刊专栏和广播节目形态的影子。早在电视诞生初期,许多节目形态都直接从广播移植过来,克服了电视节目内容与形式单薄的弱点。而在当代仍然可以通过借鉴或移植其他媒介艺术形式或元素进行节目创新。如电视读报节目形态的出现,便是电视借鉴广播报纸摘要节目形态的具体体现。

凤凰卫视《有报天天读》以摘要形式播报世界各地华文报章杂志为主要内容,是一档非常典型的报刊传媒与电视成功互动的节目。受此启发,国内电视台或开辟专门的

---

① 鲁力:《电视节目创新中的版权管理问题》,载《中国广播电视学刊》,2012年第7期。
② 郭宝新:《广播电视节目创新创优理论与方法》,中国传媒大学出版社,2008年版。

读报栏目,或在原新闻栏目中开辟读报板块,使读报节目成为颇受观众欢迎的一种新闻节目形态。其中知名的有北京卫视的《现在读报》,江苏电视台城市频道《南京零距离》中的《孟非读报》等。

另外,凤凰卫视推出的聚焦于重案的节目《文涛拍案》也是移植借鉴我国传统艺术形式评书的结果。典型的脱口秀节目主持人窦文涛被塑造成一个说书人,以新颖的说书风格深入浅出解构各种离奇莫测的案例,从每周新闻出发,演播国际上的大案要案奇案名案。节目中运用各种影视音乐手段,丰富情境,强化感染力,被称为"新派电视评书体"。

此外,电视节目创新过程中,还不断移植借鉴文学影视戏剧艺术,以及美术音乐摄影等各种艺术形式中的一些元素,以期增加电视节目的故事性、戏剧性、审美性和感染力。电影中的蒙太奇技巧和故事化的叙事方式,戏剧中的矛盾冲突、悬念设置、巧合预兆、脸谱化人物塑造、舞台布景与道具运用、音乐对气氛的营造,摄影中的艺术构图与布光等,这些都成为电视节目形态创新中丰富的艺术源泉。

(三)嫁接两种或多种电视节目形态进行杂糅创新

美国一个广告大师说过创意就是"旧事物的新组合"。新的电视节目形态往往来自于原有的不同电视节目形态的嫁接组合之中。节目输出大国——英国和美国,他们的很多电视节目创意就是通过嫁接而来的。像 BBC-3 播出的《卧底王子》,就是把卧底节目和相亲节目结合起来,由各国的王子化装卧底成普通人去相亲,从而达到喜剧的效果。于是,我们就需要找到一种比较好操作的、见效也快的创意方式,那就是嫁接。因此,创新完全可以体现在局部的改造和变化,不见得非要彻头彻尾地与众不同。吸取别人的优点,再结合本土的特点,创作出符合观众欣赏习惯、符合当地政策规范要求的节目,同样可以看做一种创新。

国内出现的一些具有娱乐特色的新闻资讯节目就是通过嫁接新闻节目与娱乐节目这两种完全不同的节目形态进行创新的结果。无数次市场调查证明:看电视就是两个需求,一个是获取信息,另一个是放松、娱乐。获取信息大多会看新闻类节目,放松、娱乐大多会看曲艺、歌舞类节目或者电视剧。山东电视台的《拉呱》恰恰就在这需求的"两极"之间实现了嫁接,创造性地将新闻这种严肃的内容与曲艺这个娱乐搞笑的形式有机地结合在一起。①

日本朝日电视台的新闻杂志节目《超级新闻》的新闻调查板块在叙事手法上大量融入了虚构节目的叙事方法,同时又把游戏和实验的元素融入其中,使该节目摆脱了严肃节目的客观性,而把电视新闻节目转变为电视动作娱乐节目。

吉林电视台的《回家》栏目则是电视谈话节目与电视纪录片两种节目巧妙嫁接的结晶。目前业界和学界将《回家》界定为一种新的电视节目形态即电视文化纪实节目。其操作方式是纪实性手法、情节化结构、人物化串联、多元化表现。②

---

① 李华英、李艳:《电视节目创新加减法》,载《新闻前哨》,2013 年第 11 期。
② 孙宝国:《浇铸情感 传承文化 超越自我 回归心灵——探寻〈回家〉的脚步》,载《南方电视学刊》,2004年第 6 期。

（四）从原有电视节目形态中逐渐衍生孵化创新

新的电视节目形态往往或多或少遗传一些传统或特别节目形态的基因，许多新的电视节目形态是由传统或特别节目形态孵化出来的，从这个意义来说，"所有电视节目都是派生出来的"。①

从播新闻到说新闻再到聊新闻的电视新闻节目话语形态变化，电视节目主持人从无到有，从一个主持人到两个、三个再到更多的节目主持人团队的发展变化。我们说，任何一个电视节目元素的增加、减少或变化都可能最终导致节目形态的质变。电视谈话节目一开始的形式是主持人和现场嘉宾之间进行交流，后来增加了现场观众，再后来又增加了大屏幕，到后来又增加了现场乐队。不断演变的过程导致原来的电视节目形态发生了很大的改变，量变会引发质变，这样在原有的节目形态的基础上往往就孵化出新的节目形态。电视谈话节目经过多年的演变，逐渐形成两种特色鲜明的节目形态，以凤凰卫视《锵锵三人行》为代表的不带现场观众的圆桌会议型电视谈话节目，和以中央电视台《实话实说》为代表的带现场观众的现场观众参与型的电视谈话节目。

中央电视台《面对面》栏目原来是《新闻调查》栏目中的一种电视节目形态，作为《新闻调查》的一部分每天和观众见面。随着这种电视节目形态的逐步发展和观众对其风格的认可，只需加入片头、片花、片尾等包装元素，该节目就从母体中脱离出来，演变为一种单独的电视节目形态。

二、电视节目内容创新的常见方法

这里必须指出的是，电视节目形态或模式实际上是电视节目内容与形式的统一，没有不包含内容的纯粹形式，也没有不包含形式的纯粹内容。为了表述方便且有条理，我们才将它分开。另一方面，从这些年电视节目发展演变的主流节目形态中，我们也可以疏理出一些电视节目内容创新的常见方法。

（一）平民化

在电视市场竞争机制的作用下，涌现出来的各类创新电视节目形态日益呈现出内容与嘉宾平民化的倾向。

民生新闻的成功为这一创新方法提供了有力的案例。以《南京零距离》为代表的民生新闻模式，突破了传统社会新闻重集体轻个体，重题材轻时效的模式，通过大城小事的第一现场，直接呈现市民身边正在发生的、与日常生活密切相关的民生事件，在面向群体、普遍存在的公共服务性话题中聚焦民生个体生存，与受众个体建立起了相关性，与日常生活经验形成了对接，满足了受众即时知晓"身边事"的知情权。民生新闻没有将奇闻逸事作为最主要的内容，地域接近性、内容相关性、主题趣味性、形式单一性的诸多特点，不断匡正着民生新闻的创新方向，使之在展现生活景观的"日常化"中获得充分生长的空间。

---

① 郭宝新：《广播电视节目创新创优理论与方法》，中国传媒大学出版社，2008年版。

平民化倾向也表现在以平民才艺选秀为代表的综艺娱乐节目中。如中央电视台的《非常6+1》、《梦想中国》，湖南电视台的《超级女声》、《快乐男声》，东方卫视的《我型我秀》，江西电视台的《红歌会》等。在2013年创新娱乐节目中，多数节目在模式设置上都坚持让普通百姓参与到节目中来，并在节目中体验互动。湖南卫视《奇舞飞扬》的宗旨就是为"草根"提供了一个展示自己、帮自己圆梦的舞台。这档节目对参赛者的年龄、性别和职业没有限制，无论男女老少都可以报名参赛。选手来自四面八方，其中既有以舞谋生的专业舞者，也有幼儿园的小朋友或业余的舞蹈爱好者。

（二）陌生化

陌生化理论源于文学艺术创作，是俄国形式主义的核心概念。作为俄国形式主义的主要代表的维克多·鲍里索维奇·什克洛夫斯基认为，陌生化是通过设法增加对艺术形式感受的难度，延长审美时间，增强审美效果，在文学创作实践中，形成陌生化的途径是多种多样的。所谓"陌生化"，实质在于不断更新我们对人生、事物和世界的陈旧感知，把人们从狭隘的日常关系的束缚中解放出来，摆脱习以为常的惯常化的制约，不再采用自动化、机械化的方式，而是采用创造性的独特方式，使人们面对熟视无睹的事物也能有新的发现，从而感受到对象事物的异乎寻常及非同一般。

电视节目的陌生化，不仅指内容的陌生化，也包含呈现形式的陌生化。所谓节目内容的陌生化，主要包括两类：一种是时空上和现实生活有距离的，受众不熟悉的、稀有的、闻所未闻的题材内容。比如自然中的神秘现象、历史之谜、文化经典等方面的题材；还有一种是专业性较强，大众不了解和掌握的，比如法律、财经等专业性较强的领域的题材。

在经典历史文化内容的陌生化处理与呈现方面，电视讲座类节目提供了有益的创新经验。走上电视讲坛的学者、专家，扮演的是经典文化解读者、传播者的角色，电视屏幕虽不是课堂，但是他们同样承担着传道、授业、解惑的责任，面对如何处理好经典的文化精义与现实生活的关系，正如丹尼斯·贝尔所说："在文化中始终有一种回跃，即不断地回到人类生存痛苦的老问题上去。"在历史与现实、经典与生活的结合点上注入了生命个体的日常生活体验，将中华文化经典与现实生活结合起来，讲故事，讲体验，从而使观众觉得自己与传统文化息息相通。正是在这一创新策略的指引下，《百家讲坛》从2004年阎崇年的《清二十帝疑案》开始，通过刘心武的《刘心武揭露红楼梦》、易中天的《品三国》、于丹的《〈论语〉心得》，迅速成为了电视传播历史文化经典的标杆。[①]

纪录片《舌尖上的中国》之所以获得空前的关注，并孕育了"舌尖体"，同样得益于陌生化呈现策略。该片巧妙地将中国悠长丰厚的饮食文化之"大"细化到舌尖之"小"，从自然的馈赠到厨房的秘密，将感官味蕾的细腻体味延展到到文化味蕾的伦理气质，融化到一日三餐的家常情怀中，让人们在食品安全的时代隐忧中实现了一次精神的盛宴。

---

① 杨乘虎：《电视节目创新的路径与模式——中国电视节目创新问题研究之三》，载《现代传播》，2012年第6期。

(三) 互动化

互动化是现代意义上电视节目的最主要特征,是现代意义上的电视节目与传统意义的电视节目的一道分水岭。随着智能手机、网络电视的兴起,传统的电视媒介呈现出某些新媒介的技术特征。这种技术特征反过来要求电视节目内容生产必须适应这种发展趋势,而增加节目内容结构上的互动性就是其中一个重要突破口。

谈话节目中往往有现场观众的互动,新闻节目中往往引入在线观众参与讨论。以东方卫视的《东方直播室》为例。这是一档时事辩论民意调查节目,东方卫视与天涯论坛一起,将电视、网络和手机三种传播手段融于一体,把网友实时意见直接接入节目现场,针对热点新闻和事件,全方面反映社会各方意见,为观众打造一个畅所欲言的平台。随着网络技术的进一步发展,越来越多的电视节目将短信、微信、电子邮件、电话、微博互动等多种传播形式引入到节目中,使单向线性传播逐渐向双向和多向互动传播靠拢。

即便是明星秀类的娱乐节目也为观众提供了互动的机会。例如江苏卫视的《全能星战》通过让现场观众参与投票的方式来决定明星的去留,这无疑打破了以往明星评选"草根"艺人的模式,把明星的投票权交给了普通观众。还有像《中国梦之声》、《中国星力量》等选秀节目也引入了观众投票环节,这种方式让观众有机会亲自参与到"造星"的过程中,不仅在一定程度上保证了比赛的公平性,而且最终胜出的选手也是符合观众喜好的,这让节目尽可能地贴近了群众喜闻乐见的形式。

(四) 专业化

电视节目正朝着观众和内容更加细分的方向发展,电视节目形态也随之发生变化,一些新的专业化细分的电视节目从原来的节目形态中分化出来,成为一种新的电视节目形态。

在谈话类电视节目中,有关心理的话题只是其中的一个选题角度,而中央电视台《心理访谈》虽然在节目形态上没有改变谈话的性质,但在节目内容选择上却完全朝专业化方向发展,被严格界定在心理学的范围内。这是全国第一档现场个案访谈的电视心理栏目,也是中央电视台唯一日播的电视心理栏目。该栏目不仅针对有心理问题或心理疾病的人们,而且提倡从心理学的视角解决生活难题,呈现一些观众平时不大熟悉的心理学背景分析,介绍一些有趣、实用的心理学技术手段。因为栏目的独特定位和专业心理分析,《心理访谈》成为中央电视台原创的一个电视节目形态,在其科教频道的收视率仅次于电视剧。

第三节 电视节目创新的基本原则

电视节目创新的进程,必然受到所处时代的政治环境、社会阶段、经济条件、文化积累、科技水平等多种因素的影响与制约,从而构成了推动中国电视节目创新的五种动力;宣传动力、市场动力、社会动力、文化动力和科技动力。① 因此,电视节目创新是内外部多种因素相互影响与作用的结果,电视节目创新的原则也离不开对这些制约因素的思考与分析。

在我国,以广播电视业为代表的新闻事业仍然是党领导下有中国特色社会主义事业的重要组成部分。在社会主义市场经济环境下,媒介产品是一种特殊的商品,既有政治属性,又具商品属性。

一、遵循党性原则

我国新闻事业有着鲜明的党性,这既是我国新闻事业的优良传统,也是发展社会主义新闻传播事业的根本指导原则。因此,电视节目创新的首要原则就是必须坚持党性原则。

"舆论导向正确,是党和人民之福;舆论导向错误,是党和人民之祸。"遵循党性原则,这就要求电视节目创新必须根据不断变化的媒介科技与国内外发展形势,始终以马列主义、毛泽东思想、邓小平理论和"三个代表"重要思想为指导,深入贯彻落实科学发展观,牢牢把握正确舆论导向,坚持为人民服务,为社会主义服务,把党的"二为"方向和"双百"方针落实到"弘扬主旋律,提倡多样化"的总体格局之中。

任何国家的传媒管理机构都不会无原则地抵制或反对传媒的创新与发展,只有当创新的价值目标僭越了国家和执政党的利益需求时,传媒创新才会受到坚决的约束与遏制。

二、受众为上的原则

英国是公认的电视节目创新的领跑者,在全世界所有原创电视节目中,来自英国的占到45%。英国电视节目创新成功的秘密何在?有人认为就在于英国电视人有着非常强烈的受众意识,他们对观众的尊重、对观众心理和需求的研究及把握堪称做到了极致。在英国,所有的电视人都有这样根深蒂固的理念:观众是电视台最终的节目消费者,科学地掌握观众的收视心理、收视习惯、收视趋向等,并据此确定合理的频道定位、节目样式、节目内容和节目编排,才能获得最佳收视效果,才能赢得观众、留住观众,从而在日趋激烈的频道竞争乃至媒体竞争中立于不败之地。

现在,英国电视台的制片人在推出每一档节目前,都会问自己这样四个问题:我的节目观众为什么要看?他们为什么要坚持看到最后?第二天他们会和同事朋友讨论什么?他们为什么会继续收看下一期节目?

观众为什么要看?在认真研究市场后,就要根据研究结果设计出让观众感兴趣的节目。以英国的娱乐选秀类节目为例,如果节目的主角是普通老百姓,那一定要让他改变人生或梦想成真;而如果是明星作主角,就一定要让他远离原来的生活,把他的种种不适应展现在观众面前。也就是要让老百姓变成明星,让明星变成普通老百姓,这种巨

---

① 杨乘虎:《电视节目创新的动力及其要素研究——中国电视节目创新问题研究之四》,载《现代传播》,2012年第7期。

大的落差才能最大限度地调动观众的兴趣。前者的成功范例莫过于《英国达人》、《X元素》等，捧红了凯莉·克拉森、苏姗大妈等一批来自平民的世界级明星。而享誉全球的《舞林大会》的创意则来自这样的观众分析：一般人都会唱歌，会跳舞的人却不多，而观众普遍具有猎奇心理，希望看到明星炫目光彩后的另一面。制作公司正是抓住了这一点，创造出用跳舞的方式来挑战明星的节目样式，从而赢得眼球，取得了巨大成功。

观众为什么要坚持看到最后？第四频道的《百万英镑掉下来》就完全是从受众心理出发进行节目设计的一档节目。节目一开始就将一百万英镑现金直接放在舞台上，钱的去留给观众造成了一种强烈的感官刺激和收视欲望，吸引观众去了解参赛者的最终命运。

第二天观众会和同事朋友讨论什么？英国娱乐节目的成功标杆之一就是要登上节目播出次日的报纸娱乐版头条，也就是说，节目不仅要吸引观众观看，还要引发观众热议，成为万众瞩目的焦点。

观众为什么会继续收看下一期节目？无论是《X元素》还是《英国达人》，节目的每一个环节都充满着悬念，节目的推进过程给观众留下了无限期待。更多的电视观众通过电视荧屏，与选手一起分享"麻雀变凤凰"的"涅槃"过程，分享自己身边的普通人改变命运的期待和惊喜。

总之，在英国电视产业链的每一个环节，我们都能深切感受到，一切从观众角度出发的理念已经根植于所有英国电视人的心里。BBC娱乐研发部主任大卫·摩根斯坦说："做电视的跟看电视的是两码事，制片人和大多数观众无论教育背景、生活经历和想法都不一样，重要的不是你想看什么，而是观众想看什么。做一档节目前，不管是确定节目定位、设计节目样式还是节目内容，首先要考虑的是观众会不会感兴趣。"BBC儿童频道导演、监制格雷格·查尔德斯也说："BBC设计制作儿童节目时必须遵循一种'四英尺思维'，也就是要从儿童的角度出发，要把自己当成孩子去思考，要把孩子当成公民去尊重，反映儿童的好奇心，尊重他们的观点和想法。每个年龄段的孩子需求都不同，而且男孩女孩也是不同的，要了解各个年龄段的孩子在看什么，想什么，要非常认真详细地进行市场调查。"[①]

三、设计故事的原则

从最古老的神话故事开始，"故事"这种叙事形式早已深深根植于我们人类的思维意识框架之中，成为我们认识与理解事物最感性、最便捷的形式之一。威斯敏斯特大学的罗勃·本菲尔德说："一个好的节目就是一个好的故事，最好的电视不是发生出来的，而是做出来的，没有不经过策划的电视。"电视节目创新应该遵循故事设计原则，这也是电视媒体的叙事性属性所决定的，观众在电视上寻求有共鸣的故事，来达成娱乐身心的目的。创造丰富多彩的节目形式，就是为了用一个好故事，满足不同需求受众的娱乐诉求。

[①] 华颖：《受众为上，模式为先，内容为王——英国电视节目创新与开发有感》，载《中国广播电视学刊》，2012年第6期。

在英国,创意策划人员和节目制作人员的一项重要工作就是寻找故事,通过操控一些现实事件来实现节目娱乐价值。在《X元素》中,参赛的每一位选手不仅要有好歌喉,还要有好故事,节目在设计之时,就会创造一切条件制造神奇时刻,让惊喜曲折、催人泪下的内容出现,从而引发高潮,牢牢地抓住观众。《超级女声》的英国原型,是当下英国最火的才艺比拼类节目《X元素》。节目编导在海选阶段,关注的并非是选手专业技能,而是其曲折的生活经历。进入复赛的标准更是有故事的音乐达人。在复赛阶段之后,为使得选手的个性更鲜明,其简历会被转交到专业的作家手里,作家们将根据每位选手的生活经历,为其量身打造富有鲜明个性的、观众喜欢的成长故事,塑造受人追捧的明星选手。为了节目的丰富性,这些故事还被设计为多元化的结构。①

通过讲故事来实现节目的娱乐价值,这样的理念在英国还渗透到了各类新闻节目之中。比如BBC著名的新闻调查节目《全景》,有一期节目的话题是"巧克力为什么那么便宜",最终追踪调查巧克力制造公司在非洲使用童工的情况。节目并没有采取老套的记者暗访和沉闷的叙述评论,而是由记者扮成购买可可豆的商人,还专门制作了一个假的公司网站,起好名字,放上照片,然后前往非洲,与当地庄园主洽谈生意,这些情节都是事先设计好的。于是,整档节目既是记者调查采访过程的真实记录,同时记者也成为这一新闻事件的主角,将一档新闻调查节目做成了一个引人入胜的故事。

四、追求品质的原则

追求高品质的生活是人的天性。追求电视节目的高品质要求我们对创新节目精益求精。

由于各种"草根"选秀娱乐节目占据电视荧屏,许多电视新闻、电视评论节目过度娱乐化,我国电视荧屏也一度出现如赫胥黎所担心的"充满感官刺激、欲望和无规则游戏的庸俗文化"。2012年广电总局的"限娱令"颁布以来,各级广播电视台尤其是上星电视频道面临新的传播生态、市场格局和竞合选择。品质回归,追求"绿色收视率",业已成为电视节目创新的重要原则。浙江卫视2012年7月推出的《中国好声音》、湖南卫视2013年年初推出的《我是歌手》等节目就是娱乐节目向"品质回归"的代表。《中国好声音》的幕后总指挥田明阐述了该节目的基本理念:"我们要向世界传递中国梦、中国文化、中国价值观,有这样的追求,就要把我们节目定在一个国际级标准上,用国际级的模式、制作、标准,传播中国文化和价值观。有这样的追求,才可能产生一个与之相称的高品质节目,这叫'取法其上'"。② 可以说,正是对节目品质不遗余力的强调,才保证了《中国好声音》在收视和口碑上的成功。

邓小平《在中国文学艺术工作者第四次代表大会上的祝词》一文中指出:"对人民负责的文艺工作者,要始终不渝地面向广大群众,在艺术上精益求精,力戒粗制滥造,认真严肃地考虑自己作品的社会效果,力求把最好的精神食粮贡献给人民。"③ 精益求精不

---

① 鲍立纲:《故事性原则在英国电视节目创新中的作用》,载《媒体时代》,2010年第7期。
② 李滨、王云峰:《品质化追求:后娱乐时代电视节目创新趋势》,载《现代传播》,2013年第8期。
③ 《邓小平文选》,人民出版社,1994年版。

仅是对文艺工作者的要求,对电视新闻工作者或电视艺术工作者同样适应。大众传播是一门艺术,有着自身特定的内在规律,只有那些"思想精深、艺术精湛、制作精良"的作品才是精益求精的好作品。

随着视频网站的兴起,作为"第一媒介"的电视媒体感受到了巨大的压力。一方面具有全国或区域影响力的电视栏目十分有限,数千个电视频道中仍然有许多节目品位不高,制作粗糙,资源大量浪费;另一方面,观众可供选择的媒介来源和视频节目越来越多,收视时间也日益灵活,但真正能够吸引他们的电视节目却依然有限。因此,全国大大小小的电视媒介面对残酷的市场竞争,面对网站对受众与时间的分流,面对相对有限的广告市场和受众"注意力",不得不走改革创新之路,不得不走精益求精的品牌战略之路。

第四节 电视节目创新的风险控制

电视节目创新不是目的,而是达到目的的一种手段,提高电视节目的收视率,提升电视专栏的经济效益与社会效益才是目的。如果不进行适当的风险控制,节目创新也蕴含着失败的风险。为此,建立创新节目播前测评实验室不失为一项行之有效的风险控制措施。

在美国,按照行业惯例,几乎每个电视网的节目在正式播出前都要进行播前的观众测试,以降低和排除创新的风险,保证开播后节目收视的成功。而在播的节目(如《与明星共舞》)为了保持其在观众中的影响力也要定期进行观众测试。在海外,电视节目测试工作,尤其是节目播前测试已经成为节目创新、提升节目影响力的一个重要方法和工具。美国观众研究所(ASI)在好莱坞、CBS 在拉斯维加斯米高梅酒店专门建立了测评实验室。

我国也有部分电视台尝试通过这种办法来测试节目。2006 年年中到 2007 年 7 月,上海文广新闻传媒集团就建成了 SCR 实验室(广播电视节目受众前测实验室),从电视剧的播前测试开始,逐步进行电视以及广播节目的播前测试,对节目生产、电视剧购销进行有针对性的指导和规范。此后,北京电视台也建成播前测试实验室,对创新节目《最强阵容》等进行测试,分两组分别在电视台和市中心同时测试,每组 100 名样本观众。由北京电视台研发部进行方案及流程的设计、操作,调查及数据计算部分交由调查公司执行。

播前测试在观众样本的选取上,按不同性别、年龄、学历、身份、职业的观众,在覆盖范围内的人口比例以及频道主要收视群和节目类型进行合理配额控制,尽可能保证抽样样本的代表性。在测试方法上主要有以下几种。第一,即时反馈测试仪(遥控器、操纵杆或拨盘)。观众可以使用手持测试仪,对节目以秒或分钟、环节为单位进行反馈,这个方法用来测试观众对节目的关注喜爱程度(兴趣指数)、满意程度(欣赏指数)、创收信心指数、创新度(创新指数)、观众收看节目和放弃收看的状况,可根据节目组的要求设定不同测试点。目的是实时了解被访观众对节目态度的连续性变化,通过对各时间节点的评价结果进行实时统计,形成若干曲线图,以便分析不同人群对节目几项测试指标的态度。第二,调查问卷。被调查的目标观众看过节目后将填写一份特别设计的针对所调查节目的问卷,来进一步评价节目的优点、缺点及其他,收集改进意见。第三,小组讨论。从被调查的样本观众中抽取、邀约有关的权威观众,让他们观看样片后,在线答题,进行小组讨论,深入了解被访观众对节目元素及各板块内容设计的态度、看法及其原因,挖掘被访者的改善建议。实验室记录讨论过程,回收数据,分析数据,最后形成测评报告。①

建立节目播前测试实验室,把创新节目放到一个模拟目标观众的实验环境中进行测评,以获取终端消费者对节目的看法和意见,这对于创新节目的风险控制,提升节目质量和社会效益都具有重要参考价值。另外,节目开播后,定期对节目进行绩效评估,也是各大电视台的通行做法。

所谓绩效评估,是对绩效水准的评价,是指运用特定的指标体系,对照统一的评价标准,通过运用一定的数理方法,全面、客观、公正、准确地评价某个组织或者个人的业绩、成就和实际工作。

绩效评估诞生于20世纪初的工商企业管理,原只是西方企业管理的一种重要工具,法约尔在《工业管理与一般管理》一书中把绩效评估从工商企业推广到各种人类组织。从此,绩效评估大量运用于经济、行政、军事和宗教组织等,成为一种通用的一般管理理论与方法。

电视组织的市场运作离不开三个基本要素,即节目、受众和广告。媒介的"二次售卖理论"认为,电视台通过制作优良的节目,以期吸引尽可能多的观众收视,然后,根据观众的收视率,再把电视广告出售给企业主。所以说,在这三个要素中电视节目占据了核心地位、起着关键作用。电视节目的质量,决定了电视媒体在市场的竞争力和地位,决定了电视媒介的经济效益和社会效益。一套科学的电视节目评估体系,可以促进节目微观层面的科学运作,实现电视台由模糊管理向精确管理的过渡,达到社会资本、媒体资源的优化配置,也直接关系到整个电视产业集团的组织绩效。

所谓电视节目评估,是指为保证和提高节目质量及增强其传播效果,由电视媒体自身或委托有关机构,按一定的原则、标准和程序,运用科学的方法,对节目的质量及其产生的社会效益和经济效益所进行的评定和估算。它贯穿电视节目制作、发行、播出、反馈过程,既包含了对某次节目或某个节目进行的评估,也包含了对某一板块节目、某一类节目、某一套节目或数套节目甚至是整个节目系统的评估。在这个评估体系中,涵盖了质量绩效、经济绩效、公共绩效三个内容和价值取向。节目评估指标体系规定了评估的对象、内容和标准,这些是节目评估体系的基础和核心部分。

作为国内最具权威性与影响力的电视媒体,中央电视台从1998年就开始筹划建立节目评估体系,经过几年的思考和摸索,评估方案于2002年推出。该方案参照ISO质量体系标准,结合中国电视行业普遍认可的评价参数和计算依据,遵循公正、简明、实

---

① 李滨、王云峰:《项目定制:"量体裁衣"式的节目创新机制》,载《电视研究》,2011年第8期。

用、可行的原则,对电视节目进行评估。[①]

1. 三项指标及其权重与修正

该评估方案通过对中央电视台栏目的合理分类,建立科学的节目分类体系;对影响节目质量的各项因素进行排查,确立了由客观指标、主观指标和成本指标组成的评价体系,简称为"三项指标,一把尺子"。为了体现节目评价的客观公正性,增强领导、专家在节目评价中的平衡作用,提升节目生产部门的成本意识,对客观指标、主观指标和成本分别赋予5∶3∶2的权重。由于收视率受到多种因素的影响,其结果难以全面反映电视观众的真实收视情况。因此,该方案在确定节目评价客观指标时,不仅要看收视率,还要看影响收视率的客观因素,通过对参评节目的时段、频道、类别的合理加权,对收视率进行修正,使客观指标更加公正。

此外,主观指标也存在一个修正的问题。央视评估体系的主观指标由领导和专家评价组成,领导、专家分别对随机抽取的样片进行审查,围绕节目导向、节目定位、节目内容、表现手法、节目包装、主持人表现等方面进行评议打分。在主观评价指标中,领导评价占主观评价指标权重为60%,专家评价占40%。

2. 节目分类

为了更加具有针对性和有效性,央视的评估体系没有笼统地对节目进行评估,而是首先注意对节目进行分类。该方案把当时电视台已有的12个频道330多个栏目划分为5大类16小类,如下表所示。

电视节目分类表

广告类	影视类	综艺益智类	专题服务类	新闻资讯类
商业广告	电影	大众文艺	科教文化	消息
公益广告	电视剧	经典艺术	经济生活	深度报道
	动画片	游戏竞猜	教学	信息推介
			谈话	
			纪录片	

3. 各类数据的来源

收视率、频道落地率、观众收视意愿强度,由中央电视台委托索福瑞媒介研究有限公司调查获得;节目成本、栏目数量由总编室提供;领导、专家评价数据由各级测评组织提供。

4. 计算方法

综合评价指数=50%×客观评价指标+30%×主观评价指标+20%×成本指标

客观评价指标=时段权重×频道权重×类别权重×收视率

其中:时段权重=全天各时段平均开机率/节目所在时段的开机率;

[①] 陈信凌:《国内电视媒体制度变迁与绩效评估研究》,江西人民出版社,2009版。

第十三章 电视专题节目创新

频道权重＝所有频道平均落地率/某频道落地率；

类别权重＝所有被评价类别的平均收视意愿值/某类别的收视意愿值；

收视率＝节目收视观众数/全国电视观众总数。

$$主观评价指标＝60\%×领导评价得分＋40\%×专家评价得分$$

其中：领导评价得分＝每个领导对同一节目不同考评项目打分之和/领导人数；

专家评价得分＝每个专家对同一节目不同考评项目打分之和/专家人数；

节目成本指标＝（节目的收视率/所有被评估节目的平均收视率）/（节目的每分钟预算成本/所有被评估节目平均预算成本）。

我国有 3000 多家电视台，近万个频道，再加上传统的报纸、杂志、广播电台以及数量更多的各类网站，我国传播业以如此巨大的事业规模，其竞争不可谓不激烈。激烈的竞争对电视节目而言意味着什么？它意味着大量低质量、同质化的节目"严重滞销"，意味着观众有更多的选择或不选择的余地，它意味着电视节目由短缺到过剩时代的到来，意味着在传播领域受众本位的确立。同类节目，如果你不是最好，就容易被抛弃；如果你不进行创新，就吸引不了眼球。如果你是"第一个"，往往很快就迎来跟风模仿者；如果你是"第一个"，这个节目往往在很长一段时间内别人无法超越。

闭眼办电视的时代结束了，仅从观众来信等单一方式来简单研究观众的时代也结束了。21 世纪的今天，我们应该根据专业、科学、全面的市场调查与完善的客观数据，对电视新节目进行综合的绩效评估，以此作为进一步改版完善的依据。创新是电视媒体保持活力的根本方式，只有符合电视传播规律的创新节目才能最终赢得观众。

关键词

电视节目创新　TV program innovation
收视率　rating

思考题

1. 电视节目创新的常见方式主要有哪些？
2. 为什么要对新节目进行绩效评估？通常采用哪些方法对电视节目进行绩效评估？
3. 电视节目创新应遵循的基本原则有哪些？
4. 以英国的电视节目《地狱厨房》为例，谈谈如何进行电视节目创新。

参考书目
BIBLIOGRAPHY

[1] 张兵娟.电视专题与电视栏目[M].郑州:郑州大学出版社,2010.
[2] 白燕燕.电视专题节目形态研究[M].长春:吉林大学出版社,2013.
[3] 郑保章.电视专题与电视栏目[M].北京:中国广播电视出版社,2007.
[4] 高鑫.电视纪实作品创作[M].北京:学苑出版社,2002.
[5] 高鑫,周文.电视专题[M].北京:中国广播电视出版社,2008.
[6] 蔡尚伟. 电视专题[M].北京:清华大学出版社,2010.
[7] 石长顺.电视栏目解析[M].武汉:武汉大学出版社,2008.
[8] 吴虹飞.娱乐至死[M].南京:凤凰出版传媒集团,江苏文艺出版社,2008.
[9] 徐泓.不要因为走得太远而忘记为什么出发[M].北京:中国人民大学出版社,2013.
[10] 柴静.看见[M].桂林:广西师范大学出版社,2013.
[11] 张绍刚.全球金牌电视节目解析[M].北京:北京大学出版社,2011.
[12] 刘楠.新闻撞武侠:央视评论部新闻创作秘笈[M].北京:中国人民大学出版社,2013.
[13] 王群,曹可凡.谈话节目主持概论[M].北京:中国传媒大学出版社,2007.
[14] 张启忠.访谈节目编导教程[M].北京:中国传媒大学出版社,2008.
[15] 代树兰.电视访谈话语研究[M].北京:中国社会科学出版社,2009.
[16] 苗棣,王怡林.脱口成秀:电视谈话节目的理念与技巧[M].北京:中国广播电视出版社,2006.
[17] 特德怀特.广播电视新闻报道写作与制作[M].北京:中国广播电视出版社,1987.
[18] 马赛尔·马尔丹.电影语言[M].北京:中国电影出版社,1985.
[19] 吉妮·格拉汉姆·斯克特.脱口秀——广播电视谈话节目的威力与影响[M].北京:新华出版社,1999.
[20] 高贵武.出镜报道与新闻主持[M].北京:中国传媒大学出版社,2012.
[21] 刘利群,傅宁.美国电视节目形态[M].北京:中国传媒大学出版社,2008.
[22] 左明章. 科教电视节目编导与制作[M].武汉:湖北科学技术出版社,2006.
[23] 王列.电视纪录片创作教程[M].北京:中国广播电视出版社,2007.

［24］冷智宏.电视生活服务类节目定位、形态与包装［M］.北京:中国广播电视出版社,2003.

［25］赵玉明,王福顺.广播电视辞典［M］.北京:中国传媒大学出版社,1999.

［26］石长顺.电视专题与专栏——当代电视实务教程［M］.上海:复旦大学出版社,2009.

［27］张海潮.中国电视节目分类体系［M］.北京:中国传媒大学出版社,2007.

［28］赵淑萍.电视采访与写作［M］.北京:中国广播电视出版社,1997.

［29］钟大年.纪录片创作论纲［M］.北京:北京广播学院出版社,1997.

［30］王庆福,黎小锋.电视纪录片创作［M］.重庆:重庆大学出版社,2011.

［31］约翰·菲斯克.电视文化［M］.北京:商务印书馆,2005.

［32］黄会林.影视受众论［M］.北京:北京师范大学出版社,2007.

后记

　　本教材针对普通高校本科生编写。国内教材要么把电视专题与专栏分开阐述，要么狭隘地理解电视专题，局限于专题片的内容，难以满足大学本科生实际学习需要。电视专题与专栏实为一体两面，从内容篇幅看是专题，从播出形式看为专栏。因此，本书紧紧围绕电视专题节目这个核心，以电视名专栏、名家名篇为案例，构建完整统一的学科体系，力求反映电视实践工作中类型众多、定位各异的电视专题节目创作。

　　本教材由南昌大学邓年生担任主编，负责制定编写大纲，南昌工程学院余欢欢、黄淮学院刘枫、井冈山大学肖文、湖南大学杨莉、南阳师范学院李琳琳担任副主编。具体编写分工如下：第一章、第六章，由南昌工程学院人文与艺术学院余欢欢编写；第二章，由井冈山大学人文学院肖文编写；第三章、第八章、第十章、第十一章、第十三章，由南昌大学新闻与传播学院邓年生编写；第四章、第十二章，由湖南大学新闻与影视艺术学院杨莉编写；第五章、第九章，由黄淮学院文化传媒学院刘枫编写；第七章，由南阳师范学院李琳琳编写。教材中的本章导言、本章引例以及最后的统稿工作由邓年生完成。

　　本教材的编写和出版得到了华中科技大学出版社的大力支持，以及南昌大学教材出版资助立项，成书过程中得到了南昌大学新闻与传播学院陈信凌院长、湖南师范大学新闻与传播学院王文利教授、中国传媒大学电视与新闻学院李磊教授，以及华中科技大学出版社杨玲、刘烨编辑等的大力支持和帮助，在此特表示感谢。

　　关于参考文献可能并未一一注明，谨对本书稿参考的论文和著作的作者表示诚挚感谢！

　　由于我们水平有限，不当之处在所难免，敬请广大读者见谅，并欢迎批评指正。下列 e-mail 地址恭候您的批评和指正：572183115@qq.com 或 dns73@126.com。

编　者
2014 年 8 月

教学支持说明

"融媒时代普通高等院校新闻传播学类核心课程'十二五'规划精品教材"系华中科技大学出版社重点教材。

为了改善教学效果,提高教材的使用效率,满足高校授课教师的教学需求,本套教材备有与纸质教材配套的教学课件(PPT电子教案)。

为保证本教学课件及相关教学资料仅为教师个人所得,我们将向使用本套教材的高校授课教师免费赠送教学课件或者相关教学资料,烦请授课教师填写如下授课证明并寄出(发送电子邮件或传真、邮寄)至下列地址。

地址:湖北省武汉市珞喻路1037号华中科技大学出版社有限责任公司营销中心
邮编:430074
电话:027-81321902
传真:027-81321917
E-mail:yingxiaoke2007@163.com

证　明

兹证明 _____ 大学 _____ 系/院第 _____ 学年开设的 _____ 课程,采用华中科技大学出版社出版的 _____ _____ 编写的 _____ 作为该课程教材,授课教师为 _____ ,学生共计 _____ 个班共计 _____ 人。

授课教师需要与本书配套的教学课件为:

授课教师的联系方式

联系地址:_____

邮编:_____

联系电话:_____

E-mail:_____

系主任/院长:_____(签字)

(系/院办公室盖章)

_____年_____月_____日